HERMENEUTISCHE UNTERSUCHUNGEN ZUR THEOLOGIE

Herausgegeben von

HANS DIETER BETZ · PIERRE BÜHLER

DIETZ LANGE · WALTER MOSTERT †

36

Gotteserkenntnis und Selbsterkenntnis

Luthers Verständnis des 51. Psalms

von

Jack E. Brush

J.C.B. Mohr (Paul Siebeck) Tübingen

Publiziert mit Unterstützung des Schweizerischen Nationalfonds zur Förderung der wissenschaftlichen Forschung.

Die Deutsche Bibliothek – CIP-Einheitsaufnahme

Brush, Jack Edmund:
Gotteserkenntnis und Selbsterkenntnis: Luthers Verständnis des 51. Psalms /
von Jack Edmund Brush. – Tübingen: Mohr, 1997
   (Hermeneutische Untersuchungen zur Theologie; 36)
   ISBN 3-16-146626-8
NE: GT

© 1997 J.C.B. Mohr (Paul Siebeck) Tübingen.

Das Buch wurde von Gulde-Druck in Tübingen aus der Bembo Antiqua belichtet, auf säurefreiem Werkdruckpapier der Papierfabrik Weissenstein in Pforzheim in einer Auflage von 500 Stück gedruckt und von der Großbuchbinderei Heinr. Koch in Tübingen gebunden.

ISSN 0440-7180

Gerhard Ebeling

in Verehrung und Freundschaft gewidmet

Vorwort

Die vorliegende Arbeit ist zugleich eine wissenschaftliche Untersuchung und das Ergebnis eines persönlichen Ringens um Selbsterkenntnis und Gotteserkenntnis. Wer die Arbeit aus rein wissenschaftlicher Sicht liest, wird hoffentlich davon profitieren. Wer sich aber zudem auf die existentielle Dimension einläßt, wird sie sicherlich mit mehr Gewinn lesen. Im Verlauf meiner Forschung über Luthers Enarratio Psalmi 51 haben sich der wissenschaftliche und der existentielle Aspekt in der Frage zugespitzt, ob in der Gegenwart die Aufgabe der systematischen Theologie überhaupt noch sinnvoll sei. Inwiefern diese Frage in der vorliegenden Arbeit bejaht oder verneint wird, überlasse ich dem Leser. Aus der Lebensbezogenheit der Untersuchung ergaben sich verschiedene interdisziplinäre Bemerkungen zumeist ohne ausführliche Erläuterung, wie etwa der Hinweis auf das Verhältnis zwischen der Verborgenheit bei Luther und Freuds Konzept des Unbewußten. An solchen Stellen wird der Leser darum gebeten, die knappen Andeutungen nicht als wissenschaftliche Ungenauigkeiten zu betrachten, sondern als Anstöße zum Mitdenken, ja letztlich zum Mit-Beten dieses Psalms.

Im Wintersemester 1993/94 wurde die Arbeit als Habilitationsschrift von der Theologischen Fakultät Zürich angenommen. In diesem Zusammenhang gilt mein Dank allen voran Herrn Professor Gerhard Ebeling, der seit vielen Jahren mir sowohl im wissenschaftlichen als auch im persönlichen Bereich mit Rat und Tat beigestanden ist. Ich danke auch Herrn Professor Hans Friedrich Geißer, der die Arbeit besonders in den letzten Stadien mitbetreute, und Herrn Doktoranden Adrian M. Berger, der in enger Zusammenarbeit mit mir die unvermeidlichen Amerikanismen meines deutschen Stils bereinigte. Wo der Text für deutsche Ohren noch etwas fremd klingt, trage ich selbstverständlich die alleinige Verantwortung. Zuletzt geht mein Dank an den Schweizerischen Nationalfonds zur Förderung der wissenschaftlichen Forschung für die notwendige finanzielle Unterstützung der Publikation dieser Arbeit.

Fällanden bei Zürich, am 14. August 1996   Jack Edmund Brush

Inhaltsverzeichnis

Kapitel 3

Luthers Auslegung des 51. Psalms bis zum Jahre 1517

Kapitel 4

Enarratio Psalmi 51

Die cognitio dei et hominis als homo reus et deus iustificans (v. 1–2)

Kapitel 1

Cognitio dei et hominis

I. Die Todesangst

»In einem wüstenähnlichen Gebiet finde ich mich angehalten von jungen Männern. Sie umringen mich. Einer von ihnen tritt vor und bewirft mich mit etwas Abscheulichem: zerschnittene Schlangen oder ähnliches. Er grinst dabei sadistisch. Dann tritt der nächste vor, wendet sich halb ab, um mich dann noch mehr zu quälen. Es ist eine ausweglose Situation, weil auch meine Frau im Auto tatenlos zusieht, anstatt Hilfe zu holen. Ich denke, daß dies der Tod ist und beschließe, mich zu fügen.«[1] So lautet der Bericht eines Patienten über einen erschreckenden Schlangentraum, der ihn in Todesangst versetzte. Viele Menschen haben Angst vor einer Schlange, ob sie der Schlange in der Wirklichkeit oder in der Traumwelt begegnen. Denn die Schlange ist ein uraltes Symbol der Gefahr, des Todes, der Auflösung des Lebens, und jede Begegnung mit der Schlange birgt in sich die Gefahr, daß das Leben des Betreffenden ausgelöscht wird. Psychoanalytisch heißt dies, daß das Bewußtsein des Betreffenden von den dunkeln Mächten des Unbewußten überschwemmt zu werden droht. Deshalb die Todesangst – eine Angst, die in dieser Krisensituation durchaus berechtigt ist. Dem Träumenden wird man sofort eine Psychotherapie empfehlen; denn das Auftauchen der Schlange im Traum bedeutet oftmals eine tiefgreifende Veränderung des Selbst und kann auch mit gewissen Entwicklungsstörungen der Persönlichkeit zusammenhängen. Dennoch ist die durch die Schlange erweckte Todesangst auf keinen Fall nur ein Spezifikum der Schlangenträume, gilt vielmehr als eine universale Grunderfahrung des Menschen. Die Todesangst vor der Schlange erweist sich letztlich als bloßer Sonderfall eines universalen Phänomens. Nicht nur bei psychisch gestörten, sondern auch bei sogenannten gesunden Menschen kann die Angst vor dem Tod plötzlich in Erscheinung treten. Daraufhin bleibt es fraglich, ob der Patient allein durch die Psychotherapie von seiner Todesangst befreit werden kann. Betreten wir nicht schon an diesem Punkt den Bereich der Theologie? – den Bereich dessen, was jeden Menschen ohne Ausnahme angeht? Was ist denn die Theologie, wenn nicht ein Wort, das den Menschen an der Grenze zwischen Leben und Tod anspricht? Oder umgekehrt: wenn die Theologie einen Menschen

---

[1] Gert Sauer, Traumbild Schlange. 1988[2], 49.

mitten in der Todesangst nicht anspricht, wozu ist sie überhaupt gut? Diese
Fragen führen uns zu Luthers Kritik an der scholastischen Theologie in der
Enarratio Psalmi 51.

II. Die Enarratio Psalmi 51

Das »Miserere Mei« nahm im religiösen Leben des mittelalterlichen Klosters
eine Sonderstellung ein. Seit Cassiodor galt dieser Psalm als einer der sogenannten sieben Bußpsalmen; er hat in den Laudes einen festen Platz und wurde in
der Karwoche in den Gebetsstunden des Triduum mortis Christi feierlich
gesungen. Auch in den Arbeiten Luthers über die Psalmen erlangte der
51. Psalm eine besondere Bedeutung. Seit den Dictata super Psalterium machte
sich Luther immer wieder Gedanken über diesen Bußpsalm, der die Sünde
Davids (2. Samuel 11 f) so eindrucksvoll in der Form eines Bekenntnisses darstellt. Auch in den erbaulichen Schriften – man denke an die sieben Bußpsalmen von 1517 bzw. 1525 oder an das Betbüchlein von 1522 bzw. 1525 – erwies
sich der 51. Psalm als ein zentraler Text für die Entwicklung von Luthers Denken. Und bei den Revisionstagungen im Jahre 1531 in Wittenberg, bei denen
Luther mit den Freunden eine neue Ausgabe der deutschen Bibel vorbereitete,
wurde das »Miserere Mei« nochmals im Detail kommentiert. Nicht zuletzt
legte Luther offenbar einem seelsorgerlichen Gespräch mit dem Fürsten in Torgau, Februar 1532, diesen Psalm zugrunde. Im Anschluß an dieses Gespräch
beschäftigte sich Luther erneut mit dem 51. Psalm aus wissenschaftlicher Sicht,
und vom 10. Juni bis zum 6. August 1532 hielt er darüber eine Vorlesungsreihe
unter dem Titel Enarratio Psalmi 51, die uns sowohl in der Nachschrift von
Rörer als auch in einer Druckbearbeitung von Dietrich überliefert ist.

III. Das Ziel der Theologie

In der Einleitung zu der Vorlesung über Psalm 51 macht Luther den scholastischen Theologen den Vorwurf, daß sie überhaupt nichts von der gratia oder
vom peccatum verstehen und daß sie deswegen kaum in der Lage sind, die
Menschen in ihrer Not zu trösten.[2] Nach dem Ermessen Luthers wurde die
scholastische Theologie zu einer weltlichen, politischen Theologie, und zwar

---

[2] WA 40, 2; 315, 14–317, 1: »Licet Papa et alii multa garriant de peccatis, gratia, poenitentia,
sed Ista vocabula sunt illis mera somnia, cognoscere enim peccatum, gratiam et veram poenitentiam non est humanae rationis ... et postea hoc secutum, cum peccati definitionem non intelligerent, ut neque intelligerent gratiam: ea non intellecta impossibile est consolari et erigere conscientias.«

trotz ihrem Reden über Gott und über ein Leben nach dem Tode.[3] Die scholastischen Theologen reden zwar über die Tatsünden, die Buße und die guten Werke, haben aber keine Ahnung, was es heißt, von Todesangst ergriffen zu werden. Ein Mensch, der plötzlich in Todesangst gerät, findet keinen Trost in einer primär an der Ethik orientierten Theologie. Ihm hilft nur ein Wort, das ihn an der Grenze zwischen Leben und Tod erreicht. In der Sprache Luthers: Die wahre Theologie wird dadurch gekennzeichnet, daß sie die conscientia afflicta tröstet. Freilich macht das Wort »Gewissen« uns heute eher Mühe, weil unser Verständnis des Wortes so stark durch die griechische oder genauer gesagt die hellenistische Tradition geprägt und deswegen mit einer moralisierenden Theologie verbunden ist. Soweit wir historisch feststellen können, entstand der Begriff Gewissen erst unter den hellenistischen Moralisten. Während das griechische Äquivalent »ἡ συνείδησις« kein einziges Mal in der Ethik des Aristoteles vorkommt, ist »conscientia« gebräuchlich in den Schriften von Cicero und Seneca als eine innere Instanz, die sich auf einzelne Handlungen des Menschen bezieht, ihm Anweisungen zum Guten gibt und ihn gegebenenfalls infolge falschen Verhaltens bestraft.[4] Für Luther hingegen ist das Gewissen nicht primär am Tun des Menschen orientiert, sondern am Menschsein selbst.[5] Wenn Luther z.B. die Erfahrung der Angst vor der eigenen Sünde als den Druck des oberen Mühlsteins beschreibt, der sich geräuschvoll dreht und den Menschen in Stücke zermahlt,[6] wird man eher an die Angst eines Schlangentraumes erinnert als an die hellenistischen oder sogar scholastischen Gewissensbisse. Demgemäß deutet das Wort »conscientia« für Luther auf den anthropologischen Ort im Menschsein, wo Todesangst und Lebensfreude entstehen, und gerade an diesem Ort hat der Mensch ein Wort nötig, das die Todesangst in ihr Gegenteil verwandelt. Das heißt: das Ziel der Theologie besteht in der consolatio, also im Zuspruch und im Trost.[7] In dieser Feststellung sind zwei weitere Aspekte von Luthers Theologie-Verständnis implizit enthalten, die ich jetzt nur erwähne. Zum einen, wenn die Theologie auf den Trost des in Not befindlichen Menschen ausgerichtet ist, besteht ein ungemein enger Zusammenhang von Theologie und Seelsorge. Bei Luther ist die Grenze zwischen Theologie und Seelsorge in der Tat stets sehr fließend, wie ein Vergleich seiner wissenschaftlichen Vorlesungen mit seinen Trostbriefen bestätigt. Zum andern, der anthropologische Ort des theologischen Denkens ist eben das Gewissen, d.h. die Grenze zwischen Leben und Tod, wo der Mensch der Todesangst ausgesetzt ist und wo

---

[3] WA 40, 2; 317, 4–5: »ista sunt signa Ignoratae poenitentiae, peccati, gratiae dei, et theologia facta mere mundana, Civilis.«

[4] W.D. DAVIES, Conscience. IDB I, 672.

[5] Zum Thema »Gewissen« bei Luther siehe G. EBELING, Das Gewissen in Luthers Verständnis. LuSt III, 108ff.

[6] WA 40, 2; 360, 12–361, 5.

[7] S.o. Anm. 2.

er zugleich die tiefste Lebensfreude erfahren darf. Nicht daß ein Theologe ständig in Todesangst leben muß, aber seine Denkweise muß unbedingt aus dieser Notsituation entstehen und stets an ihr orientiert sein. Dies schließt auf keinen Fall eine Beschäftigung mit dem Sozialethischen aus, gibt vielmehr die nötige Perspektive dazu.

IV. Der Inhalt der Theologie

Setzt die Theologie sich zum Ziel, den Menschen in seiner Not zu trösten, so muß sie dementsprechend ihren Inhalt definieren. Worum geht es eigentlich bei der Theologie? Was hat sie für einen Inhalt, der sie von allen anderen Wissenschaften unterscheidet? Daß Luther diese Fragen überhaupt anhand des 51. Psalms behandelt, erweist sich im Vergleich zu der Auslegungstradition als einmalig. Unter die Rubrik »Bußpsalm« eingeordnet, wurde Psalm 51 traditionsgemäß auf die Buße bzw. das Bußsakrament hin interpretiert. Typisch ist die Aussage in der Glossa Ordinaria: »daher wird hier auf besondere Weise eine Demut gezeigt, die wichtig ist für diejenigen, die Buße tun«.[8] Luther dagegen ist in der Enarratio Psalmi 51 darum bemüht, die universale Bedeutung dieses Psalms deutlich hervorzuheben. Es handelt sich nicht nur um eine Unterweisung derjenigen, die eine Missetat begangen haben, oder um eine Warnung an diejenigen, die noch nicht in Sünde gefallen sind.[9] Es geht vielmehr in diesem Psalm um etwas Universales, um etwas, was jeden Menschen ohne Ausnahme angeht. Es mag sein, daß dieser Psalm von der Buße spricht, aber dann wohlgemerkt: von wahrhafter Buße, nicht von der Buße der Papisten.[10] In diesem Psalm sehen wir deutlich, wie der Beter unter dem Druck des oberen Mühlsteins leidet, wie seine Beine nicht mehr richtig gehen, wie er in Todesangst versetzt wird. Durch sein Sündenbekenntnis ist er bis zur Grenze zwischen Leben und Tod durchgestoßen, oder vielleicht besser hingezogen, und an dieser Grenze muß er den tiefgreifenden Widersprüchen in sich selbst ins Gesicht schauen. An diesem Ort gibt es für den Beter keine Entschuldigungen mehr, keine Ausreden – nur die Selbsterkenntnis. Aber zugleich gelangte der Beter durch diese Erfahrung zu einem neuen Verständnis von Gott. Will man diesen Psalm noch einen Bußpsalm nennen, dann erklärt sich Luther unter dem Vorbehalt einverstanden, daß man die Buße nach ihrer ursprünglichen, existentiellen Bedeutung erfaßt, nämlich als eine Konfrontation mit dem Tod – eine Konfrontation, die dank der Gnade Gottes zur Selbsterkenntnis *und* zur Gotteserkenntnis führen kann. Worum geht es eigentlich in diesem Psalm? Um die

---

[8] Glo, RGl zu v. 1: »unde hic specialiter humilitas ostenditur, quae adeo valet poenitentibus.«

[9] Vgl. AUGUSTIN, CC 38, 601–602.

[10] WA 40, 2; 317, 13–318, 2: »Esto sane, sit psalmus de poenitentia, sed de vera. qui vere poenitet, discat hunc psalmum orare et toto corde credere.«

cognitio dei et hominis! Diesen Inhalt muß man aber in seiner ganzen Tragweite erkennen. Als ob er den Kern der christlichen Theologie in diesem Psalm gefunden habe, erklärt Luther den Inhalt des Psalms für den Inhalt der Theologie schlechthin.[11] Durch diesen Inhalt wird die Theologie von allen andern Wissenschaften abgegrenzt, und an diesem Inhalt werden alle theologischen Aussagen auf ihre Wahrheit hin geprüft. Was nicht mit der cognitio dei et hominis zu tun hat, ist nach Luther keine wahrhafte Theologie. Allerdings erweist sich diese Bezeichnung des theologischen Inhalts keineswegs als eine Besonderheit der Theologie Luthers. Die cognitio dei et hominis als Hauptthema der Theologie stellt offenbar einen Konsens unter den Reformatoren dar. Sowohl Zwingli als auch Calvin haben vergleichbare Formulierungen gebraucht, Zwingli 1525 im Commentarius de vera et falsa religione und Calvin in allen Bearbeitungen der Institutio Christianae religionis. Jedoch gewinnt das Thema bei Luther ganz besondere Konturen. Wie Gerhard Ebeling in seiner Untersuchung der Formel bei den drei Reformatoren aufgezeigt hat, prägt die Zusammengehörigkeit der cognitio dei und der cognitio hominis das Denken Luthers viel stärker als das von Zwingli oder Calvin.[12] Und wie die vorliegende Arbeit zeigen will, wirkt sich diese Zusammengehörigkeit sehr stark auf Luthers Interpretation von Psalm 51 aus. Wer ist Gott? Wer ist der Mensch? Die eine Frage schließt die andere ein, und man kann die eine ohne die andere nicht beantworten. Dieser erkenntnistheoretischen Feststellung entsprechen ontologische Überlegungen Luthers, die im Laufe der Enarratio Psalmi 51 deutlich hervortreten. Der weiteren Beschäftigung mit diesem Themenbereich stellen wir aber noch einige einleitende Bemerkungen voran. Für Luther impliziert das Wort »Erkenntnis« (cognitio) die Erfahrung des Menschen, da er sich in erster Linie an dem hebräischen Sprachgebrauch orientiert (יָדַע = cognoscere). Im Zusammenhang mit der cognitio peccati hatte Dietrich in der Druckbearbeitung diesen Punkt sehr deutlich hervorgehoben. Die Erkenntnis der Sünde ist keine Spekulation oder Vorstellung im Geiste des Menschen; sie ist vielmehr die Wahrnehmung einer seinsbestimmenden Situation, eben eine Erfahrung.[13] Demgemäß ist die Theologie keine wissenschaftliche Kenntnis, sondern eine durch Erfahrung gewonnene Erkenntnis. Bei der Theologie geht es nicht um ein rein logisches Denken und Disputieren, sondern um die Erfahrung der Lebensfreude an der Grenze zwischen Leben und Tod einerseits und um die

---

[11] WA 40, 2; 327, 11–328, 3: »Cognitio dei et hominis est sapientia divina et proprie heologica … quicquid extra istud argumentum vel subiectum quaeritur, hoc plane est error et vanitas in Theologia …«

[12] EBELING, Cognitio dei et hominis. LuSt I, 221 ff.

[13] WA 40, 2; 326, 34–327, 14: »Porro haec cognitio peccati non est speculatio aliqua seu cogitatio, quam animus sibi fingit, sed est verus sensus, vera experientia et gravissimum certamen cordis, sicut testatur, cum dicit: ›Iniquitatem meam cognosco‹, hoc est, sentio, experior. Id enim Hebraica vox proprie significat, non significat, sicut Papa docuit, colligere se, quid feceris, quid omiseris, sed sentire et experiri intolerabile onus irae Dei.«

sprachliche Darstellung derselben andererseits.[14] Diese Verflochtenheit von
Theologie und Erfahrung macht die Theologie letztlich zu einem Lebensprozeß. Die cognitio dei et hominis als das zentrale Thema der Theologie und
zugleich als das Thema des 51. Psalms zieht sich wie ein roter Faden durch die
ganze Enarratio Psalmi 51 hindurch. Aus immer wieder variierenden Perspektiven, die Luther durch den Psalmtext selbst vorgegeben waren, kehrt er zu diesem Thema zurück.

V. Der Plan der vorliegenden Untersuchung

Bevor wir unsere Aufmerksamkeit der Enarratio Psalmi 51 widmen, empfiehlt
es sich, in einem zweiten Kapitel die Auslegungstradition über Psalm 51 heran-
zuziehen, um den Hintergrund von Luthers Arbeit zu erhellen. Bei einer solchen Unternehmung steht der Forscher aber vor schweren methodischen Pro-
blemen. Die überlieferten Auslegungen des Psalms sind eben exegetische
Werke und müssen als solche verstanden werden. Geht man aber bei der Darstellung der Auslegungen exegetisch vor, indem man einen Vers nach dem
andern erläutert, so gewinnt man am Schluß keinen Überblick über das
gesamte Psalmverständnis des jeweiligen Interpreten, geschweige denn, daß
dieses Verfahren dem Leser zumutbar wäre. Zudem stellt es sich heraus, daß die
gleichen Themen zu den gleichen Versen überall in der Auslegungstradition
vorkommen. Das heißt: die verschiedenen Interpreten sind weitgehend voneinander abhängig. Bei der Interpretation der Verse 1–11 z.B. wird die Vergebung der Sünde behandelt, während die Auslegung der Verse 12–14 sich jeweils
auf die Erneuerung der Seele konzentriert. Dieser Sachverhalt spricht für ein
Verfahren, bei dem jede Auslegung systematisch bearbeitet und das zugrunde-
liegende Psalmverständnis um bestimmte Themen gruppiert wird. Eine solche
thematische Gruppierung erleichtert den Vergleich der verschiedenen Auslegungen miteinander sowie das Aufstellen einer Bilanz der gesamten Auslegungstradition.

In Kapitel 3 wird Luthers Interpretation des 51. Psalms bis zum Jahre 1517 in
Betracht gezogen, nämlich seine Auslegung in den Adnotationes zum Quincuplex Psalterium des Faber Stapulensis, in den Dictata super psalterium und in
den sieben Bußpsalmen von 1517. Zurückkehrend zur Enarratio Psalmi 51,
beschäftigen wir uns eingehend in Kapitel 4 mit der cognitio dei et hominis
unter dem Gesichtspunkt des peccatum und der paenitentia. Andere Äußerungen Luthers zum 51. Psalm, wie etwa seine Eintragungen in den hebräischen
Psalter (1521–1524), seine Eintragungen in den Kunheimpsalter (ab 1528), das
Betbüchlein (1522), das Revisionsprotokoll (1531), die Präparation auf das

---

[14] WA 40, 2; 326, 10–11: »Es gilt nicht disputirn. ›Agnosco‹ significat proprie: ›fülen‹«.

Gespräch mit dem Kurfürsten in Torgau (Feb.1532), die wahrscheinlich als eine Vorarbeit für die Enarratio Psalmi 51 diente, oder die zahlreichen Zitate zu Psalm 51, die in den Tischreden, Predigten, Vorlesungen usw. vorkommen, werden nötigenfalls zum besseren Verständnis herangezogen. Was die Methode der vorliegenden Untersuchung betrifft, sind noch zwei Bemerkungen nötig. Zum ersten, im Rahmen dieser auslegungsgeschichtlichen Arbeit ist eine Auseinandersetzung mit dem ganzen Spektrum der in Frage kommenden Sekundärliteratur aus praktischen Gründen nicht möglich und nach meiner Ansicht auch nicht wünschenswert. Infolgedessen wird die Sekundärliteratur nur hie und da zu Rate gezogen, wenn das Verstehen der ganzen Untersuchung dadurch besonders erleichtert wird. Zum zweiten, aus systematischen Gründen wird der Begriff »Selbst« als ein Interpretament eingeführt, ohne daß er klar definiert wird. Dieses Verfahren entspricht aber genau dem Sinn der Untersuchung. Die cognitio dei et hominis gilt als das Ziel, nicht als der Ausgangspunkt der vorliegenden Arbeit, und was das Selbst im Kontext von Luthers Verständnis des 51. Psalms bedeutet, muß sich im Laufe der Untersuchung zeigen.

Kapitel 2

Die Auslegungstradition

I. Augustin. Enarrationes in Psalmos

Die älteste uns überlieferte Auslegung des 51. Psalms, die den Psalm ausführlich behandelt, stammt von Augustin aus der Zeit zwischen 411 und 413. Sie diente offenbar als Grundlage einer von ihm in Carthago gehaltenen Predigt, und besonders in der Einleitung schimmert seine Auseinandersetzung mit den Donatisten jener Zeit durch.[1]

A. Ein Beispiel für alle Christen

Grundlegend für die Auslegung Augustins ist zunächst dies, daß er den Psalm kasuistisch im Lichte der Geschichte von David und Bathseba (2. Samuel 11f) interpretiert. Dabei beschränkt er sich aber nicht auf ein Verständnis des Psalms, das von der damaligen Bußpraxis der Kirche ausgeht. Er bringt vielmehr die allgemeine Bedeutung des Psalms zur Geltung, indem er ihm als ein Beispiel für jeden Christen dient, allerdings auf zweierlei Weise und je nach der jeweiligen Situation des Christen. Wer noch nicht in Sünde geraten ist, dem dient der Psalm zur Warnung, daß er sich vor der Sünde hüte; wer hingegen bereits eine Missetat begangen hat, der soll sich an David ein Beispiel der paenitentia nehmen, wie er die Sündentilgung erreichen kann.[2] Somit teilt Augustin die Zuhörer seiner Predigt in zwei Gruppen auf, nämlich in Sünder und Nicht-Sünder, oder anders gesagt, in Ungerechte und Gerechte. Der Sturz eines so starken Mannes wie David soll die Gerechten dazu bewegen, ihre eigene Schwachheit zu fürchten.[3] Denn der Grund des Sündigens liegt nicht in der Ferne, sondern in der Nähe, nicht in dem Objekt der Begierde, sondern in den

---

[1] Vgl. SIEGFRIED RAEDER, Die Auslegung des 50.(51) Psalms in Augustins Enarrationes in Psalmos und in Luthers Dictata super Psalterium. Lutheriana, AWA 5, 153–192.

[2] CChr 38, 600, § 3: »Quid caveant homines, diximus; quid vero si lapsi fuerint imitentur, audiamus. Multi enim cadere volunt cum David, et nolunt surgere cum David. Non ergo cadendi exemplum propositum est, sed si cecideris, resurgendi ... Ad hoc propositum est, ad hoc scriptum est, ad hoc in ecclesia saepe lectum atque cantatum; audiant qui non ceciderunt, ne cadant, audiant qui ceciderunt, ut surgant.«

[3] CChr 38, 601, § 3: »Alii vero audientes salubriter, in casu fortis metiuntur infirmitatem suam; et quod damnat Deus devitare cupientes, ab adspectu securo abstinent oculos ...«

Begierden selbst.[4] Damit verbunden ist ein zweiter Aspekt des Psalms; er soll den Gerechten vor der Glückseligkeit des Gedeihens warnen. Solange David von Saul verfolgt wurde, hatte er kein peccatum mortale begangen, da die tribulatio jeweils wie ein ferramentum medici auf den Menschen wirkt, so daß er noch eifriger auf Gott bedacht ist. Erst in der Sicherheit des Reiches stürzt David in die Versuchung des Teufels, und daraus wird ersichtlich, daß die Seele des Menschen eher durch Gedeihen gefährdet ist als der Leib durch Unglück.[5] Die andere Gruppe, nämlich die Sünder, soll sich davor hüten, in Verzweiflung zu geraten, und sich an David ein lehrreiches Beispiel nehmen, wie man zur Sündenvergebung gelangen kann.[6] Der pädagogische Gesichtspunkt der Interpretation Augustins macht sich am Schluß der Auslegung nochmals bemerkbar, wenn er eine Ermahnung an alle Väter richtet, ihre Söhne gewissenhaft zu erziehen und ihnen die Sünde zu verbieten.[7]

B. Das Sündenverständnis

1. Die Konzentrierung auf das peccatum actuale

Das peccatum originale wird nur zweimal in der ganzen Auslegung behandelt, einmal direkt in bezug auf die iniquitas ex adam (v. 6–7), ein anderes Mal in bezug auf die corruptio (v. 16). Was die Sünde Adams betrifft (v. 6–7), verkündigt David in der Person des ganzen Menschengeschlechtes, daß Christus beim Richten alle Menschen besiegt.[8] Denn Christus allein richtet mit Gerechtigkeit, und vor ihm sind alle Menschen als Nachkommen Adams ungerecht, also der Sünde schuldig und dem Tod unterworfen.[9] Der zweite Passus (v. 16) bietet sprachliche Schwierigkeiten, da das דָּמִים des hebräischen Textes in dem Vulgata-Text durch das Lateinische »sanguinibus« übersetzt wurde, obwohl nur der Singular »sanguis« klassisch bezeugt war. Das Vorkommen der Mehrzahl »sanguines« in Vers 16 scheint Augustin jedoch sachgemäß zu sein, wenn auch stili-

---

[4] AaO: »De longe enim vidit David illam, in qua captus est. Mulier longe, libido prope.«

[5] CChr 38, 601, § 4: »Admonet etiam tali exemplo, non se quemquam debere extollere in prosperis rebus. Multi enim res adversas timent, res prosperas non timent. Periculosior est res prospera animo, quam adversa corpori.«

[6] CChr 38, 602, § 5: »Peccatum cum desperatione, certa mors. Nemo ergo dicat: Si iam aliquid mali feci, iam damnandus sum; Deus malis talibus non ignoscit, cur non addo peccata peccatis? Fruar hoc saeculo in voluptate, in lascivia, in cupiditate nefaria …«

[7] CChr 38, 615, § 24.

[8] CChr 38, 605, § 9: »Videt futurum iudicem iudicandum, iudicandum a peccatoribus iustum, et in eo vincentem, quia quod in illo iudicaretur non erat.« 606, § 10: »Suscepit personam generis humani David, et adtendit omnium vincula, propaginem mortis consideravit, originem iniquitatis advertit, et ait: *Ecce enim in iniquitatibus conceptus sum.*«

[9] CChr 38, 606, § 9: »Superas enim omnes homines, omnes iudices, et qui se putat iustum, coram te iniustus est; tu solus iuste iudicas, iniuste iudicatus, qui potestatem habes ponendi animam tuam, et potestatem habes iterum sumendi eam. Vincis ergo cum iudicaris. Omnes homines superas, quia plus es quam homines, et per te facti sunt homines.« Vgl. § 10.

stisch nicht besonders schön. Denn durch die Mehrzahl wird deutlich, daß es sich hier um die vielen peccata handelt, die aus dem gleichen Ursprung entstehen, nämlich aus der Verderbtheit des Fleisches (v. 16).[10] Dennoch wird die Erbsünde durch die Taufe getilgt[11], so daß die Verderbtheit des Fleisches den Getauften an und für sich nicht mehr schuldig macht, obwohl sie noch als Quelle der Tatsünden gilt. Deshalb kann Augustin das Hauptgewicht seiner Auslegung auf die Tatsünden legen, die er nun im Kontext des Verwundung-Arzt-Motives interpretiert.

Das peccatum actuale wird bildlich als eine Wunde dargestellt, Gott als der Arzt, der die Wunde des Menschen heilen kann.[12] Wie das Abschneiden und Heilen zur Kunst des Arztes gehört, so auch die Strafe und Gnade zum Umgang Gottes mit dem Sünder (v. 5).[13] Seitens des Menschen entscheidet sich die Sündenvergebung daran, ob der Verwundete die Arznei vom Arzt ernsthaft sucht, d.h. ob der Sünder durch die paenitentia nach der Gnade Gottes trachtet.[14] Ausgehend von dieser Orientierung an dem peccatum actuale, trifft Augustin drei Unterscheidungen, die in der nachfolgenden Auslegungstradition des 51. Psalms von erheblicher Bedeutung sind. Erstens: Er trifft eine fundamentale Unterscheidung zwischen der Sünde und dem Menschsein, so daß Gott sich von den peccata abwenden und doch gleichzeitig sich dem Menschen selbst zuwenden kann (v. 11).[15] Zweitens: Weil das peccatum nur in der Gestalt einzelner Akte des Menschen in den Blick kommt, teilen sich die Menschen – wie schon erwähnt – fast naturgemäß in zwei Gruppen, nämlich in Gerechte und Ungerechte. Drittens: Die Konzentrierung auf Einzelsünden führt Augustin zu der Frage, ob man im konkreten Fall wissentlich oder unwissentlich gesündigt habe.[16] Wer unwissend sündigt, der bekommt freilich die misericordia von Gott

---

[10] CChr 38, 613, § 19: »In multis sanguinibus, tamquam in origine carnis peccati, multa peccata intellegi voluit.«

[11] CChr 38, 606, § 10.

[12] CChr 38, 602, § 5: »Si vero aliquis iam lapsus haec audit, et aliquid in conscientia mali tenens, verba psalmi huius advertat; adtendat quidem vulneris magnitudinem, sed non desperet medici maiestatem.« Vgl. 603, § 6. 603, § 7. 604–605, § 8. 608, § 11. 608, § 12. 609, § 13. 610, § 14. 611, § 16.

[13] CChr 38, 608, § 11: »Percutit putredinem facinoris, sanat dolorem vulneris. Faciunt medici cum secant, percutiunt et sanant; armant se ut feriant, ferrum gestant et curare veniunt.« 604, § 8: »Ad secandum et sanandum vulnus cordis eius, ferramentum fecit de lingua eius.«

[14] CChr 38, 605, § 8.

[15] CChr 38, 610, § 14: »*Averte faciem tuam*, non a me, sed *a peccatis meis*. Alibi quippe orans dicit: *Ne avertas faciem tuam a me*. Qui non vult a se averti faciem Dei, vult averti faciem Dei a peccatis suis.«

[16] CChr 38, 602–603, § 6: »Qui magnam misericordiam deprecatur, magnam miseriam confitetur. Quaerant parvam misericordiam tuam, qui nesciendo peccaverunt … Consequuntur ergo misericordiam Domini qui ignorantes fecerunt; et qui scientes, consequuntur non qualemlibet misericordiam, sed magnam misericordiam.« Vgl. 600, § 1 und 603, § 7. Möglicherweise denkt Augustin bei dieser Unterscheidung an die Donatisten, die sich zur Zeit der Auslegung wissentlich vom Gottesdienst fernhielten.

geschenkt; wer aber mit voller Absicht sündigt, dem wird die magna misericordia zuteil. Denn die misericordia dei und das peccatum verhalten sich nach Augustin quantitativ zueinander, so daß die Größe der misericordia der Schwere des peccatum entspricht, wobei die Schwere der Sünde vor allem an dem Wissen bzw. der Unwissenheit des Menschen gemessen wird.[17]

2. Die poena und das peccatum

Die ganze Auslegung Augustins ist aufs tiefste von dem Begriff der Strafe geprägt, wie z.B. aus seiner Interpretation des 6. Verses klar ersichtlich ist. Das »tibi soli peccavi« (v. 6) interpretiert Augustin nämlich nicht primär auf den Charakter des peccatum hin, sondern im Kontext der Strafe. Als gerechter Bestrafer gilt allein der, der selber keine Sünde begangen hat, und da nur Gott diese Voraussetzung erfüllt, bekennt David in diesem Vers, daß er vor Gott gesündigt hat.[18] Hier stoßen wir implizit auf ein Grundprinzip der augustinischen Auslegung, das sich wie ein roter Faden durchs Ganze zieht, nämlich daß Gott die Bestrafung jeder Sünde ohne Ausnahme verlangt. Gerade darin besteht nach Augustin die Definition der iustitia dei. Im Gegensatz dazu bedeutet die misericordia dei, daß Gott eben die Sünde des Menschen verzeiht.[19] Um diese beiden, die misericordia und die iustitia dei, miteinander in Einklang zu bringen – denn Augustin wollte keine der beiden preisgeben –, interpretiert er das Sündenbekenntnis des Menschen als eine Art Selbstbestrafung. David bestraft sich selbst durch die Anerkennung seines eigenen peccatum, auf daß Gott ihn nicht bestrafe, sondern verzeihe (v. 4).[20] Der Hinweis im Psaltertext auf die von Gott geliebte Wahrheit (v. 8) wird von Augustin in ähnlichem Stil dargelegt. Es steht als eine unbestreitbare Wahrheit fest, daß Gott kein peccatum unbestraft läßt. Dadurch, daß Gott bei der Erteilung seiner misericordia die Selbstbestrafung des Menschen in Betracht zieht, bewahrt er sowohl die misericordia als auch die veritas (v. 8).[21] Neben diesem Verständnis der Selbstbestrafung des Menschen

---

[17] AaO. Unabhängig vom Wissen bzw. von der Unwissenheit des Sünders spricht Augustin auch von einem quantitativen Verhältnis des peccatum zu der misericordia. Dies kommt z.B. in den Blick, wenn David alle seine Sünden bekennt, damit er die magna misericordia erhalte. Siehe CChr 610, § 14.

[18] CChr 38, 605, § 9: »Quid est: *Tibi soli peccavi, et malignum coram te feci?* Quia tu solus sine peccato. Ille iustus punitor, qui non habet quod in illo puniatur; ille iustus reprehensor, qui non habet quod in illo reprehendatur.«

[19] CChr 38, 603, § 7: »Implora misericordiam, sed adtende iustitiam: misericordia est ut ignoscat peccanti, iustitia est ut puniat peccatum.«

[20] CChr 38, 603, § 7: »Responderit david, responderint lapsi, responderint cum david, ut misericordiam mereantur sicut david, et dicant: non, domine, non erit impunitum peccatum meum: novi iustitiam eius, cuius quaero misericordiam: non impunitum erit, sed ideo nolo ut tu me punias, quia ego peccatum meum punio: ideo peto ut ignoscas, quia ego agnosco.« Vgl. 611, § 16 (confessio peccati et punitio peccati).

[21] CChr 38, 607, § 11: »Ignoscis confitenti, ignoscis, sed seipsum punienti; ita servatur misericordia et veritas: misericordia, quia homo liberatur; veritas, quia peccatum punitur.«

spricht Augustin in Anlehnung an Jer 1[22] auch von der Strafe als dem geheimnisvollen Umgang Gottes mit dem Menschen, auf die Rettung des Menschen von seinen Sünden (v. 8) zielend.[23] Ob nun als die Selbstbestrafung des Menschen oder als die Strafe Gottes an den Menschen verstanden, wird der Straf-Begriff mit dem Verwundung-Arzt-Motiv in Verbindung gebracht, so daß die Bestrafung des Menschen letztlich im Sinne einer ärztlichen Behandlung aufgefaßt wird. Schließlich ist noch ein weiterer Aspekt der Problematik der Strafe zu erwähnen. Die spätere Geschichte Davids, insbesondere sein Leiden unter der Hand Absalons, wurde in der alttestamentlichen Tradition als die Strafe Gottes gedeutet, was die misericordia dei und die Sündenvergebung anscheinend in Frage stellt. Die Lösung dieses Rätsels findet Augustin letztlich in der Unterscheidung zwischen der zeitlichen und der ewigen Strafe (v. 12).[24]Allerdings hatte Gott David seine Sünde verziehen und ihm die ewige Strafe erlassen; David mußte sich jedoch der zeitlichen Strafe Gottes beugen.

C. Die paenitentia als confessio und humilitas

Bei der Lektüre der Auslegung Augustins fällt auf, daß die paenitentia nicht als ein kirchliches Sakrament, vielmehr als ein innerer Zustand des Menschen in den Blick kommt, nämlich als die confessio und die humilitas, die Gott von dem Sünder verlangt.

1. Die confessio

Das Sündenbekenntnis des Menschen gehört nun aber aufs engste mit seiner Sündenerkenntnis zusammen, wie Augustin bei der Interpretation des 5. Verses deutlich hervorhebt. Zuerst hatte David seine eigenen Sünden (Ehebruch und Mord) überhaupt nicht als solche erkannt, denn sie blieben ihm gleichsam hinter dem Rücken verborgen. Dann sandte Gott den Propheten Nathan zu David mit dem Auftrag, dem König seine peccata deutlich vor Augen zu führen (v. 5).[25] So gelangte David zur Sündenerkenntnis, und so wurde er auch zu paenitentia bewegt. Als aufschlußreicher Kontrast zum Beispiel Davids dienen für Augustin die Juden, die allerdings durch das Wort Christi zur Sündenerkenntnis gelangt sind, die aber in ihrer Hartnäckigkeit jede Bußleistung verweigert haben.[26] Diese Verleugnung der eigenen Sünden erweist sich jedoch letztlich als

---

[22] Im Vulgata-Text: »Ecce dabo tibi eradicare ... et rursus aedificare, et plantare.«
[23] CChr 38, 607–608, § 11.
[24] CChr 38, 611, § 15: »Aliquando Deus cui ignoscit in futuro saeculo, corripit eum de peccato in isto saeculo.«
[25] CChr 38, 604, § 8.
[26] CChr 38, 604–605, § 8.

sinnlos. Dabei kann man die Sünden nicht etwa wegwischen, vielmehr bloß das
Tor zur Gnade Gottes schließen. Nicht die defensio, sondern die confessio peccati führt den Menschen zum Ziel (v. 10).[27] Daß aber die paenitentia in der Tat
zu der misericordia dei führen wird, bleibt dem Menschen stets ungewiß, weil
vor ihm verborgen (incerta et occulta, v. 8).[28] Deshalb täte man gut, dem Vorbild der Niniviten zu folgen, die ohne die Gewissheit der Vergebung Buße
taten und somit die certa misericordia verdienten.[29]

2. Die humilitas

Sehr eng mit der confessio peccatorum verbunden ist das Thema »humilitas«,
das Augustin vor allem bei der Auslegung der Verse 9 u. 10 in bezug auf die
symbolische Bedeutung des Ysops behandelt. Auf der einen Seite interpretiert
Augustin den Ysop als den Christen, der an Christus hängt, wie der Ysop
(herba humilis) mit seinen Wurzeln an dem Felsgestein hängt (v. 9).[30] Auf der
andern Seite betrachtet Augustin den Ysop dank der medizinischen Qualität
dieser Heilpflanze als Christus selbst, der die superbia des Menschen in die
humilitas verwandelt und dadurch den Menschen reinigt.[31] Die Art und Weise,
wie die humilitas in einem Menschen tatsächlich zustande kommt, erläutert
Augustin im Zusammenhang mit seiner Auslegung des 10. Verses, wo er das
Hören des Gotteswortes für den wahren Modus der Demut erklärt. Indem der
Sünder sich dem göttlichen Wort unterwirft und seine peccata vor Gott
bekennt, wird er durch den Ysop gereinigt, also gedemütigt (v. 10).[32] Die Identifizierung des Hörens mit der Demut legt nun den Gedanken nahe, daß das
Hören und das Lernen immer tugendhafter sind als das Reden oder das Leh-
ren.[33] Das Hören macht den Menschen demütig, das Reden hingegen hoch-
mütig; das Hören gehört zur confessio peccati, das Reden zur defensio peccati.
Schließlich hebt Augustin deutlich hervor, daß wahrhafte humilitas den Lobpreis Gottes nicht nur in guten, sondern auch in schlechten Zeiten bedeutet.
Viele Menschen preisen Gott nur, wenn ihnen Gutes widerfährt, aber die

---

[27] CChr 38, 609, § 13: »Noli dicere aut: Nihil feci, aut: Quid magnum feci, aut: Fecerunt et alii.
Si faciendo peccatum nihil te dicis fecisse, nihil eris, nihil accipies; paratus est Deus dare indulgentiam, claudis contra te; ille paratus est dare, noli opponere obicem defensionis, sed aperi sinum
confessionis.«
[28] CChr 38, 607, § 11.
[29] AaO.
[30] CChr 38, 608, § 12.
[31] AaO. Vgl. 610, § 14.
[32] CChr 38, 609, § 13: »Sed ubi humilitas ex hyssopo? Audi sequentia: *Auditui meo dabis exsultationem et laetitiam* ... gaudebo audiendo te, non loquendo contra te. Peccasti, quid defendis te? Loqui vis; patere, audi, cede divinis vocibus, ne perturberis et amplius vulneeris; commissum est,
non defendatur, in confessionem veniat, non in defensionem.«
[33] CChr 38, 609, § 13. »Feliciores sunt qui audiunt, quam qui loquuntur. Qui enim discit, humilis est; qui autem docet, laborat ut non sit superbus ...«

wahrhaft Demütigen, die ihre Schuld anerkennen und ihre Strafe hinnehmen, lobpreisen Gott auch in Not und Drangsal (v. 12).[34]

3. Das meritum

Aus dem Vorhergehenden läßt es sich vermuten, daß Augustin die paenitentia, d.h. die confessio, als eine verdienstvolle Leistung des Menschen versteht, auf Grund deren die Sünde getilgt wird; und in der Tat stellt Augustin selbst diese Frage bei der Auslegung des 4. Verses: mit welchem Recht bittet David um die Reinigung von den peccata? Antwort: David hat das Opfer des Sündenbekenntnisses im Sinne der Selbstbestrafung vor Gott gebracht und somit die misericordia dei verdient (v. 4).[35] Allerdings wurde die Zeit der Tieropfer durch das eine Opfer Christi beendet, aber es bleibt für den Christen noch ein Opfer, das Gott von ihm verlangt, nämlich das cor contritum et humilatum (v. 18–19).[36] Trotz des verdienstlichen Charakters dieses Opfers behauptet Augustin aber zugleich, daß kein Mensch aus sich selbst die confessio et punitio peccati hervorbringen kann, und insofern gilt das cor contritum nicht etwa als ein Verdienst des Menschen, sondern als ein Geschenk Gottes (v. 13).[37] Es blieb jedoch der Scholastik vorbehalten, diese zwei anscheinend widersprüchlichen Auffassungen des cor contritum systematisch in Einklang miteinander zu bringen. Bei Augustins Auslegung des 51. Psalms stehen die Gedanken zusammenhangslos nebeneinander.

D. Die Vergebung des peccatum

Die Sündenvergebung schildert Augustin bildlich auf zweierlei Weise: zuerst als die Heilung einer Wunde, entsprechend seinem Verständnis des peccatum als einer Verwundung (v. 5)[38], dann als die Reinigung des Herzens analog zu der Reinigung der Lungen durch den Ysop (v. 9).[39] Der zweiten Auffassung der Vergebung als Reinigung schließt sich leicht der Gedanke an, daß der ganze

---

[34] CChr 38, 611, § 15.

[35] S. o. Anm. 20. Vgl. ferner 607, § 11.

[36] CChr 38, 614, § 21: »Nihil ergo offeremus? sic veniemus ad Deum? Et unde illum placabimus? Offer; sane in te habes quod offeras ... Noli extrinsecus pecus quod mactes inquirere, habes in te quod occidas. *Sacrificium Deo spiritus contribulatus*; cor contritum et *humilatum Deus non spernit*.«

[37] CChr 38, 611–612, § 16: »Est enim spiritus sanctus in confitente ... Quia ergo non potest esse confessio peccati et punitio peccati in homine a seipso; cum quisque sibi irascitur et sibi displicet, sine dono Spiritus sancti non est.«

[38] CChr 38, 604–605, § 8: »*Illi hoc audito, unus post alterum discesserunt. Remansit adultera et dominus,* remansit vulnerata et medicus, remansit magna miseria et magna misericordia. Adducentes erubuerunt, nec veniam petiuerunt; adducta confusa est, et sanata ... O incredibilis insania! De vulnere ipso non erubescis, de ligatura vulneris erubescis?« Vgl. 608, § 11.

[39] CChr 38, 608, § 12: »Aspergeris hyssopo, humilitas Christi te mundabit. Noli herbam contemnere, vim medicamenti adtende.«

Mensch erst in der Auferstehung von der Verderbtheit des Fleisches vollends gereinigt wird (v. 16).[40] Bei beiden Auffassungen der Sündenvergebung ist aber deutlich, daß Augustin grundsätzlich an die Tilgung des peccatum denkt. Deshalb bleibt dem Leser seine Absicht völlig unklar, wenn er an der einen Stelle (v. 15) die Vergebung als die non-imputatio des peccatum definiert, hinweisend auf die fides als die dem Menschen zugerechnete iustitia. Wie sich diese Definition zu den andern zwei Auffassungen der Sündenvergebung verhält und inwiefern Augustin hier auf ein grundsätzlich neues Verständnis der Vergebung abzielt, läßt sich im Rahmen seiner Auslegung des 51. Psalms nicht weiter ermitteln.[41] Auf jeden Fall steht es fest, daß Augustins Unterscheidung zwischen dem Menschsein und der Sünde dem Verständnis der Vergebung als Sündentilgung, d.h. als gänzlicher Beseitigung des Fehlerhaften im Menschen, Vorschub leistet.

Die Erneuerung des Menschen durch die gratia, die in der Tradition regelmäßig im Zusammenhang mit der Sündenvergebung diskutiert wird, kommt bei Augustins Auslegung nur flüchtig zu Sprache, möglicherweise deswegen, weil das Bild der Vergebung als Heilung die Erneuerung des Menschen bereits beinhaltet. Auf jeden Fall fällt es auf, daß die Unterscheidung zwischen der Vergebung und der Erneuerung an der einen Stelle vollzogen wird, bei der die Vergebung nicht als Heilung, sondern als die non-imputatio des peccatum beschrieben wird.[42] Im Ganzen bleibt aber die Auslegung Augustins letztlich auf die Vergebung konzentriert, und dementsprechend erlangt für ihn das »crea« in Vers 12 keine große Bedeutung. Das Herz des Menschen, das durch die Sünde gekrümmt wird (curvatus), wird durch die Vergebung wieder in den ursprünglichen Zustand (cor rectum) gebracht.[43] In starkem Gegensatz zur Scholastik interpretiert Augustin das an die Ungerechten gerichtete Lehren des Büßers als eine Auswirkung der Vergebung, nicht als ein satisfaktorisches Werk. Aus lauter Dankbarkeit für die Vergebung der Sünde und die Bestärkung in dem spiritus principalis wird der Psalmist die Ungerechten lehren, damit sie wegen ihrer Sünde nicht in Verzweiflung geraten (v. 15).[44]

---

[40] CChr 38, 613, § 19.

[41] CChr 38, 612–613, § 18. »Quia ignovisti mihi, quia securus sum non mihi imputari quod donasti, ex hoc factus securus, atque ista gratia confirmatus, non ero ingratus. Quid enim faciam? *Doceam iniquos vias tuas … Et impii ad te convertentur.* Utquid? Ut credentes in eum qui iustificat impium, deputetur fides eorum ad iustitiam.«

[42] AaO.

[43] CChr 38, 610, § 15: »*Crea*, non quasi novum aliquid institue, dicere voluit; sed quia paenitens orabat, qui commiserat aliquid quod priusquam committeret innocentior erat, ostendit quemadmodum dixerit: *Crea. Et spiritum rectum innova in visceribus meis.*«

[44] S.o. Anm. 41.

E. Das sacrificium pro peccato und das sacrificium laudis

Das Vorkommen des Wortes »sacrificium« in den Versen 18–19 u. 21 gibt Augustin den Anlaß, zwischen dem sacrificium pro peccato und dem sacrificium iustitiae zu unterscheiden. Das sacrificium pro peccato kannte man bereits zur Zeit Davids in Form der Tieropfer zur Versühnung mit Gott. Allerdings sind diese an das alte Gesetz gebundenen Opfer nicht mehr gottgefällig; aber auch im Zeitalter des Christentums verlangt Gott vom Sünder ein Opfer, das David in prophetischer Vision voraussah, nämlich das innere Opfer des Herzens, das cor contritum et humilatum.[45] Im Jenseits hingegen werden die Heiligen Gott ein anderes Opfer bringen, indem sie ihn in alle Ewigkeit lobpreisen; in Anlehnung an den Vulgata-Text nennt Augustin dieses Opfer das sacrificium iustitiae.[46] Man beachte wohl: die zwei Opfer der augustinischen Auslegung sind sowohl inhaltlich als auch zeitlich voneinander getrennt.

II. Cassiodor. Expositio psalmorum

Die Auslegung Cassiodors in der Expositio psalmorum trägt einen ganz anderen Charakter als die Predigt Augustins. Zunächst einmal ist daran zu erinnern, daß Cassiodor aus dem staatlichen Dienst zu seinen theologischen Tätigkeiten kam; im Jahre 540 gab er sein Staatsamt auf und gründete das Kloster Vivarium, wo er u. a. den Psalmenkommentar verfaßte. Sein Interesse an der Vermittlung der Antike kommt sehr deutlich in seiner Auslegung des 51. Psalms zum Ausdruck. Man denke z.B. an seinen Gebrauch der Logik in der Auslegung oder an die relativ vielen Hinweise auf die Tropen.[47] Was aber seine Auslegung sachlich am tiefsten prägt, ist die damalige Bußpraxis der Kirche.

---

[45] CChr 38, 614, § 21: »In illo tempore erat David, quando sacrificia victimarum animalium offerebantur Deo, et videbat haec futura tempora. Nonne in his vocibus nos agnoscimus? Erant illa sacrificia figurata, praenuntiantia unum salutare sacrificium. Nec nos dimissi sine sacrificio sumus, quod Deo offeramus … Noli extrinsecus pecus quod mactes inquirere, habes in te quod occidas. *Sacrificium Deo spiritus contribulatus; cor contritum et humilatum Deus non spernit.*«

[46] CChr 38, 615, § 23: »*Tunc acceptabis sacrificium iustitiae.* Modo autem sacrificium pro iniquitate, spiritum contribulatum et cor humilatum; tunc sacrificium iustitiae laudes solas. Beati enim qui habitant in domo tua, in saecula saeculorum laudabunt te; hoc est enim sacrificium iustitiae.«

[47] Die Logik: CChr 97, 455, § 3. 456, § 6. 457, § 7. 460, § 8. 461, § 10. Die Tropen: CChr 97, 456, § 5. 460, § 9. 462, § 12. 465, § 16. 468, § 21.

A. Die Bußpraxis der Kirche

Schon das häufige Vorkommen des Wortes »absolutio« bzw. »absolvere«, das sich in der Auslegung Augustins kein einziges Mal findet,[48] dann auch die Erwähnung der Priester[49] und schließlich der Hinweis auf die kirchlichen Sakramente[50] zeigen deutlich die tiefgreifende Kontextverschiebung zwischen der Auslegung Cassiodors und der Augustins. Im Vergleich zu der Auslegung Augustins atmet die Interpretation Cassiodors beinahe einen institutionellen Geist. Cassiodor nennt diesen Psalm eine supplicatio, was man entweder als ein uns aus der Antike bekanntes Buß- und Betfest oder als das öffentliche Gebet verstehen könnte. Das römische Heidentum kannte schon die Buß- und Betfeste, die besonders in Zeiten des Unglücks vom Staat angeordnet wurden, und es steht m. E. außer Zweifel, daß diese auch von der mittelalterlichen Kirche übernommenen Buß- und Betfeste wenigstens im Hintergrund der Auslegung Cassiodors stehen. Dennoch kann die fünfteilige Struktur der supplicatio, die Cassiodor bereits am Anfang der Auslegung präsentiert, dem Ablauf eines Bußfests kaum entsprechen. Sie korrespondiert aber auch nicht direkt den drei Teilen des kirchlichen Bußsakraments, deutet vielmehr grundsätzlich auf die innere Dynamik der kirchlichen Bußpraxis. Nach Cassiodor ist die Kirche der Ort der Buße, und dem entspricht es, daß David öffentlich sein peccatum bekannte (v. 3).[51] Die Geschichte von David liefert also ein Beispiel für die allgemeine Bußpraxis der Kirche.[52] Unter den sieben Bußpsalmen im Alten Testament erweist sich der 51. Psalm als der am leichtesten zu erfüllende; hier wird nichts Schwieriges vom Büßer verlangt, bloß die humilitas und die lacrimae paenitentiae. Aus diesem Grund eignet sich dieser Psalm besonders gut als Aufruf zur Buße; durch ihn ruft die Kirche ihre Söhne und Töchter zu der gratia der confessio auf.[53]

---

[48] CChr 97, 453, § 1–2. 455, § 3. 456, § 5. 457, § 7. 458, § 7. 460, § 9. 461, § 11. 465, § 15. 466, § 16. 466, § 17. 467, § 19.

[49] CChr 97, 468, § 21. 470, § 21.

[50] CChr 97, 460, § 9.

[51] CChr 97, 452, § 1–2: »Et quia se rex et propheta, sicut regum testatur historia, humili satisfactione prostravit, et peccatum suum increpatus, publice non erubuit confiteri ...« Vgl. 453, § 1–2. 454, § 3.

[52] CChr 97, 453, § 1–2: »David autem, dum sua peccata prolixius nititur detergere, dedit unde se generalitas possit absoluere ...«

[53] CChr 97, 469–470, § 21: »Hinc est quod dum in hoc libro septem psalmi paenitentium esse doceantur, Ecclesiarum usu receptum est; ut quoties peccatorum venia petitur, per istum magis Domino supplicetur, non immerito. Primum quoniam in nullo psalmorum quae paenitentibus maxime necessaria est, tanta virtutis humilitas invenitur ... Deinde quia post absolutionis promissionem tanta se constrinxit necessitate lacrimarum ... Electum est plane temperatum et expeditum supplicationis genus, quod omnis aetas vere sapiens debeat appetere et ad subitum festinanter possit implere. Non enim hic ut in ceteris paenitentibus aliquid difficile dicitur ... Sicut magister optimus et districtas alibi satisfactiones fortioribus viribus dedit et infirmis ista temperata concessit; quae merito pia mater elegit Ecclesia, ut filios suos ad gratiam blandissimae confessionis modis omnibus invitaret.«

B. Das Sündenverständnis

1. Die Gewichtsverschiebung

Im Vergleich zu der Interpretation Augustins spielt das Sündenverständnis bei Cassiodor eine merklich reduzierte Rolle. Nicht das Sündenverständnis, sondern die paenitentia steht im Mittelpunkt seines Denkens. Die Frage, ob man wissentlich oder unwissentlich gesündigt habe, interessiert Cassiodor nur wenig (v. 5)[54]; denn entscheidend für ihn ist einzig und allein dies, ob der Mensch sein eigenes peccatum verurteile. Und der Wendung »tibi soli« in Vers 6 kommt bei Cassiodor keine universale Bedeutung zu, hat also weder mit dem Charakter des peccatum noch mit der Strafe, sondern lediglich mit dem Amt Davids zu tun. So lautet das Argument: das Volk sündigt gegen Gott und den König, der König hingegen des Amts wegen nur gegen Gott (v. 6).[55]

2. Die Konzentrierung auf das peccatum actuale

Soweit das Sündenverständnis für Cassiodor überhaupt ins Gewicht fällt, konzentriert er seine Gedanken auf das peccatum actuale oder genauer gesagt auf die Sünden, die durch die paenitentia getilgt werden sollen, nämlich die peccata actualia commissa (v. 5).[56]Da alle diese vom Menschen begangenen Tatsünden Gott sehr wohl bekannt sind, als seien sie vor ihm auf einer Tafel geschrieben (v. 11)[57], hängt die Seligkeit des Menschen wesentlich von der Sündentilgung ab (v. 3).[58] Wie Augustin, so unterscheidet auch Cassiodor zwischen dem Menschsein und den Sünden des Menschen, so daß Gott den Menschen selbst mit prüfendem Blick anschauen kann, ohne die strafbaren Missetaten in Betracht zu ziehen. Im Unterschied zu den Tatsünden bleibt das peccatum originale bei der Auslegung Cassiodors völlig aus dem Spiel. Auch in dem relativ langen Abschnitt über das peccatum originale in Vers 7 handelt es sich letztlich nicht um ein Verständnis des peccatum originale, sondern um die Widerlegung der pelagianischen Häresie.[59] Und das »sanguinibus« in Vers 16 deutet Cassiodor nicht etwa auf die Verderbtheit des Fleisches, sondern auf die vielen peccata

---

[54] CChr 97, 456, § 5.

[55] CChr 97, 457, § 6: »De populo si quis errauerit et Deo peccat et regi. Nam quando rex delinquit, soli Deo reus est, quia hominem non habet qui eius facta diiudicet. Merito ergo rex Deo tantum se dicit *peccasse*, quia solus erat qui eius potuisset admissa discutere.«

[56] CChr 97, 456, § 5: »*Semper* adiecit, hoc est quod iugiter aspicit et cum oculos claudit. Sed respectus iste continuus peccatorum perseuerantiam piae supplicationis ostendit; nam quoties talia corde respicimus, toties commissa deploramus.«

[57] CChr 97, 461, § 11: »*Dele* autem dum dicitur, dimitte significatur; quia omne nostrum admissum quasi quibusdam tabulis scribitur, cum diuina notitia continetur.«

[58] CChr 97, 455, § 3: »Prudentissime autem delictis nullum volebat remanere vestigium, quoniam ille solus in libro vitae conscribitur, cuius omnia peccata delentur.«

[59] CChr 97, 457–458, § 7.

actualia commissa, die man carnalia nennt.[60] Diese Interpretation entspricht aber genau dem Interesse Cassiodors an diesem Psalm als einem Paradigma der paenitentia.

C. Die paenitentia

1. Die Struktur der supplicatio

Meines Wissens hatte sich Cassiodor als erster um eine übersichtliche Gliederung des 51. Psalms bemüht. Ausgehend von seinem Interesse am Bußsakrament, wollte er offenbar die Psalmverse den drei Teilen der paenitentia, nämlich der contritio, der confessio/absolutio und der satisfactio, zuordnen. Der Psalmtext selbst läßt sich jedoch auf diese Weise nicht so klar und deutlich strukturieren, und deshalb versuchte Cassiodor den Psalm gleichsam nach den Gesichtspunkten zu gliedern, die bei der Buße jeweils mitspielen. Infolgedessen erblickte er in dem Psalm, bzw. in der supplicatio eine fünfteilige Struktur[61], deren Teile sich doch im großen und ganzen um die contritio, die confessio und die satisfactio gruppieren lassen. Die confessio und die humilitas (a) und die Zuversicht auf die misericordia dei (b) entsprechen nämlich dem contritio-Teil der paenitentia; die petitio um die Nachsicht der Sünde und die Rücksicht auf die Person (c), dem confessio-Teil; und die Bekehrung anderer Sünder durch das Lehren des Büßers (d) und die petitio um die Befestigung der katholischen Kirche (e), dem satisfactio-Teil.

a) Die confessio und die humilitas (v. 3–8)[62]

Nach der Befreiung des Menschen von der Erbsünde sowie von allen bisherigen Tatsünden (v. 4)[63] bleibt ihm nur noch die Buße als der einzige Weg zur Sündenvergebung (v. 5).[64] Wie David, so soll auch jeder Sünder alle seine peccata öffentlich bekennen (v. 3)[65]. Denn die confessio und die humilitas gelten als das höchste Opfer vor Gott (v. 8).[66]

---

[60] CChr 97, 465, § 16.

[61] CChr 97, 454, § 1–2.

[62] CChr 97, 454, § 3. 456, § 5. 460, § 9.

[63] CChr 97, 455, § 4.

[64] CChr 97, 456, § 5.

[65] CChr 97, 454, § 3: »Rex ille potentissimus, et multarum gentium victor egregius, cum se audisset a Nathan propheta redargui, peccatum suum non erubuit publice confiteri, nec ad noxias excusationes cucurrit, ad quas maxime impudens festinat humanitas; sed repente salutari humilitate prostratus, ipsum se offerens Deo, purpuratus paenitens piis lacrimis supplicavit.«

[66] CChr 97, 459, § 8: »... sic iterum per suam confessionem sibi supplicat subveniri, quoniam in confitendo peccato veritatem dixit, quam Dominus Deus supra sacrificia plus requirit. Non enim deus delectatur poenis nostris, sed confessionem quaerit erroris ...«

b) Die Zuversicht auf die misericordia dei (v. 9–10)[67]

Nachdem der Beter im ersten Teil durch die Sündenbekenntnis niedergeworfen wurde, wird er im zweiten Teil der supplicatio aufgerichtet, auf daß er nicht in Verzweiflung gerate. Allerdings liegt die misericordia dei letztlich im Opfer Christi (Christi sanguine salutari) begründet; sie wird aber dem Menschen zuteil durch die Sakramente der Kirche (v. 9).[68] In dieser Zuversicht freut sich der Beter auf die bevorstehende Absolution und den ewigen Lohn (v. 10).[69]

c) Die petitio um die Nachsicht der Sünde und zugleich um die Rücksicht auf die Person (v. 11–14)[70]

Wenn Gott Rücksicht auf den Menschen selbst, nicht aber auf dessen Sünden nimmt, wird dem Menschen dank der Gnade Christi die Absolution erteilt (v. 11).[71] Anschließend betet der Büßer um die Bestärkung in dem principalis spiritus, damit er nicht mehr sündige (v. 14).[72]

d) Die Bekehrung anderer Sünder durch das Lehren des Büßers (v. 15–19)[73]

Im Anschluß an Jak 5, 20 stellt Cassiodor die Unterweisung der Ungerechten durch den Büßer als eine Bedingung der vollkommenen Reinigung des Büßers selbst dar. Indem der Beter durch Wort und Tat andere Sünder belehrt und sie zur Hoffnung auf die remissio ermutigt, wird er von seiner Sünde völlig rein. (v. 15).[74]

---

[67] CChr 97, 460, § 9.

[68] CChr 97, 460, § 9: »Hac similitudine supplicat se prophetia liberari; ut Christi sanguine salutari, quem pio corde credebat esse venturum, absolutionis munera mereretur. Per *hyssopum* enim significat sacramenta quae diximus, quae non solum inquinamenta detergunt, sed etiam *super nivem* puritatem animae relucentis ostendunt.«

[69] CChr 97, 460–461, § 10.

[70] CChr 97, 454, § 1–2.

[71] CChr 97, 461, § 11.

[72] CChr 97, 463, § 14: »*Confirma me*, dixit, ne iterum peccem, ne a te animae mutabilitate discedam. Nec incassum putemus, quod vir sanctus et cordis illuminatione radiatus, tertio *spiritum* nominavit, nisi quia individuae Trinitati devotus, concedi sibi ab ea veniam postulavit.«

[73] CChr 97, 454, § 1–2.

[74] CChr 97, 465, § 15: »Quartam partem supplicationis ingreditur: ubi cum fuerit auditus, quae erit gloria parcentis ostendit; ut ipse quoque purgatissimus acquiratur, cum alium ab infidelitate converterit; scriptum est enim: *Quia qui converti fecerit peccatorem ab errore viae suae, salvat animam eius a morte et cooperit multitudinem peccatorum.*« Bekanntlich ist Jakobus 5,20 ein schwieriger Text: die Zweideutigkeit des griechischen Textes »ψυχὴ αὐτοῦ« – ist die Seele des verfallenen Bruders oder die Seele des Zurechtweisenden gemeint? – hatte die Schreiber des Textes dazu verführt, das »αὐτοῦ« entweder hinter das »ἐκ θανάτου« zu stellen (vom Tode selber) oder einfach zu streichen. In der lateinischen Überlieferung sind sowohl »animam eius« als auch »aninam suam« bezeugt, obwohl »animam suam« als die zuverlässigste Lesart gilt, was nach klassischer Regel auf das Subjekt, also auf den Zurechtweisenden bezogen wäre. Beunruhigend ist allerdings, daß Cassiodor »ani-

e) Die petitio um die Befestigung der katholischen Kirche (v. 20–21)[75]

Befreit von der Angst vor dem Unglück (calamitas), betet der Psalmist um die Erfüllung der Verheißung Gottes, die sich auf die Gründung und die Befestigung der katholischen Kirche bezieht.[76] Dann werden das Leiden Christi (sacrificium iustitiae) und die zerschlagenen Herzen der Gläubigen (oblationes et holocausta) Gott angenehm sein.[77]

2. Die Buße als vorweggenommenes Endgericht

Ausgehend von zwei grundlegenden Auffassungen, nämlich daß die iustitia dei die Bestrafung des Sünders unausweichlich erfordert einerseits und daß der Büßer durch die Selbstverurteilung (v. 5)[78] und Selbstbestrafung (v. 1–2)[79] das Verschontwerden vor Gott verdient andererseits, stellt Cassiodor in seiner Auslegung die paenitentia als das vorweggenommene Endgericht Gottes dar (v. 5).[80] Dabei legt er charakteristischerweise sehr viel Gewicht auf die Bußempfindungen des Beters vor dem Gericht Gottes. Es gilt für den Büßer, sich im Geiste in das jüngste Gericht zu versetzen, die Furcht vor der Bestrafung der Sünde und das Schrecken vor dem ewigen Tode zu erfahren (v. 11).[81] Bei diesem gerichtlichen Prozeß kommt den Tränen eine im Vergleich zu Augustin ganz neue Bedeutung zu, als könne der Beter durch das ununterbrochene Weinen

---

mam eius« zitiert, aber der Sinn bleibt vom Kontext her genügend klar: der Zurechtweisende wird durch das Lehren seine eigene Seele retten. Auch wenn man das »αὐτοῦ« auf den verfallenen Bruder bezogen versteht, wie z.B. Wolfgang Schrage in: Das Neue Testament Deutsch, wird man wahrscheinlich den Spruch »et cooperit multitudinem peccatorum« doch auf den Zurechtweisenden selber hin beziehen müssen (siehe NTD, X, 59). Das Jakobus-Zitat im Zusammenhang mit dem 15. Vers verdient unsere Aufmerksamkeit, da es das Lehren des Büssers an die Ungerechten als ein für die volle Vergebung notwendiges satisfaktorisches Werk verstehen lässt.

[75] CChr 97, 467–468, § 20.

[76] CChr 97, 467–468, § 20: »Quinta pars quae superest introitur, in qua iam, calamitatum anxietate deposita, memor promissionis divinae laetus petit fieri quod Dominus dignatus fuerat polliceri. Supplicat itaque ut, quoniam Synagoga posita sub lege peccavit, per gratiam Christi succedens Sion, hoc est catholica firmetur Ecclesia.«

[77] CChr 97, 468, § 21: »*Tunc acceptabis sacrificium iustitiae*, id est Filii tui gloriosissimam passionem, qui se *sacrificium* pro omnibus obtulit; ut salutem mundus, quam suis operibus non merebatur, acciperet … Sequitur *oblationes et holocausta*. Istud iam ad fideles pertinet Christianos, qui erant post adventum Domini credituri: significans immolanda corda homimum viventium, non membra pecudum mortuorum.«

[78] CChr 97, 456, § 5: »Puniendum quidem scit esse peccatum; sed ideo a Domino dicit parcendum, quoniam a se confirmat esse damnatum; sicut Salomon dicit: *Iustus in principio sermonis accusator est sui.*« Vgl. 460, § 8.

[79] CChr 97, 453, § 1–2: »Tam ingentium populorum rector sibi erat vehementissimus tortor, exigens a se poenas quas iussione vix ferre poterat aliena.«

[80] CChr 97, 456, § 5: »*… et peccatum meum contra me est semper.* Iuste ergo se petebat absolui, qui iam hic formam illam visus est sibi fecisse futuri iudicii.«

[81] CChr 97, 461, § 11: »Venit ad tertiam partem, rogans iudicem pium ne respiceret peccata, quae ipsi quoque videbantur horrenda.«

sein peccatum wegwaschen.[82]Auch entscheidend für das Gelingen der paenitentia sind für Cassiodor zuerst die Menge der vom Büßer gestandenen Sünden
(v. 11),[83] dann auch die Entschlossenheit des Büßers, die paenitentia mit der
erforderlichen Strenge durchzuführen (v. 5),[84] und zuletzt seine feste Absicht, in
der Zukunft nicht mehr zu sündigen (v. 5).[85] In jeder Hinsicht erweist sich
David als vorbildlich. Angeklagt wegen nur einer Sünde, hatte er doch alle seine
Sünden bekannt und dadurch seine tiefe Demut bezeugt(v.7).[86] Ferner: das
Beharren Davids bei der Buße sowie seine Absicht, ein sündloses Leben nach
der Vergebung zu führen, sind klare Zeichen der perfecta paenitentia.

Besonders auffallend bei Cassiodors Auslegung ist die leidenschaftliche Sprache, mit der er das Opfer des Herzens bei der paenitentia schildert. Das Herz
des Büßers wird durch ein heftiges Feuer (incendium vitale) gequält, die Seele
in den Drangsalen (tribulationes) völlig verbrannt (v. 21).[87] Aber neben diesen
selbstquälerischen Vorstellungen des Endgerichtes gibt es eine andere Dimension der Bußempfindung, die wesentlich zur Erfahrung der paenitentia gehört.
Der Büßer soll sich auch die ewigen Belohnungen (perpetua praemia) vor
Augen stellen, die Gott denen versprochen hat, die durch die Absolution von
der Sünde befreit werden (v. 10).[88] Dementsprechend heißt es, daß David in
einen kontemplativen Zustand versetzt wurde (tota contemplatione translatus),
in dem er den zukünftigen Christus sah und sich darüber sogar inmitten der
Tränen der paenitentia freute (v. 14).[89] Diese zwei Dimensionen der Bußempfindungen, die Tränen und die Freude, entsprechen deutlich den ersten zwei
Teilen der Gebetsstruktur, nämlich der confessio peccati und der confessio
misericordiae.

---

[82] CChr 97, 453, §1–2: »David autem, dum sua peccata prolixius nititur detergere, dedit unde
se generalitas possit absoluere; fecitque ut lacrimae suae, dum et per posteriorum ora decurrunt,
nulla temporis prolixitate siccentur.« 461, §11. »Si nos avertimus faciem a peccatis nostris, noxium
est; quia obliviscimur et neglegenter agimus, quae continuo fletu abluere deberemus …« Vgl. 454,
§3. 463, §14. 467, §19. 469, §21.

[83] CChr 97, 461, §11. »De duobus criminibus vocatus ad culpam, pro universis delictis pru-
dentissimus precator exorat.«

[84] S.o. Anm.56.

[85] CChr 97, 456, §5: »Perfecta enim paenitentia est futura cavere peccata, et lugere praeterita.«

[86] CChr 97, 457, §7: »Quid humilius, quid simplicius quam de uno peccato redargui et simul
omnia confiteri?«

[87] CChr 97, 468, §21: »… significans immolanda corda hominum viventium, non membra pecudum mortuorum. Illa enim ignis consumptibilis absumebat, ista incendium vitale discruciat; illa
redigebantur protinus in favillas, ista temporaliter animas tribulationibus exurendo, ad amoeni pa-
radisi gaudia aeterna perducunt.«

[88] CChr 97, 461, §10: »*Gaudium* pertinet ad absolutionem, *laetitia* ad perpetua praemia possi-
denda. Hoc est autem audire *gaudium et laetitiam*, quod promittitur absolutis.« Vgl. 462, §12.

[89] CChr 97, 463, §14: »*Redde mihi laetitiam salutaris tui*, Christum significat cuius contemplatione inter ipsas quoque lacrimas laetus erat, et prophetiae suae munere inter paenitentiae suae ieiunia
pascebatur.«

3. Das Opferverständnis

Dadurch, daß Cassiodor die Sündenvergebung zu seiner Zeit in geschichtliche Parallele mit der Sühne für begangene Sünde zur Zeit des Alten Testaments stellt, schlägt er eine Brücke zwischen dem Opferverständnis des alten und des neuen Bundes. Die alten Hebräer haben die Sühne durch das Tieropfer erworben, die Christen hingegen durch die supplicatio, d. h. durch das Opfer des spiritus contribulatus; aus dem einen Opfer strömt das Blut, aus dem anderen die Tränen (v. 19).[90] Somit setzt Cassiodor das Opfer des cor contritum deutlich an die Stelle der alten Tieropfer, und zwar anscheinend ohne theologische Reflexion, ob der Opfer-Begriff dem christlichen Glauben überhaupt angemessen sei.[91] Die einzige, allerdings nicht unwichtige Korrektur des alten Opferverständnisses liegt darin, daß das Opfer des cor contritum mit dem Opfer Christi in Verbindung gebracht wird. Dies hat zur Folge, daß die Absolution der Sünde letztlich nicht im Opfer des Christen, sondern im Opfer Christi begründet ist, wie aus Cassiodors Auslegung des 9. Verses klar ersichtlich ist. Den in Vers 9 erwähnten Ysop interpretiert Cassiodor auf der einen Seite im Kontext des im 3. Mose 14, 6–7 berichteten Brauchs der Hebräer, aber auf der andern Seite im Zusammenhang mit den Sakramenten der Kirche. Nach den Vorschriften des Alten Testaments soll man den Ysop in das Blut eines Vogels tauchen und den Aussätzigen damit siebenmal besprengen. Auf die kirchliche Bußpraxis bezogen, symbolisiert das Blut des Vogels das Opfer Christi, vermöge dessen der Beter die Gaben der Absolution verdient.[92] Cassiodor bringt aber den Ysop mit den Sakramenten der Kirche in Verbindung, durch die das heilbringende Blut Christi dem Menschen zuteil wird (v. 9).[93] Nun aber bleibt das Opfer des Menschen, nämlich das cor contritum, ein integrierter Teil des Bußsakramentes, so daß das vom Menschen dargebrachte Opfer nach wie vor als eine conditio sine qua non der Sündenvergebung gilt. Daß Cassiodor dieses Opfer des cor contritum nicht im Sinne eines aus den eigenen Kräften des Menschen erbrachten Verdienstes verstehen will, zeigt er deutlich in seiner Auslegung des 7. Verses, in der er die pelagianische Häresie zu widerlegen versucht. Zuerst richtet Cassiodor seine Polemik gegen das pelagianische Verständnis des liberum arbitrium; den Gedanken, der Mensch könne aus eigenen Kräften ohne die Gnade Gottes

---

[90] CChr 97, 467, § 19: »Postquam dixit quae sacrificia Deus respuit, nunc dicit illa quae poscit. Istud enim damus *sacrificium Deo*, spiritum superbiae confessionis humilitate mactatum, unde non sanguis egreditur, sed lacrimarum fluenta decurrunt.«

[91] CChr 97, 466, § 18. 467, § 19. 468, § 21.

[92] CChr 97, 460, § 9: »Et in libro Levitico, immolato sanguine intincta, supra leprosi corpus septies solebat aspergi: significans pretioso sanguine Domini Salvatoris maculas peccatorum efficaciter esse diluendos. Hac similitudine supplicat se prophetia liberari; ut Christi sanguine salutari, quem pio corde credebat esse venturum, absolutionis munera mereretur.«

[93] S. o. Anm. 68.

das Gute tun, bezeichnet er als eine verheerende, falsche Lehre.[94] Denn die gratia praeveniens geht dem menschlichen Tun immer voraus, so daß das initium bonae voluntatis stets in der Gnade Gottes begründet ist.[95] Wie das gute Tun von der Gnade Gottes abhängt, so auch die Absolution der Sünde von dem einen Opfer Christi. Und im Geiste Augustins behauptet Cassiodor, daß wahrhafte supplicatio für den Menschen unmöglich wäre ohne den spiritus sanctus (v. 13).[96] Aber ungeachtet aller Beteuerung der Notwenigkeit der Gnade Gottes wird doch ein für die Sündenvergebung unerläßliches Opfer von dem Büßer verlangt, nämlich die Opferung seines Herzens (v. 21).[97] Daraus geht hervor, daß die confessio und die humilitas trotz der Zurückweisung der pelagianischen Lehre letztlich als verdienstvoll gelten.[98]

4. Die Vergebung

Typisch für Cassiodor ist die Schilderung der Sündenvergebung als einer durch die Buße vollzogenen Reinigung des Herzens (v. 4),[99] welche der Mensch zur ewigen Seligkeit benötigt (v. 3).[100] Das cor mundum ist aber für ihn keine neue Schöpfung im Menschen, vielmehr eine Wiederherstellung des ursprünglichen, schuldlosen Zustands (v. 12).[101]

D. Das sacrificium pro peccato und das sacrificium iustitiae

Am Schluß setzen wir das Opferverständnis Cassiodors in Vergleich zu der Interpretation Augustins. Wie Augustin, so interpretiert auch Cassiodor das sacrificium in Vers 19, also das cor contritum, als ein Opfer des Büßers zur Vergebung der Sünden.[102] Auffallend bei Cassiodor ist aber die Betonung der Trä-

---

[94] CChr 97, 458, §7.

[95] CChr 97, 458–459, §7: Beachte, daß pietas miseratio gleicht u. vgl. 455, §3.

[96] CChr 97, 463, §13: »Et intuere quia non dixit, da mihi, tamquam non haberet; sed *ne auferas* posuit; scilicet quia talis ac tanta supplicatio, nisi per Spiritum sanctum non poterat evenire.«

[97] S.o. Anm. 77.

[98] CChr 97, 453, §1–2: »Quapropter ideo a Domino absolui meruit, quoniam sua vitia non defendit.«.

[99] CChr 97, 455, §4: »Studiose debet dilui, qui criminum veneno fuscatus est; quia incuriose non abluitur, qui tenebrosa infectione maculatur. *Usquequaque*, undique, ab omni parte, ut et illa simul ignosceret, quae prius se noverat admisisse. Potest enim aliquis sic lavari, ut tamen non sit omnino purissimus.« Nur einmal findet man bei Cassiodors Auslegung einen Hinweis auf die Vergebung als eine Heilung, siehe CChr 97, 462, §12: »Utrisque enim partibus remedium petebat, quoniam de utroque peccaverat.«

[100] CChr 97, 455, §3.

[101] CChr 97, 461–462, §12: »Sed *crea* hic, restaura unde decidit, debet intellegi. Petit ergo propheta tale *mundum cor* sibi *creari*, quod iam peccatis impellentibus commoveri minime potuisset ad culpam; sed stabilitate defixum, bonum non possit mutare propositum.«

[102] S.o. Amn. 90.

nen und der Drangsal im Zusammenhang mit dem Opfer sowie die Reihen-
folge von contritio und humilitas. Zuerst wird das Herz durch die Anstrengungen der paenitentia zerschlagen (contritio), dann wird es durch das Sündenbekenntnis als ein Opfer zu Gott gebracht (humilitas).[103] Um Mißverständnisse zu
verhüten, fügt Cassiodor eine Präzisierung des Wortes »Herz« hinzu, indem er
auf die Gedanken des Menschen hindeutet.[104] Bei seiner Auslegung des sacrificium iustitiae in Vers 21 weicht Cassiodor jedoch grundsätzlich von Augustin
ab. Während Augustin den ganzen Vers auf den Lobpreis Gottes in der Ewigkeit
interpretiert, differenziert Cassiodor drei verschiedene Opfer: erstens, das sacrificium iustitiae, zweitens, die oblationes und die holocausta und drittens, die
vituli, hindeutend im ersten Fall auf das Opfer Christi[105], im zweiten auf das
Opfer des Büßers[106] und im dritten entweder auf die Jugendlichen, die noch
nicht unter dem Joch des peccatum stehen, auf die Prediger des Evangeliums
oder auf die Märtyrer.[107] Aber in jedem Fall interpretiert Cassiodor den ganzen
Vers auf die Zeit, nicht auf die Ewigkeit hin, und dabei gliedert er mit Bedacht
– und zwar im Gegensatz zu Augustin – das Opfer des Büßers in die Bußpraxis
der Kirche ein.

III. Alkuin. *Expositio in Psalmos Poenitentiales*

Bei der Interpretation des 51. Psalms zeigt sich Alkuin als von Cassiodor weitgehend abhängig. In den Versen 16, 17, 18 u. 21 kommen nur wenige Worte
vor, die Alkuin nicht direkt aus dem Werk Cassiodors zitiert, und es gibt nur
vier Verse, nämlich 4, 11, 15 u. 20, in denen kein Zitat von Cassiodor erscheint.
Darüber hinaus schließt sich Alkuin öfter den Gedanken Cassiodors an, ohne
dessen Wortlaut ausdrücklich wiederzugeben. In Vers 6 z.B. interpretiert
Alkuin im Anschluß an Cassiodor die Wendung »tibi soli« auf das Amt des

---

[103] CChr 97, 467, § 19: »*Contritum* dicit paenitentiae laboribus vehementer afflictum. *Humilia-tum*, Deo scilicet; ut quod ante fuerat elatione superbum, fieret pia confessione devotum. Et vide quemadmodum rerum ordo servatus est. Non enim *cor* potuerat humiliari, nisi fuisset frequenti tri-bulatione *contritum*.«

[104] CChr 97, 467, § 19: »*Cor mundum crea in me deus*, ut cunctis indubitanter appareat ibi esse co-gitationum nostrarum fontem, inde bonum malumque venire tractatum.«

[105] CChr 97, 468, § 21: »*Tunc acceptabis sacrificium iustitiae*, id est Filii tui gloriosissimam passio-nem, qui se *sacrificium* pro omnibus obtulit; ut salutem mundus, quam suis operibus non merebatur, acciperet.«

[106] CChr 97, 468, § 21: »Sequitur *oblationes et holocausta*. Istud iam ad fideles pertinet christianos, qui erant post adventum Domini credituri: significans immolanda corda hominum viventium, non membra pecudum mortuorum.«

[107] CChr 97, 469, § 21: »Quapropter sive de adolescentibus, sive de praedicatoribus, sive de martyribus sentiatur: tales tamen propheta *vitulos* altaribus Domini potuit promittere, quos chri-stianae religioni noverat convenire.«

Königs hin.[108] Demzufolge hat der Vers für Alkuin keine universale Bedeutung, weil er das Königsamt, nicht den Charakter des peccatum betrifft. Der Karolinger Theologe hat jedoch vieles aus dem Kommentar Cassiodors entweder erheblich gekürzt oder völlig weggelassen. Besonders auffallend ist dies, daß die fünfteilige Struktur des Psalms als einer supplicatio verschwunden ist und dementsprechend die Buße nicht mehr als ein öffentliches Gebet verstanden wird.[109] Diese Verschiebung des Psalmverständnisses, die trotz der Abhängigkeit Alkuins von Cassiodor deutlich erkennbar und dogmengeschichtlich von erheblicher Bedeutung ist, hängt sicherlich mit der Entwicklung der Bußpraxis in dem Zeitraum vom 6. bis zum 9. Jahrhundert zusammen, genauer gesagt: mit der Ablösung der öffentlichen Buße durch die private Beichte vor dem Priester.[110] Sofern Poschmann Recht hat, daß die keltische Kirche die öffentliche Buße mit ihrer Unwiederholbarkeit und kirchlichen Verpflichtungen nie gekannt, sondern von Anfang an die private Buße vor dem Priester praktiziert hat, und ferner daß diese private Buße durch die missionarische Tätigkeit der ihrerseits von der keltischen Kirche stark beeinflußten Angelsachsen in Europa eingeführt wurde, leuchtet es ein, daß Alkuin, aus angelsächsischem Geschlecht stammend, auch im gelehrten Reformkreis von Karl dem Großen die fünfteilige supplicatio Cassiodors als befremdend empfunden hat.

A. Das Sündenverständnis und die Sündenvergebung

In Anlehnung an Cassiodor konzentriert Alkuin seine Interpretation des 51. Psalms auf die peccata actualia, wie aus seiner Anführung verschiedener Beispiele der Sünde am Anfang der Auslegung zu erkennen ist (v. 1–2)[111] Das peccatum originale kommt nur bei der Interpretation von Vers 7 in Betracht, und zwar in der Funktion einer Erklärung dafür, daß der Mensch zuweilen Tatsünden begeht.[112] Ausgehend von der üblichen Unterscheidung zwischen dem Menschsein und den Sünden des Menschen, behauptet Alkuin, daß der

---

[108] MPL 100, 583 D: »[Soli Deo se] peccasse confitetur, quia Rex potens alium non metuit ultorem peccati sui«.

[109] Im Hinblick auf die Entwicklung der Bußpraxis vom 6. bis zum 9. Jahrhundert liegt der Gedanke nahe, dass diese Veränderungen hinsichtlich des Psalmverständnisses gewissermaßen mit der Ablösung der öffentlichen Buße durch die Beichte vor dem Priester zusammenhängt. Siehe: Seeberg, Dogmengeschichte. III, 87 ff.

[110] Siehe Seeberg aaO u. ferner: Poschmann, Handbuch der Dogmengeschichte. IV, 66 f.

[111] MPL 100, 582 C-D: »Habemus autem exempla in sancta Scriptura de peccatis sanctorum, et de poenitentia eorum et de remissione peccatorum illis a Deo data ... Petrus trinam negationem amarissimis abluit lacrymis; publicanus poenitendo iustificatus recessit a templo; peccatrix femina sanctos Domini pedes lacrymis (poenitendo) abluit, et audire meruit, quia multum dilexit, multa illi dimittuntur peccata.«

[112] MPL 100, 584 B: »Quid mirum est autem, si fecerim, in quibus me peccatorem confiteor, qui iam ex originali peccato in iniquitatibus scio me esse conceptum?«

Mensch durch die Tatsünden gleichsam befleckt werde. Dementsprechend besteht die Sündenvergebung in der Reinigung der Seele von diesem Fleck(v. 4).[113] In Anbetracht dessen, daß Alkuin die Auslegung Cassiodors offensichtlich als Vorlage verwendete, wirkt es eher überraschend, wenn er an einer Stelle von der Vergebung als der non-imputatio spricht; es sei Sache des Menschen, seine Sünden anzuerkennen und vor Gott in Demut zu bekennen, und es gehöre zur Sache Gottes, dem Menschen die peccata nicht anzurechnen, sondern zu verzeihen (v. 5).[114] Dieser Gedanke von der non-imputatio der Sünde spielt allerdings in der Auslegung Alkuins keine substantielle Rolle, bezeugt aber seine Bekanntschaft mit der Interpretation Augustins. Was die Erneuerung des Menschen durch die Sündenvergebung anbelangt, begegnen wir bei Alkuin bloß dem überlieferten Gedanken, daß das »crea« in Vers 12 auf die Wiederherstellung (restaurare) des ursprünglichen Zustands des Menschen vor dem peccatum deutet.[115]

B. Die paenitentia

1. David – bloß ein Vorbild unter vielen

Im Gegensatz zu Augustin und Cassiodor, die allein David als Vorbild des Büßers erörterten, führt Alkuin bei der Auslegung der Verse 1–2 verschiedene Beispiele der Sünde und der Sündenvergebung vor: wie etwa Petrus, der mit Tränen seine Sünde der dreimaligen Verleugnung des Herrn wegwusch, oder die Sünderin, die die Füße des Herrn mit ihren Tränen benetzte und mit ihrem Haar trocknete (v. 1–2).[116] Solche glänzende Beispiele der Buße bewahren jeden Sünder vor Verzweiflung an der misericordia dei, so daß er sich des Sündenbekenntnisses nicht schämt noch zögert, die eigene iniquitas mit den Tränen wegzuwaschen (v. 1–2).[117] Bemerkenswert bei Alkuins Einleitung zu der Auslegung ist aber dies, daß er weder im Zusammenhang mit Davids Sündenbekenntnis noch in bezug auf die anderen Beispiele der Buße das öffentliche Bekenntnis erwähnt.

---

[113] MPL 100, 583 B: »Munere misericordiae tuae lava me, Domine, ab iniustitia meae maculis: nec solum lava, sed etiam munda, ne quid sordidum remaneat in vita mea.«

[114] MPL 100, 583 C: »Nostrum est peccata nostra cognoscere (*Ms.*, agnoscere), et humiliter confiteri. Dei est non imputare nobis, sed misericorditer ignoscere.«

[115] MPL 100, 585 B: »Petit Propheta mundum cor sibi creari, id est restaurari.«

[116] S.o. Anm. 111.

[117] MPL 100, 582 D-583 A: »Talibus roboratus exemplis nemo de Dei misericordia desperet, nemo sua quamvis sint ingentia, erubescat confiteri scelera, nemo tardus sit lacrymis iniquitatem suam abluere, et quia omnes peccatores sumus, unusquisque nostrum dicat cum Propheta: Vers. 3. – *Miserere mei …*«

2. Die Zeit der misericordia

Es sei daran erinnert, daß Augustin die misericordia dei und die iustitia dei durch den Begriff der Selbstbestrafung in Einklang zu bringen versuchte. Alkuin geht anders vor, indem er die beiden zeitlich differenziert in bezug auf den Büßer selbst: die misericordia dei wird der Gegenwart, die iustitia hingegen der Zukunft zugeordnet (v. 3).[118] Da das jetzige Leben als die Zeit der paenitentia und der misericordia gilt, steht die Vorstellung der Buße als des vorweggenommenen Endgerichtes nicht mehr im Mittelpunkt der Psalmauslegung. Allerdings gebraucht Alkuin noch die Gerichtssprache bei seiner Schilderung der Buße, aber er unterscheidet zwischen dem sanftmütigen Richter, der dem Büßer in diesem Leben entgegentritt, und dem erzürnten Richter der Zukunft, der einen jeden nach seinen Werken richten wird.[119] Wahrscheinlich infolge der Ablösung der öffentlichen Buße durch die private, aber auch im Zusammenhang mit der Unterscheidung der Zeit der Gnade von der Zeit der Gerechtigkeit treten – im Vergleich zu Cassiodor – die Bußempfindungen deutlich in den Hintergrund zugunsten einer innerlichen Demut des Büßers im Sinne Augustins. Dieser Sachverhalt läßt sich beispielsweise daran erkennen, daß Alkuin bei der Auslegung von Vers 9 die Interpretation Augustins übernimmt und den Ysop im Kontext des humilitas-Motivs auslegt. Wie der Ysop die Lungen des Menschen heilen kann, so eignet sich auch der hyssopus caelestis dazu, den Menschen vom Bösen der superbia zu reinigen.[120]

3. Die Erlösungslehre

In Vers 6 bringt Alkuin die Unterscheidung zwischen der misericordia und der iustitia aus einer neuen Perspektive zur Sprache. Während Vers 3 die misericordia dei und die iustitia dei unter Berücksichtigung des zeitlichen Lebens und des Endgerichtes behandelt, ist in Vers 6 von der misericordia Christi und der iustitia Christi im Kontext der Erlösungslehre die Rede. Wenn der Herr gerichtet wird, überwindet er durch seine iustitia den gräßlichen Feind der Menschheit, den Teufel; wenn er aber verdammt wird, rettet er dank seiner misericordia die in Sünde geratene Welt.[121] Die misericordia und die iustitia

---

[118] MPL 100, 583 A: »Misericordiae tempus est omni homini modo poenitenti: in futuro vero iudicio tempus erit iustitiae, ubi unicuique reddetur secundum opera sua.«

[119] MPL 100, 583 A: »Miserere, quia miser sum; miserere, quia magna est misericordia tua. Nullus nostrum cum Adam ad noxias confugiat excusationes, sed aperte proferat quod inique se gessisse agnoscit. Refugium faciat ad clementissimum Iudicem, praeveniat faciem eius in confessione, ne experiatur in futuro iudicio iratum, si modo contempserit eum misericordem.«

[120] MPL 100, 584 D.

[121] MPL 100, 584 A: »Dominus bellator noster atrocissimum hostem humani generis iudicatus vicit, et mundum damnatus absolvit. Praevidens ergo (in spiritu propheta, *Edit.*, in spiritus prophetia) non nisi in sanguine Christi peccata redimi posse, laudat iustitiam eius, qua diabolum damnavit; et misericordiam, qua mundum redemit.«

Christi sind also zwei Seiten des gleichen, durch das Blut Christi vollzogenen Erlösungswerkes, dessen Wirksamkeit sich über die Tatsünden und die Erbsünde zugleich erstreckt. Das heißt: die durch die Tatsünden entstandene Unreinheit des Menschen kann nur durch das Blut Christi beseitigt werden (v. 6),[122] und ebenso vermag allein das Blut Christi am Kreuz die Schuldschrift zu begleichen, die das erste Elternpaar ausgefertigt und uns ausgehändigt hat (v. 7).[123] Das in diesen zwei Versen erörterte Thema der Erlösungslehre klingt in der Auslegung Alkuins immer wieder an.

C. Das sacrificium pro peccato und das sacrificium iustitiae

Bei der Auslegung der Verse 18–19 u. 21, in denen das Wort »sacrificium« vorkommt, zitiert Alkuin wörtlich die Auslegung Cassiodors. Demgemäß betrifft das sacrificium iustitiae in Vers 21 das Opfer Christi für die Sünden der ganzen Welt, während das sacrificium in den Versen 18–19 als ein Opfer des Büßers für seine eigenen Sünden verstanden wird. Diesem Opfer des Büßers werden dann die oblationes und holocausta von Vers 21 gleichgesetzt, im Gegensatz zu den vituli, die entweder auf die Jugendlichen, auf die Prediger des Evangeliums oder auf die Märtyrer hindeuten.[124]

IV. Pseudo-Gregor der Große. In septem psalmos paenitentiales

Die Gregor dem Großen zugeschriebene Auslegung des 51. Psalms stammt aller Wahrscheinlichkeit nach von Bischof Heribert von Reggio-Emilia im 11. Jahrhundert und fällt somit in die Zeit der fortschreitenden cluniazensischen Reform und der Behauptung des Papsttums als Alleinherrschers über das Christentum. Allerdings begegnet in dieser Auslegung keine direkte Stellungnahme zur Simonie oder zur Investiturfrage, aber die Abgrenzung der Kirche von der Welt anhand der Zwei-Reiche-Lehre sowie die Andeutungen über die Prädestinationslehre lassen die politische und dogmengeschichtliche Entwicklung der Zeit deutlich erkennen. Ausdrücklich erwähnt in dieser Auslegung ist aber die Imitation Christi, die in der Zeit nach dem Investiturstreit die Frömmigkeit

---

[122] MPL 100, 583, B-C: »Sordidare me potui, sed emundare nequeo, nisi tu Domine Jesu sancti sanguinis tui aspersione mundum me facias«.

[123] MPL 100, 584 B-C: »O Domine Iesu, quibus misericordiam tuam laudibus efferimus, quas tibi gratiarum actiones dignas exsolvere possumus, qui nos de huius chirographi debito in sanguine tuo liberasti, delens in cruce nostras peccatorum cautiones, quae contra nos a primis parentibus conscriptae sunt nostris?«

[124] MPL 100, 586 C-587 A: Die folgende Hinzufügung eines Gedanken aus AUGUSTIN am Anfang der Auslegung von Vers 19 ändert die Übereinstimmung mit CASSIODOR nicht im geringsten: »... noli extrinsecus pecus quod mactes inquirere: habes intus quod occidas.«

des Mittelalters immer stärker geprägt hatte, wie die Schriften des Bernhard von Clairvaux deutlich bezeugen.

A. Der Psalm als eine Ermahnung

Nachdem Gregor in der Vorrede zu der Auslegung die Geschichte von David und Bethseba aus 2. Samuel kurz erzählte, erklärt er das Schweigen über diese Geschichte in Psalm 51 dahin, daß der Psalm in erster Linie als eine Ermahnung an den Leser gedacht ist. In diesem Psalm kommt die Gemütsverfassung des wegen der Sünde leidenden Geistes deutlich zum Ausdruck, und der Leser wird dadurch ermahnt, das Glück im Leben (prospera) zu fürchten, aller weltlichen Glückseligkeit (felicitas) gegenüber wachsam zu bleiben, die fleischlichen Begierden zurückzubinden und an der misericordia dei nicht zu verzweifeln.[125] Auf diesem Wege wird der Mensch zum Bürger der geistlichen Stadt Jerusalem, d.h. zu einem in der Gnade stehenden Menschen. Und gerade dieser Mensch, der selbst die Sündenvergebung und die Erneuerung der Seele erfahren hat, soll die gleiche Ermahnung an alle anderen Sünder richten als eine Frucht der paenitentia und als ein Zeichen der charitas (v. 15).[126]

B. Das Sündenverständnis

1. Das peccatum actuale und die Sehnsucht des Fleisches

Im Geiste Augustins schildert Gregor das peccatum actuale als eine Verwundung und Gott als den Arzt.[127] Dann verbindet er dieses augustinische Verwundung-Arzt-Motiv mit dem Gleichnis des semivivus in Lukas 10, dem das vestimentum gratiae weggenommen und der geschlagen und halbtot zurückgelassen wurde (v. 3). Das stabulum des Gleichnisses deutet nach Gregor auf die Kirche, das oleum und das vinum auf das Sakrament.[128] Auch in Anlehnung an Augustin unterscheidet Gregor die wissentlich und unwissend begangenen Sünden. Wer ignoranter gesündigt hat, der sucht von Gott nur die parva misericordia; der Psalmist dagegen hat scienter gesündigt und benötigt darum die magna misericordia.[129]

---

[125] MPL 79, 581 C-582, A.

[126] MPL 79, 593 C-D: »Propheta ergo qui deleri iniquitates suas, et Spiritu sancto confirmari a Domino postulat, quod non sine fructu hoc sit futurum affirmat ... Haec est enim charitatis evidens probatio, ut cui per gratiam Dei contigerit a peccatorum vinculis eripi, ipse ex zelo iustitiae studeat ad spem veniae delinquentes hortari.«

[127] MPL 79, 582 B: »Vulnus enim animae peccatum est ... Agnosce interius, vulnerate, medicum tuum, et ei peccatorum tuorum vulnera detege.«

[128] MPL 79, 582 D: »Si in stabulum me Ecclesiae tuae duxeris, corporis et sanguinis tui me refectione cibabis.«

[129] MPL 79, 582 C.

Am auffälligsten bei Gregors Erwägungen über das peccatum actuale ist aber dies, daß er die Tatsünden wiederholt mit der Begierde des Fleisches in Verbindung bringt. Bereits am Anfang der Auslegung interpretiert er den Psalm als eine Ermahnung, die carnales cupiditates zurückzubinden. Und in Vers 16 kommt dieser Gedanke noch einmal zum Ausdruck, wenn Gregor die sanguines als die desideria carnalia auslegt, von denen der Psalmist befreit werden soll.[130] Nicht daß die Begierde des Fleisches an und für sich schon sündhaft ist. Dieses Mißverständnis will Gregor im Zusammenhang mit dem peccatum originale in Vers 7 aus dem Wege räumen. Hier bekennt der Beter nicht nur die von ihm selbst begangenen Missetaten, sondern auch die carnalis delectatio, die alle Menschen gemeinsam als die Strafe der Sünde von Adam erben und die dem Eheverhältnis unausweichlich anhaftet.[131] Die Begierde des Fleisches wird nun gerade dadurch zum peccatum actuale, daß der Mensch diesem ungeordneten Verlangen der Seele Folge leistet. Wer seine Sünden nicht in Erinnerung ruft und ernsthaft Buße tut, der wird als Diener der voluptates carnis zum Bürger der Stadt Babylon.[132] Damit der Büßer alle seine Sünden bekennt, lenkt Gregor die Aufmerksamkeit auf die verborgenen Sünden, die allerdings vor dem Menschen, nicht aber vor Gott verborgen sind. Da Gott in das Herz hinein schaut und über die Gedanken eines Menschen richtet, bekennt der Beter offen: »malum coram te feci«.[133]

2. Das peccatum in spiritum sanctum

Als ein Sonderfall des peccatum actuale kommt das peccatum in spiritum sanctum bei der Auslegung von Vers 13 in Betracht. Da die Sündenvergebung zum Werk des heiligen Geistes gehört, ist das Zweifeln an der Vergebung nichts anderes als eine Sünde gegen den heiligen Geist. Das heißt: das peccatum in spiritum sanctum besteht geradezu darin, daß man nicht an die remissio peccatorum glaubt.[134] Damit der Psalmist die Hoffnung auf die Sündenvergebung nicht verliert, betet er um den Beistand des heiligen Geistes, der alle Verzweiflung überwindet.[135]

---

[130] MPL 79, 581 D u. 594 A.

[131] MPL 79, 586 B-C: »Carnalis enim delectatio poena peccati est; quae ex radice peccati ita contrahitur, ut nullus absque illa in mundo generetur.«

[132] MPL 79, 598 B: »Merito ergo qui in Sennaar habitant, de lateribus civitatem aedificant, quia qui terrenis dediti sunt, voluptatibus carnis inserviunt, de fragili materia mentis mutationem attollunt.«

[133] MPL 79, 585 B.

[134] MPL 79, 591 B-C: »Quis est autem qui peccat in Spiritum sanctum, nisi qui non credit remissionem peccatorum? Remissio enim peccatorum opus Spiritus sancti est.«

[135] MPL 79, 591 D.

C. Die paenitentia

1. Die Bußempfindung und das Endgericht

In Übereinstimmung mit der bisherigen Auslegungstradition geht Gregor von dem Grundsatz aus, daß die iustitia dei die Bestrafung jeder Sünde erfordert, und im Anschluß an Augustin bringt er diese richtende, bestrafende Gerechtigkeit durch den Begriff der Selbstbestrafung des Menschen mit der Gnade Gottes in Einklang.[136] Indem der Mensch durch die Buße, insbesondere aber durch die Bußempfindungen, sich selber bestraft, tut er der Forderung der iustitia dei genug und bereitet damit den Weg für die misericordia dei.[137]Zu diesem Zweck soll der Büßer das Schreien Davids hören und mit ihm schreien, das Seufzen Davids hören und mit ihm seufzen, das Weinen Davids hören und mit ihm weinen.[138] Denn nicht nur das Sündenbekenntnis, sondern auch die Tränen, die Bedrängnis und die Bitterkeit gehören wesentlich zu der paenitentia (v. 19).[139] Selbst die Verworfenen bekennen gelegentlich ihre peccata, aber nur die Auserwählten empfinden die Bitterkeit der paenitentia, die sich im Weinen über begangene Sünden äussert.[140] Und nur die Auserwählten sind mit Eifer erfüllt, sogar das kleinste peccatum in sich selbst zu entdecken und Buße dafür zu tun (v. 19).[141] Diese aus moderner Sicht beinahe neurotische Gewissenhaftigkeit steigert die Empfindung der Bitterkeit und der Bedrängnis der Buße und intensiviert des Büßers Vorstellung vom Endgericht samt den Schrecken der ewigen Strafe (v. 5)[142] Das alles zielt letztlich darauf ab, den Arzt zur Sündenvergebung zu bewegen (v. 3).[143] Aus diesem Gedankengang geht nun ein charakteristisches Element des Psalmverständnisses Gregors deutlich hervor, nämlich daß die Buße in der Furcht Gottes gipfelt.[144] Freilich gibt es Menschen, so meint Gre-

---

[136] MPL 79, 586 D: »Sive ergo sit magna sive parva iniquitas, nisi puniatur ab homine poenitente, punietur a Deo iudicante ...« Siehe ferner 589 B: »Non enim Deus eorum peccata ulciscitur, qui in occulto cordis de pravorum operum memoria affliguntur. Qui nimirum ad hoc semetipsos iudicant, ut terribile omnipotentis iudicium evadant ...«

[137] MPL 79, 584 D: »Quicunque misericordiam Dei invenire desiderat, necesse est ut iam graviter peccata agnoscat, puniat culpas fletibus, faciem Domini in confessione praeveniat, ponat ante cordis oculos et culpas operis, et ultimae terrorem animadversionis ...«

[138] MPL 79, 582 A.

[139] MPL 79, 595 D-596 A: »Nequaquam vere poenitentiam agit, qui ex peccatorum suorum recordatione quamdam spiritus tribulationem non sentit.« 596 B: »Haec est illa spiritalis sanctorum tribulatio, quam in cordibus eorum generat poenitentiae et desiderii dilati amaritudo.«

[140] AaO.

[141] MPL 79, 596 A-B: »Electi vero etiam si minima sint quae in se punienda inveniunt, zelo rectitudinis contra se erecti, ad poenitentiae se lamenta studiose succendunt ... Beneficia sibi divinitus collata conspiciunt, culpas nihilominus anteactas ad memoriam reducunt.«

[142] S.o. Anm. 137.

[143] MPL 79, 582 B: »Moveant illum lacrymae tuae, et quadam illum importunitate quaerendi, semper ad eum alta de profundo cordis suspiria educito: perveniat ad eum dolor tuus, ut dicatur etiam tibi: *Transtulit dominus peccatum tuum* (II *Reg.* XII, 13).«

[144] MPL 79, 596 C-D: »Multi habent cor contritum, qui non habent cor humiliatum ... Ex su-

gor, die wegen ihrer Sünde ein zerschlagenes Herz haben (cor contritum), denen es aber doch an dem timor dei mangelt, so daß sie bald wieder zu ihrer Sünde zurückkehren. Im Gegensatz dazu haben die Bürger der geistlichen Stadt Jerusalem nicht nur das cor contritum, sondern auch das cor humiliatum, das vor allem in der Furcht vor der ewigen Strafe besteht.

2. Die Nachfolge Christi

Der Tradition entsprechend identifiziert Gregor das wahrhafte cor contritum, d.h. das cor humiliatum mit dem sacrificium pro peccato. Wie das sacrificium iustitiae dem ewigen Leben zugeordnet ist, so auch das sacrificium pro peccato dem jetzigen (v. 21).[145]Das Beachtliche bei Gregor ist aber die Verknüpfung des sacrificium pro peccato und der imitatio Christi. Auch wenn der Mensch keine äußerliche Sünde begangen hat, wird er doch von unzulässigen Gedanken geplagt, die er in Demut gleichsam auf dem Altar als ein sacrificium pro peccato opfern soll. Wie Christus sich selbst als ein sacrificium pro peccato dahingegeben hat, soll auch jeder Büßer im Sinne der Imitation Christi seine sündigen Gedanken und somit sein Herz als ein Opfer vor Gott bringen.[146] Die Imitation Christi kommt ein zweites Mal in den Blick bei Gregors Auslegung des 9. Verses. Der Ysop bezeichnet die humilitas Christi, die den Stolz (contumacia) des Sünders heilt und den Fleck seiner Sünde reinigt, und diese heilende Kraft der Demut wird in dem Büßer wirksam, indem er den viae passionis Christi folgt.[147]

3. Die Früchte der Buße

Allerdings kann Gregor die absolute Notwendigkeit der Gnade Gottes behaupten, etwa wenn er bei der Auslegung des 12. Verses (cor mundum crea in me) mit allem Nachdruck betont, es liege nicht in der Kraft des Menschen, seine Seele von der Sünde vollends zu reinigen,[148] oder wenn er bei der Interpretation des 20. Verses (in bona voluntate tua) geltend macht, daß der Mensch nichts Vollkommenes ex meritis, sondern allein als Geschenk der Gnade Gottes

---

perbiae namque vitio est, timorem Dei contemnere, conditoris praecepta pravae actionis transgressione calcare, coelestis vitae gaudia mansura negligere, damnationis perpetuae infinita supplicia non timere.«

[145] MPL 79, 599 D.

[146] MPL 79, 600 B: »Ipse (d.h. Christus) est namque cui in hac vita cordium nostrorum sacrificia imponimus, et in quo cogitationes illicitas ne convalescant mactamus ... Ad petram quippe parvulos nostros adlidimus, cum orientes motus illicitos, imitationis Christi intentione mortificamus.«

[147] MPL 79, 587 D-588 A. »Hac itaque hyssopo ille solummodo aspergitur, qui vias Dominicae passionis imitatur. Sanctificatur vero aspersus ... Quemadmodum corpus aqua lavat a squaloribus sordium, ita gratia sancti Spiritus animam purgat a maculis peccatorum.«

[148] MPL 79, 590 C.

hat.[149] Aber solche Äußerungen stehen dem überhaupt nicht im Wege, daß Gregor die der paenitentia nachfolgenden Früchte, insbesondere die Unterweisung anderer Sünder, als eine Bedingung der Sündenvergebung betrachtet. Wie einst bei Paulus, so sieht Gott auch jetzt bei allen Büßern voraus, welche von ihnen nach der Vergebung gute Früchte tragen werden, und gerade denen schenkt er die Befreiung von ihren Sünden (v. 15).[150] Im Hinblick darauf verspricht der Prophet Gott, die Sündenvergebung werde bei ihm nicht ohne Frucht bleiben, wenn ihm die Aufhebung der peccata und die Bestätigung durch den spiritus sanctus geschenkt werde.[151] Im Hintergrund dieser Gedanken steht wahrscheinlich die Prädestinationslehre, nach der Gott das Verdienst der Auserwählten voraussieht und ihnen deswegen die Gnade der Sündenvergebung schenkt.

D. Die Vergebung des peccatum und die Erneuerung der anima

In der Auslegung Gregors begegnet die herkömmliche Auffassung der Sündenvergebung entweder als des Verbindens einer Wunde[152] oder als der Reinigung eines Flecks[153]; das Eigentümliche bei ihm ist aber dies, daß er die Sündenvergebung im ersten Sinne durch die Geschichte des barmherzigen Samariters verdeutlicht. Auf diese Weise wird die Vergebung dem Leser sehr plastisch dargestellt als das Eingießen von Wein und Öl in die Wunde der Sünde. Es ist aber nicht diese bildhafte Beschreibung der remissio, sondern Gregors eigenartige Ansicht über die Notwendigkeit der Vergebung von Gott, die unsere Aufmerksamkeit in erster Linie verdient. Versetzt in Furcht und Schrecken vor Gott und der ewigen Strafe, ersucht der Büßer durch sein Sündenbekenntnis samt allen Bußempfindungen um Vergebung seiner Sünden, und zwar im Vertrauen auf die Verheißungen Gottes. Dieses Vertrauen erweist sich nun als durchaus berechtigt, weil Gott durch seine eigenen Verheißungen zur Sündenvergebung verpflichtet ist. Im Fall Davids kommt als Verheißung der Vergebung zuerst in Betracht das Wort Gottes über das ewige Reich der Gerechten, dessen Fortbestehen die Sündenvergebung impliziert,[154] und dann auch die Verheißung der

---

[149] MPL 79, 597 C.

[150] MPL 79, 593 B: »Illos divina clementia a peccatis per remissionem efficit liberos, quos praevidet utilitati Ecclesiae post conversionem profuturos. Unde Ananiae de Saulo dixit: *Vade, quoniam vas electionis mihi est iste, ut portet nomen meum coram gentibus, et regibus, et filiis Israel* (*Act.* IX, 15). Magno igitur fructu dimissa sunt illi a Deo peccata. Qui enim prius blasphemus, et persecutor, ac iniuriosus exstitit (I. *Tim.* I), postmodum plus omnibus laboravit.«

[151] MPL 79, 593 C: »Propheta ergo qui deleri iniquitates suas, et Spiritu sancto confirmari a Domino postulat, quod non sine fructu hoc sit futurum affirmat …«

[152] MPL 79, 582 D.

[153] MPL 79, 583 D.

[154] MPL 79, 585 D: »Promisisti enim iustis regnum aeternum, et virtutum amatoribus vitae aeternae bravium praeparasti. Sed nisi me et alios iustifices, non poteris invenire quos non damnes.«

von David vorausgesehenen Menschwerdung Gottes, die ebenso die remissio in
sich schließt.[155]Diese Verheißungen schenkten David nicht einfach die Zuversicht der Vergebung, sie galten vielmehr seitens Gottes als eine Verpflichtung
zur Sündenvergebung, seitens des Menschen geradezu als eine Garantie derselben. Ganz allgemein auf die Bußpraxis bezogen, heißt dies: nur indem Gott die
Sünden des Menschen verzeiht, kann Gott selbst in seinem Wort gerechtfertigt
werden und die Leugner der Sündenvergebung besiegen.[156] Mag die Sündenvergebung auch wichtig sein, so bleibt sie doch für den Menschen nutzlos,
wenn er nicht gleichzeitig zur Leistung der guten Werke befähigt wird, d.h.
wenn seine Seele nach der Sündenvergebung nicht erneuert wird.[157] Daraufhin
sucht der Beter nach der remissio die Erneuerung seiner Seele in einem spiritus
rectus, auf daß er nicht in einen noch schlimmeren Zustand als zuvor gerate,
sondern die guten Werke hervorbringe,[158] namentlich die Liebe zu Gott, die
Feindesliebe und das Rühmen der iustitia dei bzw. die Verteidigung des Glaubens gegen alle Ketzer.[159]

E. Die Zwei-Reiche-Lehre

Ein weiteres Charakteristikum der Auslegung Gregors besteht darin, daß er die
Verse 20 u. 21 nicht primär wie in der bisherigen Auslegungstradition auf die
Opfer des Menschen hin, sondern in bezug auf die Zwei-Reiche-Lehre interpretiert. Die zwei Reiche sind zwei Bürgerschaften, Jerusalem und Babylon,
die einander historisch gegenüberstehen: die Kirche auf der einen, die Welt auf
der andern Seite (v. 20). Demgemäß teilt Gregor die Menschen in zwei Gruppen; der civis Jerusalems wird durch die Liebe zu Gott und die virtutes spiritus
gekennzeichnet, der civis Babylons durch die Liebe zur Welt und die voluptates
carnis.[160] Neben dieser eher apokalyptischen Interpretation der Zwei-Reiche-
Lehre bedient sich Gregor des dichotomischen Gesichtspunktes der zwei Bürgerschaften, um die Sonderstellung der Heiligen innerhalb der Kirche selbst zu

---

[155] MPL 79, 585 C: »Praevidebat Propheta Deum in carne venturum, qui humano condem-
nandus esset iudicio, ut aeternae mortis homo careret tormento ...«

[156] MPL 79, 585 D-586 A.

[157] MPL 79, 583 C.

[158] MPL 79, 590 D-591 A: »Omnibus igitur carnalibus desideriis a corde exclusis, pete a Deo ut
spiritum rectum renovet, ne forte spiritus ille immundus inveniens domum de qua exivit vacan-
tem, assumptis aliis septem nequioribus se, cum eis ibi habitet, et fiant novissima tua peiora priori-
bus. Haec est autem spiritus recti innovatio, ut omnem mundi gloriam mente despicias ... amicum
in Deo et inimicum propter Deum diligas, in afflictione proximi teipsum per compassionem affli-
gas.«

[159] MPL 79, 590 D-591 A u. MPL 79, 594 B.

[160] MPL 79, 597 C-D: »Unusquisque autem Ierusalem, aut Babylonis civis est. Sicut enim per
amorem Dei sanctus quisque Ierusalem civis efficitur; ita per amorem saeculi, omnis iniquus in Ba-
byloniae structura operatur.«

betonen. Da der Name »Jerusalem« eigentlich »visio pacis« bedeutet, kann er
auch die in der Kirche beheimatete sancta anima bezeichnen, die den künftigen
Frieden der Heiligen kontempliert und die Angriffe der unzulässigen Gemüts-
bewegungen nicht mehr empfindet. Dementsprechend repräsentieren die
Mauern Jerusalems in Vers 20 die Tugenden, die durch die Werke der Gerechtigkeit aufgebaut werden.[161] Nachdem der Mensch die Barbarei der passiones
vertrieben hatte, so daß sein Fleisch allen Befehlen des Geistes Gehorsam leistet, kann er im Frieden seinen Leib zum Tempel des Herrn aufbauen, in dem
das gottgefällige sacrificium laudis geopfert wird, nämlich das Predigen der
Wahrheit, die Meditation, die Gebete usw. (v. 21).[162] Diesen Zustand der Voll-
kommenheit wird man aber in diesem Leben nur schwer erreichen können,
weil jeder Mensch die Sehnsucht des Fleisches als Strafe der Erbsünde von
Adam erbt.

V. Biblia cum Glossa Ordinaria

A. Der Sammelcharakter

Entsprechend dem Sammelcharakter der Glossa Ordinaria finden sich bei der
Auslegung des 51. Psalms aneinandergereihte, vor allem aus Augustin und Cassiodor entnommene Zitate, die sich in der Regel schlecht miteinander vereinbaren lassen. Man denke beispielsweise an den 6. Vers (tibi soli peccavi), den
Augustin auf die Strafe hin interpretiert, Cassiodor hingegen in bezug auf das
Amt des Königs. In der Glossa Ordinaria werden die beiden Interpretationen
zusammenhangslos aneinandergefügt, ohne auf irgendwelche Weise eine
Beziehung zwischen den zwei Perspektiven herzustellen. Ähnliches gilt u. a.
auch für Vers 8 (ecce enim veritatem dilexisti), Vers 9 (hysopo) und Vers 16 (de
sanguinibus). Verständlicherweise erweckt dieser Sachverhalt leicht den Eindruck, als enthalte die Auslegung des 51. Psalms in der Glossa Ordinaria keine
selbstständigen theologischen Gedanken. Eine genaue Analyse der Glossen
beweist jedoch das Gegenteil; denn gerade bei der Auswahl der Zitate aus
Augustin und Cassiodor wurden wichtige systematische Entscheidungen
getroffen, so daß gewisse Dimensionen der Auslegungstradition entweder in
den Hintergrund gestellt oder gänzlich zum Schweigen gebracht, andere
Dimensionen hingegen deutlich hervorgehoben wurden. Das Problem des
meritum z.B., das bei Augustin wie auch bei Cassiodor ein wichtiges Thema
war, erlangt in der Glossa Ordinaria keine große Bedeutung. Bemerkenswert ist
auch, daß kein Zitat aus Augustin ausgewählt wurde, in dem sich Augustin mit

---

[161] MPL 79, 597 C.
[162] MPL 79, 600 D–601 A.

der Spannung zwischen der misericordia dei und iustitia dei befaßt. Und in den Zitaten aus Cassiodor werden alle Aussagen über die Buße als vorweggenommenes Endgericht sowie über die Bußempfingungen offenbar systematisch weggelassen.[163] In der Glossa Ordinaria wird Psalm 51 als der einfachste unter den sieben Bußpsalmen dargestellt, und alles, was die Durchführung der Buße erschweren könnte, wird durch die Auswahl der Zitate eliminiert.

B. Das Sündenverständnis

Bei der Auslegung des 7. Verses kommt das peccatum originale zur Sprache und wird als die concupiscentia libidinis bezeichnet.[164] Das Vorkommen des Plurals »in iniquitates« in diesem Vers, das freilich im Rahmen der Erbsündelehre nicht besonders einleuchtet, wird dahin interpretiert, daß das peccatum originale eine Neigung zu den vielen Tatsünden mit sich bringt.[165] Interessant im Vergleich zu der bisherigen Tradition ist die Cassiodor irrtümlicherweise zugeschriebene Bemerkung, der Beter sei wegen des peccatum originale von Grund aus (a radice) ein Sünder.[166] Aus dem Kontext der Glossa Ordinaria ist es aber klar ersichtlich, daß diese Aussage nicht auf die dauernde Sündhaftigkeit des Menschen, sondern bloß auf seine Neigung zum Sündigen hindeutet. Im übrigen wird das Sündenverständnis auf das peccatum actuale konzentriert, das äußerlich in einer Missetat gegen den Nächsten[167] und innerlich in der Verwundung der eigenen Seele besteht.[168] Im Anschluß an Cassiodor wird auf die Verzweiflung an der Gnade Gottes als die gravierendste Sünde hingewiesen.[169] Und im Sinne der vorangehenden Tradition wird unterschieden zwischen dem

---

[163] Zu v. 18–19 schreibt z.B. CASSIODOR, CChr 97, 466–467, § 18–19: »... ut non se sacrificiis quae illo tempore gerebantur crederet expiandum, sed illa magis oblatione quam dicit inferius ... Postquam dixit quae sacrificia Deus respuit, nunc dicit illa quae poscit. Istud enim damus *sacrificium Deo*, spiritum superbiae confessionis humilitate mactatum, unde non sanguis egreditur, sed lacrimarum fluenta decurrunt. Nam *spiritus* iste, quando est laetus, nos obligat ...« In der Glossa Ordinaria, RGl zu v. 19, wird diese Interpretation auf das Folgende reduziert: »*Sacrificium*: Cas. Quod illo tempore pro expiatione ponebatur. *Contribulatus*: Cas. Laetus et lascivus spiritus obligat peccato.«

[164] Glo, ZGl zu v. 7: »... id est libidinis concupiscentia quae peccatum est nisi excusetur per bona coniugii.«

[165] AaO.

[166] Glo, RGl zu v. 7: »Minuitur invidia peccati, si a radice peccator est, id est quia a radice peccatorem se confitetur et cum humilis confessio tot peccatorum misericordiam pii commovet iudicis. De uno arguitur, et omnia confitetur.«

[167] Glo, ZGl zu v. 3, 4 u. 6.

[168] Glo, ZGl zu v. 3: »Quod ad tuam misericordiam confugio, ut gravibus vulneribus tyriacam remissionis infundas.«

[169] Glo, RGl zu v .9: »Secunda est confidentia misericordiae dei, quae multum est utilis, ne surrepat desperatio, quae omnibus peccatis gravior est.«

Menschsein und den Sünden des Menschen[170] sowie zwischen dem wissentlichen und dem unwissenden Sündigen.[171]

C. Die paenitentia

1. Ein Bußpsalm für jedermann

Die Bezeichnung des 51. Psalms als eines Bußpsalms für jedermann bildet in der Glossa Ordinaria sicherlich kein neues Moment im Vergleich zu der bisherigen Auslegungstradition. Denn bereits Cassiodor hatte den Psalm als den einfachsten unter den sieben Bußpsalmen betrachtet. Dennoch wird in der Glossa Ordinaria die leichte Durchführbarkeit der in diesem Psalm vorgeschriebenen Buße noch deutlicher als je zuvor akzentuiert, indem die Forderungen an den Büßer erheblich herabgesetzt werden. Daß der Beter sich das jüngste Gericht beim Sündenbekenntnis vorstellen soll (Cass.), daß er seine humilitas durch die Bußempfindungen zum Ausdruck bringen soll (Cass.), daß Gott die Fäulnis der Übeltat des Sünders durchbohrt, um die Schmerzen der Verwundung zu heilen (Aug.), all das fällt nicht mehr ins Gewicht. Dieser Bußpsalm ist nicht nur für das Klosterleben, sondern auch für das Leben des Volkes gedacht, und alles, was dem Volk bei der Durchführung der Buße unnötig im Wege steht, wird durch die Auswahl der Zitate konsequent beseitigt. Allerdings wird die paenitentia noch als eine Selbstbestrafung des Beters verstanden, aber eben als eine Art Selbstbestrafung, die jeder ertragen kann.[172] Daraus erklärt sich, daß die Glossa Ordinaria Cassiodors Vergleich des 51. Psalms mit den anderen Bußpsalmen ausführlich zitiert und den Schluß mit Nachdruck betont: dies ist die gemäßigte Art von Buße, die auch die Schwachen erfüllen können, da in diesem Bußpsalm nichts Schwieriges gesagt wird wie in den anderen![173]

2. Die humilitas

Durch die selektive Zusammenstellung der Zitate wird die humilitas im Kontext der Buße deutlich in den Vordergrund gestellt. Nach der Konfrontation mit Nathan wurde die Demut Davids daran erkennbar, daß er sich dem Urteil Gottes unterwirft (v. 1),[174] dann auch daran, daß er nicht nur seine zwei Tatsün-

---

[170] Glo, ZGl zu v. 11 u. RGl zu v. 13.

[171] Glo, ZGl zu v. 4.

[172] Glo, RGl zu v. 5: »Cuius misericordiam petit ut ignoscat, quia scit iustum ut peccata puniat, subdit, Tu ne punias, quia ego punio. Quoniam iniquitatem meam etc.« Vgl. ZGl zu v. 5 u. RGl zu v. 1 u. 8.

[173] Glo, RGl zu v. 3: »... hoc est temperatum supplicationum genus, quod et infirmi possunt implere: quia hic nihil difficile dicitur ut in aliis«.

[174] Glo, RGl zu v. 1: »In conspectu omnium reum se abiecit cuius iudicium timebatur: unde hic specialiter humilitas ostenditur, quae adeo valet paenitentibus.«

den (Ehebruch und Mord), sondern auch das peccatum originale bekennt (v. 7).[175] Das Thema der humilitas kommt nochmals zur Sprache bei der Auslegung des 9. Verses, in dem die reuevolle Demut des Büßers mit dem heilkräftigen Ysop in Verbindung gebracht wird: Wie der Ysop die Lungen reinigen kann, so heilt die humilitas die superbia des Menschen (v. 9).[176] Schließlich heißt es, der Beter solle seine peccata nicht verteidigen, sondern in Demut auf Gott hören und von ihm lernen (v. 10).[177] Summa summarum: es handelt sich in diesem Psalm um eine äußerst leicht durchführbare Art von Buße, die durch reumütige humilitas vollzogen wird.[178]

D. Die Vergebung

Im herkömmlichen Sinne wird die Sündenvergebung entweder als die Reinigung eines Flecks[179] oder als die Heilung einer Verwundung geschildert. Bekanntlich stammt das Verwundungsmotiv von Augustin, während Gregor als erster – und zwar in Anlehnung an der Geschichte des barmherzigen Samariters – von der Eingießung des Weins und Öls in die Wunde sprach.[180] Nun heißt es in der Glossa Ordinaria, daß die Sünde des Menschen durch die Eingießung des Gegengifts (tyriaca) der remissio geheilt wird.[181] Daß die eingegossene Gnade damit gemeint ist, liegt klar auf der Hand, aber erst in der Auslegung des Petrus Lombardus kommt der gratia-Begriff deutlich zum Vorschein. Nach der Sündenvergebung wird die Erneuerung des Menschen traditionsgemäß als die Wiederherstellung eines früheren Zustandes dargestellt, und deshalb kommt dem Wort »crea« in Vers 12 keine besondere Bedeutung zu.[182]

---

[175] S.o. Anm. 166.

[176] Glo, RGl zu v. 9.

[177] Glo, RGl zu v.10.

[178] Glo, RGl zu v. 2: »... ita per paenitentialem humilitatem de qua hic agitur plena praestatur peccatorum remissio«.

[179] Glo, RGl zu v. 4: »... ut non modo culpam operias sed etiam reatum voluntatis abstergas ... Sic lava ut mundes: lavantur enim quaedam, quae tamen non sunt pura.«

[180] Sowohl das Verbinden der Wunde als auch die Eingießung von Wein und Öl stammen aus dieser Geschichte in Lu 10, 25 ff: »Et approprians alligavit vulnera eius, infundens oleum, et vinum ...«

[181] Glo, ZGl zu v. 3: »Quod ad tuam misericordiam confugio, ut gravibus vulneribus tyriacam remissionis infundas.« »Tyriaca« war ein im Mittelalter bekanntes Gegengift, das vom Körper der Schlange hergestellt wurde. Siehe Du Cange, Glossarium mediae et infimae Latinitatis. 1887, 221: »Tyriaca, Tyriacum Antidotum, pro Theriacum, quod vulgo Theriaque dicimus ... Antidotum Tyriacum de corpore serpentis confici dicitur.«

[182] Glo, ZGl zu v. 12: »... quasi novum aliquid, sed quia et ante innocens, innova.«

E. Das sacrificium pro peccato und das sacrificium iustitiae

In den Glossen zu den Versen 18–19 u. 21 springt der Sammelcharakter der Glossa Ordinaria dem Leser sofort ins Auge, da die Interpretationen von Augustin und Cassiodor ohne jeden Zusammenhang aneinandergereiht werden. Dennoch wird in bezug auf das sacrificium iustitiae noch eine neue Interpretation eingefügt. Während Augustin das sacrificium iustitiae als den Lobpreis Gottes nach der Auferstehung, Cassiodor hingegen als das Opfer Christi auffaßte, heißt es in der Glossa Ordinaria, daß die Gerechtigkeit der Heiligen nach der Gründung der Kirche als das sacrificium iustitiae angesehen wird.[183]

VI. *Petrus Lombardus. Magna Glossatura*

A. Die Bewahrung der Tradition und der Ansatz des systematischen Interesses

Die Merkmale der Auslegung des Petrus Lombardus sind die Rezeption der Tradition der Glossa Ordinaria einerseits und die systematische, redaktionelle Bearbeitung dieser Tradition andererseits. In seiner Magna Glossatura übernahm Lomdardus beinahe die ganze Glossa Ordinaria, aber diese Tradition von aneinandergereihten Zitaten verarbeitete er durch seine Einordnung der Rand- und Zeilenglossen sowie durch selbständige Erläuterungen zu einem mehr oder weniger glatten Text. Was den 51. Psalm anbelangt, hat dies zur Folge, daß die verschiedenen Aspekte der Tradition in der Glossa Ordinaria und in der Magna Glossatura sehr ähnlich gewichtet sind. Es ist beispielsweise daran zu denken, daß die Spannung zwischen der misericordia und der iustitia auch bei Lombardus keine große Bedeutung erlangt, daß die Vorstellung des Endgerichts und die damit verbundenen Tränen nicht mehr ins Gewicht fallen, daß die Unterscheidung zwischen wissentlich und in Unwissenheit begangenen Sünden tradiert wird oder daß der Psalm als ein Beispiel der Buße für jedermann verstanden wird, usw. Neben den in der Glossa Ordinaria überlieferten Zitaten von Augustin und Cassiodor führte Lombardus auch Zitate aus den eigenen Psalmauslegungen der beiden Interpreten an.[184] Die von Cassiodor aufgestellte fünfteilige Struktur des Psalms, die weder Alkuin noch Gregor noch die Glossa Ordinaria[185] überlieferte, erscheint z.B. wieder in der Auslegung des Lombar-

---

[183] Glo, RGl zu v. 21: »... vel cum ecclesiam construxeris, tunc iustitia erit sacrificium.«

[184] An einigen Stellen treten uns Gedanken entgegen, die auf die Auslegung des Gregor zurückzuführen sind, wie z.B. in v. 6: »qua promiserat Christum ex stirpe David nasciturum«. Es kommt aber m. W. kein Zitat von Gregor in der Auslegung des Lomdarden vor.

[185] In der Glossa Ordinaria wird nur die ersten zwei Teile der Struktur erwähnt. Siehe RGl zu v. 2 u. 9.

dus, obwohl sie für ihn sachlich ohne Belang war. Der Ertrag der redaktionellen Arbeit des Lombarden zeigt sehr deutlich das systematische Interesse der Frühscholastik und läßt sich thematisch leicht um zwei Begriffe gruppieren, nämlich das peccatum und die gratia. Daß die gratia eine noch größere Bedeutung als zuvor gewinnt, ist an vier Stellen deutlich zu erkennen, an denen Lombardus das Wort »gratia« ganz gezielt in den Text der Glossa Ordinaria einfügt, zweimal in bezug auf die Zeit der Kirche und zweimal in Hinsicht auf den heiligen Geist. Gleichermaßen präzisiert er das herkömmliche Sündenverständnis durch seine Redaktion der Glossa Ordinaria, indem er systematische Unterscheidungen in den Text einträgt.

B. Das Sündenverständnis

1. Das Streben nach Genauigkeit

Im Fahrwasser der ganzen Auslegungstradition konzentriert Lombardus sein Sündenverständnis auf das peccatum actuale; er zeigt jedoch die deutliche Tendenz, durch redaktionelle Bearbeitung des Textes eine zuvor unbekannte Genauigkeit in das Sündenverständnis einzuführen. Bei der Auslegung des 6. Verses z. B. wird die Glosse »in proximum«, die in der Glossa Ordinaria auf ein peccatum actuale gegen den Nächsten – im Gegensatz zu einem gegen Gott – gedeutet wird, ergänzt durch den Ausdruck »commissum«, hindeutend auf die Unternehmung einer bösen Tat im Gegensatz zu der Unterlassung einer guten.[186] Und in der Hand des Lombarden wird die in der Glossa Ordinaria erscheinende Glosse zu Vers 7: »er wurde mit der Fessel der Sünde geboren«, zu der noch genaueren Formulierung geändert: »er wurde mit der Fessel der Erbsünde und des zeitlichen und des ewigen Todes geboren«,[187] um dadurch klarzustellen, welches peccatum in diesem Vers zur Diskussion steht und welche Konsequenzen diese Sünde zur Folge hatte.[188]

---

[186] Glo, ZGl zu v. 6: »*malum* in proximum«. MPL 191, 486 A: »Tibi soli peccavi, et malum, commissum in proximum, coram te feci.«

[187] Glo, RGl zu v. 7: »In iniquitatibus. non quia peccatum est misceri coniugibus, sed quod fit, de carne poenali fit et quod de corpore mortuo propter peccatum seminatur, cum vinculo peccati nascitur et moritur.« MPL 191, 487 C: »In iniquitatibus se conceptum dicit, non quia peccatum sit misceri coniugibus, cum sit causa prolis; sed ideo quia quod fit, id est concipitur de carne poenali fit; et quod de corpore mortuo per peccatum seminatur, cum vinculo peccati originalis nascitur et mortis temporalis et aeternae.«

[188] Auch in v. 7 schließt LOMBARDUS an die Glossa: »etiam his imputas peccata«, die Erklärung an: »qui nullum actuale peccatum commiserunt«, MPL 191, 487 D.

2. Das Erbe Augustins

Durch die freie Wiedergabe der augustinischen Interpretation des 3. Verses bringt Lombardus nochmals den Gedanken zum Ausdruck, daß sich die misericordia und das peccatum quantitativ zueinander verhalten (v. 3).[189] Die Größe der misericordia entspricht der Schwere des peccatum, und darum erfordert die magna miseria gerade die magna medicina. Und im Geiste Augustins unterstreicht Lombardus bei der Auslegung des 8. Verses die confessio als eine Selbstbestrafung des Sünders.[190] Solche Stellen bezeugen deutlich die Fortentwicklung des Erbes Augustins in den Psalmenkommentar des Lombarden.

C. Die paenitentia

Lombardus folgt der Tradition in der Überzeugung, daß Psalm 51 als ein Beispiel der Buße gedacht ist,[191] und zwar als eines, das wegen seines gemäßigten Tons für jedermann geeignet ist.[192] Worauf es in diesem Psalm ankommt, ist in erster Linie die humilitas,[193] und da jeder Mensch diese Art von paenitentia leisten kann, wird jedermann durch diesen Psalm zur Buße aufgerufen.[194] Neu bei der Auslegung des Lombarden ist aber die Betonung der gratia im Bußverfahren, wie z.B. bei seiner Bearbeitung des 13. Verses erkennbar ist. Von Augustin übernahm Lombardus den Gedanken, das Sündenbekenntnis und die Selbstbestrafung seien dem Menschen aus eigener Kraft unmöglich und darum habe der Mensch das Geschenk des heiligen Geistes nötig.[195] Er stellt jedoch diesem augustinischen Zitat eine erklärende Bemerkung voran, aus der deutlich hervorgeht, daß das donum des heiligen Geistes nichts anderes als die gratia ist.[196]

---

[189] MPL 191, 485 A: »Misericordiam dico magnam, quia magna est miseria mea, et ideo magnam exigit medicinam ...«

[190] MPL 191, 488 A: »Hic poenitens, quia in confitendo dixit in veritatem quam Deus super sacrificia quaerit supplicat sibi subveniri. Vel ita: Ideo ita punio peccatum meum, quia, ecce in manifesto, veritatem dilexisti, qua peccatum punias, licet sis pius indultor.«

[191] Andeutend auf AUGUSTIN: »David autem hic apponitur in exemplum non cadendi, non prosperitatis otia affectandi, sed si cecideris resurgendi. Et ne desperes de peccati immanitate, cum videas David post reatum homicidii et adulterii, per poenitentiae humilitatem, Deo placuisse«, MPL 191, 483, C-D.

[192] Der Glossa Ordinaria entnommen: »Inde est quod hic poenitentialis psalmus plus aliis frequentatur in Ecclesia, quia hic magis humilitas ostenditur, et quia hoc est temperatum supplicationis genus, quod etiam implere infirmi possunt quia hic nihil difficile dicitur ut in aliis«, MPL 191, 484 A.

[193] MPL 191, 483 C: »Psalmus dico, agens de poenitentia et humilitate quam habuit David ...«

[194] MPL 191, 484 C: »Intentio: Monet ad poenitentiam. Modus: Quinque sunt partitiones.«

[195] MPL 191, 490 B: »Auferas dicit, quia iam habet donum Spiritus: qui confitetur et poenitet, quia non potest esse confessio peccati, et punitio in homine, ex seipso. Cum enim quisque sibi irascitur, et displicet, sine dono Spiritus sancti non est.«

[196] MPL 191, 490 B: »... *et Spiritum sanctum tuum*, id est gratiam Spiritus sancti«.

D. Die Vergebung und die Erneuerung

Obwohl Lombardus in Einklang mit einer Strömung der Auslegungstradition die Vergebung der Sünde als die Reinigung eines Flecks beschreiben kann, begnügt er sich nicht mit solchen Metaphern, versucht vielmehr in scholastischem Stil den Modus der Sündenvergebung und der Erneuerung genauer zu definieren. Schon in der Glossa Ordinaria wird bei der Auslegung des 14. Verses die Bestätigung in einem spiritus principalis mit der Erneuerung des Menschen durch den heiligen Geist identifiziert.[197] Zu dieser Glosse fügt Lombardus aber seine eigene Interpretation hinzu, um zu präzisieren, daß die Wirksamkeit des heiligen Geistes bei der Sündenvergebung und der Erneuerung nichts anderes ist als die sakramental eingegossene Gnade.[198] Die spätere Tradition lehnte diese Identifizierung des spiritus sanctus mit der gratia der Sakramente ab, sie nahm jedoch die Hinzufügung des Wortes „gratia" auf, um die eingegossene Gnade immer deutlicher in den Vordergrund zu rücken. Insofern führte Lombardus bei seiner Auslegung des 14. Verses ein neues Element ein, das die nachfolgenden Interpretationen bis in die Zeit Luthers prägte.

Wie Gregor vor ihm, so interessiert sich auch Lombardus für die Verheißungen Gottes als den Beweggrund der Vergebung.[199] Ungeachtet dessen, daß David gegen Gott und Mensch schwer gesündigt hat, wird Gott seine Verheißung der Geburt Christi vom Stamm des großen Königs erfüllen, damit er in seinen Worten gerechtfertigt wird. Wenn aber Gott diese Verheißung erfüllen soll, muß er zuerst die Sünden Davids verzeihen. Lombardus untermauert diesen Gedankengang mit einem Ezechiel-Zitat als Beleg dafür, daß Gott denen die Sündenvergebung schenkt, die sich reumütig ihm zuwenden.[200] In diesem Zusammenhang kommt also die Verheißung Gottes in den Blick als der beinahe zwingende Grund, warum Gott die Sünden des Menschen verzeiht, als habe Gott sich durch seine Verheißung zur Vergebung verpflichtet.

---

[197] Glo, ZGl zu v. 14: »... id est spiritu sancto confirma, non solum non auferas.«

[198] MPL 191, 490 C: »... *et spiritu principali*, id est Spiritu sancto, id est per gratiam Spiritus sancti, qua ignovisti mihi *confirma me*. Non solum non auferas, sed etiam confirma.«

[199] MPL 191, 487 A: »Ostendit esse veracem Patrem in promissione qua promiserat Christum ex stirpe David nasciturum, quod quidam propter peccata David Deum non implere dicebant; contra quos David dicit loquens ad Deum Patrem, Ideo munda, ut me mundato iustificeris, id est verax reperiaris in sermonibus tuis, qui sunt de promissione Christi, quam mihi fecisti.«

[200] MPL 191, 487 A-B: »Vel ita: Agit contra illos qui dicebant Deum David non indulgere, eo quod tam graviter Deum offenderat. Precatur ergo David ut parcat, ut sic impleat quod promisit de venia ingemiscentis, dicens: *Quacunque hora peccator ingemuerit, omnium iniquitatum eius non recordabor* (*Ezech*. XVIII). Quasi dicat, ideo munda, ut iustificeris in sermonibus tuis qui sunt de promissione veniae ingemiscentis ut vincas, id est convincas eos, cum iudicaris, ab eis non parcere mihi.«

E. Die Zeit der Tieropfer und die Zeit der gratia

In den Mittelpunkt seiner Auslegung der Verse 18–19 u. 21 stellt Lombardus die Unterscheidung zwischen der Zeit der Tieropfer und der Zeit der Gnade.[201] Zur Zeit Davids wurde das Tieropfer als eine Sühne für das peccatum angesehen, aber der Prophet sah die Zeit der gratia voraus, in der die Schatten des Alten Testaments nicht mehr gelten würden. In dieser neuen Zeit der Gnade, die sich mit der Zeit der Kirche deckt, gilt allein der spiritus contritus als ein gottgefälliges sacrificium peccatorum.[202]Lombardus kann aber auch das sacrificium iustitiae in Vers 20 mit dem sacrificium peccatorum gleichsetzen, so daß der spiritus contritus mit der iustitia identifiziert wird.[203] Daraus wird der Schwerpunkt der Auslegung des Lombarden deutlich erkennbar: der spiritus contritus im Sinne der iustitia gilt als eine unentbehrliche Bedingung der Sündenvergebung. Dieses im Opferverständnis des Lombarden implizierte Verdienst des Menschen bei der paenitentia tritt deutlich an den Tag, wenn er durch eine redaktionelle Bemerkung die theologischen Tugenden für die Verdienste erklärt, die zum ewigen Leben führen.[204]

VII. Hugo Cardinalis. Postilla

Mit der Interpretation Hugos von St. Cher, der 1226 in Paris Dominikaner wurde, erreichen wir ein neues Stadium in der Auslegungsgeschichte des 51. Psalms. Das stark traditionsgebundene Moment der Exegese, das allerdings bis zum Aufkommen des Humanismus weiterhin herrscht, wird doch allmählich durch das schon bei Lombardus angebahnte systematische Interesse abgelöst, und dieser Sachverhalt zeigt sich bei Hugo in erster Linie an der Flut neuer systematischer Unterscheidungen.

---

[201] MPL 191, 491 C: »*Quoniam si voluisses sacrificium* … quod illo tempore pro expiatione pendebatur, *dedissem utique*. Videbat propheta tempus gratiae, quo haec figurativa cessarent.«

[202] MPL 191, 491 D.

[203] MPL 191, 492 A: »Quinta pars, iam gaudens de aedificatione Ierusalem, id est Ecclesiae: propheta in qua sacrificium iustitiae fiat. Quasi dicat: sacrificium est tibi spiritus contritus, quod sacrificium ut tibi fiat, *o Domine, benigne fac Sion*, id est Ecclesiae.« LOMBARDUS berichtet auch die Interpretationen AUGUSTINS und CASSIODORS sowie die aus der Glossa Ordinaria zum Thema sacrificium iustitiae, nach denen das sacrificium als der künftige Lobpreis Gottes bzw. das Leiden Christi oder die iustitia der Heiligen verstanden wird.

[204] MPL 191, 492 B: »Benigne fac, id est, mitte Filium, et dimitte peccata. Et hoc, in bona voluntate tua, non sibi tribuat aliqua merita, *ut aedificentur muri Ierusalem*, per primum hominem destructi, id est munimenta immortalitatis nostrae quae dabitur in futuro, constituantur in fide, spe et charitate. Haec sunt bona merita per quae nobis defendetur immortalitas in futuro …«

A. Im Zeichen der Scholastik

1. Das Thema und die Struktur

In diesem Psalm handelt es sich um die paenitentia und die humilitas Davids, als Nathan der Prophet zu ihm kam. Da aber David nicht nur in seiner eigenen Person, sondern auch in der Person jedes Büßers (tropologisch) sowie in der Person der ganzen Kirche (allegorisch) spricht, gilt er als Vorbild der paenitentia.[205] Von Lomdardus übernahm Hugo die letztlich auf Cassiodor zurückzuführende, fünfteilige Struktur des Psalms (v. 1–2).[206] Aber im Gegensatz zu der Auslegung des Lombarden, in der die fünfteilige Struktur nur formelhaft erscheint, erlangt die Struktur bei Hugo wieder eine sachliche Bedeutung, obwohl natürlich auf ganz andere Weise als früher bei Cassiodor. Rein formal unterscheidet sich Hugo von Cassiodor, indem er beim zweiten Teil den Schnitt vor Vers 8 b, statt vor Vers 9 macht, aber noch wichtiger sind die sachlichen Differenzen der beiden Interpreten. Die ersten zwei Teile, nämlich die Verse 3–8 und die Verse 9–10, ergänzen sich bei Cassiodor gegenseitig, so daß die für die erfolgreiche Durchführung der paenitentia notwendige Zusammengehörigkeit von humilitas und confidentia deutlich hervorgehoben wird. Ohne die humilitas mangelt es dem Sünder völlig an der inneren Voraussetzung der paenitentia; ohne die confidentia gerät der Büßer so tief in Verzweiflung, daß er die paenitentia nicht ganz durchführen kann. Dieser Gedankengang wird zwar von Hugo aufgenommen, erfährt jedoch eine Akzentverschiebung, so daß die contritio des Büßers erheblich stärker betont wird.[207] Auch beim dritten Teil beobachtet man eine theologische Entfaltung der von Cassidor stammenden Struktur. Nach Hugo bringt der 11. Vers die Bitte um die remissio peccatorum zum Ausdruck, die Verse 12–14 hingegen die Bitte um die restitutio gratiae, und gemäß der theologischen Problemlage seiner Zeit behandelt Hugo die zwei Bitten im Kontext der scholastischen Auseinandersetzung um das Verhältnis von remissio und gratia.

---

[205] Postilla zu v. 1–2. »Psalmus iste convenit david prophetae agens de paenitentia et humilitate quam habuit david cum venit ad eum nathan … Hic agit de penitentia ut contra iudicium agamus penitentiam … et ut exemplo david speremus veniam peccatorum.« Und ferner zu v. 3: »David ergo penitens et publice confitens in persona sua et cuiuslibet penitentis aut etiam totius ecclesie militantis dicit (miserere).«

[206] Postilla zu v. 1–2: »ita per paenitentiam et humilitatem de qua hic agitur, impetratur a domino plena remissio peccatorum. Unde intentio est monere ad paenitentiam. Modus quinque sunt partitiones.

[207] Hugo hat als erster das Wort »contritio« bei der Auslegung des 9. Verses verwendet.

2. Methode

In typisch scholastischem Stil bedient sich Hugo sprachlogischer Unterscheidungen, um schwierige Passus zu erklären oder um scheinbare Widersprüche zu beheben. Auf diese Weise kann er z.B. geltend machen, daß das Pronomen »meus« die von Gott geschaffene substantia bezeichnet, während das Nomen »David« auf den Einzelmenschen hindeutet (v. 3 a).[208] Hugo benutzt auch gern die quaestio-Methode der Scholastik, um zuerst eine bestimmte Fragestellung aus dem zu interpretierenden Text herauszukristallisieren und dann anschließend das gestellte Problem durch eine plausible Lösung zu beseitigen.[209] Auffallend bei ihm ist ferner das Eindringen einer philosophischen Sprache in die exegetische Arbeit, wie etwa im 14. Vers, in dem das dreifache Vorkommen des Wortes »spiritus« anhand der Begriffe veritas, bonitas und unitas interpretiert wird.[210] Obwohl Hugo wie auch andere Interpreten vor ihm verschiedene Interpretationen eines bestimmten Verses zusammenhanglos aneinanderreihen kann, zeigt er doch gelegentlich eine beeindruckend systematische Geschicklichkeit. Bei seiner Auslegung von Vers 6 z .B. kombiniert er die Interpretationen Augustins und Cassiodors, ausgehend von einem dreifachen Sinn des Textes: »Tripliciter legitur versus iste«.[211] Daraufhin deutet der Vers auf die Trinität, den Sohn Gottes und den Vater bzw. auf die dreifache Art des Sündigens. Durch dieses Verfahren gelingt es Hugo, eine einheitliche Interpretation der Versteile 6 a u. b zu erreichen, dies im Gegensatz zu der Auslegungstradition, in der sie öfters separat behandelt wurden.

B. Das Sündenverständnis

1. Die Gattung Sünde

Bei der Auslegung von Vers 6 a: »tibi soli peccavi«, legt Hugo das Hauptgewicht weder auf das peccatum originale noch auf das peccatum actuale, sondern ganz allgemein auf die Gattung »peccatum«. Handelt es sich nun aber nicht primär um die Konkretheit der Sünde, vielmehr um die konzeptuelle Gesamtheit aller Arten derselben, so liegt es nahe, den Sünden-Begriff durch angemessene Unterscheidungen zu präzisieren. Zu diesem Zweck stellt Hugo fest, daß der

---

[208] Postilla zu v. 3: »Secundum notatur cum dicit (mei) pro gravi enim offensa cuius conscious sibi erat, tacet proprium nomen quod odiosum erat et proponit pronomen quod significat mere substantiam ... pro nomine ergo odioso pronomen ponit quod signat mere substantiam, quam dominus fecit, et ideo non est odiosa, quia deus nihil odit eorum quae fecit sicut dicitur Sap. xi.«

[209] Postilla passim.

[210] Postilla zu v. 14: »... vel sic (per spiritum rectum) innuitur veritas (per spiritum sanctum) bonitas (per spiritum principalem) unitas, scilicet modus species ordo numerus pondus mensura, quae sunt in omni re.«

[211] Postilla zu v. 6.

Mensch bei jeder Sünde in drei verschiedenen Beziehungen steht, nämlich in Beziehung zu dem strafenden Richter (ad iudicium), zu einem Unschuldigen (ad comparationem) und zu dem Verletzten (ad offensam). Im Hinblick auf den Fall Davids führen diese Erwägungen zum Schluß, daß in Vers 6 das Sündigen gegen den anderen im dritten Sinne gar nicht gemeint sein kann. Denn die Verletzten in diesem Fall waren offensichtlich Uria und das Volk, nicht Gott. Das Wort »tibi soli peccavi« ergäbe dann für Hugo nur einen Sinn in bezug auf Gott als Richter oder als Vergleichsperson.[212]

2. Die Arten der Sünden

Während Vers 6 die Sünde als eine allgemeine Klasse behandelt, kommen in Vers 7 und den folgenden die Arten der Sünden in Betracht, vor allem aber die Unterscheidung zwischen dem peccatum originale und dem peccatum actuale.[213] Hinsichtlich des peccatum originale konstatiert Hugo, daß der Mensch in triplex iniquitas gezeugt wird, nämlich in peccato originali, in pronitate ex fomite und in infirmitate (v.7).[214] Allerdings wird das peccatum originale durch die Taufe getilgt, aber als Strafe bleibt die Erbsünde nach der Taufe in der Form der Schwachheit des Menschen und seiner damit verbundenen Neigung zur Sünde.[215] Um dem engen Zusammenhang von peccatum originale und actuale bzw. dem ununterbrochenen Charakter seines Elends Ausdruck zu geben, bekennt David nicht bloß seine Tatsünden, sondern auch seine Schwachheit.[216] Daraus erklärt sich, warum er den Plural »iniquitates« anstatt des Singulars »iniquitas« verwendet, hindeutend auf die Vielfältigkeit des dem peccatum originale nachfolgenden Elends.[217]

Das in der Auslegungstradition übliche Verständnis der Sünde Davids als einer gegen den Nächsten wird von Hugo weitergegeben (v. 3 u. 6), jetzt aber nicht mehr auf die zwei Tatsünden, Ehebruch und Mord, beschränkt, vielmehr zu der Triade erweitert: Betrug (dolositas), Mord (homicidium) und

---

[212] Postilla zu v. 6: »Nota ergo quod peccatur alicui tripliciter, scilicet vel ad iudicium sive ut iudici punienti vel ad comparationem sive ut nihil delinquenti vel ad offensam sive ut offensam patienti, sed de tertio modo non est hic expositio. Non enim potuit dicere vel trinitati vel christo vel patri (tibi soli peccavi), id est te solum offendi; offendit enim et uriam et populum.«

[213] Postilla zu v. 6: »... supra dixit in genere tibi soli peccavi; nunc autem descendit et confitetur specialiter et incipit a peccato originali ...«

[214] Postilla zu v. 7.

[215] Postilla zu v. 7: »... quia dicit Crys. Quod coniugium et si non sit peccatum, tamen malum est malitia poenae, et quia in opere eius de facili fit malum«.

[216] Postilla zu v. 7: »Sed nunquid confitendum est originale peccatum cum in baptismo deleatur utique; hic dicit frater Johannes Sed ego non credo cum omnino sit extra voluntatem nostram et de voluntariis tamen debet esse confessio; nec david confitetur peccatum originale nisi ut ostendat miseriae suae continuationes si peccat homo peccatum actuale redit et originale.«

[217] Als zweite Deutungsmöglichkeit des Plurals erwähnt Hugo die vielen Namen des peccatum originale.

Ehebruch (adulterium).[218] Die besondere Vorliebe der Scholastik für Unterscheidungen in bezug auf das peccatum zeigt sich deutlich an der Distinktion zwischen peccata venialia und mortalia (v . 3 u. 9), zwischen impietas in deum und iniquitas in proximum usw. Ausführlich behandelt Hugo in Vers 15 die Differenzierung der Sünder nach ihrer Beziehung zum Nächsten, zu Gott und zu sich selbst auf der einen und nach der entsprechenden Art der Schuld: ungerecht gegen den Nächsten, frevelhaft gegenüber Gott und sündig in sich selbst auf der andern Seite.[219] Bemerkenswert bei Hugos Auslegung von Vers 14 ist dies, daß er das dreifache Vorkommen des Wortes »spiritus« auf die Sünden hin interpretiert. Der spiritus rectus richtet sich gegen den Geiz, der spiritus sanctus gegen die Zügellosigkeit und der spiritus principalis gegen die Hochmut.[220] Diese ungewöhnliche Interpretation des dreifachen »spiritus« sowie auch die vielen von Hugo angeführten Unterscheidungen des peccatum lassen seine intensive Beschäftigung mit dem Sündenverständnis deutlich erkennen.

Die Geschichte des barmherzigen Samariters andeutend, schildert Hugo bei der Auslegung des 12. Verses die Auswirkungen der peccata actualia auf die natürlichen und übernatürlichen Gaben des Menschen.[221] Als ob von Räubern überfallen, gerät der Mensch in die Sünde. Dann verletzt sie ihn in seiner Moral-Existenz, die zu seinen natürlichen Gaben gehört, und beraubt ihn seiner geistlichen Fähigkeiten, die seinen übernatürlichen Gaben zugeordnet sind.[222] Im Verhältnis zu ihrer Schwere wirkt sich die Sünde jedoch unter-

---

[218] Postilla zu v. 3: »… et sequuntur tria verba his tribus respondentia, scilicet dele iniquitatem meam quod ad dolositatem referri potest (lava me ab iniquitate me) quantum ad homicidium (et a peccato meo munda me) quantum ad adulterium.«

[219] Postilla zu v. 15: »Et nota differentiam quia iniquus dicitur in proximum impius in deum, peccator in seipsum.« Vgl. z.B. Thomas, S. th. q. 72. a. 4, wo Thomas die drei species der Sünde erklärt, nämlich das peccatum in Deum (z.B. haereticus, sacrilegus), in seipsum (z.B. guloso, luxurioso) und in proximum (z.B. furtum, homicidium).

[220] Postilla zu v. 14: »… sic spiritus rectus dicitur contra avariciam Amos iii. Nescierunt facere rectum thesaurizantes iniquitatem et rapiam in aedibus suis, spiritus sanctus contra luxuriam Heb. xii. Sequimini sanctimoniam sine qua nemo videbit deum, spiritus principalis contra superbiam, Eccl. x. Initium omnis peccati superbia.«

[221] Zum Thema: Auswirkungen des peccatum, vgl. Petrus Lomdardus, Sent. II d. 25 c. 7: »Per illud namque peccatum naturalia bona in homine corrupta sunt, et gratuita detracta. Hic est enim ille qui a latronibus vulneratus est et spoliatis: *vulneratus*quidem in naturalibus bonis, quibus non est privatus; alioquin non posset fieri reparatio; *spoliatus* vero gratuitis, quae per gratiam naturalibus addita fuerant.« Interessanterweise kommen diese Gedanken in der Auslegung des Lombarden über Psalm 51 nicht vor, aber daran zu erinnern ist, daß Lombardus die Sententiae nach seiner Psalmenarbeit schrieb.

[222] Postilla zu v. 12. »(Cor mundum et caetera) supra deprecatus est contra mala ut amoverentur; hic autem orat pro bonis ut dentur cum subiungit (cor mundum crea in me deus) crea dicit, id est ex nihilo quia esse morale perdiderat … et merito petit hoc a domino quia a se non potest habere. Unde Prover. xx. Quis potest dicere mundum est cor meum, et in hoc petit naturalium restitutionem, quia per peccatum vulneratus fuit in naturalibus et spoliatus gratuitis unde secundo petit restitutionem gratuitorum quibus spoliatus fuerat, unde addit (spiritum rectum innova in visceri-

schiedlich verheerend auf die natürlichen und übernatürlichen Gaben aus, so daß Hugo in Anlehnung an Augustin von einem quantitativen Verhältnis zwischen misericordia und peccatum sprechen kann. Hindeutend auf die zwei Arten von Quantität, nämlich quantitas in genere continuo und discreto, assoziiert er dann die misericordia continua mit dem Wort »magnitudo«, die misericordia discreta mit »multitudo«.[223]

C. Die paenitentia

1. Die Bußtugend und das Bußsakrament

Die Ausführungen Hugos zu der paenitentia impliziert die Unterscheidung zwischen der Buße im weiteren Sinne als einer Tugend, bestehend vor allem in der confessio und der humilitas, und der Buße im engeren Sinne als kirchlichem Sakrament neben der Taufe. Im ersten Sinne kommen der paenitentia acht Eigenschaften zu, die im 51. Psalm am Symbol des Ysops verdeutlicht werden (v. 9): die paenitentia macht den Menschen demütig, schenkt ihm durch die charitas eine wohltuende Warmherzigkeit, reinigt ihn durch die contritio usw.[224] Da die Buße als Tugend nicht an die kirchliche Zeremonie gebunden ist, kann hier die Rede von einer paenitentia continua sein (v. 5).[225] Im Zusammenhang mit der paenitentia im engeren Sinne erläutert Hugo ihre drei Teile: contritio, confessio und satisfactio, und weist auf die Notwendigkeit des Sakraments für die Vergebung der peccata mortalia.[226] Auf den ersten Teil bezogen (contritio), erklärt Hugo das cor contritum als das einzig gottgefällige Opfer; denn Gott verlangt als Opfer nicht etwa den Besitz des Menschen (z.B. ein Tieropfer), sondern den Menschen selbst. Demgemäß soll der Büßer Leib und Seele zugleich in der paenitentia exerzieren, damit Mühsal dem corpus,

---

bus meis) quasi dicat spiritum meum inveteravi per peccatum et ad carnalem voluptatem incurvavi Baruch. iii.«

[223] Postilla zu v. 3: »... quasi dicat in omni genere quantitatis scilicet continuo et discreto magna est eius misericordia. Differunt tamen misericordia et miseratio, quia misericordia dicit habitum virtutis, miseratio autem dicit actum.«

[224] Postilla zu v. 9.

[225] Postilla zu v. 13: »... id est spiritum prophetiae vel donum spiritus sancti quo peccatum meum cognosco confiteor et paeniteo ... dicendo autem (ne auferas) petit perseverantiam et paenitentiam spiritus sancti continuam 1. Paral. xix. Semper in meditatione et veneratione tui mens ista permaneat.«

[226] Postilla zu v. 9: »... et tanguntur hic duo genera mundationis, scilicet venialium et mortalium unde dicit (asperges me et mundabor) quantum ad venialia (lavabis) quo ad mortalia baptismate et paenitentia dimittuntur, venialia autem delentur per multa quae notantur his versibus ... vel sic ut per quattuor verba quattuor diversa notentur (asperges me ysopo) id est humilitate ut dictum est supra qua proprie aspergi dicitur, quia sicut aspersio plantas fecundat ... Qui sine humilitate caeteras virtutes congregat quasi pulverem in ventum portat (et mundabor) per contritionem (lavabis me) per confessionem et (super nivem dealbabor) per satisfactionem.«

Schmerz dem spiritus auferlegt wird.[227] Das Sündenbekenntnis (confessio)
kommt in den Blick als die zur Vergebung führende Selbstanklage des
Büßers,[228] und am Beispiel Davids wird verdeutlicht, daß die confessio letztlich
zwei Dimensionen beinhaltet, nämlich das Bekenntnis der eigenen Erbärm-
lichkeit und der Barmherzigkeit Gottes.[229] Was den letzten Teil (satisfactio) der
paenitentia betrifft, konzentriert Hugo seine Gedanken vor allem auf die Aufgabe des Predigens nach der Sündenvergebung.

2. Das Predigen

Hatte Cassiodor die Zurechtweisung der Ungerechten durch den Büßer als ein
satisfaktorisches Werk der Buße betont, so fällt bei Hugo das Hauptgewicht auf
das Predigen als eine Fortsetzung oder genauer gesagt als eine Vollendung der
paenitentia. Diesbezüglich ist daran zu erinnern, daß die Gründung des Domi-
nikanerordens (Ordo Fratrum Praedicatorum, gegr. 1216) mit der Bekämpfung
der Sekten in der zweiten Hälfte des 12. Jahrhunderts und im 13. Jahrhundert
zusammenhängt. Damit verbindet sich auch der Titel von Hugos Auslegung
»Postille«, der in seinem Psalmenkommentar zum ersten Mal in der Auslegungstradition begegnet.[230] Es war demnach für Hugo sehr naheliegend, das
Predigen für eine verdienstvolle Leistung zu halten. Durch ein Wortspiel zwischen »aurea« (der Zügel) und »aureola« (der Heiligenschein) gibt Hugo bei der
Interpretation des 15. Verses der Kontinuität von Predigen und Buße klaren
Ausdruck. Der Sünder soll zum Prediger werden; er soll sich nicht nur durch
die paenitentia Zügel anlegen, vielmehr durch das Predigen auch den Heiligenschein gewinnen.[231] Buße tut man für sich selbst, man predigt aber um des
Nächsten willen (v. 17).[232] Darum gilt das Predigen als eine verdienstvolle Fort-

---

[227] Postilla zu v. 19: »(Sacrificium deo spiritus contribulatus) quasi dicat non quae sunt hominis
vult deus, sed ipsum hominem … (sacrificium deo spiritus contribulatus) id est cum corpore tribu-
latus per paenitentiam ut spiritus dolore et corpus labore afficiatur …«

[228] Postilla zu v. 8: »(Ecce enim veritatem) quasi dicat ideo ita confiteor et manifesto miseriam
meam (enim) quia (ecce) in evidenti est (quod dilexisti veritatem) in confitente accusante seipsum,
quia si ipse accusat tu excusas; si ipse agnoscit tu ignoscis.«

[229] Postilla zu v. 3: »… duplicem autem confessionem facit propheta hic primo confitetur se mi-
serum cum dicit (miserere) quia ut habetur Prover. xiiii. Miseros facit populos peccatum … Secundo confitetur deum misericordem cum dicit (secundum magnam misericordiam tuam) non sicut Cayn qui dixit Gen. iiii. Maior est iniquitas mea quam ut veniam merear.«

[230] Siehe M. Elze, Schriftauslegung. Alte Kirche und Mittelalter. RGG³, 1526.

[231] Postilla zu v. 15: »(Docebo iniquos) Quarta pars ubi dicit quid restitutus persolvat, hoc scilicet quod aliis praedicabit; unde dicit (docebo iniquos vias tuas) ecce quod de peccatore fit praedi-
cator, quasi dicat non acquiram mihi tantum auream per paenitentiam, sed et aureolam per praedi-
cationem.«

[232] Postilla zu v. 17: »… et quomodo petit labia sua aperiri qui iam tot dixerat nonne aperta fuerunt cum dixit (miserere mei et caetera). Item quare non est iste versus primus psalmi huius. Solu-
tio ad primum aperta fuerunt cum dixit (miserere mei et caetera) sed pro se scilicet ad veniam pe-
tendum; nunc petit aperiri pro aliis docendis quod promiserat immediate (docebo iniquos et cae-

setzung der Buße. Zur Erfüllung dieser Aufgabe führt Hugo die folgenden Voraussetzungen an: die Befreiung von den peccata carnalia (v. 16), die Trennung von Eltern und Familie (v. 16), die nötige Bibelkenntnis (v. 17) und schließlich die Gnade Gottes (v. 17).

D. Die Vergebung des peccatum und die Erschaffung neuer gratia

1. Die Art und die Begründung der Vergebung

Es ist nicht zu verwundern, daß Hugo das peccatum bildlich als ein Fleck (macula) darstellt, der durch die paenitentia reingewaschen werden soll. Das Beachtliche ist aber, daß seine Unterscheidung zwischen den peccata mortalia und den peccata venialia zu einer entsprechenden Differenzierung zweier Arten der paenitentia bzw. zweier Modi der Reinigung führt.[233] Was den Psalmtext angeht, orientiert sich Hugo an Vers 9; das Wort »mundare« deutet also auf die Reinigung von peccata venialia hin, die durch das Sündenbekenntnis (confiteri), die Demut (conteri), das Sakrament des Altars (edere), das Gebet (orare) und dergleichen vollzogen wird, während das Wort »lavare« auf die Reinigung von peccata mortalia hinweist, die durch die Taufe und das Bußsakrament geschehen soll.[234]

In bezug auf die Frage nach dem letzten Grund, weshalb Gott dem Menschen die Sündenvergebung schenkt, ist Hugo in Gregors Spuren getreten, indem er die Verheißungen Gottes in den Mittelpunkt stellt. Daraus ergibt sich die folgende Modifikation eines wichtigen Aspekts der von Augustin stammenden Tradition. In Übereinstimmung mit Augustin stellt Hugo fest, daß die misericordia dei gerade in der Sündenvergebung besteht,[235] aber die iustitia dei wird für ihn – im Unterschied zu Augustin – nicht in erster Linie seitens des Menschen durch die Selbstbestrafung erfüllt, sondern von seiten Gottes durch die Erfüllung seiner Verheißungen an den Menschen.[236] Die Begründung der Sündenvergebung in den Verheißungen Gottes wird von Hugo ontologisch durch die bereits erwähnte Unterscheidung des Pronomens »meus« von dem

---

tera).« Daß Hugo »docere« im Sinne von Predigen versteht, ist aus seiner Auslegung des 15. Verses ersichtlich.

[233] Postilla zu v. 9: »… (lavabis me) contritione cordis dicit david, sicut aqua baptismatis lavabis peccatores tempore gratiae (et super nivem dealbabor) id est incomparabiliter ero albus sine macula nigredinis peccati …« u. s.o. Anm. 269.

[234] Postilla zu v. 9: Hugo gebraucht aber keine fixierte Terminologie und kann darum in Vers 4 »lavare« auf die Reinigung der Seele, »mundare« hingegen auf die Reinigung des Leibes beziehen.

[235] Postilla zu v. 3 b u. 4.

[236] Postilla zu v. 5: »(Quoniam iniquitatem) supra petiit misericordiam, hic autem petit iustitiam, eo quod dominus promisit paenitentibus indulgentiam …« Vgl. Postilla zu v. 16: »Misericordia dei est quod dominus primo infundit gratiam paenitentiae: iustitia autem est quod parcit iam paenitenti eo quod promisit«.

Nomen »David« untermauert. Dadurch, daß David »miserere mei« betet, lenkt
er die Aufmerksamkeit auf die von Gott geschaffene Substanz seines Daseins,
die Gott seinerseits trotz aller Sünden der Person nicht hassen kann (v. 3).[237]

2. Die Erneuerung der Seele als eine neue Schöpfung

Auf Grund der scholastischen Auffassung der Sünde und Gnade war es Hugo
möglich, eine neue Interpretation des Wortes »creare« in Vers 12 anzuführen. In
der bisherigen Auslegungstradition war man darum bemüht, das Wort »creare«
im Sinne von »innovare« zu interpretieren, da man den Zustand des Menschen
nach der Sündenvergebung als die Wiederherstellung eines früheren aufgefaßt
hatte. Nach scholastichem Verständnis wird aber die in der Seele wirksame
Gnade durch die Sünde zerstört, so daß dem in Sünde befindlichen Menschen
nur zu helfen ist, indem neue Gnade in seine Seele eingegossen wird. Demzufolge versteht Hugo das Wort »creare« im strengsten Sinne als eine creatio ex
nihilo (v. 12).[238] Nicht zu übersehen ist aber dies, daß die Seele selbst nach wie
vor die gleiche ist. Nicht ein neues Herz, sondern neue Gnade wird dem Menschen geschenkt.

E. Die ecclesia militans und die ecclesia triumphans

Als sacrificium pro peccato verlangt Gott nicht das Opfer dessen, was dem
Menschen gehört, sondern das Opfer des Menschen selbst, nämlich das cor
contritum. Neben dem cor contritum spricht Hugo aber ganz allgemein von
den guten Werken als gottgefälligen Opfern,[239] die nicht nur Vorrang vor den
Tieropfern des Alten Testaments, sondern auch vor dem Eintreten in die Orden
haben.[240] Mit den guten Werken verbunden ist nun das sacrificium iustitiae, das
Hugo in Anlehnung an die Glossa Ordinaria und den Lombarden als die gegen-
wärtige iustitia des Christen interpretiert. Wahrscheinlich aus systematischen
Interessen macht er aber von der Unterscheidung zwischen der ecclesia militans
und der ecclesia triumphans bzw. ecclesia caelestis Gebrauch, um diese Interpretation mit der zukunftsbezogenen Auslegung Augustins zu kombinieren. In
der gegenwärtigen ecclesia militans besteht die iustitia in einem Opfer, in der

---

[237] Postilla zu v. 3: »… pro nomine ergo odioso pronomen ponit quod signat mere substantiam,
quam dominus fecit, et ideo non est odiosa, quia deus nihil odit eorum quae fecit …«

[238] S.o. Anm. 222.

[239] Postilla zu v. 19: »Item quodcumque bonum opus sacrificium est deo Eccli.xxxv. Salutare
sacrificium est attendere mandatis et discedere ab omni iniquitate …«

[240] Postilla zu v. 18: »… multi dicunt (si voluisses) me (sacrificium) intrando religionem (dedissem), quasi dicat si deo placeret ego intrarem (utique holocaustis) ubi natura simul cum vitio de-
struitur per indiscretionem (non delectaberis) Eccls.iiii. Multo melior est obedientia quam stulto-
rum victimae …«

zukünftigen ecclesia triumphans hingegen im Lobpreis Gottes (v. 21).[241] Die
Mauern der ecclesia militans sind fides, spes und charitas; die der ecclesia triumphans sind cognitio, pax und charitas.[242]

VIII. Nicolaus de Lyra. Postilla in der Biblia cum Glossa Ordinaria

Das Kennzeichen der Lyra'schen Interpretation des 51. Psalms ist ihre architektonische Gliederung, die zum Teil aus dem Begriffspaar von petitio und persuasio in der antiken Rhetorik entstanden ist. Dadurch unterscheidet sich die
Arbeit Lyras grundsätzlich von der vorhergehenden Auslegungstradition.

A. Die Struktur und der Inhalt

Bekanntlich war das grundlegende Modell der antiken Rhetorik neben der
Lobrede die Verteidigungsrede vor Gericht, bei der ein Anspruch bzw. eine
Klage und die darauf bezogene Überredungskunst die zentrale Stellung einnah-
men. Bei der Auslegung des 51. Psalms bedient sich Lyra dieser rhetorischen
Methode und ordnet jeden Vers entweder einer petitio oder einer persuasio zu.
Gewiß hatte Lyra nicht als erster den Psalm in einzelne Teile gegliedert; bereits
in der Auslegung Cassiodors begegnete eine fünfteilige Struktur, die nachträglich in die Interpretation von Lombardus und Hugo wieder aufgenommen
wurde. Dennoch stellt das Bestreben Lyras, den Psalm bis in kleinste Einheiten
zu zergliedern, eine neue Entwicklung in der Auslegungsgeschichte dar und
hat eindeutig zur Folge, daß der Inhalt seiner Auslegung im Vergleich zu der
Tradition wirklich sehr dürftig ist. Lyra liegt es primär daran, den ganzen Psalm
in das Schema von petitio und persuasio einzufügen, und alles, was inhaltlich
nicht hinein paßt, wird an den Rand gestellt. Dieser Sachverhalt läßt sich beispielsweise an Lyras Auslegung des 6. Verses verdeutlichen. Lyra interessiert sich
nur wenig für die Wendung »tibi soli peccavi«, richtet vielmehr seine Aufmerksamkeit auf den Versteil »iustificeris in sermonibus suis«, den er nun auf die Verheißung Gottes hin interpretiert und als eine persuasio ins Feld führt.[243] Die
gleiche Tendenz zeigt sich auch an seiner Erläuterung von Vers 7. Im scharfen

---

[241] Postilla zu v. 21: »(Tunc) id est muris ecclesiae militantis constitutis firmiter super firmam
petram christum (acceptabis sacrificium iustitiae) id est iustitia erit tibi sacrificium acceptabile ...
vel de ecclesia triumphante, sic (tunc) id est constitutis muris coelestis hierusalem scilicet cognitione pace charitate, quod erit quando videbimus eum facie ad faciem (acceptabis sacrificium iustitiae) id est laudis quae iugis erit.«

[242] Postilla zu v. 20.

[243] Interp. lit. zu v. 5–6: »Secunda ratio accipitur ex parte veritatis divinae ad quam pertinet
implere quod promisit ... *Ut iustificeris in sermonibus tuis* id est ut promissio tua mihi facta impleatur
prout decet tuam veritatem.«

Gegensatz zu der Auslegungstradition kommt bei Lyra dem Sündenbekenntnis keine Bedeutung mehr zu. Denn das peccatum originale im Sinne der Neigung zu Tatsünden gilt nicht mehr als ein inhaltlicher Teil des Sündenbekenntnisses, sondern als eine Überredung zur remissio, also als ein Grund, weshalb Gott die Sünde des Menschen vergeben soll![244]

Der architektonische Aufbau Lyras weist aber noch zwei weitere Gliederungsstufen auf. Die rhetorische Struktur von petitio und persuasio wird nämlich in eine noch größere theologische Struktur von remissio und gratia eingefügt. Dementsprechend finden die vier Überredungen in bezug auf die Bitte um die remissio (v. 5–8) ihr Gegenstück in den auf die Bitte um die gratia bezogenen (v. 15–21). Schließlich wird diese theologische Struktur in den Kontext der hermeneutischen Unterscheidung zwischen einer interpretatio literalis und einer interpretatio moralis hineingestellt, so daß das Verhältnis der Sündenvergebung zur Erneuerung durch die Gnade zwei Mal in den Blick kommt, zuerst nach dem buchstäblichen Sinne des Textes, zuletzt nach dem moralischen Sinn. Im ersten Fall gilt der Psalm David allein, im zweiten hingegen jedem Sünder.[245]

B. Die Architektonik

1. *Interpretatio literalis*

Nach dem buchstäblichen Sinne kommen die Bitte um die remissio culpae und die Bitte um die restitutio gratiae unter dem Gesichtspunkt der historischen Situation Davids in Betracht.

a) Die Bitte um die remissio culpae (v. 1–8)

Hier handelt es sich nach Lyra um die konkreten Tatsünden Davids, also um Ehebruch und Mord.

---

[244] Interp. lit. zu v. 6–7: »Tertio persuasio accipitur ex humana fragilitate ex qua peccatum eius est remissibile ... *Ecce enim in iniquitatibus et caetera*, quia homo descendens ab adam per carnalem generationem in unione animae ad corpus contrahit originale peccatum, quod est ad peccata actualia inclinativum ratione fomitis remanentis etiam in illis qui mundati sunt ab originali inquantum est culpa.«

[245] Interp. lit. zu v. 2: »... et sic patet auctor et materia huius psalmi qui dividitur in duas partes, et in prima david petit culpae remissionem. In secunda gratiae restitutionem ibi: *Asperges me*. Licet autem ista duo sint idem re, quia non remittitur peccatum nisi per gratiam iustificantem, differunt tamen ratione, quia remissio culpae respicit maculam quae abiicitur, iustificatio gratiam quae acquiritur. Prima in duas, quia primo ponitur imploratio remissionis, secundo ad hoc inducitur allegatio multiplicis persuasionis ibi: *Quoniam iniquitatem*.«

aa) Die petitio (v. 1–4)

Von Lyra besonders hervorgehoben wird die Menge der Sünden Davids[246] sowie dann auch die Dauer seiner Sünden über längere Zeit.[247]

bb) Die persuasiones (v. 5–8)

In diesen Versen führt David vier Überredungen an, weshalb Gott ihm die Sünde verzeihen soll. Als erste gilt die Tatsache, daß David von Herzen Buße tut,[248] als zweite die Verheißung Gottes an David, die ohne die erbetene Sündenvergebung nicht erfüllt werden könnte.[249] Die dritte persuasio betrifft die von Adam ererbte, menschliche Schwachheit, infolge derer das peccatum des Menschen im Unterschied zu dem der Engel verzeihbar ist.[250] Die vierte persuasio erweist sich bloß als eine Repetition der zweiten.

b) Die Bitte um die restitutio gratiae, bzw. die iustificatio (v. 9–21)[251]

aa) Die petitio (v. 9–14)

Bei dieser petitio handelt es sich zuerst um die Erschaffung der gratia iustificans in Davids Seele,[252] dann auch um das Geschenk des prophetischen Geistes, auf daß David die Offenbarungen Gottes wahrnehme.[253]

bb) Die persuasiones (v. 15–21)

Damit Gott ihm die heilsnotwendige Gnade schenke, begründet David auch diese Bitte durch vier Überredungen. Die ersten zwei Überredungen führen Gott das Gute vor Augen, das auf die Erneuerung der Seele Davids erfolgen wird, erstens weil David die Ungerechten belehren und sie dadurch zur Buße bewegen

---

[246] Interp. lit. zu v. 3: »*Et secundum multitudinem miserationum et caetera.* Implorando miserationum multitudinem ostendit suae culpae multiplicitatem, quia primo peccavit adulterando, secundo peccatum suum celare volendo, tertio in modo celandi ... quinto quia occasione mortis ipsius plures alii de servis david fuerunt mortui ...«

[247] Interp. lit. zu v. 4: »In hoc enim quod petit ampliorem lotionem et mundationem ostendit peccati sui diuturnitatem, maculae enim in vestibus recenter contractae de facili abluuntur, sed inveteratae de difficili ...«

[248] Interp. lit. zu v. 5: »... et prima accipitur ex parte vere paenitentiae ipsius david, propter quam deus peccata remittit ...«

[249] Interp. lit. zu v. 5: s.o. Anm. 243.

[250] Interp. lit. zu v. 6: »Tertio persuasio accipitur ex humana fragilitate ex qua peccatum eius est remissibile; Non sic autem peccatum angeli in quo non est talis fragilitas ...«

[251] Interp. lit. zu v. 9: »Hic consequenter petit david gratiae restitutionem. Et primo ponitur sua petitio, secundo ad hoc inducitur multiplex persuasio ibi: *Docebo iniquos.*«

[252] Interp. lit. zu v. 12: »*Cor mundum crea et caetera.* Et dicit crea, quia gratia iustificans de potentia subiecti non educitur, sed in anima a deo creatur.«

[253] Interp. lit. zu v. 10.

wird,[254] zweitens weil David selbst Gott lobpreisen wird.[255] Die Bereitschaft Davids, Genugtuung zu leisten (satisfacere), gilt als die dritte Überredung,[256] und schließlich bringt David die ihm zuteil gewordene Verheißung des Tempelbaus vor, gleichsam als ob sie Gott zur Sündenvergebung verpflichten sollte.[257]

2. Interpretatio moralis

a) Die Bitte um die remissio culpae (v. 1–8)

Gemäß dem moralischen Sinn gilt dieser Psalm für jeden Menschen, der in Sünde geraten ist und durch die Buße die misericordia dei ersucht.[258]

aa) Die petitio (v. 1–4)

Wegen der Menge und der Schwere seiner Sünden betet der Büßer um die große Barmherzigkeit Gottes (v. 3).

bb) Die persuasiones (v. 5–8)

Entsprechend der Auslegung nach dem literalischen Sinn führt Lyra auch hier vier Überredungen ins Feld, weshalb Gott dem Büßer die erbetene remissio schenken soll. Das Sündenbekenntnis, d.h. die Sündenerkenntnis des Büßers bildet den Inhalt der ersten persuasio.[259] Als zweite wird Gott nahegelegt, daß er die Sünden des Menschen ohne die Verletzung seiner Gerechtigkeit verzeihen könne. Die dritte persuasio erinnert Gott an die ererbte Neigung des Menschen zur Sünde,[260] die vierte hingegen an die göttliche Verheißung der Sündenvergebung.[261]

---

[254] Interp. lit. zu v. 15: »Et prima accipitur ex parte boni ad alios derivandi cum dicitur: *Docebo iniquos vias tuas,* quasi dicat si mihi petenti gratiam restitueris, homines iniqui ex paenitentia mea edocti paenitebunt ...«

[255] Interp. lit. zu v. 15: »Secundo persuasio accipitur ex bono quod evenit ipsi david deum laudando ex restitutione suae iustitiae ...«

[256] Interp. lit. zu v. 17: »Tertia persuasio accipitur ex promptitudine ipsius david ad satisfaciendum ...«

[257] Interp. lit. zu v. 19: »Quarta autem persuasio accipitur ex divina veritate quia deus ante promiserat david templum aedificandum per filium suum nasciturum ...«

[258] Interp. mor. zu v. 3: »*Miserere et caetera.* Psalmum istum fecit david paenitens de adulterio cum bethsabeae, et homicidio uriae petens a deo remissionem humiliter et devote. Moraliter autem est oratio cuiuslibet vere paenitentis et devote veniam postulantis ...«

[259] Interp. mor. zu v. 5: »Hic allegatur ratio ad propositum ex parte peccatoris quae est humilis recognitio peccati ... *Et peccatum meum contra me est semper;* Id est ante oculos cordis mei per recordationem amaram.«

[260] Interp. mor. zu v. 6–7: »Consequenter allegatur pronitas hominis ad peccatum cum dicitur: *Ecce enim in iniquitatibus conceptus sum,* ex parentibus enim contrahit homo originale peccatum et difficultatem ad bonum et pronitatem ad malum, propter quae peccatum hominis est remissibile et non peccatum angeli ...«

[261] Interp. mor. zu v. 8: »*Ecce enim veritatem dilexisti,* quasi dicat decens est ut remittas peccata paenitentibus sicut promissisti.«

b) Die Bitte um die restitutio gratiae (v. 9–21)

aa) Die petitio (v. 9–14)

Analog zu der Bitte Davids um die gratia iustificans betet der Büßer um die infusio gratiae,[262] und an die Stelle der Bitte um den spiritus prophetiae tritt nun die um die Hoffnung auf die künftige Seligkeit.

bb) Die persuasiones (v. 15–21)

Ohne ausdrücklich von den persuasiones zu reden, führt Lyra die wichtigsten Gründe an, weshalb Gott das Gebet des Büßers erhören soll. Nach der Eingießung der Gnade wird der Beter seine Mitmenschen zur Wahrheit führen (v. 14) und sie zur paenitentia bewegen (v. 19), damit die eingestürzte Kirche wieder aufgebaut wird. Dann werden die guten Werke des Büßers als gottgefällige Opfer gelten (v. 20–21).

C. Die petitio-persuasio-Struktur

Bei aller Anerkennung der systematischen Leistung und der Sprachkenntnis des Franziskaners erweckt eine Lektüre dieser Auslegung Lyras zum 51. Psalm unweigerlich den Verdacht, er habe bei der Anwendung der petitio-persuasio-Struktur den sachlichen Inhalt des Texts geradezu vergewaltigt. Mehr noch: Betrachtet man die Interpretation Lyras auf dem Hintergrund der Auslegungstradition, kommt man unausweichlich zum Schluß, daß die ganze scholastische Bestrebung nach einer Systematisierung des Psalminhalts von vornherein auf dem Holzweg war. Denn je mehr man nach einem systematischen Verständnis des Psalms strebte, desto weniger kam die innere Dynamik des Textes selbst zum Ausdruck. Dieser Sachverhalt macht sich z. B. bemerkbar an dem kargen Inhalt der Äußerungen Lyras zum Sündenverständnis. Aber auch seine Interpretation des sacrificium pro peccato verrät eine gewaltsame Verengung des Auslegungshorizontes, da das Sündenopfer innerhalb der petitio-persuasio-Struktur nicht mehr im Zusammenhang mit der contritio des bußfertigen Sünders, vielmehr bloß auf andere Sünder bezogen als eine Überredung zur Eingießung der Gnade in die Seele des Büßers in Betracht kommt.[263]

Am sachgemäßesten im Kontext der petitio-persuasio-Struktur kommt m. E. der Satisfaktionsgedanke zur Geltung. Allerdings lassen sich nicht alle Über-

---

[262] Interp. mor. zu v. 9: »*Asperges me domine et caetera*, id est aspergas me infusione tuae gratiae, nam hebraei pro optativo utuntur futuro indicativi.«

[263] Interp. mor. zu v. 19 u. 21: »*Sacrificium deo spiritus contribulatus*, ideo illud offero tibi peccatores ad paenitentiam inducendo … *Tunc acceptabis et caetera*, nam opera vere paenitentium deo sunt sacrificia accepta.«

redungen Lyras als satisfaktorische Werke auffassen – einige davon beziehen sich auf Auswirkungen der Sündenvergebung und der Erneuerung der Seele, die völlig unabhängig vom Tun des Büßers sind – , aber die für Lyras Auslegung maßgebende Überredungskunst der Antike eignet sich fast naturgemäß zur Versprechung der Genugtuung. Zu erwähnen ist schließlich dies, daß das petitio-persuasio-Schema der schon in der Auslegungstradition vorhandenen Tendenz, die Verheißungen Gottes als Verpflichtungen zur Sündenvergebung zu erfassen, Vorschub geleistet hat. Die Verheißungen Gottes kommen nämlich bei Lyra in erster Linie als Überredungen zur Sprache.[264]

D. Die remissio-gratia-Struktur

Nach altem Muster wird die Sündenvergebung bildlich als die Reinigung eines Fleckes beschrieben, und in typisch scholastischem Stil kommt nun die Gnade Gottes als die gratia infusa in den Blick. Der Schwerpunkt der Auslegung Lyras liegt aber nicht etwa auf den einzelnen Begriffen, remissio und gratia, sondern auf dem Verhältnis der beiden zueinander. Genauer gesagt: Lyra macht von der Distinktion zwischen »in re« und »in ratione« Gebrauch, um die reale Gleichsetzung der Sündenvergebung und der Erneuerung der Seele zu behaupten. Bei der Vergebung wird der Fleck des peccatum weggewaschen, bei der Erneuerung wird neue gratia in der Seele geschaffen. Nach der Auffassung Lyras haben wir es aber hier mit einer rein konzeptuellen Unterscheidung (in ratione) zu tun, nicht mit zwei unterschiedlichen Vorgängen, da der Fleck der Sünde einzig und allein durch die Eingießung der Gnade getilgt werden kann. Also sind die Sündenvergebung und die Erneuerung der Seele faktisch (in re) miteinander identisch. Schon seit Augustin begegnet man in der Auslegungstradition dieser Unterscheidung zwischen der Vergebung und der Erneuerung, die vom Psalmtext her hauptsächlich an die Verse 3–7, bzw. 12–14 gebunden war. Doch erst nach der Entwicklung eines neuen Verständnisses der Erneuerung als einer neuen Erschaffung wurde die Frage nach dem Verhältnis dieser Erneuerung zur Sündenvergebung virulent.

---

[264] Interp. lit. zu v. 5: »Secunda ratio accipitur ex parte veritatis divinae ad quam pertinet implere quod promisit. Promiserat autem deus david ante peccata praedicata quod firmaret regnum eius ad posteros et quod filius suus aedificaret templum domini, quam promissionem multi dicebant impeditam et frustratam propter uriae occisionem, propter quod david ad peccati sui remissionem allegat dictae promissionis impletionem fiendam ...« Vgl. Interp. mor. zu v. 8: s.o. Anm. 261.

E. Die nachfolgende Auseinandersetzung mit Lyra

Die Ergänzungen des Paulus Burgensis zum Text Lyras sowie die darauf bezogenen Erwiderungen des M. Doering kreisen um zwei Punkte, die auch im Mittelpunkt der Auslegung Lyras stehen, nämlich das gerade erwähnte Verhältnis der Vergebung zur Erneuerung und die Rolle der Verheißungen Gottes beim Bußverfahren. Was das erste betrifft, handelt es sich grundsätzlich um die Streitfrage, ob sich die remissio und die gratia nach den Akten oder nach den Objekten eines Aktes – also »in ratione« oder »in re« – unterscheiden. Am Schluß läßt Doering die Frage offen mit dem Verweis, die ganze Sache sei zwischen den Skotisten und den Thomisten sehr umstritten.[265] In bezug auf Lyras Interpretation der Verheißungen Gottes äussert sich Burgensis sehr skeptisch; insbesondere löst die Auslegung des 8. Verses bei ihm Unbehagen aus, da dieser Vers offensichtlich die paenitentia, nicht die promissio dei zum Inhalt hat. Wie der von seiner Krankheit schon geheilte Aussätzige zum Priester geht, um die zeremonielle Besprengung mit dem Ysop zu empfangen, so betet auch David für die Vollendung der Sündenreinigung in der Öffentlichkeit (v. 9), nachdem er die remissio culpae von Gott empfangen hatte (v. 8).[266] Im Hintergrund dieses interpretativen Korrektivs des Burgensis steht nicht nur eine leichte Polemik gegen die petitio-persuasio-Struktur Lyras, sondern auch die in der Scholastik viel diskutierte Frage, ob die Sündentilgung bereits bei der contritio oder erst bei der absolutio – also im Zusammenhang mit der Schlüsselgewalt – eintrete.

IX. *Perez de Valentia. Psalmi cum Expositione*

Während die petitio-persuasio-Struktur Lyras den herkömmlichen Themenbereich der Auslegung erheblich verengt hat, sprengt die Interpretation des Perez de Valentia völlig den bisherigen inhaltlichen Rahmen der Auslegungstradition. Denn Perez beschränkt sich nicht mehr auf Erläuterungen zum Psalmtext, benutzt den Text vielmehr als Sprungbrett für die Darstellung seiner systematischen Gedanken. Bei der Auslegung des 21. Verses z.B. interessiert er sich nicht mehr, und zwar im Gegensatz zu der gesamten vorhergehenden Auslegungtradition, für den Unterschied zwischen »sacrificium iustitiae«, »oblationes« und »holocausta«. Statt dessen stellt er unter dem Stichwort »sacrificium«, das er jetzt mit dem Opfer der Eucharistie identifiziert, die ihm vertraute Sakramentslehre dar.[267] Solche vom biblischen Text abweichenden Ausfüh-

---

[265] Replica zu v. 2.

[266] Additio iii. »… occulta sapientiae tuae scilicet remissionem peccati mei per quam sum vere mundatus … iam non restat nisi ut ritu sacerdotali asperges me hysopo et mundabor scilicet in publicum«.

[267] Expos. ii zu v. 21.

rungen verleihen der Auslegung des Perez eher den Charakter eines Lehrbuches der Dogmatik als einer Exegese des Psalmtextes. Dieser Eindruck wird nur bestätigt, wenn man den Gesichtswinkel auf die von Perez formulierten Konklusionen erweitert, die er bei der Druckbearbeitung in sein handschriftliches Manuskript hineingeschoben hatte. Wie seine Erörterungen im allgemeinen, so stehen auch diese Konklusionen nur im losen Zusammenhang mit dem Psalmtext.[268]

A. Die Hermeneutik und die Struktur der Auslegung

Nachdem Perez aus dem 1. Vers: »in finem« den Schluß zieht, daß diesem Psalm eine Bedeutung über die historische (litera) hinaus zukommt, gliedert er seine Auslegung in drei Hauptteile auf: die expositio literalis, die expositio mystica et prophetica und die expositio spiritualis et moralis.[269] Im ersten Teil befaßt sich Perez mit David und dessen historischer Situation, im zweiten mit der Relevanz des Psalms für die ganze Menschheit von Adam bis zum jüngsten Gericht und im dritten mit dem Einzelmenschen als Büßer, der wegen der Sünde Gott um remissio ersucht.[270] Nach Werbeck hatte Perez die Hermeneutik Lyras übernommen und in der Weise weiter entwickelt, daß das Hauptgewicht jetzt jeweils auf der expositio literalis und der expositio mystica liegt. Werbeck räumt jedoch ein, daß in den Bußpsalmen die expositio moralis charakteristischerweise eine größere Rolle spiele.[271] Was die Gewichtung der expositio moralis in den Bußpsalmen anbelangt, wird die Ansicht Werbecks durch eine genaue Analyse der Auslegung des 51. Psalms vollends bestätigt. Es ist m. E. sogar höchst wahrscheinlich, daß Perez auf Grund des moralischen Sinnes des 51. Psalms nachträglich die in den ersten zwei Teilen der Auslegung ursprünglich erarbeitete Struktur modifizierte.

Im Gegensatz zu Cassiodor und Lyra legt Perez seiner Auslegung offenbar kein einheitliches Gliederungsprinzip zugrunde; was wir in seiner Auslegung vorfinden, ist vielmehr ein Aufbau des Stoffes nach verschiedenen Gesichtspunkten, die sich nur schwer miteinander vereinbaren lassen. Leider ginge es über den Skopus der vorliegenden Untersuchung hinaus, diesen freilich interessanten hermeneutischen Knoten zu lösen, und darum müssen wir uns damit begnügen, die folgende Hypothese ohne weitere Begründung und deshalb mit allem Vorbehalt aufzustellen. Zur Zeit, als er das Manuskript des Psalmenkom-

---

[268] WILFRED WERBECK, Jacobus Perez von Valencia: Untersuchung zu seinem Psalmenkommentar. 1959, 32.

[269] Expos. i zu v. 1–3: »Sed per hoc quod additur in finem sive ad victoriam est signum quod ultra litteram de peccato david iste psalmus nos dirigit in finem et in adventum christi ...«

[270] Expos. i zu v. 1–3.

[271] WERBECK, 104–105. 126–127.

mentars schrieb, erblickte Perez im 51. Psalm eine Variante der Struktur Lyras, besonders im Hinblick auf die ersten zwei Teile seiner Auslegung (expositio literalis und expositio mystica).[272]Anders als Lyra ging Perez aber nicht von zwei, sondern von drei petitiones aus, die er David in den Mund legte:

1. Die Bitte um die remissio (v. 3–11)
2. Die Bitte um die restitutio gratiae (v. 12–19)
3. Die Bitte um die Erfüllung der Verheißung Gottes (v. 20–21)

Diese drei Bitten korrespondieren den drei Schäden, die David infolge der Sünde erlitten hatte, nämlich der Zufügung der Schuld und des Todes, dem Verlust der Gnade und der Aufhebung der Verheißung Gottes.[273] Den ersten zwei Bitten wurden dann entsprechende Überredungen zugeordnet. Als Perez den dritten Teil der Auslegung verfaßte, verwendete er im Zusammenhang mit dem moralischen Sinne das bekannte Schema der paenitentia: contritio, confessio, satisfactio. Dieser neue Gesichtspunkt führte dazu, daß er die Zäsur zur dritten Bitte schon beim 15.Vers setzte und diese petitio mit der Genugtuung des Büßers identifizierte.[274]

1. Die Bitte um die remissio (v. 3–11)
2. Die Bitte um die restitutio gratiae (v. 12–14)
3. Die Bitte um die Akzeptanz der guten Werke (v. 15–21)

In den ersten zwei Bitten kommen die contritio und die confessio des Büßers deutlich zum Ausdruck, in der dritten hingegen die satisfactio. Im letzten Stadium der Entstehungsgeschichte des Kommentars, d.h. bei der späteren Druckbearbeitung, änderte Perez die Struktur der ersten zwei Teile zugunsten des paenitentia-Schemas des dritten Teils, so daß die dritte Bitte jeweils mit Vers 15, statt mit Vers 20 ansetzt und er nun in allen drei Teilen von vier Überredun-

---

[272] Expos. iii zu v. 1–3: »Iterum est etiam advertendum quod david non solum servat ordinem paenitentiae in hoc psalmo sed etiam servat ordinem et modum boni oratoris et rhetoris in persuadendo; nam in omni bona oratione praemittitur exordium in quo captatur benivolentia (besser: benevolentia) auditoris; exinde fit petitio et narratio rei intentae in quo narratione disputatur causa et possibilitas eius et fiunt obiectiones et confutationes et tandem datur conclusio.« Bei seiner Auslegung kombiniert Perez das exordium und die petitio, so daß eine zweiteilige Struktur daraus entsteht, nämlich die petitio und die narratio bzw. die persuasio.

[273] Expos. i zu v. 1–3: »Quantum ad primam expositionem est prius notandum quod david propter supradictum peccatum tria maxima damna incurrit. Primo quia incidit in iram et sententiam culpae et mortis et privationem regni cum tota domo sua. Secundo quia tempore peccati non solum perdiderat gratiam gratificam, sed etiam gratiam gratis datam ... Tertio perdebat totam promissionem sibi factam ... Tria ergo facit david in hoc psalmum. Nam primo agens paenitentiam petit culpam et poenam sibi remitti. Secundo gratiam amissam sibi restitui. Tertio de perpetuitate et aedificatione regni christi promissionem sibi factam adimpleri ...« Vgl. Expos. iii zu v. 1–2.

[274] Expos. iii zu v. 1–2: »Possumus etiam dicere quod david in hoc psalmo servat totum ordinem paenitentiae et explicat omnes eius partes; nam cum tres sint partes perfectae paenitentiae, scilicet cordis contritio et oris confessio et operis satisfactio, ideo primo petit sibi culpam remitti et gratiam restitui per cordis contritionem et oris confessionem. Secundo promittit pro reatu satisfacere cum dicit: docebo iniquos et caetera.« Was die Identifizierung der satisfactio mit der persuasio betrifft, siehe Expos. iii zu v. 15.

gen zur remissio und zur restitutio gratiae spricht, die sich leicht mit der satisfactio assoziieren lassen.

1. Die Bitte um die remissio (v. 3–11)
2. Die Bitte um die restitutio gratiae (v. 12–14)
3. Die vier Überredungen zu der 1. u. 2. Bitte bzw. die Versprechung der Genugtuung (v. 15–21)

Gesetzt den Fall, daß wir mit dieser Annahme des Entstehungsprozeßes nicht fehlgehen, bezeugt die bei der Druckbearbeitung vollzogene Modifikation der Struktur der Auslegung deutlich das Interesse des Perez an der Genugtuung, d. h. an der Frage, was der Mensch selbst zur Sündenvergebung beitragen kann.

B. Das Sündenverständnis

1. Das peccatum originale

Auf verschiedene Weise beschreibt Perez die von Adam auf die ganze Menschheit übertragene Erbsünde: als die natura corrupta et fragilis, die pronitas ad cadendum et peccandum, das peccatum naturae, den fomes oder als die concupiscentia (v. 7).[275] Maßgebend für ihn war aber die Konkupiszenz. Infolge der Sünde Adams wurde die natura humana derart verdorben, daß sie fortan die concupiscentia unausweichlich mit sich schleppt, und gerade durch den Zeugungsakt wird die Konkupiszenz virulent, so daß die Seele jedes Menschen von den Begierden seiner Eltern, also vom peccatum originale befleckt wird. [276] Die Brücke vom peccatum originale zum peccatum actuale schlägt der Willensakt, indem der Mensch der Konkupiszenz seine Zustimmung schenkt.[277] Daraus wird ersichtlich, daß alle Tatsünden letztlich aus der concupiscentia wie aus dem einen Samen wachsen, aber gemäß des Sündenverständnisses der Scholastik stellt Perez die drei Sünden: superbia, avaritia und luxuria dar als die unmittelbare Folge der concupiscentia, denen die Vielfalt der peccata actualia entspringen.[278] Wenn nun das peccatum originale in der Auslegung des Perez nur

---

[275] Expos. i zu v. 7.

[276] Expos. ii zu v. 1–2: »Nam sicut propter peccatum adae fuit corrupta tota sua generatio et natura humana quae trahit concupiscentiam in carne ab adam, qua inclinatur generaliter ad illa tria peccata, scilicet ad superbiam, avaritiam et luxuriam, quae dicuntur peccata hereditaria, quia ex morbo naturae contracto ab adam ...«

[277] Expos. i zu v. 8: »Nam illa corruptio carnis est causa omnis peccati. Nam per solum contactum et consortium anima trahit peccatum originale, sed per consensum concupiscentiae contrahit actuale.« Vgl. Expos. ii concl. 1.

[278] Expos. ii concl. 2: » Secunda conclusio quod licet illa concupiscentia aut fomes sit semen omnis peccati tamen principaliter incitat voluntatem ad tria generalia peccata, scilicet ad superbiam, avaritiam et luxuriam; quia quicquid est in mundo aut est concupiscentia oculorum aut concupiscentia carnis aut superbia vitae 1. Jo. ii. Ex his tribus oriuntur omnia alia vitia; nam ex superbia oritur ira et invidia, et ex carne oritur gula accidia et luxuria et econverso sed omnia vitia ex

als die concupiscentia (ein Positivum), nicht aber als die carentia originalis iustitiae (eine Privation) in den Blick kommt, hängt dies möglicherweise damit
zusammen, daß er die Erbsünde im Kontext des 51. Psalms bloß im Sinne einer
Überredung zur Sündenvergebung ins Feld führt.[279] Im Gegensatz zum Teufel,
der jeweils aus Bosheit sündigt, gerät der Mensch in Sünde wegen seiner
Schwachheit (ex infirmitate et fragilitate)[280], die er gegebenenfalls als Entschul-
digungsgrund anführen kann.[281] Daraufhin soll Gott dem Menschen gleichsam
mildernde Umstände zubilligen. Ja mehr noch: es heißt, daß Gott selbst ungerecht wäre, wenn er dem Menschen angesichts dessen Schwachheit die Sünde
nicht verzeihen würde.[282] Diesem Gedanken gibt Perez klaren Ausdruck, wenn
er die Verse 3 u. 7 miteinander verbindet: »miserere mei ut iustificeris«.[283]

2. Das peccatum actuale

Um ein allgemein gültiges Verständnis des peccatum actuale herauszuarbeiten,
schließt Perez von dem Einzelfall Davids auf das Universale. Wie David drei
Sünden, nämlich adulterium, furtum und homicidium, beging und dadurch
drei Schäden erlitt,[284] so weist nach Perez jede Tatsünde und der ihr nachfol-
gende Schaden eine dreifache Struktur auf. Jeder Sünder begeht adulterium,
indem er sich von Gott abwendet, furtum, wenn er gegen das Gesetz verstößt,

---

concupiscentia oriuntur; superbia enim nil aliud est nisi concupiscentia honoris et caetera.« Die
drei Sünden: superbia, avaritia und luxuria, kann Perez aber auch als einen »morbus hereditarius«
beschreiben, der von Adam auf den »homo mysticus« (d.h. jedermann) übertragen wird; siehe dazu Expos. ii zu v. 1–2.

[279] Expos. ii zu v. 6: »*Ut iustificeris*. Hic iste homo persuadet deo duplici ratione quod debet sibi
culpam remittere et a praedictis peccatis liberare. Primo allegando dei promissionem. Secundo allegando hominis fragilitatem et naturae corruptionem.«

[280] Expos. ii zu v. 7: »... quia ego pecco ex infirmitate et fragilitate, et ipse (d.h. der Teufel) peccavit et peccat semper ex malitia ...«

[281] In der zweiten expositio inszeniert Perez ein Gespräch zwischen Gott, dem Teufel und dem
homo mysticus. Der Teufel beklagt sich, daß Gott dem Menschen, aber nicht ihm das peccatum
verzeihen will; darauf erwidert der homo mysticus, daß die Vergebung seiner Sünde notwendig
ist, damit Gott in seinen Worten bzw. Verheißungen gerechtfertigt wird. Dann wendet sich der
homo mysticus an Gott und sagt: »Ohne ein Unrecht zu begehen kannst Du mein peccatum verzeihen, weil ich die natura corrupta et fragilis et prona ad peccandum geerbt habe. Also habe ich
eine excusatio, und mein peccatum ist remissibile.« (Eine freie Übersetzung des Textes: Expos. ii
zu v. 6)

[282] Expos. i zu v. 8: »Nam non est iustum, ut contra fragilitatem et folium quod vento rapitur
ostendas potentiam in puniendo ...«

[283] Expos. i zu v. 7.

[284] Expos. i zu v. 1–3: »Quantum ad primum est notandum quod triplex peccatum commisit
david. Primo adulterium inquantum thorum (besser: torum) et uxorem alienam usurpaverat. Secundo voluntarium furtum inquantum ut filius ex adulterio genitus ascriberetur uriae et succedere
eius hereditati conatus est. Tertio homicidium inquantum uriam interfici callide machinatus est.«
Ferner: Expos. i zu v. 16: »O deus meus libera me de his tribus sanguinibus id est tribus peccatis pro
quibus mereor mortem scilicet a culpa adulterii, furti et homicidii ...«

und homicidium, weil er seine Seele dem ewigen Tode überläßt.[285]Dement-
sprechend werden dem Sünder drei Schäden zugefügt. Die bei der Taufe
geschenkte gratia gratifica wird zerstört; er gerät zugleich unter den Zorn Gottes und damit auch unter die ewige Strafe; und da er sich jetzt nicht mehr im
Zustand der gratia, sondern des peccatum befindet, verliert er die Fähigkeit, das
ewige Leben durch die Leistung gottgefälliger, verdienstvoller Werke zu verdienen.[286]

Um die immer wieder als schwierig empfundene Wendung des 6. Verses:
»tibi soli peccavi« zu interpretieren, postuliert Perez eine weitere Triade im
Hinblick auf die Art und Weise, wie man vom Sündigen eines Menschen gegen
den andern reden kann. Der eine kann nämlich gegen den andern dadurch sündigen, daß er den andern verletzt, daß er gegen die Gebote des andern handelt
oder daß er in eine allein vom Verletzten verzeihbare Schuld und Strafe gerät.[287]
Im ersten Sinne hat David nicht bloß gegen Gott, sondern offensichtlich auch
gegen Uria gesündigt. Im zweiten Sinne sündigen die Untertanen gegen Gott
und den König, der König hingegen nur gegen Gott. Und im dritten Sinne
sündigen alle Menschen gegen Gott allein (tibi soli), da allein Gott den Menschen vom peccatum absolvieren kann.[288] Man merke wohl, daß der 6. Vers
bezeichenderweise auf das peccatum actuale hin statt im Zusammenhang mit
dem peccatum originale von Vers 7 interpretiert wird.

C. Die paenitentia

1. Die drei Teile

Die paenitentia, bestehend aus drei Teilen, der contritio cordis, der confessio
oris und der satisfactio operis, zieht sich wie ein roter Faden durch alle drei
Expositionen des Psalms hindurch und verleiht dem ganzen Psalmverständnis
des Perez eine gewisse Kohärenz. Die contritio wird daran erkennbar, daß dem
Beter seine Sünde und Schuld peinlich bewußt wird und ferner daß er den
festen Entschluß faßt, künftig nicht mehr zu sündigen (v. 5); dabei verdient der

---

[285] Expos. iii zu v. 4 u. vgl. auch Expos. iii concl. 3: »Tertio conclusio. quod omnis peccator
committit adulterium et furtum et homicidium sicut david; nam cum diabolo fornicatur relicto
suo sponso christo et rapit quod est in lege prohibitum et occidit animam suam morte aeterna,
quae peccata per solam paenitentiam remittuntur.«

[286] Expos. iii zu v. 1–3: »Ad cuius intelligentiam est notandum quod peccator in peccando tria
damna incurrit; nam primo perdit gratiam gratificam quam receperat in baptismo. Secundo incidit
in poenam per quam est in ira dei et debitor poenae aeternae. Tertio quia cum non sit in gratia dei
nulla bona quae agit dum est in peccato sunt deo grata nec accepta ad vitam aeternam.«

[287] Expos. i zu v. 6: »Unde nota quod tripliciter potest quis alteri peccare. Primo personam of-
fendendo … Secundo contra alterius praecepta et voluntatem operando … Tertio quando quis
peccat alteri culpam et poenam aeternam incurrendo a qua non potest absolui nisi ab illo …«

[288] Expos. i zu v. 6–7 u. vgl. Expos. iii zu v. 6.

Büßer die Vernichtung seines peccatum in bezug auf die poena aeterna.[289] Die confessio oris vollzieht sich in den Versteilen 6 a u. b, wo der Beter vor Gott und dem Priester sein peccatum bekennt.[290] Schließlich in den Versen 15–21 verspricht er im Sinne der Genugtuung, nach der Sündenvergebung und der Erneuerung seiner Seele verdienstvolle Früchte der Buße hervorzubringen.[291]

2. Die Früchte der paenitentia

Die Gewinnung theoretischer Klarheit über das Verhältnis von Bußtugend und Bußsakrament war eine Aufgabe, welche die Scholastik über Jahrhunderte hindurch beschäftigte. Unter anderem war es nicht ohne weiteres einleuchtend, warum die Früchte der Buße im Sinne der Satisfaktion erforderlich seien, nachdem der Beter schon auf Grund der contritio die Tilgung seiner Sünde verdient hat. Wie andere Theologen vor ihm, so versucht auch Perez, dieses Problem unter Rückgriff auf die Unterscheidung zwischen zeitlicher und ewiger Strafe zu lösen. Durch die als eine Bußtugend verstandene contritio verdient der Beter die Sündentilgung und den Erlaß der ewigen Strafe bzw. die Verwandlung der ewigen in die zeitliche Strafe. Später im Zusammenhang mit dem Bußsakrament wird diese zeitliche Strafe in Form von satisfaktorischen Werken dem Büßer nach der Absolution vom Priester auferlegt. Soll der Büßer zur ewigen Seligkeit gelangen, so muß er entweder in diesem Leben oder im Fegefeuer die gemilderte, zeitliche Strafe ableisten. Auf diesem Wege bemühte sich Perez, die Position der Satisfaktion im Bußsakrament, d.h. die Notwendigkeit der Früchte der paenitentia theoretisch zu sichern.[292] In seinen Ausführungen über die Früchte der Buße ist aber die gleiche Zweideutigkeit anzutreffen wie früher bei Lyra. Perez führt die Früchte einerseits als satisfaktorische Werke ins Feld, dank deren der Büßer die Seligkeit verdient – man denke hier an die Belehrung der Ungerechten[293] –, jedoch andererseits als Auswirkungen der paenitentia, die als persuasiones zur Sündenvergebung gelten, wie etwa die Erfüllung der

---

[289] Expos. iii zu v. 5: »Hic explicat primam partem paenitentiae quae est cordis contritio inquantum peccator cognoscit in se peccatum suum et reatum dolet et conteritur; per quam contritionem meretur ut deus deleat peccatum suum ne amplius imputet ad poenam aeternam.«

[290] Expos. iii zu v. 6: »Hic explicat secundam partem paenitentiae quae est confessio oris, quasi dicat amplius lava me a macula peccati et carne … et sic confitebor tibi et sacerdoti peccatum meum coram quo feci illud quantumcumque fecerim occulte.«

[291] Expos. iii zu v. 15: »Hic in hac tertia parte paenitens promittit facere satisfactionem et fructus paenitentiae dignos. Et explicat quattuor fructus et utilitates qui sequuntur ex paenitentia et gratia confirmata et perseverante.« Expos. iii zu v. 21: »Et cum totum hoc egeris scilicet quod restitueris gratiam et remiseris et deleveris culpam tunc satisfaciam pro peccatis et agam fructus paenitentiae dignos acceptari apud deum.«

[292] Expos. iii zu v. 14: »… sed etiam ut per talem gratiam confirmatam reddas mihi laetitiam salutaris tui id est ut possim exercere et perficere quattuor fructus salubres infra scriptos qui dicuntur fructus paenitentiae dignos vita aeterna«.

[293] Expos. iii zu v. 20–21.

Verheißung des Tempelbaus.[294] Diese Ambivalenz bei Perez hängt deutlich mit seiner Anwendung konkurrierender Schemata zusammen, genauer mit seiner Identifizierung der satisfactio mit den persuasiones. Aber ungeachtet dieser Zweideutigkeit des Begriffs der Früchte legt Perez das Hauptgewicht auf sie als satisfaktorische Werke.

3. Die Versöhnungslehre

Wenngleich der Sünder allem Anschein nach den Nächsten, nicht Gott verletzt, sündigt er trotzdem im Grunde genommen gegen den unendlichen Gott und dessen Gesetz. Daraus folgt, daß der Mensch bei jeder Sünde eine grenzenlose Schuld (debitum infinitum) auf sich lädt, die er nur durch die Darbringung eines Opfers von entsprechend unermeßlichem Wert (pretium) wiedergutmachen könnte.[295] Dennoch vermögen die satisfaktorischen Werke der paenitentia als begrenzte Leistungen des Sterblichen dem debitum infinitum der Sünde nie Genüge zu leisten. Deswegen mußte Perez bei der Auslegung des 51. Psalms seinem Bußsakramentsverständnis die Versöhnungslehre zugrunde legen. Unter Heranziehung der Erwägungen des Aristoteles über das Geld als Mittel des Geschäftsverkehrs erklärt Perez, wie die passio Christi der grenzenlosen Schuld des Menschen genuggetan hatte, rückwirkend auf alle Sünden der Vergangenheit, alle der Zukunft vorwegnehmend. Denn Christus in der Rolle eines Bürgen (fideiussor) für die ganze Menschheit hatte durch sein Leiden den maßlosen Preis für alle Sünden gleichsam in der Schatzkammer der kirchlichen Sakramente deponiert, so daß der Priester beim Bußsakrament den nötigen Preis für die Sündenvergebung des Büßers aus der Schatzkammer herausholen kann.[296] Die Buße des Sünders kann also an und für sich niemals dem debitum infinitum genugtun, aber indem das Blut Christi im Bußsakrament verborgen und wirksam ist, wird doch bei der paenitentia dem debitum Genüge geleistet.

---

[294] Expos. i zu v. 20.

[295] Expos. iii zu v. 9: »… et sic omne peccatum est infinitum in debito quia est contra deum infinitum … Et ideo omne peccatum est irremissibile quo ad nos quia nullus de se potest satisfacere nec invenire aliquod pretium quo satisfaciat iniuriae factae deo … Et ideo dicit aug.(!) lib. Cur deus homo quod oportuit reperiri aliquod pretium infinitum per quod satisfaceremus debito infinito scilicet pro omni peccato et iniuria deo facta et ista est passio et aspersio sanguinis christi.«

[296] Expos. iii zu v. 9: »Et non solum ille sanguis tunc adaequavit et satisfecit pro peccatis praeteritis, sed etiam factus est fideiussor pro debitis futuris. Nam repositus est in gazofilacio (= γαζο-φυλάκιον) ecclesiasticorum sacramentorum ad satisfaciendum pro debitis futuris. Nam ecclesia in baptismo nil aliud facit nisi quod abstrahit nummisma (besser: nomisma = νόμισμα) christi de gazofilacio christi et ecclesiae et satisfacit offerendo deo patri pro peccato originali illius parvi baptizati. Et in paenitentia nil aliud fit nisi quod sacerdos apponit nummisma sanguinis christi et adhibet paenitentiae illius paenitentis …«

D. Die guten Werke

Neben den satisfaktorischen Werken, durch die der Mensch die ewige Seligkeit verdienen soll, kommt bei Perez eine zweite Klasse von guten Werken in den Blick, nämlich die in Sünde geleisteten. Daß die letzteren vor der Sündenvergebung nicht als verdienstvoll angesehen werden dürfen, steht für Perez fest, da Gott die sacrificia des Sünders nicht akzeptiert, sondern allein das cor contritum. Dennoch erhebt sich die Frage, ob die in Sünde geleisteten, guten Werke später eine Bedeutung für die Seligkeit erlangen könnten, nachdem der Büßer die Vergebung empfangen hatte.[297] Methodisch verfährt Perez in typisch scholastischem Stil. Er führt zuerst Argumente für und gegen die Frage ins Feld, klärt dann die Frage durch die notabilia, bringt zuletzt seine Schlußfolgerungen vor und gibt Antwort auf Einwände. Sachlich baut er seine Beweisführung auf eine in Anlehung an Aristoteles vollzogene Differenzierung von vier Klassen der Werke: erstens die Werke, die der caritas und der fides formata entspringen, zweitens die Werke, die aus der mala voluntas entstehen, drittens die natürlichen Werke und viertens die Werke, die weder ex caritate noch contra caritatem geleistet werden. Weil die Werke der vierten Klasse aus der gratia praeveniens, wenn nicht gerade aus der caritas formata entstehen, sind sie nicht schlechthin tote Werke und gelten somit nach der paenitentia als verdienstvoll. Daraufhin ermahnt Perez den Sünder, mit dem Gebet und den guten Werken nie aufzuhören: denn diese in Sünde geleisteten Werke werden ihm nach der Vergebung zur Erwerbung der Seligkeit zugerechnet.[298]

E. Die Vergebung des peccatum und die Erneuerung der anima

Die Tendenz seit Gregor, die Verheißungen Gottes im Horizont einer Verpflichtung zur Sündenvergebung zu interpretieren, wurde schon durch das petitio-persuasio-Schema Lyras begünstigt. Diese Entwicklung erreicht nun aber ein neues Stadium bei Perez, indem er die vermeintlich in den Verheißungen festgehaltene Verpflichtung Gottes durch die Versöhnungslehre untermauert. Christus erlitt den Tod nicht etwa als persona privata, sondern als persona communis für alle seine Glieder, und dadurch, daß der Mensch infolge der Buße zum Glied Christi wird, hat er auch Anteil an dem unermeßlichen Leiden Christi, das der unendlichen Schuld der Sünde genugtut.[299] Aus diesem

---

[297] Expos. iii am Schluss: »Ideo quaeritur utrum bona facta in peccato possint valere ad vitam aeternam post actam paenitentiam, hoc est si iustificatus per paenitentiam possit aliquo modo mereri aliquem gradum gloriae propter bona quae fecit dum erat in peccato.«

[298] Expos. iii am Schluss: »Ex quibus patet quod existens in aliquo peccato non debet cessare orare nec bona opera agere cum proposito et conatu agendi paenitentiam«.

[299] Expos. iii zu v. 9: »… sed unusquisque fit membrum christi per baptismum et paenitentiam et alia sacramenta. Ergo quandocumque quis baptizatur aut agit paenitentiam ilico in eodem in-

Grund muß Gott notwendigerweise (de necessitate) die paenitentia des Büßers anerkennen und ihm die Sündentilgung und die ewige Seligkeit schenken.[300] Wenn Gott doch anders handeln würde, könnte er sich in seinen Worten nicht rechtfertigen! Im Gegenteil, er würde sich als ein Ungerechter zeigen und als ein Lügner (v. 7).[301] Die von Lyra zur Diskussion gestellte Frage nach dem Verhältnis von Vergebung und Erneuerung versucht auch Perez durch eine distinctio-Methode zu beantworten. Allerdings sind die Sündenvergebung und die Eingießung der gratia von seiten Gottes miteinander identisch, da die Sünde allein durch die Eingießung neuer gratia getilgt werden kann, aber von seiten des Menschen besteht eine Priorität der Vergebung.[302]

In Übereinstimmung mit Hugo stützt sich Perez auf die Gnadenlehre, um das »creare« in Vers 12 auszulegen. David betet also deswegen um die Erschaffung eines reinen Herzens, weil neue Gnade in der menschlichen Seele nur durch einen schöpferischen Akt Gottes entstehen kann. Wirksam in der Seele ist aber wohlgemerkt die erschaffene Gnade, nicht der schöpferische Geist Gottes selbst. Demgemäß interpretiert Perez den spiritus rectus in Vers 12 als die Nennung der Ursache anstelle der eigentlich gemeinten Wirkung. Das heißt: David bittet hier nicht um die Substanz des spiritus sanctus selbst, sondern um die gratia infusa per spiritum sanctum, die den Willen des Menschen mit dem göttlichen Willen in Einklang bringt (v. 12).[303] Entscheidend für die Erreichung der Seligkeit sind also die gratia infusa und die von ihr gesteuerte Willensbewegung. Unter Berufung auf Augustin unterteilt Perez die gratia infusa in die gratia incipiens, die gratia proficiens und die gratia perficiens (v. 12).[304] Die gratia incipiens – auch gratia praeveniens genannt – schafft in der menschlichen Seele die durch die Sünde gestörte Ordnung, so daß der Wille wieder nach dem Guten trachtet. Mitwirkend hilft dem Menschen die gratia proficiens, damit er

---

stanti participat passionem christi et per consequens peccata sua sunt in christo et in eius passione punita«.

[300] Expos. iii zu v. 9: »Ergo sequitur quod deus pater de necessitate habet acceptare paenitentem non solum ad veniam et remissionem tribuendam, sed etiam ad felicitatem aeternam sibi largiendam.«

[301] Expos. iii zu v. 7.

[302] Expos. i zu v. 12: »Postquam in prima parte petiit remissionem culpae et revocationem sententiae, hic petit restitutionem gratiae omissae … est notandum quod licet ex parte dei idem sit remissio culpae et infusio gratiae, quia per infusionem gratiae remittit culpam, tamen ex parte subiecti prioritate originis remissio culpae est prior infusione gratiae, sicut corruptio formae praeteritae est prior quam introductio formae generati, licet simili tempore generatio unius sit corruptio alterius et econverso.«

[303] Expos. i zu v. 12: »Unde per spiritum rectum non intelligit substantiam spiritus sancti sicut forsan intelligit magister sententiarum in 1. distinctio xii sed intelligit gratiam infusam per spiritum sanctum et sic ponitur causa pro effectu … Et dicitur spiritus rectus inquantum rectificat et ordinat nostram voluntatem ut sit conformis divinae voluntati …«

[304] Expos. iii zu v. 12: »Sed ista gratia est triplex secundum Augustinus scilicet incipiens proficiens et perficiens. Prima rectificat voluntatem et dirigit ut velimus bonum. Secunda cooperatur ut proficiamus et exsequamur. Tertia confirmat et perficit voluntatem in sua operatione.«

Fortschritte auf dem Weg zum Ziel macht und das Gute weiterhin erstrebt. Die gratia perficiens bestätigt und vollendet den Willen in seinem Tun; sie ist eine gratia finalis et perfecta, bildet den Gegenpol zur Sünde gegen den heiligen Geist und führt den Menschen zur Seligkeit.[305]

F. Die Sakramentslehre (sacramentum et sacrificium)

1. Die Sakramente und die Opfer

In scharfem Gegensatz zu der gesamten Auslegungstradition stellt Perez bei der Auslegung der Verse 18–19 u. 21 nicht den vom Text her naheliegenden Unterschied von sacrificium pro peccato (v. 18–19) und sacrificium iustitiae (v. 21) in den Vordergrund, sondern den für das kirchliche Bußverständnis wichtigen Unterschied zwischen sacrificia und sacramenta, bzw. zwischen den sacrificia des alten Gesetzes und denen des neuen. Die sacrificia des alten Gesetzes bezeichneten antizipatorisch Christus und seine Kraft, wiesen aber bloß auf die kommende Gnade hin, waren wirksam allein durch den Glauben des Opfernden (in fide offerentis) und wurden als Zeichen des Bundes gegeben. Die sacrificia des neuen Gesetzes hingegen, d.h. die Sakramente bergen in sich Christus und seine Kraft, bewirken neue Gnade, sind wirksam de opere operato und werden zum Erlaß der Sünde gegeben (v. 11).[306] Allerdings führten auch die Opfer des alten Gesetzes durch den Glauben des Opfernden die Reinigung von Sünde herbei, aber die Sakramente der Taufe und der Buße schenken dem Menschen überdies die zur Erlangung der ewigen Seligkeit notwendige gratia gratifica (v. 21).[307] Daß die Sündenvergebung durch den Glauben unter dem alten Gesetz mit dem reformatorischen Gedanken »sola fide« überhaupt nichts gemein hat, läßt sich aber deutlich daran erkennen, daß Perez an Stelle des Glaubens als Bedingung der Wirksamkeit des Opfers auch das reine Herz des Menschen fordern kann. Durch den Glauben allein bedeutet also für Perez nichts anderes als dies: durch die Hingabe (devotio), die Reinheit (puritas) und die Güte (bonitas) des Opfernden[308], und zwar im Unterschied zu den sacrificia des neuen Gesetzes, die an und für sich unabhängig vom Herzen des Opfernden wirksam sind. Diese anscheinend klare Distinktion zwischen den alten und

---

[305] Expos. iii zu v. 14: »Unde nota quod sicut finalis impaenitentia et obstinatio dicitur peccatum in spiritum sanctum et culpa principalis et irremissibilis ita finalis paenitentia et gratia confirmata dicitur spiritus et gratia principalis et maxima. Probatur, quia sicut per illam acquiritur poena aeterna, ita per istam comparatur et acquiritur fructus salutis et vitae et felicitatis aeternae ...«

[306] Expos. i zu v. 11.

[307] Expos. ii zu v. 21.

[308] Expos. i zu v. 17: »Tertia utilitas quae secuta fuit ex remissione illius peccati fuit acceptatio sacrificiorum et bonarum operationum et orationum et laudum. Nam certum est quod deus non acceptat sacrificium nec laudem peccatoris ... Et ideo non erant (d.h. die Opfer des alten Gesetzes) bona nisi ex devotione et puritate et bonitate offerentis. Et sic deus primo acceptabat devotionem et puritatem offerentis, et exinde illa sacrificia.«

den neuen Opfern wird aber entschärft, wenn Perez eine weitere Unterscheidung einführt zwischen der Wirksamkeit des Sakraments und dessen Nützlichkeit für den Sakraments-Empfänger. Gewiß ist das Sakrament des neuen Gesetzes an und für sich wirksam; es nützt jedoch dem Opfernden nichts, wenn er sich zur Zeit des Empfangs im Zustand der Sünde befindet. Aus diesem Grund erweist sich ein zweites sacrificium als erforderlich, im Fall der Eucharistie das cor mundum,[309] beim Bußsakrament das cor contritum.[310] Damit verblaßt aber der klare Unterschied zwischen den Sakramenten des Neuen und den Opfern des Alten Testaments; in beiden Fällen hängt die Wirksamkeit der sacrificia vom inneren Zustand des Menschen ab. Das heißt: die Wirksamkeit der Sakramente de opere operato bleibt zwar theoretisch klar, fällt aber praktisch gesehen kaum ins Gewicht. Was aus der Sicht des Opfernden die sacrificia des alten und des neuen Gesetzes am deutlichsten unterscheidet, war der bestimmende Charakter der Forderung des Gesetzes selbst, wie in der Folge erkennbar wird.

2. Die lex vetus und die lex nova (evangelica)

Während das alte Gesetz lediglich auf die Hand des Menschen Rücksicht nahm, zieht das neue Gesetz darüber hinaus seine Seele in Betracht und fordert von ihm das cor mundum. Mit dieser Forderung verbindet sich der Umstand, daß die lex evangelica den Menschen nicht nur äußerlich, sondern auch innerlich zu rechtfertigen vermag.[311] Freilich war das Opfer des cor mundum auch unter dem alten Gesetz eine theoretische Möglichkeit, aber da dieses Gesetz ausdrücklich nur das äußerliche Handeln des Menschen regelte, führte es ihn nur selten zum Zustand eines reinen Herzens. Gerade an diesem Punkt kommt nun das neue Gesetz dem Menschen zu Hilfe, indem es das sacrificium cordis ausdrücklich fordert.[312] Man beachte wohl: Das Problem der Rechtfertigung unter dem alten Gesetz lag nicht am Menschen selbst, sondern am Gesetz. Und seitdem das evangelische Gesetz den Willen Gottes deutlich verkündigt hat, ist der Mensch imstande, Gott das cor mundum darzubringen. Dem entspricht es, daß Perez den Unterschied zwischen der lex vetus und der lex nova als den Schlüssel zum Verständnis der paulinischen Briefe betrachtete.[313]

---

[309] Expos. i zu v. 17: »Et ideo duo sacrificia offeruntur in novo testamento scilicet sacrificium operis bonum de opere operato, scilicet christus in eucharistia, et hoc dicitur de se iustum et acceptatum semper. Aliud est sacrificium cordis, scilicet bonitatis et puritatis. Primum de se semper est acceptum apud deum, sed non est semper acceptum pro offerente nisi offerens offerat simul puritatem et bonitatem cordis.« Vgl. Expos. ii zu v. 21.

[310] Expos. iii zu v. 21: »Duplex ergo sacrificium iustitiae offertur quotidie in lege nova. Nam unum sacrificium quod est tantum unum de se bonum de opere operato et iustum et iustificans et hoc est solum sacrificium eucharistiae. Secundum est sacrificium iustum iustificatum et hoc est spiritus contribulatus sive cor contritum et humiliatum et mortificatum per paenitentiam.«

[311] Expos. ii zu v. 12 u. 18.

[312] Expos. ii zu v. 18.

[313] Expos. ii zu v. 21: »Unde hanc conclusionem intendit probare aut videtur probare apostolus

X. Faber Stapulensis. Psalterium Quincuplex

A. Ein Psalm von historischer Bedeutung

Faber Stapulensis, der humanistische Theologe aus Frankreich, veröffentlichte im Jahre 1509 sein Psalterium Quincuplex, in dem er fünf verschiedene Formen des Psaltertextes darstellte und den Inhalt der Psalmen kurz kommentierte. Seine Auslegung des 51. Psalms ist für die vorliegende Arbeit vor allem deswegen bedeutsam, weil sich die neuen hermeneutischen Ansätze des Faber auf die Anfänge der Hermeneutik Luthers auswirkten und überdies weil Luthers erste Äußerungen zum 51. Psalm in seinem Handexemplar des Psalterium Quincuplex anzutreffen sind. Ausgehend von der hermeneutischen Unterscheidung zwischen der menschlichen (historischen) und der prophetischen Bedeutung des Psalmtextes, stellt Faber am Anfang seiner Auslegung fest, daß nur das Menschliche in diesem Psalm zu Sprache komme. Das heißt: Psalm 51 erweist sich bloß als eine humana deprecatio und verdient deshalb keine eingehende Interpretation.[314] Diese Beschränkung des Psalmverständnisses auf den historischen Sinn macht sich u. a. dadurch bemerkbar, daß Faber seine Ausführungen zum Thema peccatum beinahe ausschließlich auf die Sünden Davids konzentriert. Es ist beispielsweise darauf hinzuweisen, daß Faber das Wort »sanguinibus« in Vers 16 – freilich in Übereinstimmung mit dem hebräischen Text – als das von David tatsächlich vergossene Blut versteht, während die Auslegungstradition es öfters auf den allgemeinen Charakter des peccatum hin interpretiert hat.

B. Das Sündenverständnis

Mit Ausnahme des 7. Verses, in dem das Bekenntnis des peccatum originale als ein Zeichen für Davids Demut vor Gott in Betracht kommt, bemüht sich Faber darum, den ganzen Psalm gegen den Hintergrund der konkreten Missetaten Davids zu interpretieren, nämlich in bezug auf das adulterium, das homicidium und den dolus malus (v. 5).[315] Dabei kann er sich hie und da auf den hebräischen Text stützen und gewisse Änderungen des herkömmlichen Gallicanums vollziehen, um die Vielfalt der Tatsünden Davids deutlich vor Augen zu führen,

---

per totam epistolam ad Ro. et ga. et heb. scilicet quod lex de se non poterat iustificare nisi sola lex evangelica et eius sacramenta …«

[314] Quin. Ps. zu v. 1–2: »… psalmus de David, humana deprecatio, David loquitur. Et cum hic psalmus quid humanum contineat non prophetiam, non est in eius intelligentia multum laborandum.«

[315] Quin. Ps. zu v. 5: »… cognosco me commisisse adulterium, dolo malo tradidisse insontem uriam, commisisse homicidium et peccatum meum iugiter ante oculos meos obversatur, eius recordatio me affligit iugiter et displicet admisisse.«

wie etwa wenn er das פִּשְׁעִי in Vers 3 durch »iniquitates« statt »iniquitas« (Gallicanum: »iniquitatem meam«) übersetzt. Aus dem historischen Gesichtswinkel
der Faber'schen Interpretation treten verständlicherweise allerlei dogmatische
Unterscheidungen hinsichtlich des Sündenbegriffs zurück; Faber zeigt z.B.
kein Interesse an der Distinktion zwischen dem peccatum actuale und dem
peccatum originale, dem peccatum mortale und dem peccatum veniale usw.
Dennoch unterscheidet er bezüglich der Sünde Davids zwischen der iniquitas
und dem peccatum. Jene deutet darauf hin, daß David das Gesetz Gottes über-
treten hat, dieses hingegen darauf, daß er vor Gott verunreinigt wurde (v. 4).[316]
Schießlich legt Faber viel Gewicht auf den öffentlichen Charakter der Strafe
Davids. Heimlich hatte David gesündigt, öffentlich vor dem ganzen Volk wird
er aber von Gott durch Krieg und Aufruhr bestraft.[317] Entsprechend dieser
Akzentsetzung übersetzt Faber das Hebräische in Vers 6 als »iudicabis« anstatt als
»iudicaris«, weil es hier um das von Gott an David gerichtete Urteil geht.

XI. Eine Bilanz der Auslegungstradition

Die Untersuchung der vorreformatorischen Auslegungsgeschichte des 51.
Psalms läßt zwei gegensätzliche Tendenzen deutlich erkennen. Auf der einen
Seite begegnet in den verschiedenen Auslegungen die klare Tendenz, Überlie-
fertes treu weiterzugeben; dies führt unausweichlich dazu, daß die Auslegungstradition insgesamt gewisse konstante Elemente aufweist. Auf der andern Seite
ist die historische Bedingtheit jeder Auslegung unverkennbar und damit auch
die Tendenz, den Psalm durch den Filter der zeitgemässen theologischen Sachlage zu interpretieren. Die Auslegungen sind nicht gleichsam in einem Vakuum
entstanden, verkörpern vielmehr auf ihre Weise die Dogmen- und Kirchengeschichte des jeweiligen Zeitalters sowie auch die persönlichen Erwägungen der
Autoren. Daraus folgt, daß jede Auslegung trotz ererbten Gedankengutes ihren
eigenen Charakter besitzt. Zum Abschluß unserer Analyse empfiehlt es sich
deshalb, die konstanten Elemente der Tradition zusammenzufassen und die
wichtigsten Entwicklungen von Augustin bis zu Faber Stapulensis deutlich hervorzuheben.

---

[316] Quin. Ps. zu v. 4: »Amplius lava me ab iniquitate mea et a peccato meo munda me, ab iniquitate mea quia legem tuam transgressus sum et a peccato meo quia eo inquinatus sum et ante te
difformis et immundus.«

[317] Quin. Ps. zu v. 6: »... coram te quia occulte feci sed nihil te latere potest ut iustificeris in sermonibus tuis quos dixisti per Nathan ... ecce ego suscitabo super te malum de domo tua et tollam
uxores tuas in occultis tuis et dabo proximo tuo et dormiet cum uxoribus tuis in oculis solis huius;
tu enim fecisti abscondite ego autem faciam verbum istud in conspectu omnis Israel et in conspectu solis huius.«

A. Die Tragweite des Psalms

Es besteht in der vorreformatorischen Auslegungstradition ein Konsens darüber, daß David im 51. Psalm der ganzen Christenheit ein leuchtendes Vorbild der Buße liefert. Kein Interpret zweifelt daran, daß der Psalm im engsten Zusammenhang mit der Geschichte von David und Bathseba in 2. Samuel 11f stünde und auf diesem Hintergrund zu interpretieren sei. Dementsprechend herrscht auch volle Übereinstimmung darüber, daß David in diesem Psalm Buße tut für die zwei konkreten Tatsünden, Ehebruch und Mord; Hugo, Faber und Perez fügen noch Betrug dazu. Diese zwar auf den ersten Blick einleuchtende Interpretation machte aber jedem Interpreten ohne Ausnahme bei den Versen 6f zu schaffen. Im Kontext der Geschichte aus 2. Samuel 11f ergibt der Vers 6: »tibi soli peccavi« offensichtlich keinen Sinn; denn David hatte nicht gegen Gott, sondern gegen seine Mitmenschen gesündigt. Gleichermaßen wurde der 7. Vers von jedem Interpreten als problematisch empfunden. Einerseits galt dieser Vers als klassischer Beleg für die Erbsünde, andererseits paßte der Gedanke der Erbsünde nur schlecht zu der Geschichte von David und Bathseba. Trotz solcher Schwierigkeiten blieb man jedoch bei der festen Überzeugung, es handele sich in Psalm 51 um Davids Buße für seine zwei Tatsünden. Demgemäß darf sich jeder Sünder an David ein Beispiel der Buße, der Sündenvergebung und der Erneuerung der Seele nehmen.

B. Das Sündenverständnis

In jeder Auslegung wurde grundsätzlich zwischen Erbsünde und Tatsünden unterschieden, wobei das peccatum originale fast ausschließlich im Zusammenhang mit Vers 7, das peccatum actuale dagegen anhand der übrigen Verse des Psalmtextes behandelt wurde. Bezeichnenderweise wurde das peccatum originale nicht – und zwar auch nicht in der späteren Tradition – als carentia iustitiae originalis, sondern nur als concupiscentia verstanden, die nach der Taufe als eine Strafe bleibt und den Menschen leicht zu Tatsünden verführt. Für die verschiedenen Ausleger bestand aber das Hauptproblem der Erbsünde nicht etwa in Defintionsschwierigkeiten, vielmehr in der Unangemessenheit des Begriffs schlechthin im Kontext dieses Psalms. Ausgehend davon, daß das eigentliche Thema des 51. Psalms das peccatum actuale, nicht originale sei, fühlte man sich zu einer Erklärung gezwungen, warum die Erbsünde hier überhaupt zur Sprache kommt. Am nächstliegenden schien den meisten Interpreten der Gedanke, das Bekenntnis der Erbsünde im Sinne der Neigung zu Tatsünden diene dazu, das Elend Davids noch deutlicher und seine Verführung in die Tatsünden Ehebruch und Mord noch verständlicher zu machen. In den von der Scholastik geprägten Auslegungen beobachtet man aber eine kuriose Entwicklung. Das Elend des peccatum originale trat eindeutig in den Hintergrund, und gleichzeitig wurde die Konkupiszenz beinahe als eine Entschuldigung für das Verhalten Davids ins Feld geführt. Bei Augustin kommt das peccatum originale von Vers 7 in den Blick als den Grund dafür, warum David so leicht in Sünde geriet, bei Lyra und Perez hingegen als den Grund dafür, warum Gott David die Sünde verzeihen soll.

Abgesehen von Vers 7 wurde der ganze Psalm auf das peccatum actuale hin interpretiert, das äußerlich als ein Verstoß gegen das Gesetz Gottes und innerlich als eine Wunde der Seele oder als ein Fleck auf der Seele geschildert wurde. Bis zu der Magna Glossatura des Petrus Lombardus stellt man in der Auslegungstradition keine bedeutende Entwicklung des Sündenverständnisses fest. Doch mit dem Aufkommen der Scholastik drangen je länger, desto mehr systematische Unterscheidungen bezüglich der Sünde in die exegetische Arbeit über Psalm 51 ein. Man erinnere sich an die Unterscheidung des Lomdarden zwischen peccatum commissum und omissum oder an die Aufteilung Hugos: das Sündigen gegen Gott, gegen den Nächsten und gegen sich selbst. Eine zweite Entwicklungslinie führte letztlich in der Interpretation des Perez de Valentia zu einer genauen Definition des peccatum actuale als eines Willensaktes. Die vorscholastischen Interpreten begnügten sich mit einer bildhaften Sprache hinsichtlich der Sünde. Das heißt: Sie sprachen in der Regel von einer Wunde bzw. von einem Fleck und machten sich offenbar keine Gedanken darüber, daß eine Wunde bloß als Auswirkung des peccatum, nicht aber als das peccatum selbst gelten kann. In der Scholastik präzisierte man diesen Sachverhalt in der Weise, daß man die voluntas als das eigentliche Subjekt der Sünde auffaßte. Also: das peccatum actuale besteht in einem Willensakt. Diese Entwicklung von einem bildhaften (Wunde) zu einem systematischen (Willensakt) Verständnis der Sünde in der Auslegungsgeschichte des 51. Psalms läßt sich indirekt an der Unterscheidung zwischen wissentlich und in Unwissenheit begangenen Sünden erkennen. Von Augustin bis zu Lombardus war diese Unterscheidung öfters ein integrierter Bestandteil der Auslegung; man sprach diesbezüglich von scienter und ignoranter getanen Sünden. In der Glossa Ordinaria erfuhr diese Unterscheidung jedoch eine wichtige Präzisierung, so daß »scienter« fortan nichts anderes bedeuten konnte als »ex voluntate«. Sobald die Interpreten das peccatum actuale klar und deutlich als einen Willensakt auffaßten, erwies es sich als widersinnig, von einem peccatum zu reden, das nicht »ex voluntate« war. Somit verschwand die Unterscheidung nach Lombardus spurlos aus der Auslegungstradition.

Auch in einigen weiteren Punkten gab es in der Auslegungstradition einen deutlich feststellbaren Konsens. Zum einen, man stellte sich gleichsam eine abgestufte Skala von peccata actualia vor und vertrat die Ansicht, daß den Schweregraden der Sünde die Größe der Gnade Gottes entspricht. Dieses quantitative Verhältnis von peccatum und misericordia vermißt man nur bei

Perez, der im Rahmen der Versöhnungslehre davon ausging, daß jede Sünde eine grenzenlose Schuld mit sich bringt. Zum andern, es bildete ein Grundprinzip der Auslegungstradition, daß Sünde in jeder Gestalt je nach ihrer Schwere eine entsprechende Strafe erfordert. Das bedeutet: Trotz der Gnadenlehre und der dazugehörigen Sündenvergebung darf die Strafe bei keiner Sünde ausbleiben. Sei es in Form der ewigen oder der zeitlichen Strafe, sei es in der des Fegefeuers oder der reumütigen Buße: die Strafe muß auf jeden Fall abgeleistet werden. Zum dritten, jeder Interpret vollzog eine grundsätzliche Unterscheidung zwischen der Sünde und dem Menschsein. Ob als eine Wunde, ein Fleck oder ein Willensakt verstanden, haftet das peccatum actuale dem Menschsein nicht an, so daß man den Einzelmenschen gemäß seinem Tun entweder den Gerechten oder den Ungerechten zuordnen könnte.

C. Die paenitentia

Ausgenommen die Interpretation Augustins, in der die Buße allein als einen inneren Zustand des Sünders dargestellt wird, kommen in jeder anderen Auslegung die zwei bekannten Aspekte der paenitentia als Bußtugend und als Bußsakrament ins Spiel, selbstverständlich unter Akzentverschiebung von dem einen Autor zum andern. Nach allgemeiner Auffassung besteht die Bußtugend in der humilitas und der contritio, das Bußsakrament aus den drei Teilen: contritio, confessio/absolutio, satisfactio. Entsprechend dem Grundsatz, daß sich der Mensch bei jeder Sünde strafbar macht, herrscht in der Auslegungstradition Übereinstimmung darüber, daß die Buße unter beiden Aspekten ihrem Wesen nach eine Art Selbstbestrafung sei, die zuerst durch das Opfer des cor contritum, dann auch durch die satisfaktorischen Werke vollzogen wird. Als ein gottgefälliges Opfer wurde das cor contritum von jedem Autor ohne Ausnahme mit den Tieropfern des alten Gesetzes verglichen – was allerdings vom Psalmtext her nahe lag. Dabei kam man stets zum Schluß, daß Gott nach wie vor ein Opfer vom Büßer verlangt, nun aber nicht mehr die Tieropfer des alten Gesetzes, sondern das cor contritum, das Gott zur Sündenvergebung bewegen soll und deshalb als unentbehrliche Bedingung der Vergebung gilt.

Bei der Untersuchung der Auslegungstradition zu Psalm 51 beobachtet man auch eine klare Entwicklung der Stellungnahme zu der Frage, inwiefern das cor contritum verdienstvoll sei. In den Auslegungen Augustins und Cassiodors stehen zwei Gedanken über das cor contritum ungereimt nebeneinander, die Forderung des cor contritum als verdienstvolles Opfer des Menschen im Zusammenhang mit der Buße auf der einen, die Erkenntnis der Untauglichkeit des Menschen zum Opfern und deshalb seines Angewiesenseins auf den heiligen Geist beim Bußverfahren auf der andern Seite. Allerdings trug dieser Lösungsansatz zum Problem des cor contritum den Keim der späteren Entwicklung in sich, aber erst nach Lombardus – wahrscheinlich im Zusammenhang mit der sich ausbildenden Gnadenlehre der Scholastik, insbesondere mit der klaren Unterscheidung von gratia und spiritus sanctus – trat das cor contritum deutlich an den Tag als eine verdienstvolle Leistung des Büßers. Am Schluß der vorreformatorischen Auslegungsgeschichte behauptete Perez, daß der Büßer durch das Opfer des cor contritum den Erlaß der ewigen Strafe verdiene, freilich unter der Einschränkung, daß das cor contritum in dem einen Opfer Christi begründet sein müßte. Diese theoretische Begründung der Wirksamkeit des cor contritum durch den Hinweis auf die Versöhnungslehre ändert jedoch im Grunde genommen nichts an der Sache. Entscheidend für den Büßer war eben nicht sein Glaube an Christus, sondern das von ihm selbst erbrachte Opfer des cor contritum.

Daß das Verdienst des Büßers beim Bußverfahren allmählich deutlicher in den Vordergrund der Auslegung des 51. Psalms rückte, läßt sich auch an der steigenden Bedeutung der satisfaktorischen Werke nachweisen. Augustin erklärte, wie der Beter in Vers 15 aus lauter Dankbarkeit für die Sündenvergebung und die Bestärkung in dem spiritus principalis die Ungerechten belehre, damit sie nicht in Verzweiflung geraten. Schon bei Cassiodor wurde aber die Unterweisung der Ungerechten zu einer Bedingung der vollen Vergebung gemacht, und von Gregor an sprach man von dem Lehren bzw. von dem Predigen zu den Ungerechten als einer Frucht der paenitentia. Nun läßt es sich nicht leugnen, daß der Begriff »Frucht« im Kontext der paenitentia ein zweideutiger war, in der exegetischen sowie in der systematischen Tradition. In den pseudoaugustinischen Traktata de vera et falsa paenitentia, um die Mitte des 11. Jahrhunderts geschrieben, gilt sogar die Sündenvergebung selbst als eine Frucht der Beichte. Dennoch kommen in der Auslegungstradition des 51. Psalms die Früchte primär als satisfaktorische und deswegen als verdienstvolle Leistungen des Büßers in Betracht. Am Schluß der Auslegungsgeschichte trat das verdienstliche Moment der Buße ganz deutlich bei Lyra und Perez in Erscheinung, als sie die Früchte der paenitentia in der Form von Überredungen zur Sündenvergebung anführten.

Zur gleichen Zeit wie die Durchsetzung des verdienstlichen Moments der Buße entwickelte sich in der Auslegungstradition eine beinahe unerklärliche Selbstverständlichkeit in bezug auf die Sündenvergebung, die den tiefen Sinn des Psalms verdunkelte und dem Bußverfahren ein mechanisches Moment verlieh. Für Augustin war Gott immer frei in seinem Handeln, so daß es dem Menschen im Laufe der Buße verborgen blieb, ob Gott ihm die Sündenvergebung wirklich schenken würde. Im Gegensatz dazu interpretierte Gregor die Verheißungen Gottes als bindende Verpflichtungen zur Vergebung der Sünden des Menschen. Fortan galten die Verheißungen Gottes gleichsam als eine Garantie der Sündenvergebung, und sie wurden am Schluß der Auslegungsgeschichte als Überredungen ins Feld geführt, weshalb Gott selbstverständlich, ja notwendigerweise die Sünden verzeihen muß. In diesem Zusammenhang ist auch zu erwähnen, daß das Verhältnis von misericordia dei und iustitia dei, von Augustin als ein ernsthaftes theologisches Problem betrachtet, nach der Glossa Ordinaria nicht mehr als problematisch empfunden wurde. Augustin sowie auch Gregor verstanden die iustitia dei dahin, daß Gott jede Sünde bestraft, ja bestrafen muß, um seine Gerechtigkeit zu bewahren; in dieser Annahme konnten sie dann die misericordia dei nur durch die Selbstbestrafung des Büßers mit dieser iustitia in Einklang bringen. Nachdem Gregor aber ein neues Verständnis der Verheißungen Gottes in die Tradition einführte, wurde die augustinische Auffassung der iustitia allmählich durch eine zweite abgelöst. Nun heißt es bei Hugo nicht mehr: die iustitia dei erfordert die Bestrafung jeder Sünde, sondern: die iustitia dei verpflichtet Gott zur Erfüllung der Verheißung der Sündenvergebung. Perez konnte sogar behaupten, daß sich Gott bei Nichterfüllung seiner Verheißung als Ungerechter und Lügner zeigen würde. Allerdings eine merkwürdige Entwicklung in der Auslegungsgeschichte!

D. Die Sündenvergebung und die Erneuerung der Seele

Durch die ganze Auslegungstradition hindurch wurde die Sündenvergebung als die Reinigung eines Fleckens oder als die Heilung einer Wunde verstanden, entsprechend der bildhaften Schilderung der Sünde als eines Fleckens bzw. einer Wunde. Selbst nachdem man im Rahmen der scholastischen Anthropologie den Sündenbegriff bei der Auslegung des Psalms präzisiert hatte, indem der Ort der Sünde in dem Seelenvermögen der voluntas bestimmt wurde, behielt man die traditionelle, bildhafte Ausdrucksweise hinsichtlich der Sünde und der Vergebung bei. Das neue Sündenverständnis (Willensakt) fand deshalb seinen Gegenpol nicht in einer neuen Sprache der Vergebung, sondern in einer neuen Auffassung der Erneuerung, genauer gesagt in der Entfaltung der Gnadenlehre. Von Augustin bis zu Lombardus wurde das »crea« in Vers 12 als die Wiederherstellung des früheren Zustandes des Menschen gedeutet: »crea« hieß also »innova«. Mit dem Eindringen des scholastischen Denkens in die Auslegungstradition zur Zeit Hugos wurde aber das »crea« im strengsten Sinne als eine creatio neuer Gnade in der menschlichen Seele ausgelegt. Diese Vorstellung der Erneuerung der Seele im Sinne der Eingießung neuer Gnade hob sich aber derart von der Sündenvergebung ab, daß sich jeder Interpret nach Hugo mit dem Verhältnis von remissio und gratia auseinandersetzen mußte. Hier wie auch in vielerlei anderer Hinsicht erwies sich die Auslegung Hugos als eine Wasserscheide in der Auslegungsgeschichte des 51. Psalms.

E. Die Struktur des Psalms

Auffallend bei einer genauen Analyse der Auslegungstradition ist schließlich
dies, daß fünf von den zehn angeführten Interpreten eine gewisse Struktur in
dem Psalm erblickten. Dabei waren zwei Grundschemata maßgebend: entweder die drei Teile der paenitentia, nämlich contritio, confessio, satisfactio (Cassiodor, Lombardus, Hugo) oder das Verhältnis von remissio und gratia (Lyra,
Perez). Es steht m. E. außer Zweifel, daß die Interpreten durch die Gliederung
des Psalms die innere Dynamik des Textes zur Geltung bringen wollten. Es ist
aber auch ebenso deutlich, daß sie mit ihrem Vorhaben gescheitert sind. Dieser
Sachverhalt macht sich besonders bemerkbar bei Lyra, dessen Gliederung des
Psalms zu einer unhaltbaren Einschränkung des Psalminhalts führte, danach
auch bei Perez, dessen konkurrierende Schemata seine Unsicherheit hinsichtlich der ihm überlieferten Gliederungen bezeugen. Auf dem Hintergrund dieser Fehlentwicklung ist es nicht zu verwundern, daß Luther in den Dictata
super psalterium über eine mögliche Gliederung schweigt, obwohl sich später
in der Enarratio Psalmi 51 eine deutliche Struktur des Psalms erkennen läßt.
Das Scheitern der Auslegungstradition hinsichtlich der Struktur liegt meiner
Ansicht nach daran, daß die Interpreten, wenn auch unbeabsichtigt, ein frem-
des Schema auf den Psalm übertrugen. Will man die innere Dynamik des
Psalms durch eine Gliederung des Textes zur Geltung bringen, muß man zuerst
den Kern der Nuß erforschen. Zu diesem Zweck stellt Luther den 6. Vers, von
alters her als schwierig und problematisch empfunden, in den Mittelpunkt seines Psalmverständnisses, um den Geist dieses Psalms sprechen zu lassen.

Kapitel 3

Luthers Auslegung des 51. Psalms
bis zum Jahre 1517

I. *Die Adnotationes Quincuplici Psalterio Adscriptae*

Aus Luthers Handexemplar des Quincuplex Psalterium von 1509 liegen in
Form von Randbemerkungen seine ersten Ansätze zur Interpretation des Psal-
ters vor. Zunächst ist mit allem Nachdruck zu betonen, daß diese ersten
Gedanken Luthers zum Psalmtext keine fortlaufende Interpretation darstellen.
Sie sind eben Randbemerkungen, behandeln einzelne Verse und gelten gewissermaßen als seine ersten Einfälle. Selbst wenn man den fragmentarischen Charakter der Randbemerkungen im Auge behält und eine Interpretation derselben mit dem gebotenen Vorbehalt angeht, spürt man dennoch in den Adnotationes zum 51. Psalm der ganzen Auslegungstradition gegenüber einen neuen
Geist. Wurde die Sündenvergebung in der Auslegungstradition zu einer Selbstverständlichkeit, so wird man in den Adnotationes mit einer Denkweise konfrontiert, die hinsichtlich der Sünde überhaupt nichts als selbstverständlich
betrachtet. Dieser Sachverhalt läßt sich zuerst daran erkennen, daß Luther die
Interpretation Lyras betreffend die Verheißungen Gottes aus grammatischen
sowie auch aus historischen Gründen als reinen Unsinn widerlegt.[1] Nach der
Gebetsäußerung des 6. Verses wird Gott nicht etwa gerechtfertigt, indem er
seine Verheißungen der Sündenvergebung erfüllt; im Gegenteil, Gott hätte sich
dadurch als gerecht zeigen können, daß er David bestraft und die Verheißung
an ihn für ungültig erklärt. Man darf also die Verheißungen Gottes nicht im
Sinne einer Verpflichtung zur Sündenvergebung ins Feld führen, als wäre Gott
durch sein eigenes Wort zur Gnade genötigt. Darüber hinaus ist für Luther
nicht mehr selbstverständlich, was Sünde überhaupt bedeutet; am auffallend-
sten bei den Adnotationes zum 51. Psalm ist eben gerade das Ringen Luthers
um ein neues Sündenverständnis. Dieses Umdenken des Sünden-Begriffs
macht sich sachlich daran bemerkbar, daß beinahe alle Randbemerkungen in
dieses eine Thema einmünden, aber auch statistisch daran, daß der herkömmli-

---

[1] WA 4; 496, 32–36: »Male itaque Lyra et contra intentionem Apostoli exponit istum versum
›ut iustificeris in sermonibus tuis‹, quia nec ordo sententiae nec locus hystorie concordat, ut ideo
deus iustus sit in promissis, quia propter peccatum David non revocaret promissa. Immo utique iustus fuisset, si revocasset.«

che Wortschatz einer Bußpsalmauslegung großenteils fehlt – Wörter wie paenitentia, contritio, satisfactio und meritum kommen in den Bemerkungen kein
einziges Mal vor. Was diesen neuen Ansatz zum Psalmverständnis betrifft, verdankt Luther vieles den hermeneutischen Überlegungen Fabers, aber auch in
hermeneutischer Hinsicht bricht bei Luther Neues auf, das für sein Sündenverständnis fruchtbar wird.

A. Die hermeneutischen Perspektiven

Nach der ersten Bemerkung Luthers zum 51. Psalm deutet der Titel oder
genauer gesagt die Geschichte von David und Bathseba nicht auf den Inhalt,
sondern auf den Anlaß des Psalms hin. Damit wird ein neuer hermeneutischer
Ansatz zur Auslegung dieses Psalms signalisiert, der zwar formal von der Hermeneutik des französischen Humanisten stammt, doch sachlich sich von ihr
wesentlich unterscheidet.[2] Mit Ausnahme von Faber Stapulensis herrscht in der
vorreformatorischen Auslegungstradition Übereinstimmung darüber, daß
Psalm 51 einen tieferen Sinn über die geschichtliche Situation Davids hinaus
hat, aber nach allgemeiner Auffassung gründet diese über den buchstäblichen
Sinn hinausgehende Bedeutung nicht primär in dem besonderen Inhalt des
Psalms selbst, sondern in den Anwendungsmöglichkeiten des Textes im Rahmen des vierfachen Schriftsinns. Aus dem Titel sei das Material des Psalms klar
ersichtlich; es handele sich hier um die konkreten Tatsünden Davids und seine
Buße. Durch die Anwendung des vierfachen Schriftsinns könne man aber
neben dem sensus literalis noch einen sensus allegoricus, anagogicus und tropologicus geltend machen. Dieses traditionelle, mittelalterliche Schema erübrigte
sich für Faber Stapulensis, der nur einen zweifachen Sinn im Alten Testament
erblickte, d.h. einen sensus literalis historicus und einen sensus literalis propheticus. Der erste Sinn besteht grundsätzlich in den alten Geschichten oder in
dem buchstäblich Gesagten des Alten Testaments. Diesem Sinn kommt jedoch
im allgemeinen keine große Bedeutung zu, außer wenn er als Anlaß für den
zweiten Sinn dient, nämlich für die auf die Zukunft gerichtete, eigentliche
Intention des Propheten. Da dieser doppelte Sinngehalt – falls der sensus literalis propheticus tatsächlich vorhanden ist – im Text selbst enthalten ist, vertrat
Faber die Ansicht, man könne beide mit Recht als literalis bezeichnen. Ausgehend von dieser Faber'schen Hermeneutik entdeckt Luther in Psalm 51- und
zwar im Gegensatz zu Faber Stapulensis – nicht nur einen sensus literalis historicus, sondern auch einen sensus literalis propheticus, der im wesentlichen mit
der Verkündigung des Paulus über die Sünde des Menschen vor Gott überein-

---

[2] Zum Thema »Hermeneutik« siehe G. EBELING, Die Anfänge von Luthers Hermeneutik. LuSt
I, 1–68.

stimmt. Darum setzt Luther alles daran, diesen Psalm von Paulus her zu interpretieren, und da Paulus Vers 6 c u. d in Röm 3, 4 zitiert, war es für Luther geradezu naheliegend, seinen ersten Erwägungen diesen Versteil zugrunde zu legen: ut iustificeris in sermonibus tuis et vincas cum iudicaris. In den Adnotationes handelt es sich also nicht um eine vollständige Interpretation des Psalms, sondern um ein Durchbohren zum Kern der Sache anhand der Korrelation der prophetischen Weisheit Davids und der Verkündigung des Paulus.

So sehr der sensus literalis propheticus in den Randbemerkungen zum 51. Psalm dominiert, meldet sich doch eine andere hermeneutische Perspektive, die in den Dictata super Psalterium noch deutlicher in den Vordergrund tritt und die letztlich die tiefgreifende Bedeutung des Psalms erschließt, die Luther im Jahre 1532 in der Enarratio Psalmi 51 behandelt, nämlich die cognitio dei et hominis. Daß man von litera und spiritus im Zusammenhang mit der Auslegung des Alten Testaments sprach, war bekanntlich nichts Neues; der sensus allegoricus, anagogicus und tropologicus galten ja als ein sensus spiritualis neben dem buchstäblichen Sinne des Textes. Jedoch die Art und Weise, wie Luther die Korrelation von litera und spiritus mit dem antithetischen Gegensatz von coram deo und coram hominibus in Verbindung brachte, erwies sich als bahnbrechend in der Auslegungsgeschichte. In den Adnotationes spricht Luther zwar nicht ausdrücklich von der coram-Relation, sondern bloß von litera und spiritus.[3] Aber sein Verweis auf die notibilia in Psalm 33 macht deutlich, in welchem Sinne der Buchstabe und der Geist zu verstehen sind[4]; der sensus spiritualis ist das Verständnis der Sache auf das Gottesverhältnis hin, der sensus literalis hingegen das Verständnis vor den Menschen.

B. Das Sündenverständnis

Um Luthers Sündenverständnis in den Adnotationes richtig einzuschätzen, muß man unbedingt beide hermeneutischen Perspektiven berücksichtigen. In seinen einleitenden Bemerkungen, in denen er vor allem den sensus literalis propheticus zum Ausdruck bringt[5], stellt Luther fest, daß das Entscheidende in der Geschichte von David und Bathseba in Vers 13 von 2. Samuel 12 liegt. Nachdem Nathan anhand des Gleichnisses David seine Sünde vor Augen geführt hatte, sprach David zu ihm: »Ich habe gesündigt gegen den Herrn.«

---

[3] WA 4; 497, 5–7: »*Tibi soli peccavi* i. e. in spiritu, non ad hominem, sicut peccata legis figuralia, que sola Pharisei reputabant, sed interiora nil curabant. Vide notabilia ps.30 et 33.«

[4] WA 4; 489, 37–490, 4: »Quia Deo nihil perit, licet coram nobis pereat. Scriptura enim quandoque loquitur de rebus secundum quod sunt coram deo, quandoque secundum quod sunt coram hominibus. Et hinc fit, quod multe contradictiones inveniuntur in Scriptura. In quas offendunt superbi, qui suum sensum sequuntur, ut olim heretici.«

[5] WA 4; 496, 19–26.

Darauf erwiderte Nathan: »So hat auch der Herr deine Sünde weggenommen.«
In diesem Moment war David ein Licht aufgegangen, so daß er das Wesentliche
am neutestamentlichen Verständnis der Sünde erfaßte, was nach Luther in zwei
Teilen besteht: erstens, wer sich selbst als Sünder offen bekennt, der bekommt
von Gott die Sündenvergebung, und zweitens, jeder Mensch gilt als Sünder,
Gott allein als iustus, iustificans et iustificandus.[6] Der erste Teil dieser neuen
Einsicht Davids stellt gewissermaßen das Gemeingut der Auslegungstradition
dar. Im Gegensatz zur Praxis des Alten Testaments erreicht David die Sündenvergebung durch die confessio, nicht durch die alten Tieropfer. Eigenartig
besonders im Vergleich zu den Auslegungen der Scholastik ist aber zuerst dies,
daß Luther nur vom Sündenbekenntnis ohne jeden Hinweis auf die contritio
spricht, dann auch dies, daß das Sündenbekenntnis auf den Sünder selbst, statt
auf seine konkreten Sünden bezogen ist. Den Grund dafür liefert nun der
zweite Teil: omnis homo est peccator, der offensichtlich auf das peccatum originale, nicht auf das peccatum actuale hin zu verstehen ist. Aus seiner eigenen
Erfahrung wurde es David bewußt, daß jeder Mensch in der Erbsünde gefangen ist und daß jeder deswegen die iustitia von Gott bzw. von Christus nötig
hat. Der Satzteil: »iustus, iustificans« ist anscheinend eine Anspielung auf Röm
3,26: »ut sit ipse (Deus) iustus et iustificans eum, qui ex fide est Iesu«, und geht
dahin, daß nur Gott, da er der allein Gerechte (iustus) ist, den im peccatum originale befindlichen Menschen gerecht machen kann (iustificans). Dem Gedanken des 6. Verses, daß Gott seinerseits der zu rechtfertigende ist, gab Luther
Ausdruck, indem er dem Pauluswort das »iustificandus« hinzufügte, um die
Strittigkeit des Verhältnisses von Gott und Mensch deutlich hervorzuheben –
eine Strittigkeit, die Luther am Beispiel der Juden und der Heiden verdeutlicht.
Das Gotteswort enthüllt den Menschen als peccator, aber weder die Juden noch
die Heiden wollten diese Wahrheit bekennen. Das Entscheidende an diesem
Beispiel liegt indessen nicht in der Anführung der Juden und Heiden, sondern
darin, daß Luther die Sündenerkenntnis zur Sache des Glaubens macht. Wer im
Kontrast zu den Juden und Heiden das Gotteswort über die Sünde des Menschen glaubt und sich selbst als peccator bekennt, der gibt Gott in dessen Wort
recht; also wird Gott gerechtfertigt.[7] Nun aber hatte Luther nicht als erster das
Pauluswort Röm 3,4 im Zusammenhang mit der Auslegung des 6. Verses herangezogen. Schon vor ihm hatte Gregor im Anschluß an den Paulustext darauf
hingewiesen, daß die Rechtfertigung Gottes von der Wahrheit seines Wortes

---

[6] WA 4; 496, 21–25: »Sed est sumptus ex eo, quod cum David dixisset ›peccavi‹, Nathan ait:
›Transtulit dominus peccatum tuum‹. Ex hoc intellexit David, quod qui confitetur se peccatorem,
veniam acquirit et quod omnis homo est peccator et solus deus iustus, iustificans et iustificandus.«

[7] WA 4; 497, 32–37: »Sed secundum Apostolum Ro. 3 sensus est, quod cum Christum et fidem et iustitiam eius neque Iudei neque gentes recipere vellent, negabant Deum per hoc veracem
esse: qui eos sic in peccatis esse ostendebat, quia filium propter peccata crucifigi fecit. Et ipsi peccata se habere nolunt credere et illo se non indigere [putant].«

abhängt. Dennoch ist der wesentliche Unterschied zwischen den beiden Interpreten an diesem Punkt unverkennbar. Bei Gregor führte die Heranziehung des
Paulustextes zur Einsicht, daß Gott selbst sein Wort als wahr erweisen müsse,
indem er seine Verheißung der Sündenvergebung erfüllt.[8] Luther dagegen versteht das von Paulus her interpretierte Gotteswort des 6. Verses nicht als die
Verheißung der Vergebung, sondern als das Urteil Gottes über die Sündhaftigkeit des Menschen. Worauf es ankommt, ist also dies, daß der Mensch durch
sein Sündenbekenntnis die Wahrheit des Gotteswortes bestätigt. Die Deu-
tungsverschiebung der Auslegung Luthers im Vergleich mit der von Gregor
zeigt nochmals deutlich, worum es Luther in den Adnotationes geht, nämlich
um ein neues Verständnis der Sünde.

Während Augustin das »tibi soli« in Vers 6 auf die Bestrafung des Menschen
hin interpretierte, behandelt Luther diesen Versteil im Zusammenhang mit
dem Gegensatz von litera und spiritus, genauer gesagt mit der coram-Relation.
Allerdings hatte bereits Hugo die drei Beziehungen, ad iudicium, ad comparationem und ad offensam, bei der Exegese des 6. Verses erörtert, aber bei ihm
kam am Schluß die dritte Beziehung im Fall Davids überhaupt nicht in Frage,
da David offensichtlich gegen Uria und das Volk, nicht aber gegen Gott gesündigt hatte. Aus der Sicht Luthers läuft eine solche Interpretation letztlich auf
eine schreckliche Verharmlosung der Sünde hinaus; denn ihm geht es nicht primär um die äußerlichen Sünden (ad hominem), sondern um die Sünden im
Inneren des Herzens (in spiritu, interiora). Dabei ist zweierlei zu beachten.
Zum einen, Luther beschreibt die äußerlichen, faktischen Tatsünden als bildliche peccata legis, die sich zu den wahren Sünden des Herzens verhalten wie
umbra zu veritas. Zum andern, die Zuordnung der Korrelation, litera und spiritus, zu der Antithese, coram deo und coram hominibus, setzt die äußerlichen
und die inneren Sünden in höchste Spannung zueinander und kündigt zugleich
deutlich an, in welcher Beziehung das peccatum überhaupt virulent wird. Das
heißt: Sünde kann nicht rein ethisch verstanden werden, da sie als solche allein
auf das Gottesverhältnis hin verständlich wird. Wie sich die peccata coram deo
zum peccatum originale verhalten, ist eine weitere Frage, die m. E. kaum auf
Grund der Adnotationes definitiv beantwortet werden kann. Im Gegensatz zu
der ganzen Auslegungstradition ringt Luther hier um ein echt theologisches
Verständnis des peccatum, wobei seine Ansätze zu diesem Problem sehr eng mit
den erwähnten hermeneutischen Perspektiven verbunden sind, und wie bei
seinen hermeneutischen Überlegungen, so auch bei seinen Gedanken zum
Thema Sünde stehen manchmal verschiedene, logisch nicht miteinander ver-
einbare Äußerungen nebeneinander.[9]

---

[8] MPL 79, 585 C-D.

[9] Die Interpretation, Luther habe schon in den Adnotationes Quincuplici Psalterio Adscriptae
die neue Erkenntnis gewonnen, daß die Erbsünde nicht mit der Taufe entkräftet sei (R.
SCHWARZ, Vorgeschichte der reformatorischen Bußtheologie. 232) oder daß das Sündersein als

II. Die Dictata super Psalterium

Der Interpretation von Luthers Auslegung des 51. Psalms in den ersten Psalmenvorlesung stehen große Schwierigkeiten entgegen. Zunächst einmal wird
eine methodisch einwandfreie Interpretation durch die Unsicherheit der inneren Chronologie der Dictata super Psalterium erschwert. In der Folge gehen
wir davon aus, daß Luther mit der Niederschrift der Glossen den Scholien
gegenüber immer voraus war. Demgemäß empfiehlt es sich, die Glossen und
die Scholien zum 51. Psalm separat zu behandeln, zumal sich Luther in den
Scholien zu diesem Psalm beinahe ausschließlich mit dem 6. Vers befaßt. Ein
weiteres Problem betrifft die Frage, ob Luther alle Glossen zu Psalm 51 gleichzeitig eingetragen habe. Wenn man z.B. auf zwei verschiedene, anscheinend
voneinander abweichende Verständnisse der iustitia in der Auslegung stößt,
könnte man sie als zwei unterschiedliche Begriffe entsprechend zweier Entste-
hungsstufen betrachten oder als komplementäre Aspekte des gleichen Begrif-
fes, je nachdem wie man die betreffenden Glossen zeitlich bewertet. Solche
Schwierigkeiten lassen aber offensichtlich keine allgemeine Lösung zu und
können deswegen nur von Fall zu Fall entschieden werden.

A. Die Glossen in den Dictata super Psalterium[10]

1. Die hermeneutische Perspektive

Über die erwähnten chronologischen Probleme hinaus liegen die Dinge in der
ersten Psalmenvorlesung auch aus hermeneutischer Sicht sehr schwierig. Allerdings wird der Inhalt dieses Psalms in dem von Luther selbst in Druck gegebe-

---

bleibende Wirklichkeit verstanden werde (S. RAEDER, Die Auslegung des 50.(51) Psalms in Augustins Enarrationes in Psalmos und in Luthers Dictata super Psalterium. 166) scheint mir sehr
fragwürdig zu sein. Die Konjunktive der Schlüsselstelle: »tibi sum peccator, si volueris, quia coram
te nullus iustificatur, nisi tu velis« (WA 4; 497, 16–17) haben den Sinn des coniunctivus potentia-
lis; die Aussage ist also nur als möglich gedacht. Darum wäre ebenso naheliegend wie die Interpretation von Schwarz und Raeder eine Auslegung im Horizont der nominalistischen Unterscheidung von potentia dei absoluta und potentia dei ordinata. In diesem Fall würde der Text darauf
hinweisen, daß der Erlaß der Schuld des peccatum originale keine absolute Notwendigkeit hat,
sondern vollends vom Willen Gottes abhängig ist. Die Äußerungen Luthers in den Adnotationes
Quincuplici Psalterio Adscriptae zum 51. Psalm sind aber m. E. zu knapp, als daß man die Sache
definitiv entscheiden kann.

   [10] In der 1993 erschienenen kritischen Ausgabe der Glossen WA 55, 1 wird ab Psalm 31 weitgehend auf einen Zeilenzähler verzichtet. Darum muß man die Verweise auf den Text Luthers etwas anders gestalten, als dies üblicherweise der Fall ist. In der vorliegenden Untersuchung wird jeweils vermerkt, ob es sich um eine Randglosse (RGl) oder eine Zeilenglosse (ZGl) handelt, und
auch darauf hingewiesen, welchem Vers des Vulgatatextes die betreffende Glosse zugeordnet ist.
Bei längeren Glossen, die doch mit einem Zeilenzähler versehen sind, werden die betreffenden
Zeilen auch angegeben. Wenn zwei Glossen zum gleichen Vers durch einen Abstand im WA-
Text getrennt sind, wird dies mit dem Querstrich (/) angedeutet.

nen Psaltertext mit Summarien deutlich formuliert: OPTIMA PENITEN-
CIUM et confiteri volentium eruditio et exemplum. Es handele sich hier also
um die Unterweisung derer, die Buße tun und ihre Sünde bekennen wollen;
insofern gilt der Psalm wie üblich in der Auslegungstradition als ein Beispiel
(exemplum) der paenitentia, und demgemäß fällt das hermeneutische Hauptgewicht im Rahmen des vierfachen Schriftsinns auf den sensus tropologicus.
Doch schon bei der ersten Randglosse stellt man fest, daß sich Luther in dieser
Auslegung ebenso wie auch in den Adnotationes der Faber'schen Unterscheidung von sensus literalis historicus und sensus literalis propheticus bedient.[11]
Man könnte zwar den Psalm historisch in der Person Davids interpretieren, so
meint Luther, aber der Inhalt des Psalms – es ist beispielsweise an das peccatum
originale (v. 6–7) und an die ecclesia Christi (v. 20) zu denken – sowie auch das
dem 6. Vers entnommene Pauluswort in Röm 3, 4 deuten auf eine prophetische bzw. mystische Interpretation hin. Die letztere steht aber bekanntlich dem
sensus allegoricus des traditionellen vierfachen Schemas näher als dem sensus
tropologicus. Diese innere Spannung der hermeneutischen Perspektiven drängt
nun zur eigenen hermeneutischen Entscheidung. Entweder muß man gegen
die Tendenz der Tradition den sensus literalis propheticus doch mit dem sensus
tropologicus gleichsetzen, oder man muß annehmen, Luther habe in der Zeit
zwischen der Vorbereitung des Drucktextes und der Niederschrift der Glossen
seine Ansicht zur hermeneutischen Frage geändert. Die erste Variante entspricht eindeutig der zweifellos zutreffenden Feststellung Ebelings, daß die Entwicklung von Luthers Hermeneutik in der ersten Psalmenvorlesung auf die
Identifizierung des sensus literalis propheticus mit dem sensus tropologicus tendiert.[12] Da nun der sensus tropologicus für Luther existentialen Charakter hat,
führt die Gleichsetzung der beiden hermeneutischen Gesichtspunkte folge-
richtig zu einem existentialen Verständnis des sensus propheticus. Daraus ergä-
ben sich im Zusammenhang mit Psalm 51 tiefgreifende Konsequenzen für die
Interpretation des Sündenverständnisses Luthers. Wenn die Entwicklung der
Hermeneutik Luthers bis zum 51. Psalm schon so weit fortgeschritten ist, daß
man mit Recht Luthers Äußerungen großenteils existential interpretieren darf,
dienen einige Aussagen als ein früher Beleg für das peccatum originale im Sinne
einer auch im Getauften bleibenden Wirklichkeit. Gerade an diesem Punkt
tauchen jedoch neue Schwierigkeiten auf. Denn an mehreren Stellen in der
ersten Psalmenvorlesung, und zwar nach der Auslegung des 51. Psalms, spricht
Luther unmißverständlich von der Sünde als einem für den Getauften im Prinzip zurückliegenden Stadium, und dementsprechend kommt das peccatum nur

---

[11] WA 55, 1; 394–395, R Gl zu v. 2: »potest quidem Psalmus iste secundum hystoriam in persona Dauid intelligi. Tamen secundum propheticum sensum debet accipi in persona nature humane
(i.e. Ecclesiae Christi); quod patet, quia hic peccatum originale allegat Et in fine pro Zion seipsa
orat. Sed et Apostolus, Ro.3., sic eum allegat und exponit.«
[12] EBELING, Die Anfänge von Luthers Hermeneutik. 68.

als eine vorgestellte Möglichkeit – Luther hat allfällige Rückfälle im Sinn –,
nicht aber als eine dauernde Wirklichkeit in Betracht. Man denke hier z.B. an
die Scholien zu Psalm 78 [79], den Luther ausdrücklich nach dem moralischen,
d.h. dem tropologischen Sinne auslegt.[13] Daß Luther aber bereits bei der Kom-
mentierung des 51. Psalms zu einem echt reformatorischen Verständnis des
peccatum originale durchgestoßen ist und doch nachher im ähnlichen Stil wie
die Scholastik von der Erbsünde spricht, läßt sich einfach nicht zusammenrei-
men. Demnach scheint es fraglich zu sein, ob man die Äußerungen Luthers
zum Thema peccatum in der Auslegung von Psalm 51 rein tropologisch-exi-
stential interpretieren darf. Was eine tropologische Interpretation des Psalms
anbelangt, bereitet es auch Unbehagen, daß das Wort »paenitentia« kein einziges Mal in der Auslegung vorkommt. Gesetzt den Fall, daß Luther in der Interpretation des 51. Psalms tatsächlich den Büßer vor Augen hat, bleibt es unerklärlich, warum das Wort »Buße« in der Auslegung fehlt, was übrigens eine ein-
malige Erscheinung in der Auslegungstradition des Psalms darstellt.

Ist eine klare Gleichsetzung des sensus literalis propheticus mit dem sensus
tropologicus zweifelhaft, so bleibt nur noch die zweite Variante, Luther habe
nach dem Druck der Summarien den hermeneutischen Kurs geändert, so daß
der sensus tropologicus zugunsten des sensus literalis propheticus in den Hintergrund trat. Wenn es sich aber so verhält, wäre die Schlußfolgerung natürlich
naheliegend, daß Luther vom sensus literalis propheticus im Sinne des Faber
Stapulensis Gebrauch gemacht hat. Eine genaue Analyse der Glossen weist
jedoch in eine andere Richtung, nämlich dahin, daß Luther bei der Auslegung
des 51. Psalms den Faber'schen sensus literalis propheticus mit der hermeneutischen Perspektive der expositio mystica et prophetica des Perez de Valentia verknüpft hat. Auffällig in den Glossen Luthers sind gewisse Berührungspunkte
mit der zweiten Exposition von Perez, also gerade mit der Exposition, in der
Perez den Psalm in der Person des homo mysticus bzw. der ecclesia interpretiert.[14] Dies soll nicht etwa heißen, daß Luther aus theologischer Sicht der zweiten Exposition des Perez sehr viel verdankt – theologisch sind die beiden weit
voneinander entfernt –, aber so wie Luther die Person der menschlichen Natur
(natura humana) betrachtet, ähnelt dies m. E. unverkennbar der Art, wie der
mystische Mensch (homo mysticus, aber auch gens humana oder ecclesia dei
genannt) in der Perspektive des Perez erscheint. Charakteristisch für den mysti-

---

[13] WA 3; 600, 10–601, 12.

[14] Auffallend bei Luthers Auslegung des 6. Verses ist dies, daß er schon in diesem Vers, nicht
erst bei Vers 7 von peccatum originale spricht. Das Gleiche gilt aber auch für Perez; nicht der Büßer, sondern der homo mysticus spricht: »tibi soli«, denn »te solum offendi in Adam« (Expos. ii zu
v. 6). Oder man denke an die Glosse Luthers zu Vers 11: »ut eas (Sünden) non imputes«. Auf
Grund der Analyse der Auslegungstradition stellt es sich heraus, daß die non-imputatio der Sünde
zum Erbe Augustins gehört, aber im Zusammenhang mit Vers 15. Nur Perez und Luther erwähnen den Begriff in Vers 11. So schreibt Perez: »ad culpam nec ad penam imputando«.

schen Menschen ist u. a. dies, daß er zeitlich aus verschiedenen Perspektiven reden kann. Er hat in Adam gesündigt (tibi soli peccavi), hat aber auch zur Zeit der Frühkirche an Christus geglaubt und pilgert noch heute bis zum jüngsten Gericht. Wenn der mystische Mensch ebenfalls die ecclesia Christi genannt wird, kommt er in den Blick als das Volk Gottes in den verschiedenen Stadien der Heilsgeschichte. Gleichermaßen kann bei Luther die zeitliche Betrachtungsweise der Person der menschlichen Natur variieren. Am häufigsten spricht sie in Psalm 51 aus einem Zeitrahmen zwischen Mose und Christus (v. 1–9 u. a.); sie kann aber auch zu einem späteren Zeitpunkt auftreten und vom Lehramt der Kirche reden (v. 15). Wenn diese prophetische Person unter der Perspektive der Kirche zur Zeit Luthers spricht, wird dies meistens deutlich vermerkt: »usque hodie«.[15] Daß die Person der menschlichen Natur primär aus der Zeit zwischen Mose und Christus spricht, hängt sehr eng mit der Orientierung der Auslegung Luthers an Röm 3 zusammen. Was der ganzen Welt zur Zeit Christi offenbart werden und in Röm 3 Niederschlag finden soll, das wird schon jetzt David kundgetan, und in der Person der menschlichen Natur verkündigt David diese zweiteilige Botschaft: Gott allein ist gerecht, und alle Menschen sind Sünder.[16] Aus der Perspektive der prophetischen Person heißt der zweite Teil dieser Botschaft: omnes sumus in peccatis, nicht etwa, daß das peccatum originale eine bleibende Wirklichkeit im Getauften sei, sondern daß sich das ganze Menschengeschlecht vor Christus hoffnungslos in Sünde befand.

Zusammenfassend: Es scheint mir am wahrscheinlichsten, daß Luther nach dem Druck der Summarien doch in eine andere hermeneutische Richtung ging, daß er, wie er selbst sagte, den Psalm prophetisch/mystisch interpretierte und daß er diesen Faber'schen Ansatz in enge Verbindung mit dem homo mysticus von Perez brachte. Darüber hinaus bringt Luther die Unterscheidung von coram deo und coram hominibus in der Weise zur Geltung, daß sie durch alle möglichen Zeitpunkte der prophetischen Person durchquert. Diese theologisch grundlegende Modifikation der Faber'sch-Perez'schen Hermeneutik führt zu einer scharfen Antithetik, die sich als roter Faden durch die ganze Auslegung zieht.

2. *Nicht die peccata literalia, sondern die peccata spiritualia*

Bei der Lektüre von Luthers Glossen in den Dictata super Psalterium auf dem Hintergrund der Auslegungstradition zum 51. Psalm springt einiges sofort ins Auge. Zum einen, die konkreten Sünden Davids verlieren in den Glossen erheblich an Bedeutung; der Ehebruch Davids wird nur einmal erwähnt (v. 7),

---

[15] Siehe RGl zu v. 6 u. 16.
[16] WA 55, 1; 396, RGl zu v. 8: »‹Nunc autem‹ toti mundo ›est manifestata‹, Ro.3. Nunc autem mihi, scil. quam iam confessus sum, quod tu solus Iustus et quod omnes sumus in peccatis.«

und vom Mord fehlt überhaupt jeder Hinweis. Die Tatsache läßt sich am ehesten daraus erklären, daß Luther den Psalm nicht zurückblickend auf die Geschichte von David und Bathseba in 2. Samuel 11f interpretiert, sondern zukunftsorientiert an der Botschaft des Paulus in Röm 3. Aus dieser Sicht erweist es sich als relativ belanglos, welche konkreten Sünden in den Blick kommen. Entscheidend ist allein dies, daß »alle, Juden wie Griechen, unter der Sünde sind«.[17] Zum andern, man vermißt bei Luther die traditionelle, bildhafte Beschreibung der Sünde als eines Flecks oder einer Wunde, und von der Perez'schen Definition des peccatum actuale als eines Willenaktes gibt es gar keine Spur. Darüber hinaus wird das peccatum originale in den Glossen zu Psalm 51, und zwar im Unterschied zu anderen Stellen in der ersten Psalmenvorlesung, nicht definiert als die Konkupiszenz bzw. die Neigung zum Bösen.[18] Die vermißte Begriffsbestimmung der Sünde rührt aber nicht etwa von einer mangelnden theologischen Exaktheit, sondern von Luthers eigenartiger Reflexionsart her. Ihn interessiert nicht die Schilderung oder die Definition, vielmehr die Auswirkung der Sünde. Was die Sünde im Menschsein bewirkt, steht bei ihm eindeutig im Vordergrund. Zum dritten, an die Stelle des von Augustin stammenden quantitativen Denkens, gemäß dem der Schwere der Sünde die Grösse der Gnade entsprechen soll, tritt ein bisher in der Tradition unbekanntes, radikal antithetisches Denken: die Sünde des Menschen auf der einen, die Gnade Gottes auf der andern Seite. Die Abstufung der Sünden nach ihrem Gewicht und die dazugehörige Gradierung der Gnade Gottes verlieren gänzlich ihre Relevanz vor dem Bekenntnis der Person der menschlichen Natur, sie sei schlechthin ein Sünder, allein auf die mera misericordia angewiesen.[19] Zum vierten, die vielen, uns aus der Scholastik bekannten Unterscheidungen in bezug auf die Sünde fallen bei Luther nicht mehr ins Gewicht, sogar auch nicht die Unterscheidung zwischen peccata actualia und peccatum originale. Freilich muß man sich vor einer Überbewertung der Statistik hüten, aber es ist doch bemerkenswert, daß der Ausdruck »peccatum originale« nur einmal und »peccatum actuale« kein einziges Mal in den Glossen vorkommt.[20] Dies will nicht etwa heißen, daß die Unterscheidung zwischen der Erbsünde und den Tatsün-

---

[17] Luther Bibel, Röm 3, 9. Vgl. die Glosse zu 31 [32] in: WA 55, 1; 290, RGl zu v. 1, Z. 11–14: »Psal. L. ›Incerta et occulta sapientie tue manifestasti mihi‹. Scire ergo filium Dei esse incarnatum pro salute nostra et extra eum omnes esse in peccatis, hec est ›eruditio‹ ista, ›Intellectus‹ iste, quod nemo nisi per spiritum sanctum cognouit.«

[18] Im Sinne der Konkupiszenz siehe WA 55, 1; 331, RGl zu v. 7 u. 716, RGl zu v. 2, Z. 5–7. WA 4; 157, 3–6. Als die Neigung zum Bösen siehe WA 55, 1; 329, RGl zu v. 2, Z. 3–5. WA 3; 214, 24–26 u. 231, 25–27.

[19] WA 55, 1; 394, ZGl zu v. 3: »*secundum magnam misericordiam tuam* non secundum vllum meritum aut opus meum, Sed secundum meram misericordiam tuam / gratis.«

[20] Der Ausdruck »peccatum originale« findet sich in der ersten Randglosse im Zusammenhang mit Luthers Begründung einer prophetischen Auslegung des Psalms, nicht im Kontext seiner Interpretation der Sünde. Dazu kommt auch die Glosse in Vers 7: »*et in peccatis*.e. originali«.

den für Luther überhaupt keine Bedeutung mehr hat, sondern daß sich das Schwergewicht seines Sündenverständnisses verlagert hat. Ihm geht es nun primär um die Unterscheidung von peccata literalia und peccata spiritualia bzw. von peccatum coram deo und peccatum coram hominibus. Das erste kann einmal als Tatsünden in den Blick kommen, wie etwa in der Glosse zu Vers 3, in der Luther eindeutig auf die Mehrzahl der Sünden weist,[21] oder ein anderes Mal als die Erbsünde, wie in Vers 6 b: et malum coram te feci und in Vers 7: in inquitatibus conceptus sum.[22] Entscheidend ist aber auf jeden Fall dies: coram te non iustificatur ullus homo.

Das antithetische Moment zwischen den peccata literalia und den peccata spiritualia wird noch stärker betont, wenn Luther die Sünden coram deo mit den verborgenen Sünden von Psalm 18 verbindet und in scharfem Gegensatz zu den Sünden des Gesetzes setzt.[23] Daß die Sünde erst auf das Gottesverhältnis hin, nicht aber anhand des Gesetzbuches verständlich wird, bringt ein echt theologisches Verständnis der Sünde an den Tag und deutet darauf hin, in welch fundamentaler Lebensbeziehung das peccatum verwurzelt ist. Und der Verweis auf Psalm 18 läßt auch die Blindheit des Menschen für die Sünde vor Gott anklingen. In der Person der menschlichen Natur schaut David vorwärts auf den Advent Christi und fällt ein Urteil über das ganze Menschengeschlecht: omnes sumus in peccatis, wenn nicht auf Grund der Tatsünden, dann ohne Zweifel wegen der Erbsünde. Daß Luther sowohl die peccata actualia wie auch das peccatum originale unter peccatum coram deo subsumieren konnte, erwies sich als ein äußerst wichtiger Schritt auf dem Weg zu einem reformatorischen Verständnis des Sünderseins. Und die Verborgenheit der wahren Sünde implizierte bereits die Unkenntnis des Menschen sich selbst gegenüber. Diese beiden im Vergleich mit der Auslegungstradition bahnbrechenden Gedanken münden in die Problematik der Enarratio Psalmi 51: die cognitio dei et hominis.

3. *Nicht die Sündenverleugnung, sondern das Sündenbekenntnis*

Was das Thema Buße betrifft, heben sich die Äußerungen Luthers in den Glossen von der ganzen Auslegungstradition dadurch ab, daß das Wort »paenitentia«

---

[21] WA 55, 1; 394 u. 396, ZGl zu v. 3: »*Et secundum multitudinem* quia non tantum magna, Sed et multa sunt peccata.« Erst später in den sieben Bußpsalmen von 1517 bringt Luther diesen Vers mit Röm 5, 20 in Verbindung. Dies ermöglicht eine Interpretation des »multitudo« auf die Tiefe der Sündenerkenntnis statt auf die Menge der Sünden hin und dementsprechend ein Verständnis des Verses in bezug auf das peccatum originale.

[22] WA 55, 1; 396, ZGl zu v. 7: »*Ecce enim* Adeo coram te sum peccator, vt si etiam peccatum Adulterii non esset, tamen adhuc coram te non Iustificatur vllus homo, quia *in iniquitatibus conceptus sum: et in peccatis* i.e. originali,…«

[23] WA 55, 1; 396, ZGl zu v. 6: »*Tibi soli peccaui* i.e. agnosco et confiteor, quia sic vere est, quod coram te peccaui, non quod Mosi et legi in peccatis literalibus / Psal. 18.: ›ab occultis meis munda‹.«

kein einziges Mal vorkommt. Es ist auch von theologischer Relevanz, daß der einzige Hinweis auf die satisfactio, eine Randglosse zu Vers 15, offenbar von Luther selbst gestrichen wurde.[24] Bekanntlich wurde der 15. Vers durch die ganze Auslegungstradition hindurch auf die satisfactio bezogen, und wenn Luther nach gründlicher Überlegung seinen Eintrag zu diesem herkömmlichen Thema gestrichen hat, bedeutet dies nichts weniger als die Eliminierung des Themas aus dem Fragenkomplex seiner Auslegung. Schließlich kann es einem bei der Analyse der Glossen nicht entgehen, daß das cor contritum eine der Auslegungstradition gegenüber stark reduzierte Rolle spielt.[25] Diese Sachlage zeigt insgesamt, daß der Brennpunkt von Luthers Psalmverständnis nicht mehr die Buße im traditionellen Sinne ist, ganz sicher nicht die Buße als Sakrament, aber auch nicht als Tugend. Daraus ergibt sich zwangsläufig die Frage, worauf Luther bei der Auslegung überhaupt aus sei. Indessen ist es augenfällig, daß Luther die enge Beziehung von Sündenerkenntnis und Sündenbekenntnis hervorhebt, und zwar in Form einer Antithese zwischen den wahrhaftig Demütigen[26] und den Heuchlern bzw. den Juden. Jene erkennen ihre Sünde und bekennen sie demütig vor Gott; diese verleugnen ihre Sünde und versuchen sich selbst zu rechtfertigen.[27] Jene rechtfertigen Gott in seinen Worten, d.h. in seinem Urteil über das peccatum; diese hingegen machen Gott zu einem Lügner. Das Beachtliche bei dem Sündenbekenntnis besteht aber gerade darin, daß Luther es offenbar nicht direkt mit der paenitentia, sondern mit dem baptisma assoziiert. Allerdings hatte schon Cassiodor wie auch die Glossa Ordinaria im Zusammenhang mit der Auslegung des 4. Verses: amplius lava me, auf die Taufe hingewiesen, was natürlich vom Psaltertext her naheliegend war. Insofern überrascht es nicht, wenn Luther in Vers 4 die wahre, von Gott selbst zu vollziehende Taufe dem Waschen des Gesetzes gegenüberstellt.[28] Aber seine Anspie-

---

[24] Siehe den Handschriften-Apparat zu v. 15, WA 55, 1; 399: »Optima satisfactio Est, vtqui cum aliis peccauit et peccare fecit, rursum quoque alios penitere faciat.«

[25] Von »contritio« ist die Rede nur in den Glossen zu v. 5 u. 10.

[26] WA 55, 1; 396, ZGl zu v. 5: »*Quoniam iniquitatem meam ego cognosco* confitendo / pura et vera confessione / q. d. nihil habeo, quo merear lauari, nisi quia ›agnosco‹ et confiteor peccatum meum / Et hoc etiam solum sufficit coram Deo.« WA 55, 1;396,ZGl zu v.8. »*Ecce enim veritatem* non vmbram legis in Iustitiis suis, Sed veritatem Iustitie tue, que est humilitas et confessio peccati, accusatio sui«

[27] WA 55, 1; 396, RGl zu v. 6, Z. 1–6: »Alii enim Bonum coram Deo faciunt et non peccant, vt Iustificentur ipsi in suis sermonibus. Et hoc est nihil aliud nisi Deum mendacem arguere et condemnare ac ›Iudicare‹ in sermonibus eius, quasi sint falsi, 1.Iohanne 1.: ›Si peccatum nos habere negamus, Deum mendacem facimus‹. Talis erat olim Saul Et vsque hodie Iudei, contra quos apostolus Ro.3 loquitur.«

[28] WA 55, 1; 396, ZGl zu v. 4: »*laua tuipse me ab iniquitate mea* non enim lex et baptismata eius me lauare possunt, Sed solus tu. ›Impossibile est enim peccata auferri per sanguinem‹ etc.: *et a peccato meo munda me.*« Das Zitat aus Hebr 10, 4 entnahm Luther wahrscheinlich der Auslegung Hugos, und dieses dient vor allem dazu, den Gegensatz von »baptismata legis« und »solus tu« noch deutlicher hervorzuheben. Wie das »solus tu« gemeint ist, wird ersichtlich aus der Glosse zu Vers 9, WA 55, 1; 398, ZGl zu v. 9: »*et mundabor* in veritate et spiritu *lauabis me* tu per aquam gratie vel baptis-

lung auf die Taufe in Vers 5: »q. d. nihil habeo, quo merear lavari, nisi quia
agnosco et confiteor peccatum meum« erweist sich als einmalig in der ganzen
Auslegungsgeschichte dieses Psalms.[29] Da die Erwähnung der Taufe in Vers 4 für
die verschiedenen Interpreten bloß textbedingt (lavare) war, kehrte jeder Interpret ohne Ausnahme beim 5. Vers wieder zum Thema paenitentia zurück. Im
Gegensatz dazu behandelt Luther auch den 5. Vers im Zusammenhang mit der
Taufe, offenbar darauf abzielend, das Sündenbekenntnis mit der Taufe zu verbinden. Dieser Sachverhalt läßt sich m.E. nur daraus erklären, daß die Person
der menschlichen Natur an dieser Stelle zu einer vorchristlichen Zeit spricht.
Das ganze Menschengeschlecht bekennt sich hier als Sünder und sehnt sich
nach dem wahren Waschen der Taufe.[30] Daß die Sündenerkenntnis und das
Sündenbekenntnis zum frühkirchlichen Taufverständnis gehörten, bedarf keiner weiteren Erläuterung, und es ist gerade diese auch Paulus wohlvertraute
Taufe, die jetzt antizipatorisch bei der Auslegung des 51. Psalms in den Blick
kommt.

4. Nicht die iustitia legis, sondern die iustitia dei

Entsprechend der Konzentrierung seines Sündenverständnisses auf die virulen-
ten Auswirkungen der Sünde im Menschsein ohne die übliche metaphorische
Schilderung der Sünde als eines Flecks oder einer Wunde, verzichtet Luther
darauf, die Sündenvergebung als Reinigung oder Heilung zu bezeichnen. In
Anbetracht dieser Eigentümlichkeit der Auslegung Luthers empfiehlt sich vielleicht zunächst eine Interpretation der Sündenvergebung, die dem Hinweis in
Vers 11 auf die non-imputatio der Sünde die entscheidende Bedeutung beimißt, zumal der Gedanke der non-imputatio sonst eine nur sehr bescheidene
Rolle in der Auslegungstradition spielt und bei Augustin nicht in Vers 11, sondern erst in Vers 15 vorkommt.[31] Diese Gewichtung des 11. Verses kann man
aber durch den Hinweis darauf begegnen, daß Perez in allen drei Expositionen
von Vers 11 auch die non-imputatio der Sünde erwähnt. Der Befund läßt also
meiner Meinung nach keine sichere Interpretation der Sündenvergebung in

---

ma.« Vgl. die Randglosse zu Psalm 18,15 [19,15], wo Luther auch von den Taufen des Gesetzes
bzw. des Fleisches spricht (WA 55, 1; 168, 8–10).

[29] Allerdings hatte man in der theologischen Tradition die paenitentia eine zweite Taufe genannt, und aus dieser Perspektive könnte man vielleicht das »lavare« auf die paenitentia beziehen.
Dagegen spricht aber die nicht zu bestreitende Tatsache, daß die paenitentia in dieser Auslegung
nicht thematisiert wird.

[30] WA 55, 1; 396, RGl zu v. 4: »‹Amplius‹ enim est Nota vrgentissimi et Impacientissimi omnis
more affectus, q.d. vix expecto, donec me ad perfectum laues.« Auch Lyra interpretiert »amplius«
als »perfecta«, und in seiner Einleitung zur dritten Exposition betont Perez, daß der homo mysticus beim Advent Christi die perfectio erreicht.

[31] WA 55, 1; 398, ZGl zu v. 11: »*Averte faciem tuam a peccatis meis* i.e. noli ea attendere et semper
in conspectu tuo habere, vt vindices: *et omnes iniquitates meas dele* scil. per obliuionem, vt eas non
imputes.«

den Glossen Luthers zu. Was nun den andern traditionellen Begriff des Heilsprozesses angeht, nämlich die gratia, erlangt sie in Luthers Auslegung rein statistisch keine große Bedeutung. In den Glossen zu Vers 12 z.B. kommt das Wort »gratia« gar nicht vor, obwohl der Gnadenbegriff für die scholastischen Interpreten der Schlüssel zum Verständnis des »crea in me« von Vers 12 war. Luther dagegen kehrt eindeutig beim Glossieren des Verses zu Augustin zurück und weist stillschweigend, wenigstens an dieser Stelle, die scholastische Gnadenlehre zurück.[32] Auch zu registrieren ist Luthers Formulierung in Vers 10: die inspiratio gratiae tuae, statt die infusio gratiae.[33] Überdies zeigt Luther kein Interesse an den verschiedenen scholastischen Unterscheidungen hinsichtlich der gratia, wie etwa der Unterscheidung von gratia incipiens und gratia proficiens, und das Verhältnis von remissio und gratia kommt bei ihm überhaupt nicht zur Sprache. Dieser Sachverhalt läßt nun deutlich erkennen, daß Luther im Vergleich zu der vorhergehenden Auslegungstradition die ganze Problematik der Vergebung und der Erneuerung auf einen anderen Punkt verlagert hat, nämlich auf die iustitia. Diese neue Orientierung hängt wiederum aufs engste mit der zentralen Stellung der coram-Relation zusammen, wie eine genaue Analyse des 12. Verses zeigt.

Um diese Sache genauer zu erläutern, setzen wir mit dem in der Glosse zu Vers 12 angeführten Begriffspaar ein, der Gegenüberstellung von cor mundum und corpus mundum, anhand deren Luther die ganze Problematik der Heuchelei der Juden oder besser gesagt der Echtheit des cor mundum andeutet. Freilich hatte auch Perez, und zwar im Gegensatz zu den übrigen scholastischen Interpreten, die bei Vers 12 die befleckte Seele mit der von Gnade erfüllten kontrastiert, der anima die manus gegenübergestellt, aber die Art und Weise, wie Perez diesen Gegensatz verstanden hatte, unterscheidet sich völlig von der Auffassung Luthers. Nach der Ansicht des Perez sind die anima und die manus zwei Gesetzen zugeordnet; das alte Gesetz verlangt vom Menschen bloß die Reinheit des Körpers, das neue evangelische Gesetz hingegen die Reinheit des Herzens. Für Luther hingegen hat der Gegensatz von cor mundum und corpus mundum überhaupt nichts mit zwei Gesetzen zu tun, sondern mit der Unterscheidung von spiritus und litera, von Christus und lex, schließlich von coram deo und coram hominibus. Das ganze Menschengeschlecht ist coram deo schuldig und soll auch coram deo die Sündenvergebung und die Erneuerung suchen. Die Durchkreuzung der Begriffe Vergebung und Erneuerung durch die coram-Relation führt aber, wie auch sonst bei Luther, zu einer Verdoppelung: Es gibt nämlich eine unechte Erneuerung coram hominibus (corpus mundum) und eine echte (cor mundum). Diese komplexe Situation macht sich

---

[32] WA 55, 1; 398, ZGl zu v. 12: »*Cor mundum* quia per peccatum veterauit / non corpus mundum sicut lex.« Bei Augustin steht: »inveterata«.

[33] WA 55, 1; 398, ZGl zu v. 10: »*Auditui meo* interno scil. conscientie per peccatum et morsum inquiete *dabis* per inspirationem gratie tue *gaudium et laeticiam*:«.

in den Glossen bemerkbar in dem iustitia-Begriff, der sowohl die Vergebung als auch die Erneuerung beinhaltet. Die iustitia legis korrespondiert dem corpus mundum und läßt sich relativ einfach erklären als die Gerechtigkeit vor den Menschen, d.h. die Selbstrechtfertigung des Menschen oder die am Buchstaben des Gesetzes orientierte Gerechtigkeit. Bei der iustitia dei, die dem cor mundum entspricht, liegen die Dinge aber schwieriger. Eine Analyse der Glossen zeigt eindeutig, daß Luther hier mit zwei verschiedenen iustitia-dei-Begriffen arbeitet; einmal kommt die »iustitia qua deus iustus est« (iustitia dei I) in den Blick, ein anderes Mal die »iustitia qua deus homines iustificat« (iustitia dei II). Die erste, sogenannte vergeltende Gerechtigkeit bringt Luther z.B. in Vers 6 deutlich zum Ausdruck.[34] Diejenigen, die sich auf die iustitia legis verlassen und die sich selbst damit rechtfertigen wollen, wird Gott in seiner Gerechtigkeit überwinden. Aber die zweite, von Gott im Menschen gewirkte Gerechtigkeit ist in den Glossen auch unverkennbar, wie z.B. in Vers 16.[35] Nun besteht das Problem der Luther-Interpretation an diesem Punkt gerade darin, wie man dieses Nebeneinander von zwei iustitia-dei-Begriffen verstehen soll. Und eine in jeder Hinsicht zufriedenstellende Lösung wird zuerst durch die Knappheit der Glossen erschwert, dann aber auch dadurch, daß diese beiden iustitia-dei-Begriffe, wie Karl Holl hinsichtlich Röm 1, 17 überzeugend aufgezeigt hat,[36] durch das ganze Mittelalter hindurch bezeugt sind. Sogar in der Auslegungstradition des 51. Psalms kommt die Gerechtigkeit im zweiten Sinne vor. So kommentiert Gregor den 6. Vers: alle Menschen sind verloren, außer wenn Gott sie rechtfertigt.[37] Ein Vergleich zwischen Gregor und Luther im Hinblick auf diesen iustitia-Begriff erweist sich dennoch als sehr instruktiv. Gregor vertrat in seiner Auslegung die Ansicht, die Rechtfertigung Gottes in seinen Worten (d.h. Verheißungen) sei von der Rechtfertigung des Menschen abhängig. Damit Gott sich in seinen Worten als wahr und gerecht erweisen kann, muß er den Menschen die Sündenvergebung schenken. Dieser Gedanke liegt Luther aber fern. Denn für ihn wäre Gott gerade dann gerecht, wenn er die Sünden des Menschen bestrafen würde. Diese vergeltende Gerechtigkeit (iustitia dei I) richtet sich gegen die nach der iustitia legis strebenden Menschen und steht der im Menschen bewirkten Gerechtigkeit (iustitia dei II) antithetisch gegenüber.

---

[34] WA 55, 1; 396, ZGl zu v. 6: »*et vincas* prevaleas in Iustitia illis *cum iudicaris* ab iis, qui excusant et seipsos Iustificant.«

[35] WA 55, 1; 400, ZGl zu v. 16: »*lingua mea* iusticiam *tuam* qua tu Iustificas et qua coram te Iusti sunt / non meam vel legis vel humanam.« Vgl. die Enarratio Psalmi 51, WA 40, 2; 445, 6–7: »‹Iustitia‹: qua nos iustificavit ...«

[36] Karl Holl, Die iustitia dei in der vorlutherischen Bibelauslegung des Abendlandes. 1921, Gesammelte Aufsätze zur Kirchengeschichte III, 171–188.

[37] Gregor, MPL 79, 585 D: »... *ut iustificeris in sermonibus tuis*, id est verax appareas in promissis. Promisisti enim iustis regnum aeternum, et virtutum amatoribus vitae aeternae bravium praeparasti. Sed nisi me et alios iustifices, non poteris invenire quos non damnes. Iustifica ergo me, *ut tu iustificeris in sermonibus tuis* ...«

Nun deuten diese beiden Arten der Gerechtigkeit Gottes letztlich auf zwei grundverschiedene Verhältnisse zu Gott, die wiederum zwei Gruppen, nämlich die Juden/Heiden und die Kirche, charakterisieren. Die Juden trachten nach der iustitia legis, werden aber durch die vergeltende Gerechtigkeit (iustitia dei I) überwunden. Im Gegensatz dazu bekennt die Kirche ihre Sünden und wird von Gott gerechtfertigt (iustitia dei II). Diese Gedanken nehmen deutlich den Gegensatz von lex und evangelium vorweg, beziehen sich aber immer noch auf zwei Gruppen, die die prophetische Person vor Augen hat. Der Ansatz zur Überwindung dieses an historischen Gruppen orientierten Verständnisses der zweifachen Gerechtigkeit Gottes liegt in Luthers Beschreibung zweier Existenzweisen, die letztlich für den Einzelmenschen bestimmend sind.[38] Entsprechend der iustitia legis und der iustitia dei lebt man entweder unter der Knechtschaft des Gesetzes oder in der Freiheit des Gerechtfertigten.[39] Schließlich ist das Verhältnis von iustitia und fides zu erwähnen, das in Luthers Glossen zu Psalm 51 sehr schwer zu bestimmen ist. Daß der Glaube zur Rechtfertigung des Menschen unentbehrlich ist, hätte doch kein Interpret der Auslegungtradition bestritten! Für die Scholastik bedeutet jedoch die Notwendigkeit des Glaubens auf keinen Fall zugleich seine Suffizienz. Das theologische Problem entzündet sich gerade daran, wie man das Verhältnis von iustitia und fides konzipieren soll. Bei Luther kommen in dieser Hinsicht vor allem die Glossen zu Vers 21 in Betracht. Die eine lautet: »super Christum vel fidem eius« und wurde offenbar von Luther direkt aus der Glossa Ordinaria entnommen, wo es heißt: »super fidem vel Christum«. Und die andere, die mittels des erklärenden »scilicet« die Gleichsetzung von iustitia und fides zum Ausdruck bringt, ist auch nicht ohne Parallele in der Auslegungtradition.[40] Unter Berufung auf die Glossen zu Vers 21 wird man also nur schwer behaupten können, daß Neues zu diesem Thema bei Luther aufbricht. Alles in allem liegt das Entscheidende in den Glossen hinsichtlich des iustitia-Begriffs in der Antithese von iustitia legis und iustitia dei, nicht in der Gleichsetzung von iustitia und fides.[41]

---

[38] WA 55, 1; 398, ZGl zu v. 14: »*et spiritu principali* spiritu ›liberali‹, non servili sicut lex *confirma me*«.

[39] WA 55, 1; 398, RGl zu v. 14, Z. 1–3 u. 7–9: »‹Spiritus‹ iste ›principalis‹ dicitur contra spiritum seruilem, qui est spiritus timoris et violenter sanctificat; ideo non permanet. Sed ›principalis‹ est spiritus libertatis et voluntarius, Et ideo permanet et confirmat.…Igitur hunc ›spiritum principalem‹ appellat Apostolus vbique fere ›spiritum libertatis‹, quia facit liberaliter et liberales seruos Christi.« Vgl. die Scholien zu Ps 67 [68] WA 3; 391, 31–34 u. zu Ps 109 [110] WA 4; 233, 20–26. Dieses Verständnis des Hebräischen נְדִיבָה (principalis) übernahm Luther offenbar von REUCHLIN, siehe Rudimenta, 308.

[40] GREGOR, MPL 79, 594 B: »Si ergo iusti vita fides est, consequens est eamdem fidem esse iustitiam, sine qua quisque esse iustus non potest.« PEREZ, Expos. ii, Concl. 4 : »Quarta conclusio quod passio christi et ecclesiastica sacrificia non solum nobis remisit culpam sed etiam restituit gratiam perditam in adam: hoc est quia in supplementum iustitiae originalis restituit nobis iustitiam fidei et loco gratiae dedit nobis dona spiritus sancti.«

[41] Vgl. aber die Scholien zu Ps 118 [119] WA 4; 388, 31–34. »Item testimonia eadem dicuntur,

5. Nicht zwei sacrificia, sondern ein doppeltes sacrificium

Analog zu der Unterscheidung zwischen der confessio peccati und der confessio laudis haben mehrere Interpreten der Auslegungstradition eine entsprechende Distinktion zwischen dem sacrificium pro peccato in den Versen 18–19 und dem sacrificium iustitiae oder laudis in Vers 21 vollzogen, aber noch keiner vor Luther hat das berühmte Hieronymuszitat angeführt, das die confessio peccati und die confessio laudis in engste Beziehung zueinander bringt: »Confessio peccati est laus Dei« (v. 6).[42] Im Hinblick auf den Ablauf des Bußsakraments wollte man in der Auslegungstradition die zwei sacrificia zeitlich voneinander trennen, so daß das sacrificium pro peccato vor der Sündenvergebung, das sacrificium iustitiae hingegen nach der remissio vom Büßer verlangt wird. Gegen den Strom der Auslegungsgeschichte zitiert Luther das Hieronymuswort, um gerade die Zusammengehörigkeit der beiden Opfer deutlich hervorzuheben.

Die Glossen zu den Versen 17–21 in den Dictata super Psalterium bedürfen nun einer genauen Analyse; denn sie bilden bei Luther im Gegensatz zu der Auslegungstradition eine Einheit, indem die prophetische Person an dieser Stelle als die historische Kirche auftritt. Da das Psalmwort in Vers 17: »Domine, labia mea aperies« als überleitender Vers am Anfang der Matutin, bzw. Laudes in dem mittelalterlichen Stundengebet diente, begreift man beim ersten Hinsehen nicht, warum der Vers nicht stets in bezug auf die hora canonica interpretiert wurde.[43] Der Verzicht darauf bezeugt m. E. die starke Tendenz der Auslegungstradition, den 51. Psalm auf den Einzelbüßer (tropologisch), statt auf die Kirche hin (allegorisch) auszulegen. Erst in der spätmittelalterlichen Auslegung des Perez, genauer in seiner zweiten Exposition, in welcher der homo mysticus bzw. die ecclesia spricht, wird der 17. Vers ausdrücklich mit dem Stundengebet in Verbindung gebracht, wobei der in Vers 17 b erwähnte Lobpreis (laudem tuam) auf die Geheimnisse der Menschwerdung, der Geburt, des Leidens, der Auferstehung und der Himmelfahrt Christi bezogen wird.[44] Was die hermeneutische Bezugnahme des Verses auf die hora canonica betrifft, stimmt Luther mit Perez völlig überein, aber in starkem Kontrast zu Perez führt Luther nicht nur die confessio laudis, sondern auch die confessio peccati – confessio bono-

---

quia per hec testatus est nos omnes esse peccatores et non nisi in fide Christi iustos fieri posse. Ut ps. 50. ›Ut iustificeris in sermonibus tuis et vincas, cum iudicaris‹.«

[42] WA 55, 1; 396, RGl zu v. 6, Z. 6.

[43] Das Stundengebet wird zwar von Hugo bei der Auslegung des 17. Verses erwähnt, fällt aber inhaltlich nicht ins Gewicht.

[44] Perez, Expos. ii zu v. 17: »… nunc aperta sunt labia apostolorum et doctorum et annunciaverunt laudes deo et condiderunt officia canonica, quae per festivitates cantantur ad laudem dei, in quibus memorantur omnia mysteria incarnationis nativitatis passionis resurrectionis et ascensionis christi … Unde dicit iste homo mysticus: non solum annunciabo laudem per universum orbem praedicando (Bezugnahme auf v. 15–16), sed etiam in divinis officiis nocturnis pariter quam diurnis cantando et memorando.«

rum tuorum et malorum meorum vor Augen.[45] Denn für Luther gehören diese beiden nicht nur liturgisch, sondern auch sachlich zueinander. Daß Luther in diesem Abschnitt des Psalms in der Tat an das Gebet der Kirche denkt, wird in den Versen 20–21 noch bestätigt. In Vers 20 bittet die prophetische Person zuerst um den Advent Christi, dann um die Gründung der Kirche und der Orden.[46] Nachher werden die Gerechten das sacrificium iustitiae, d.h. den Lobpreis Gottes und das Sündenbekenntnis vor Gott bringen, wie Luther in der Glosse zu Vers 21 schreibt.[47] Es sei an dieser Stelle daran erinnert, daß das Stundengebet mit der Matutin (laudes) anfing und mit der Komplet, bestehend u. a. aus einem Bußritus mit Confiteor, abschloß.[48] Das Sündenbekenntnis der Gerechten in Vers 21 kann also kaum als ein Beleg für das »simul iustus et peccator« des reformatorischen Denkens gelten; gemäß den Verhältnissen des mittelalterlichen Klosters werden die Mönche in diesem Vers aufgerufen, das liturgische, fürbittende Sündenbekenntnis zusammen mit dem Lobpreis Gottes als ein sacrificium iustitiae darzubringen. In den Glossen zum 51. Psalm kann man meiner Ansicht nach noch nicht von einem zwiefachen Rechtfertigungsurteil reden, das in einem zwiefachen Rechtfertigungsbekenntnis vollstreckt wird.[49] Was nun aber die Genese von Luthers Theologie anbelangt, ist doch zweierlei in den Glossen zu den Versen 17–21 von erheblicher Bedeutung. Luther hat als erster Interpret dieses Psalms den tiefen theologischen Zusammenhang von Lobpreis und Sündenbekenntnis deutlich in den Vordergrund gestellt.[50] Und das Opferverständnis Luthers ist nicht auf das cor contritum gerichtet, sondern auf das zweifache Bekenntnis, also auf gesprochenes Wort.

B. Die Scholien in den Dictata super Psalterium

Da Luthers Äußerungen zu Psalm 51 im Dresdener Psalter keinen einheitlichen Text bilden, sondern eine Zusammensetzung verschiedener Erklärungen – er setzt z.B. mit der Interpretation des »tibi soli« dreimal an –, kann man kaum von

---

[45] Dieser Ausdruck ist in der gesamten Auslegungstradition bei der Interpretation von Vers 17 ohne Parallele.

[46] WA 55, 1; 400, ZGl zu v. 20: »*Benigne fac* benefac per Christum mittendum *domine in bona voluntate tua* non in meritis nostris *sion* Ecclesie *ut edificentur muri* ordines Ecclesiastici *hierusalem* Ecclesie future.«

[47] WA 55, 1; 400, ZGl zu v. 21: »*Tunc acceptabis* gratum habebis *sacrificium iustitiae* quod Iusti offerunt, scil. laudis et confessionis, non pecorum et animalium, sed ›Iustitie‹, scil. ›fidei‹.«

[48] Nach JUNGMANN ist das Confiteor, also das allgemeine Sündenbekenntis, noch heute im Stufengebet vor der Generalabsolution sowie in der Komplet vorgeschrieben. Siehe J. A. JUNGMANN, Confiteor. LThK III. Zum Thema siehe auch: J. PASCHER, Das Stundengebet der röm. Kirche. 1954.

[49] G. GLOEGE, Bekenntnis: Dogmatisch. RGG³ I, 996.

[50] Zur »duplex confessio« siehe im besonderen WA 4; 109, 19ff und ferner das Zitat des 6. Verses in WA 3; 378, 10–16.

einem einzigen Scholion reden, obwohl der Text beinahe ausschließlich den 6. Vers behandelt. In einem einleitenden Abschnitt (WA 3, 287, 20–288, 7) stellt Luther mit Recht fest, daß der 6. Vers in der Auslegungstradition als besonders schwierig empfunden wurde; es gebe ja fast soviele Interpretationen des Verses wie Interpreten, meint er. Angesichts dieser Strittigkeit entschließt sich Luther, den 6. Vers von Röm 3, 4 her zu interpretieren; und um dem an Paulus gerichteten Einwand in Röm 3, 5 zu entgegnen, formuliert er vier Propositionen als Leitfaden der Auslegung. Danach folgt ein systematischer Abschnitt (288, 8–289, 10), dessen Schluß uns leider nicht erhalten geblieben ist, weil das Blatt 64 der Handschrift fehlt. In diesem Abschnitt setzt sich Luther auch unter Heranziehung des 7. Verses intensiv mit der Problematik des 6. Verses auseinander. Mit Blatt 65 (3, 289, 11f.) beginnt ein dritter Abschnitt (289, 11–290, 13), in dem Luther einzelne Wörter des Verses kommentiert: »tibi soli«, »iustificeris« und »vincas«, und anschließend präsentiert er ein logisches Quadrat, um das Verhältnis von iudicium und iustificatio zu verdeutlichen. In einem vierten Abschnitt (290, 14–291, 21) befaßt er sich mit der Frage, ob die Heiligen coram deo wirklich heilig seien, und zum Abschluß (291, 22–292, 10) erörtert er die hermeneutische Frage und bringt den Vers in einen weiteren Horizont. Nun folgen vier kurze Scholien (292, 11–293, 21), die nur in lockerem Zusammenhang mit dem Vorhergehenden stehen und die möglicherweise nicht zur gleichen Zeit wie jenes geschrieben wurden. Das erste ist eine tropologische Auslegung des 12. Verses, die den sensus literalis der Glossen ergänzen soll.[51] In einem zweiten Scholion kehrt Luther zum 6. Vers zurück, aber nun aus einer ganz anderen Perspektive als vorher, nämlich in bezug auf das Leiden des Menschen. Bei der Niederschrift der letzten zwei Scholien zu Vers 17 bzw. 6 hatte Luther anscheinend die Auslegung von Perez nochmals in die Hand genommen. Denn Luthers Interpretation der »labia« in Vers 17 auf die »scripturae« hin kommt in der vorherigen Auslegungstradition einzig und allein bei Perez vor.[52] Und die Frage Luthers im Scholion zu Vers 6, ob das »tibi peccavi« nicht sachgemäßer »mihi peccavi« lauten sollte, da der Betreffende durch das peccatum sich selbst schadet, spielt eindeutig auf die Auslegung des Perez an, in der die drei Schäden des Menschen infolge der Sünde stets im Mittelpunkt stehen.[53]

Neben der Auslegung Luthers von Vers 6 in den Glossen und den Scholien

---

[51] WA 3; 292, 15–18: »Ita et ›Spiritus rectus‹ (i. e. Tropologice enim nunc loquor ultra ea, que literaliter in glosa dicta sunt), quia quidem vivunt quidam spiritu et mortificant carnem, sed spiritus eorum inflexus et curvus est in se ipsos pro vana gloria et superbia.«

[52] WA 3; 293, 1–2: »*Domine labia mea aperies.* Hoc proprie Ecclesie convenit, quia nunc apertum est os totius scripture, et publice annunciatur laus Christi.« Vgl. Perez, Expos. ii zu v. 17: »Unde nota quod tunc aperuit christus labia sacrae scripturae, quando apostolis aperuit sensum et scripturas.«

[53] WA 3, 293, 6–9: »‹Tibi peccavi‹. Cur non mihi? Nonne peccatum mihi nocet et in meam miseriam vergit? Sed ›Tibi‹ i. e. coram te, q. d. Etiam si coram hominibus innocens fuero et sanctus, coram te tamen peccavi et sum peccator et malum foeci …«

zum 51.Psalm hatte er den 6. Vers in den Dictata super Psalterium achtmal zitiert[54]: von diesen Zitaten fallen thematisch drei besonders stark ins Gewicht, nämlich die Scholien zu Psalm 50, 66 u. 96. Das Vorgehen der nachfolgenden Untersuchung ergibt sich zum Teil aus dem Inhalt der Scholien selbst, zum Teil aus systematischen Interessen an der Enarratio Psalmi 51. Wir beginnen mit den wichtigsten Zitaten, gehen dann anschließend zu der hermeneutischen Frage in dem erwähnten fünften Abschnitt über. Die Abschnitte eins bis vier werden gemeinsam erläutert, und zum Schluß wenden wir uns dem Scholion über das Kreuz und das Leiden zu, da diesem Thema am Schluß der Enarratio Psalmi 51 eine entscheidende Bedeutung zukommt.

1. Die Zitate

a) Das Scholion zu Psalm 50

Der betreffende Abschnitt in der Auslegung des 50. Psalms legt den Versteil: »sacrificium laudis honorificabit me« (v. 23) aus unter Bezugnahme auf die Fragestellung, wie der Mensch Gott zu preisen und zu rühmen vermag.[55] Darauf erwidert Luther im Anschluß an Augustin, daß der Lobpreis Gottes wesentlich mit der Beschämung des Menschen zusammenhängt. Will der Mensch Gott loben und preisen, vor Gott das sacrificium laudis bringen, so muß er sich selbst zunichte machen und bestürzt vor Gott Beschämung empfinden.[56] Dabei handelt es sich aber bei Luther im Unterschied zu Augustin nicht primär um die Selbstbestrafung und sicherlich nicht um die Bußempfindungen der nachaugustinischen Tradition, sondern um ein nüchternes Urteil des Menschen über sich selbst und über Gott. Man soll Gott und dem Menschen zuschreiben, was einem jeden gehört, Gott nämlich alle Gaben, dem Menschen die Leere, das Nichts.[57] Würde Gott alle seine Sachen dem Menschen wegnehmen, dann bliebe dem Menschen bloß der unermeßliche Abgrund des Daseins übrig.[58] Durch das Zitat des 6. Verses bringt Luther nun das doppelte Urteil des Menschen über sich selbst und über Gott mit dem Sündenbekenntnis in inneren Zusammenhang. Sogar ein Heiliger muß wahrheitsgemäß ins Gebet des Psal-

---

[54] WA 3; 171, 9. 191, 25. 282, 39. 378, 12 u. 22. 409, 31. WA 4; 110, 17. 383, 7. 388, 33.

[55] WA 3; 282, 23–283, 30.

[56] WA 3; 282, 28–31: »Quare coram deo non gloriari potest omnis caro, sed solus ipse gloriosus est, et nos confusiosi, ut sic dicam. Tunc enim recte deus colitur, quando nosipsos omnino confundimus et omnem laudem et gloriam ei attribuimus et quicquid in nobis est.«

[57] WA 3; 282, 31–35: »Quia quando deo tribuimus, quod suum est, et reservamus nobis, quod nostrum est, tunc nihil reservamus et ipsum nihil est nostrum, totum autem est dei, ex quo accepimus. Talis ergo confessio ex vero corde est ipsum laudis sacrificium, scilicet totos nos deo debitos fateri, quicquid sumus, et nihil nobis relinquere omnino.«

[58] WA 3; 283, 16–18: »Et sic ›conclusit Scriptura omnes sub peccato‹ Gal. 3. Hoc est ergo verum sacrificium laudis, scilicet suam totam abyssum agnoscere et omnia, que est, habet, potest, dei bonitati ascribere et confiteri.«

misten: »tibi soli peccavi« einstimmen. Denn alles, was ihm an Gutem zuteil wird, kommt letztlich von Gott, und ohne die Gaben Gottes bliebe in ihm lediglich die Sünde als ein Nichts, eine Privation.[59] Im Fall, daß Gott ungeachtet seiner Gaben diese Privation im Menschen anrechnen wollte, wären alle Heiligen, auch die Jungfrau Maria, vor ihm Sünder.[60]

Dieses Scholion zu Psalm 50 beinhaltet nun einiges, was wesentlich zum Verständnis von Luthers Umgang mit dem 6. Vers beiträgt. Zum einen, Luther interpretiert den Vers offenbar im Kontext des peccatum originale. Allerdings vermißt man die traditionelle Beschreibung des peccatum originale als der carentia iustitiae originalis, aber auch Biel kann statt von der carentia von der privatio iustitiae originalis reden.[61] Darüber hinaus identifiziert Luther das Nichts im Menschen unmißverständlich mit der Sünde, und zwar mit einer verdammenswerten. Zum andern, das Sündenverständnis an dieser Stelle bewegt sich weitgehend im Rahmen der via moderna. Das peccatum originale wird hier nicht als eine reale Verderbnis im Menschsein verstanden, sondern eben als eine Privation, die Gott dem Menschen nicht zurechnet. Daraus geht hervor, daß man nur zu Unrecht die in diesem Text enthaltene Auffassung der Erbsünde im Sinne einer im Getauften bleibenden Wirklichkeit interpretieren kann. Denn sobald die dona Gottes dem Menschen zuteil werden, ist die Privation logischerweise nur noch als vorstellbare Möglichkeit vorhanden. Zum dritten, diese nominalistische Auffassung der Erbsünde führt bei Luther nicht, wie bei Ockham, zu einem Verständnis des Verhältnisses von Gott und Mensch im Sinne einer Partnerschaft. Die Privation im Menschen wird nicht gleichsam positiv ausgewertet, so daß dem Menschen nichts im Wege steht, das Gute vor Gott zu tun. Sie wird vielmehr mit der Machtlosigkeit und Hilflosigkeit des Menschen coram deo identifiziert. Und mehr noch: das Nichts im Menschen drängt zum rechten Unterscheiden zwischen Gott und Mensch, zwischen den Sachen Gottes und denen des Menschen, damit die Privation dem Menschen nicht zugerechnet wird.

b) Das Scholion zu Psalm 66

In diesem Text erklärt Luther den Vulgata-Versteil: »mentientur tibi inimici tui« (v. 3), den er bedeutsamerweise im Präsens statt im Futur am Anfang des Scho-

---

[59] WA 3; 282, 37–283, 2: »Et ex hoc fundamento fit, ut quilibet quantumvis sanctus necesse habeat de se coram deo omne malum sentire et confiteri et omnino nihil. Et dicere ›Tibi soli peccavi‹, tibi malus sum, tibi nihil sum. Quia si deus auferat id, quod suum est in nobis, verissimum est id, quod relinquitur, privationem, tenebras et malum esse ac sic damnatione dignum.«

[60] WA 3; 283, 6–11: »Quia si deus nobis vellet imputare illud, quod est in nobis ultra eius dona, iam essemus peccatores. Sed hoc salvi sumus, quod ipsam nostram nihileitatem nobis non imputat, quando eam saltem agnoscimus. Et sic nullus sanctorum, etiam b. virgo, non mentitur dicendo: Dimitte nobis debita nostra.«

[61] BIEL, Collectorium. II, d. 30.

lions zitiert: »mentiuntur tibi...« Bei der Auslegung räumt Luther ein, daß man den Versteil buchstäblich auf die Feinde Christi beziehen könne; aber eine zweite Interpretationsmöglichkeit bietet sich auf dem Resonanzboden des 6. Verses an, wo es lautet: »tibi soli peccavi ut iustificeris.« In diesem Zusammenhang handelt es sich wieder um die doppelte confessio, daß die Menschen Lügner sind, Gott allein dagegen wahrhaftig.[62] Oder auf die Tugenden bezogen, heißt dies, daß die Menschen böse sind, damit Gott in ihnen das Gute bewirken kann.[63] Unter Berufung auf Joh 9, 41 kann Luther das Falsche, das Böse im Menschen auch als Blindheit bezeichnen, aber in jedem Fall läuft es stets auf das Gleiche hinaus. Wenn Gott seine Sachen dem Menschen wegnehmen würde, bliebe im Menschen bloß das Nichts.[64] Inwiefern gewisse mystische Vorstellungen bei Luther in dem Wort »nihil« mitschwingen, ist zwar sehr schwer abzuschätzen, aber zwingend ist die Annahme mystischer Elemente nicht. Das »nihil« als Bezeichnung des Menschseins war Luther ohnehin aus dem Vulgata-Text bekannt (Jes 41, 24), so daß er das Wort ohne mystischen Klang als Ausdruck der absoluten Abhängigkeit des Menschen von Gott verstehen konnte. Will man diese Abhängigkeit als bleibende Sündhaftigkeit interpretieren, muß man anhand von Luthers Äußerungen in den Dictata super Psalterium klar und deutlich nachweisen, daß die culpa der Abhängigkeit, d.h. der Nichtigkeit des Getauften anhaftet, was meiner Ansicht nach wenigstens im Fall des 51. Psalms unmöglich wäre. Das heißt selbstverständlich nicht, daß das Denken Luthers zu diesem Zeitpunkt noch in den Kategorien des Mittelalters gefangen war. Schon allein die Tatsache, daß Luther das Verhältnis von Gott und Mensch als ein gegensätzliches, statt als ergänzendes, als ein strittiges, statt als partnerschaftliches versteht, unterscheidet ihn grundlegend von der spätscholastischen Tradition.

c) Das Scholion zu Psalm 96

Im dritten Scholion kommentiert Luther den Versteil: »confessio et pulchritudo in conspectu eius« (v. 6). Diesen Text erschließt er zuerst im Hinblick auf das Wort »confessio« im Sinne des uns jetzt vertrauten doppelten Bekenntnisses, das dem Menschen zuschreibt, was des Menschen ist, und Gott, was Gottes ist.[65] Bei einem zweiten Ansatz zur Deutung des Textes wird aber der besondere

---

[62] WA 3; 378, 10–14: »Secundo, quando se mendaces et falsos esse agnoscunt et sic omnem gloriam veritatis soli ei tribuunt per humilem confessionem sui, scilicet quod sint mendaces, eodem sensu, quo supra ps. 50. ›Tibi soli peccavi ut iustificeris‹: Sic hoc loco: Tibi mentiuntur, ut tu verificeris in sermonibus.«

[63] WA 3; 378, 14–16: »Et hoc inductive per singulas virtutes accipi potest, ut generaliter et universaliter verum sit: Tibi mali sumus, ut tu bonificeris: i. e. malos esse nos agnoscimus et omnem bonitatem tibi confitemur, i. e. tuam esse.«

[64] WA 3; 378, 26–28: »Unde Isaie dominus: ›Ecce vos estis ex nihilo‹. Igitur auferendo quod dei est, residuum quod nostrum est nihil est. Et hoc ergo totum deo confitere.«

[65] WA 4; 109, 18–22 u. 25–26: »Ergo confessio est ipsa lux mentis, qua cognoscimus nos, quid

Charakter des doppelten Bekenntnisses noch markanter. Diesmal interpretiert Luther die pulchritudo im Kontext der gratia und zieht danach den Schluß, daß die confessio und die pulchritudo letzten Endes das Gleiche sind, weil das Bekenntnis der eigenen Leere und der Gaben Gottes (confessio) einzig und allein möglich ist dank der in der Seele innewohnenden Gnade (pulchritudo).[66] Dieser Gleichheit gegenüber betont Luther nun die Gegensätzlichkeit des menschlichen und des göttlichen Urteils durch die Anführung des 6. Verses. Hier spricht der Psalmist: »Tibi enim peccavi, propterea iustificabis«, als wollte er sagen: Sieh dich selbst als häßlich an – du wirst vor Gott schön sein. Sieh dich selbst als schwach an, du wirst vor Gott stark sein, oder dich selbst als Sünder, dann wirst du vor Gott gerecht sein.[67]

Außerdem beachtlich ist beim angeführten Zitat des 6. Verses seine Abweichung vom Vulgata-Text. Anstatt des bekannten: »ut iustificeris in sermonibus tuis«, zitiert Luther die auf Reuchlin zurückzuführende Übersetzung: »propterea iustificabis in verbo tuo« , die einen sehr engen Zusammenhang zwischen dem Bekenntnis und der Rechtfertigung erkennen läßt. Damit wird die Verflochtenheit der confessio und der pulchritudo (gratia) wieder einmal unterstrichen. Um Mißverständnisse zu vermeiden, führt Luther an dieser Stelle eine für die Genese seiner Theologie äußert wichtige Präzisierung ein; beim Verhältnis von confessio und pulchritudo handelt es sich um die Zusammengehörigkeit des Sündenbekenntnisses und der Gnade, nicht aber – wohlgemerkt – der Sünde und der Gnade.[68] Von einem »simul iustus et peccator« kann also hier keine Rede sein. Wie in den anderen Zitaten von Psalm 51, 6 geht es auch hier in erster Linie um das bekennende Verhältnis des Menschen zu Gott; man soll dem Menschen zuschreiben, was des Menschen ist, und Gott, was Gottes ist. Wenn man die Unterscheidung zwischen Gott und Mensch richtig trifft, dann kommt die Machtlosigkeit des Menschen vor Gott und die absolute Abhängigkeit des Menschen von Gott deutlich zum Vorschein. Auf diese Weise wird Gott gepriesen und der Mensch gerechtfertigt.

---

simus in nobis et quid deus in nobis, quid ex nobis, quid ex deo habemus. Agnitio autem ista utriusque rei est ipsa vera duplex confessio, scilicet miserie nostre et misericordie dei, peccati nostri et gratie dei, malitie nostre et bonitatis dei ... Ideo propriissime dicitur ›confessio‹, quia confitetur et tribuit unicuique quod suum est.«

[66] WA 4; 110, 11–16: »Potest et aliter intelligi, quod confessio et pulchritudo idem sit, Hod et heder hebr. Quia eadem gratia, qua ornatur anima, simul confitetur nos esse nihil et ex deo habere omnia. Et ita inquantum nihil sumus, confessio nostra est, inquantum accepimus, pulchritudo nostra est. Agnosce ergo, quod nihil es, et habes confessionem, et agnosce misericordiam dei et pulcher eris.«

[67] WA 4; 110, 16–18: »Tibi esto fedus, et eris deo pulcher. Tibi esto infirmus, et eris deo fortis. Tibi esto peccator, et eris deo iustus. ›Tibi enim peccavi, propterea iustificabis in verbo tuo‹, secundum hebr.«

[68] WA 4; 110, 19–21: »Ecce quam propinque sunt confessio et pulchritudo: non peccatum et pulchritudo, sed confessio peccati et pulchritudo.«

2. Die hermeneutische Perspektive

In Anbetracht der von David gewonnen Erkenntnis über sich selbst und Gott zieht Luther im hermeneutischen Abschnitt der Scholien zu Psalm 51 den Schluß, daß David in diesem Psalm nicht in seiner eigenen Person, sondern in der Person der Kirche spricht.[69] Denn aus seiner Erfahrung gelangte David zur Einsicht, daß die Selbstbeschuldigung des Menschen Gott und darum auch den Menschen selbst rechtfertigt, und gerade diese Erkenntnis zeichnet die Kirche vor allen anderen Völkern, insbesondere vor den Juden aus. Die Kirche, die in diesem Psalm spricht, muß aber mystisch, nicht historisch verstanden werden. Das heißt: Die Kirche ist nicht einfach mit den getauften Christen gleichzusetzen, sie repräsentiert vielmehr das ganze Volk Gottes zur Zeit Davids wie auch zur Zeit Luthers. Wie der homo mysticus des Perez, so kann auch die sprechende Kirche der Scholien aus verschiedenen Zeitperspektiven reden; sie kann vor der Rechtfertigung ihre Sündhaftigkeit bekennen oder nachher auf die Unvollkommenheit der Heiligen hindeuten. Wenn man diese Zeitperspektiven nicht genau auseinanderhält, kommt man mit den scheinbar widersprüchlichen Äußerungen der Scholien kaum zurecht. Dem Inhalt des Psalms entsprechend dominiert die Betrachtungsweise der Kirche aus einer Zeit vor ihrer historischen Gründung, und darum spricht sie das noch nicht getaufte und gerechtfertigte Volk Gottes an. Dies bezeugen zuerst die Bemerkung Luthers am Anfang der Scholien, der Satz »omnis homo sit mendax et peccator« gälte nur den noch nicht Gerechtfertigten,[70] und zuletzt das Bild der zwei Räuber am Kreuz: einer, der seine eigene Schuld bekennt, der andere, der Christus richtet. Wenn sich die Perspektive ändert, so daß die Gerechtfertigten in den Blick kommen, wird dies von Luther deutlich signalisiert, wie z.B. im Zusammenhang mit dem pactum dei oder mit den sancti.

3. Das iudicium und die iustificatio

Die innere Dynamik des 6. Verses und damit auch des ganzen Psalms wurde Luther offenbar durch die zwei Wörter erschlossen: »iudicaris« und »iustificeris«, die je in doppelter Hinsicht gleichsam zwei Brennpunkte des Gebets sind. Denn es gibt nicht nur ein Urteil des Menschen über Gott (iudicaris), sondern auch ein vorgegebenes Urteil Gottes über den Menschen. Und heilsnotwendig für den Menschen ist anscheinend nicht, daß er Gott rechtfertigt (iustificeris), sondern umgekehrt daß er von Gott gerechtfertigt wird. Daraus geht hervor,

---

[69] WA 3; 291, 22–31.

[70] WA 3; 287, 22–25: »Quare Apostolum pro nunc sequi volumus Ro. 3, qui per ipsum probat, quod omnis homo sit mendax et peccator, solus autem deus verax et iustus. Quod debet intelligi de iis hominibus, qui nondum a deo sunt iustificati et deo coniuncti, quoniam tales sunt iusti et veri.«

daß dieser Psalm zwei Urteile und zwei Rechtfertigungen behandelt: das Urteil Gottes und das des Menschen, die Rechfertigung Gottes und die des Menschen. Nun besteht die Problematik der Scholien gerade darin, die Verflochtenheit dieser vier miteinander zu klären.

a) Das iudicium dei und die confessio

Gemäß seinem Entschluß, sich bei der Auslegung des 6. Verses an Paulus zu orientieren, nimmt Luther als Ausgangspunkt den Satz aus Röm 3,4: »Est autem deus verax: omnis autem homo mendax«, fügt aber die Wörter »peccator« und »iustus« hinzu: »omnis homo sit mendax et peccator, solus autem deus verax et iustus«, um den inneren Zusammenhang von Sündhaftigkeit und Wahrheit zu erhellen.[71] Durch das Urteil Gottes über die Menschheit, daß sich alle Menschen hoffnungslos in Sünde befinden, wird die Wahrheitsfrage akut. Und weil der Mensch die Wahrheit über sich selbst[72] und somit auch die heilsnotwendige Bedeutung des Leidens Christi[73] nicht wahrhaben will, erfolgt beinahe unausweichlich ein Streit zwischen Gott und Mensch über die letztgültige Wahrheit des Menschseins. Der Mensch will schlicht und einfach kein Sünder sein. Er will seine Sündhaftigkeit vor Gott nicht erkennen und bekennen,[74] versucht vielmehr ständig, sich zu verteidigen, sein Verhalten zu beschönigen, und gerade diese Selbstverteidigung des Menschen vor Gott läuft letztlich darauf hinaus, Gott einer Lüge zu beschuldigen, statt ihn in seinem Urteil zu bestätigen, d.h. zu rechtfertigen.[75] Luther assoziiert die Verleugnung der eigenen Sünde mit den Juden,[76] aber aus der Sicht der mystischen Kirche gilt das göttliche Urteil über das peccatum all denen, die nicht an Christus glauben. Daraus ergibt sich, daß Luther von zwei Menschentypen sprechen kann: dem iustus, der sich das Urteil Gottes zu eigen macht, und dem superbus, der sich gegen das Urteil Gottes verteidigt.[77]

Wird nun das Urteil Gottes zu einem Angelpunkt des Psalmverständnisses, so wird die Frage nach dem genaueren Inhalt dieses Urteils brennend. Konkret:

---

[71] WA 3; 287, 20–24: »Iste psalmus sicut est vulgatissimus, ita certe difficillimus presertim in versu quinto: super quo tot sunt pene expositiones allate, quot fuerunt expositores. Quare Apostolum pro nunc sequi volumus Ro. 3, qui per ipsum probat, quod omnis homo sit mendax et peccator, solus autem deus verax et iustus.«

[72] WA 3; 287, 32–33: »Primo. Omnes homines sunt in peccatis coram deo et peccant, i.e. sunt peccatores vere.«

[73] WA 3; 288, 1–3: »Secundo. Hoc ipsum deus per prophetas testatus est et tandem per passionem Christi idem probavit: quia propter peccata hominum foecit eum pati et mori.«

[74] WA 3; 288, 6–7: »Quarto. Tunc fimus peccatores, quando tales nos esse agnoscimus, quia tales coram deo sumus.«

[75] WA 3; 288, 4–5: »Tertio. Deus in seipso non iustificatur, sed in suis sermonibus et in nobis.«

[76] WA 3; 288, 12 u. 25.

[77] WA 3; 288, 30–36.

was wird hier unter dem Wort »peccatum« bzw. »peccator« verstanden? Nach Luther dient der Ausdruck: »tibi soli peccavi« gerade dazu, die entscheidende theologische Antwort darauf zu liefern, indem er uns zu einer Unterscheidung zwischen den wahren Sünden und den nur scheinbaren verhilft.[78] Als augenfälligste von den scheinbaren Sünden kommen Verstöße gegen die zeremoniellen Vorschriften in Betracht: tactus mortui, pollutio corporalis und dergleichen[79], denen Luther die in Psalm 19, 13 erwähnten verborgenen gegenüberstellt.[80] Diese wahren, verborgenen Sünden sind aber auf keinen Fall mit der Erbsünde zu identifizieren,[81] zumal Luther selbst bei der Auslegung des 19. Psalms die peccata occulta als peccata omissionis et ignorantiae interpretiert,[82] die vor allem darin bestehen, daß der Mensch nur selten Gott mit ganzem Gemüt liebt.[83] Dementsprechend werden die verborgenen Sünden als ein Verstoß gegen die lex Domini verstanden, die nicht wie die lex Mosi bloß die caro, sondern die anima verpflichtet.[84] Dagegen wäre vielleicht einzuwenden, daß diese Gedanken zu den peccata occulta in den Glossen zu Psalm 19 stehen, was natürlich eine Weiterentwicklung von Luthers Sündenverständnis bis zur Zeit der Scholien des 51. Psalms nicht ausschließt. Doch macht Luther in den Scholien diesen Hinweis auf Psalm 19, 13 ohne jede Korrektur, und darüber hinaus steht in der Auslegung des 51. Psalms überhaupt nichts, das diesem früheren Verständnis widerspricht. Die Unterscheidung zwischen der lex Domini und der lex Mosi, zwischen den Sünden der caro und Sünden der anima ist aber eindeutig im scholastischen Denken beheimatet und erinnert sogar an die Perez'sche Unterscheidung von manus und cor, von lex vetus und lex evangelica. Dieser Sachverhalt legt den Gedanken nahe, daß Luther in der Auslegung des 51. Psalms beim traditionellen Sündenverständnis geblieben ist. Selbst Luthers Erwähnung des peccatum originale im Zusammenhang mit dem »tibi soli peccavi« oder seine Bemerkung zum pactum dei im zweiten Abschnitt der Scholien ändert nichts an diesem Bild. Denn aus der hermeneutischen Sicht der mystischen Kirche bedeutet der Hinweis auf die Erbsünde nichts mehr und nichts weniger als dies: die ganze Menschheit befindet sich ohne Christus in

---

[78] WA 3; 288, 17–21: »Et qui dicit ›Tibi peccavi soli‹, excludit iustificationes legis: q.d. Non confiteor de peccatis contra legis ceremonialia: quia talia sunt figuralia peccata et per legem auferibilia. Sed de iis, que lex nullo modo potest auferre, nullis hostiis, nullis lotionibus aut ritibus. Ideo tibi soli peccavi, quia de veris peccatis confiteor, non de umbraticis.«

[79] WA 3; 289, 11–12.

[80] WA 3; 289, 13–15: »Dicit ›peccavi‹, scilicet vero et spirituali peccato, de quo ps.18. ›ab occultis peccatis meis munda me‹.«

[81] Vgl. Schwarz, 231.

[82] WA 3; 129, 11.

[83] WA 55, 1; 166, 10–12: »›Delicta‹ proprie sunt peccata omissionis, que nos intelligere non possumus, etiam dum bene operamur, Eo quod ex toto corde et omnibus viribus Deum diligere tenemur, Et raro vel nunquam sic facimus.«

[84] WA 3; 129, 35–39.

Sünde. Also: Wenn die hoffnungslose Situation des Menschen noch nicht auf Grund der verborgenen Sünden genügend klar ist, soll die Tatsache der Erbsünde alle Zweifel zum Schweigen bringen.[85] Und Luthers Äusserung zum Getauften und zum pactum dei, freilich des fehlenden Blatts wegen schwierig zu interpretieren, betrifft offensichtlich nicht die Gleichzeitigkeit des peccatum und der gratia, sondern, wie auch im Scholion zu Psalm 96, die Zusammengehörigkeit der confessio peccati und der gratia.[86]

Was die Begriffsbestimmung der Sünde angeht, wäre es jedoch ein Kurzschluß zu meinen, Luther sei zu dieser Zeit immer noch im scholastischen Sündenverständnis befangen. Das Neue bei ihm erkennt man aber nicht direkt aus der Perspektive der Erbsünde, sondern im Horizont seiner in den Scholien aufbrechenden relationalen Ontologie. Die lex Domini und die lex Mosi sind für Luther nicht einfach zwei Gesetze, sie sind zwei Verhältnisse: die eine lex gilt coram deo, die andere coram hominibus. Und gerade in diesem zweifachen Bezug des Menschen zu Gott und zur Welt liegt der neue theologische Ansatz Luthers zum Sündenverständnis, der alle scholastischen Unterscheidungen hinsichtlich des peccatum gleichsam in eine neue Tonart transponiert. Nicht daß Luther die verborgenen Sünden mit der Erbsünde gleichsetzt, sondern daß er die Sünde schlechthin auf das Gottesverhälntnis hin versteht, unterscheidet ihn von den übrigen Interpreten des 51. Psalms. Aus dieser Sicht gelten dann als scheinbare Sünden nicht bloß Verstöße gegen die zeremoniellen Vorschriften, sondern alle Übertretungen des Gesetzes, die nur in bezug auf die zwischenmenschlichen Beziehungen in den Blick kommen. Peccatum heißt für Luther geradezu das Versagen des Menschen vor Gott, und von daher erscheinen die täglich in zwischenmenschlichen Beziehungen begangenen Missetaten als nur ein Sinnbild der wahren Sünde.

Auch die Gegensätzlichkeit des menschlichen und des göttlichen Urteils gründet in der coram-Relation. Als einer, der nicht nur coram deo, sondern auch coram hominibus lebt, bildet der Mensch naturgemäß aus der Gesamtheit seiner Erfahrungen in menschlichen Beziehungen sein eigenes Urteil über sich selbst. Dieses widerspricht aber ganz und gar dem Urteil Gottes und führt zum

---

[85] WA 3; 288, 37–41: »Quod si adhuc quis non intelligat, quoniam nullus iustus est coram deo, qui solus iustificatur, sequitur clarior expressio: *Ecce enim in iniquitatibus conceptus sum.* Ergo verum est, quod tibi sum peccator et peccavi, ut tu solus gloriosus sis in iustitia et iustificeris solus, quando omnes sumus peccatores.«

[86] WA 3; 289, 1–8: »Immo et fides et gratia, quibus hodie iustificamur, non iustificarent nos ex seipsis, nisi pactum dei faceret. Ex eo enim precise, quia testamentum et pactum nobiscum foecit, ut qui crediderit et baptisatus fuerit, salvus sit, salvi sumus. In hoc autem pacto deus est verax et fidelis et sicut promisit, servat. Quare verum est nos esse in peccatis coram illo semper, ut scilicet ipse in pacto suo et testamento, quod nobiscum pepigit, iustificator sit. Unde litera Hebr. sic: ›Tibi soli peccavi, propterea iustificabis in verbo tuo‹, i.e. pacto tuo.« Beachte, daß an dieser Stelle sowie im Scholion zu Psalm 96 Luther die Übersetzung Reuchlins anführt: propterea iustificabis.

dargestellten Streit um die letztgültige Wahrheit des Menschseins.[87] Durch das
Urteil Gottes in Frage gestellt, muß der Mensch entweder sein eigenes Urteil
preisgeben und dem Gottes zustimmen, oder auf seinem eigenen Urteil bestehen und Gott als einen Lügner verurteilen. Aber auf jeden Fall ist sein Urteil
über sich selbst zugleich ein Befinden über Gott.[88] Zuspitzend kann Luther die
Sache so formulieren: Entweder Gott oder der Mensch lügt in seinem Urteil![89]
Die Verborgenheit der wahren Sünden vor Gott verführt aber leicht zur
Bestreitung des göttlichen Urteils, d.h. zur Verleugnung des peccatum, so daß
sich der Mensch in seinem Urteil verhärtet. Hier spricht Luther von superbia.

Das Wort »superbia« erinnert nun deutlich an sein Gegenteil: »humilitas«.
Wird die Bestreitung des göttlichen Urteils »superbia« genannt, so wäre es rein
sprachlich naheliegend, die Zustimmung mit dem Urteil Gottes über die Sünde
als »humilitas« zu bezeichnen. Entgegen der oft betonten humilitas-Theologie
des jungen Luthers begegnet jedoch in den Scholien zu Psalm 51 eine merk-
würdige Zurückhaltung.[90] Anstatt der humilitas wird die confessio allein in den
Mittelpunkt gerückt, und zwar im Kontext eines soeben geschilderten Urteils-
schemas. Daraus folgt, daß das Sündenbekenntnis in Luthers Sinne mit der von
Gregor dargestellten Selbsterforschung des Sünders und der nachfolgenden
Aufzählung von möglichst vielen Tatsünden überhaupt nichts gemeinsam hat.
Die confessio Luthers besteht vielmehr gerade darin, daß sich der Mensch das
Urteil Gottes zu eigen macht. Bei der confessio gilt es, daß der Mensch nach
eigenem Ermessen Sünder wird, d.h. daß er dem Urteil Gottes wahrhaftig
zustimmt. Die confessio erweist sich dann als das Geständnis des Menschen
über seine Person, nicht einfach über seine Taten und vollzieht sich in der doppelten Gestalt der confessio peccati und laudis. Wer sich selbst in Wahrheit
erkennt und das peccatum in sich bekennt, der gelangt zugleich zu einer neuen
Gotteserkenntnis und preist Gott für seine Gnade.

b) Die iustitia und das iudicium dei

Aus dem gegensätzlichen Verhältnis des menschlichen und göttlichen Urteils
entsteht ein Widerstreit um die letztgültige Wahrheit über den Menschen

---

[87] WA 3; 288, 8–11: »Qui non est peccator (id est se non confitetur peccatorem), manifeste
contendit deum condemnare in sermonibus suis, quibus nos in peccatis esse testatus est. Et Christum non pro peccatis mortuum esse contendit. Et sic iudicat deum et mendacem facere nititur.«
[88] WA 3; 289, 30–34: »Quia ista duo sese mutuo inferunt:

Qui sese $\begin{cases} \text{iustificat, Deum condemnat, qui illum peccatorem esse affirmat} \\ \text{per omnes script., maxime ps. 13. ut apost. allegat Ro. 3.} \\ \text{iudicat et confitetur peccatum, deum iustificat et verificat: quia} \\ \text{dicit id de se, quod deus dicit de eo.«} \end{cases}$

[89] WA 3; 289, 37–39: »Illi autem cum deo pugnant de veritate, Deus enim illos asserit esse impios, illi autem negant. Et sic necesse est vel deum vel ipsos mentiri: quia mutuo sese condemnant
et iudicant.«
[90] WA 3; 290, 31–33.

selbst. Falls der Mensch auf seinem eigenen Urteil insistiert, bleibt er in seiner Ungerechtigkeit stecken. Wenn er aber auf sein Urteil verzichtet und sich dem Urteil Gottes anschließt, wird er zugleich gerechtfertigt. Infolgedessen wird der Streit zwischen Gott und Mensch behoben.[91] Die Art und Weise, wie Luther diesen Rechtfertigungsvorgang schildert, führt aber in eine Paradoxie, die logisch an das Epimenides-Paradox erinnert.[92] Im ersten Abschnitt der Scholien brachte Luther das Thema »peccatum« mit der Wahrheitsfrage in Verbindung; jetzt versucht er im dritten und vierten Abschnitt das peccatum und die iustificatio auf die Wahrheitsthematik zu deuten. Zunächst hat dies zur Folge, daß die iustitia sehr eng mit der veritas identifiziert wird, was das häufige Vorkommen der Wortverknüpfung »verax et iustus« bezeugt.[93] Das Entscheidende für den von Luther dargestellten paradoxen Sachverhalt ist aber nicht nur diese Verbindung von Wahrheit und Gerechtigkeit, sondern auch die logische Prägung des Wahrheitsbegriffs. Hier bewegt sich Luther immer noch im Rahmen des scholastischen Mittelalters, das im wesentlichen die Wahrheitsdefinition des Aristoteles übernahm; Albert der Grosse und Thomas von Aquin gaben diesem Wahrheitsverständnis seine klassische Formulierung: veritas est adaequatio rei et intellectus. So wie die Wahrheit als die Angleichung bzw. Übereinstimmung von Ding und Verstand bestimmt wird, so interpretiert Luther die iustitia als die Konformität des menschlichen Urteils zum göttlichen.[94] Der Mensch wird dem göttlichen Urteil konform, indem er sich das Urteil Gottes zu eigen macht, und somit spricht auch der Mensch in seinem mit Gott übereinstimmenden Urteil die Wahrheit, nämlich daß er ein Sünder ist. Das vom Menschen gefällte Urteil über sich selbst gilt nun, weil es wahr ist, auch als gerecht. Sobald der Mensch aber zu dieser Gerechtigkeit gelangt, wird er von Gott nicht mehr verurteilt; denn der Mensch erreicht die Gerechtigkeit dadurch, daß er sich selbst verurteilt, und da kein Mensch zweimal in der gleichen Sache gerichtet wird – Luther führt hier zwei traditionelle Belege dafür

---

[91] WA 3; 289, 19–23: »Deinde ›Iustificeris‹. Hoc fit in eis, qui se non iustificant, sed iudicant, ut deus iustus sit et per eum iustificentur et ipsi. Dicit autem maxime ›Iustificeris‹ et non ›verificeris‹, quia contra Iudeos potissimum loquitur, ut Ro. 3 patet, qui non ignorant aut saltem non ignorare debent omnes esse in peccatis.«

[92] Das Epimenides-Paradox in einfachster Form entsteht dadurch, daß man den Satz: »ich lüge« für die Wahrheit erklärt. Siehe dazu I. M. BOCHÉNSKI, Formale Logik. 1956, 450: »Der älteste Widerspruch der in Frage stehenden Art ist der Epimenides ... Die einfachste Form dieses Widerspruches wird von dem Mann geboten, der sagt ›Ich lüge‹: wenn er lügt, so spricht er die Wahrheit, und umgekehrt.« Darum ist dieses Paradox im englischen Sprachgebiet als das »Liar paradox« bekannt. Siehe HOWARD DELONG, A Profile of Mathematical Logic. 1970, 30.

[93] Die Kombination »verax et iustus« kommt im Abschnitt über die iustificatio mehrmals vor. Siehe z.B. WA 3; 289, 25. 35. 36. 37.

[94] WA 3; 289, 34–37: »Et ita iam conformis deo est et verax et iustus, sicut deus, cum quo concordat. Quia eadem dicunt. Sed deus dicit vera et iusta: et ille dicit eadem. Ergo et ipse cum deo iustus et verax est. Illi autem cum deo pugnant de veritate, deus enim illos asserit esse impios, illi autem negant.«

an, nämlich 1. Kor 11, 31 u. Nah 1, 9 – , wird das Urteil Gottes über ihn aufgehoben.[95] Das logische Problem besteht nun gerade darin, daß der Mensch sich an ein Urteil Gottes anschließen soll, das eben durch die Konformität aufgehoben wird.

Diesen verwirrenden Sachverhalt versucht Luther im dritten Abschnitt anhand des logischen Quadrats verständlich zu machen, aber auch da stößt er auf die Grenzen der traditionellen Logik bei der Darstellung des Rechtfertigungsvorgang. Reinhard Schwarz hat in seiner Untersuchung der Scholien die zu verknüpfenden Begriffe auf Grund der Handschrift Luthers korrigiert und eine interessante Interpretation des Quadrats ausgearbeitet.[96] Aus meiner Sicht liegt aber das Problem des Quadrats nicht einfach in der falschen Bezeichnung der logischen Verhältnisse, sondern gerade darin, daß es gar kein logisches Quadrat ist! Bekanntlich darf ein logisches Quadrat in der klassischen Logik nur ein Subjekt und ein Prädikat enthalten, aus denen vier Sätze durch Quantifikation (universal oder partikulär) und Qualifikation (bejahend oder verneinend) gebildet werden. Diese vier Sätze stehen dann in bestimmten logischen Beziehungen zueinander, wie contrarie, subcontrarie, subalterne, conversio simplex, conversio accidens.[97] Luthers Quadrat dagegen enthält mehr als ein Subjekt bzw. Prädikat, doch keine Sätze, und die drei vermeintlich aus dem Quadrat entstehenden Propositionen gehören sachgemäß eher der scholastischen Logik der Konsequenz – was wir heute Aussagenlogik nennen – als einem logischen Quadrat der syllogistischen Logik an.[98] Insofern hat Schwarz recht, daß Luther sich für die conversio mehr interessiert als für das Quadrat selbst. Aber die Schlußfolgerungen der conversio hätte man sinnvoller mit der propositionalen Logik darstellen können, z.B. mit einem Argument der Form modus ponens, das schon vor Luther in nominalistischen Kreisen bekannt war. Eine solche Darstellung hätte jedoch die Verflochtenheit des göttlichen und

---

[95] WA 3; 291, 15–21: »Quia si nos ipsos iudicamus, non utique a Domino iudicabimur. Quia non iudicabitur bis in idipsum. Nec potest eum condemnare, qui iam a seipso et per consequens a sermonibus dei iudicatus est. Quia deus seipsum negare non potest, sed ipse iudicavit illum peccatorem, et hoc idem foecit ipse: ergo non potest esse contra illum sic sese iudicantem. Alioquin esset contra seipsum, qui illi conformis fuit in iudicio. Quare necesse est, ut iudicium suum in illo agnoscat et approbet.« Die ersten zwei Sätze dieses Zitates sind die Belege aus 1. Kor 11, 31 bzw. Nah 1, 9.

[96] SCHWARZ, Vorgeschichte der reformatorischen Bußtheologie. 239ff.

[97] Siehe z.B. BOCHÉNSKI, Formale Logik. 162. PETRUS HISPANUS, Summulae Logicales. Tractus Primus: de introductionibus, hrsg. v. L. M. DE RIJK, 1972, 6. IRVING COPI, Introduction to Logic. 158. THEODOR BUCHER, Einführung in die angewandte Logik. 1987, 136–138.

[98] WA 3; 290, 4–6: (Zur Korrektur nach der Handschrift siehe SCHWARZ, aaO):

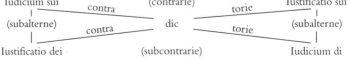

menschlichen Urteils und der Rechtfertigung Gottes und des Menschen verdunkelt, und offenbar war Luther beim Erstellen des logischen Quadrats gerade auf dieses Verflochtensein aus. Es ist allerdings interessant zu beobachten, wie Luther zu diesem Zeitpunkt in der Entwicklung seines Denkens an die Grenze der Vernunft in Sachen der Rechtfertigung stößt. Was er letztlich über die Zusammengehörigkeit des iudicium und der iustificatio sagen wollte, kann man nicht in logischer Form darstellen, wenigstens nicht in der ihm bekannten Logik.[99] Am Schluß blieb Luther nichts anderes übrig, als bei der dritten Proposition eine Äquivokation des Ausdrucks »iustificator sui« einzuführen, um den springenden Punkt der Auslegung klar zu formulieren. Kein Mensch, der sich selbst coram deo durch die Verleugnung des peccatum zu rechtfertigen versucht, rechtfertigt Gott in seinem Urteil (Nullus iustificator sui iustificat deum), aber diejenigen, die dem göttlichen Urteil zustimmen und somit Gott in seinem Wort bestätigen oder rechtfertigen, sind selbst gerecht, weil sie die Wahrheit über sich selbst sprechen (sed bene econtra aliquis iustificator dei iustificat se).[100]

Um einen Ausweg aus dem logischen Labyrinth der Scholien zu ermöglichen, bedarf das Urteilsschema Luthers einer Korrektur an zwei Punkten. Erstens, man muß das Urteil Gottes und des Menschen statt sprachlogisch existentiell auffassen. Zweitens, man muß die Tragweite des göttlichen Urteils in seinem doppelten Charakter als Gesetz und Evangelium erkennen. Zur letzteren Einsicht war Luther in den Scholien noch nicht gekommen, doch den existentiellen Charakter des Urteils bringt er indirekt durch eine Erörterung über die Heiligen im Kontext der Lichtlehre zum Ausdruck. Als Vorbemerkungen zum Thema »Heilige« in den Scholien ist zweierlei zu erwähnen. Im vierten Abschnitt der Scholien, in dem die Heiligen behandelt werden, verschiebt sich die hermeneutische Zeitperspektive, so daß die mystische Kirche nicht mehr vor Christus, sondern nach ihm in den Blick kommt, also die historische Kirche mit ihren tugendhaften Heiligen. Sodann verkörpern im mittelalterlichen

---

[99] Man merkt dies deutlich an der dritten Proposition, die lautet: »Nullus iustificator sui iustificat deum: sed bene econtra aliquis iustificator dei iustificat se.« Daß diese Aussage keine allgemeine Verneinung ist, wird offensichtlich, sobald man versucht, die Aussage in Standardform zu formalisieren: $(\forall x)(Sx \rightarrow \neg Px)$. Um die Aussage überhaupt in propositionaler Form aufzustellen, muß man die Quantifikation ignorieren. Eine Möglichkeit wäre z.B. die Formalisierung als modus ponens, wobei es gilt: p = ipse est iustificator sui und q = ipse est non iustificator dei. Daraus ergäbe sich als Argument: $p \rightarrow q, p, \therefore q$. Abgesehen von der Quantifikation entspricht dieses Argument der Proposition Luthers: »nullus iustificator sui iustificat deum«. Aber die Aussage: »sed bene econtra aliquis iustificator de iustificat se« verstößt gegen die Regel des modus tollens, denn aus einer Verneinung von »q« folgt auch die Verneinung von »p«: $p \rightarrow q, \neg p, \therefore \neg q$ (ungültig).

[100] Vgl. auch WA 3; 291, 22–24 u. 26–28: »Patet itaque psalmum istum proprie non de David, sed in persona Ecclesie prophetice esse: a David velut parte Ecclesie, sumpta occasione ex hystoria, que in titulo nominatur ... Unde hoc ipsum potissimum hic allegat. ›Quoniam iniquitatem meam ego cognosco‹: ibi enim intellexit, quod accusare seipsum sit iustificare deum et per consequens seipsum.«

Denken die Heiligen den Höhepunkt des christlichen Lebens; sie sind nicht einfach Gerechte, sie besitzen vielmehr die kardinalen und die theologischen Tugenden in heroischem Maß.[101] Am Anfang dieses Abschnittes stellt Luther nun fest, daß der tiefe Sinn des logischen Quadrats nichts anderes ist als das, was bereits in seinem Kommentar zum Versteil: »sacrificium laudis honorificat« (Ps 50) gesagt wurde, wo auch von den Heiligen die Rede war. Wie die Gerechten im allgemeinen, so können auch die Heiligen Gott nur dadurch loben und preisen, daß sie ihm ständig all das zuschreiben, was ihm gehört. Man soll dem Menschen anrechnen, was des Menschen ist, und Gott, was Gottes ist. Und wie die Untersuchung des Scholions zu Psalm 50, 23 aufgezeigt hat, besteht dieser Urteilsvorgang gerade in der Anrechnung von Verdienst und Schuld, also in der doppelten confessio, daß alle guten Gaben von Gott stammen und daß dem Menschen ohne Gott bloß der Abgrund des Daseins (privatio) übrig bleibt. In Psalm 51 stellt Luther nun diese doppelte confessio bildlich durch das Licht-symbol dar, indem er unter Berufung auf Hiob 15, 15 die Heiligen mit den Sternen und dem Mond vergleicht. Wie die Sterne und der Mond vor Gott nicht scheinen, so auch nicht die Heiligen[102], denn in der Anwesenheit der Schönheit Gottes erscheinen die sancti als entstellt und häßlich. Daß das Urteilsschema im Hintergrund von Luthers Verwendung des Lichtsymbols steht, tritt deutlich hervor, wenn er die Erfahrung der Heiligen beschreibt. Denn sie nehmen ihre eigene Häßlichkeit erst dann wahr, wenn sie sich im Lichte Gottes, d.h. in der gratia befinden.[103] Wie Licht ein Bild beleuchtet, so auch die Gnade Gottes die bleibende Neigung zur Sünde in den Heiligen.[104] Daraus folgt, daß die Heiligen sich selbst stets als häßlich betrachten, obgleich sie coram deo die allerschönsten sind. Das heißt: Wer coram deo der Schönste ist, der ist aus eigener Sicht der Häßlichste und umgekehrt. Das Lichtsymbol ermöglicht Luther also, das Urteil Gottes und des Menschen in seiner existen-tiellen Dimension deutlich hervorzuheben, so daß – anders als die Logik ver-langt – das eine das andere nicht aufhebt. Bei dem Urteilsschema Luthers han-delt es sich nicht bloß um sprachliche und juristische Aussagen, deren letztgül-

---

[101]   Zum Thema »sancti« siehe LOMBARDUS, Sent. IV d. 45 c. 6 u. d. 47 c. 2.

[102]   WA 3; 290, 15–21: »Sic Iob ait: ›Celi sunt immundi in conspectu eius‹, et ›Stelle sunt im-munde coram eo et Luna non lucet‹, i.e. sancti non sunt sancti coram eo. Sic Isaie 40. ›Omnes gen-tes quasi nihil et inane reputate sunt ei‹: quia sancti sese confitentur maxime immundos, dicentes semper ›tibi soli peccavi, ut iustificeris etc.‹ Unde una insignis stella inter eas dixit: ‚Venit Ihesus Christus peccatores salvos facere: quorum primus ego sum‹.«

[103]   Die Interpretation des Lichts als gratia statt als fides scheint mir wahrscheinlicher, zumal Lu-ther in diesem Abschnitt ausdrücklich von den Tugenden spricht.

[104]   WA 3; 290, 23–25 u. 33–35: »Nam verum: Qui pulcherrimus est coram Deo, idem est de-formissimus, et econtra: Qui deformissimus, ipse est pulcherrimus. Sic: Qui est pulcherrimus sibi, ipse est turpissimus coram deo ... Et ratio est, quia suam feditatem nunquam videret, nisi esset inti-me illustratus lumine sancto, sed habens tale lumen est speciosus, et quanto clarius, tanto specio-sior.«

tige Bedeutung anhand der Logik erfaßt werden könnte, sondern um existentielle Urteile, die beim Lebensvollzug ineinander greifen.

Bemerkenswert ist der Unterschied des Sündenverständnisses in Psalm 50 u. 51. Bei jenem kommt das peccatum originale als ein Nichts, eine Privation in Betracht, bei diesem hingegen als Häßlichkeit, die eher an die Konkupiszenz erinnert. Die im Lichtsymbol implizierte Gleichzeitigkeit von Gnade und Konkupiszenz deutet aber nicht etwa auf das peccatum originale als bleibende Wirklichkeit im Getauften – denn die Konkupiszenz nach der Taufe bringt keine Schuld mit sich,[105] – sondern auf die bleibende Gefahr, in Sünde zurückzufallen. Darum ist das peccatum stets zu fürchten, und darum sollen auch die Heiligen ständig in der confessio bleiben, daß sie alles, sogar ihre in heroischem Maß geübten Tugenden, von Gott geschenkt bekommen haben.[106] Schließlich erweist es sich für die Entwicklung von Luthers Verständnis des 51. Psalms als bedeutsam, daß die Lichtlehre dieses Abschnittes die Erkenntnis Gottes und des Menschen so deutlich in den Mittelpunkt rückt. Die cognitio dei und die cognitio hominis gehören wesentlich zueinander wie Licht und Bild. Und in der Metapher von Schönheit und Häßlichkeit schimmert auch durch, daß die Gotteserkenntnis und die Selbsterkenntnis des Menschen nur durch das rechte Unterscheiden erreichbar sind.

4. Die iustificatio dei und die crux

Luthers Ausführung zu diesem Thema ist in der gesamten Auslegungstradition ohne Parallele, denn er hat als erster den Versteil: »ut iustificeris« in bezug auf das Handeln Gottes sowie auf sein Wort interpretiert. Wie das vorangehende Scholion zu Vers 12, so gilt auch dieses zu Vers 6 als eine tropologische Auslegung, die jeden einzelnen Christen ansprechen soll. Hat Luther uns in dem dritten und vierten Abschnitt das Urteil Gottes eingeschärft, das die Sünde des ganzen Volkes verurteilt, führt er uns jetzt in diesem letzten Abschnitt das Leiden und Kreuz vor Augen als den geheimnisvollen Umgang Gottes mit dem Einzelmenschen. Auf diesem Weg erinnert Gott den Menschen an die reliquiae peccati und bestraft ihn zugleich für die aus der Konkupiszenz wachsenden Sünden.[107] Luther bringt also das Wort und das Handeln Gottes in engste

---

[105] Siehe z.B. das Scholion zu Psalm 71, WA 3,453,7–11: »Quia dimissa culpa adhuc multa nobis restant de peccato inflicta, scilicet infirmitas in memoria, coecitas in intellectu, concupiscentia sive inordinatio in voluntate. Ex quibus tribus omne peccatum originaliter descendit. Ipsa autem sunt reliquie peccati originalis etiam dimissi in baptismo.«

[106] WA 3; 291, 9–11 u. 14–15: »Quo fit, ut etiam sancti in suis virtutibus non glorientur, licet in ipsis gaudeant et exultent, eas referendo ei, qui dedit. Utrunque enim nimis absurdum est: et in paupertate superbire et in alienis vestibus superbire … Semper igitur peccatum timendum, semper nos accusandum et iudicandum in conspectu Dei.«

[107] WA 3; 292, 27–30 u. 33–36: »Nota autem: si deus iustificandus est in sermonibus suis, quibus nos affirmat peccatores, utique etiam in operibus suis, quibus hoc idem asserit. Hec opera autem sunt flagella et cruces: que cum super nos veniunt, dei velut verbum sunt peccatum nostrum

Beziehung zueinander; das Wort bewirkt, das Handeln spricht. Als seinsbestimmend für den Menschen bewirkt das Urteil Gottes, was es sagt. Und das Leiden des Menschen enthüllt sich letztlich als das Handeln Gottes an ihm, das ihn mitten im Leben der Sünde beschuldigt.

III. Die sieben Bußpsalmen[108]

Luthers Auslegung des 51. Psalms in den sieben Bußpsalmen, deren erste Bearbeitung schon anfangs Mai 1517 in Nürnberg bekannt war, bedeutet im Vergleich mit den Dictata super Psalterium einen großen Sprung sowohl in hermeneutischer als auch in theologischer Hinsicht. Die erstaunliche Kreativität Luthers in dieser Zeit zeigt sich u. a. daran, daß er ohne erkennbare Heranziehung der vorangehenden Auslegungstradition eine völlig neue Auslegung des Psalms schreibt, in der er zentrale, offensichtlich aus seiner Lektüre des Römerbriefes gewonnene theologische Ansichten fruchtbar macht. Es ist hier beispielsweise an die neue Anthropologie dieser Auslegung des 4. Bußpsalms zu denken, die Luther im Anschluß an den paulinischen Gegensatz von Adam und Christus formuliert, oder an das neue Verständnis der Taufe als eines durch das ganze Leben hindurch sich erstreckenden Vorgangs.[109] Was die Hermeneutik Luthers

---

arguentis et contestantis ... Semper enim in nobis est reliquum et reliquie peccatorum, scilicet inclinationis et motus mali ad iram, superbiam, gulam, accidiam, que sunt coram eo peccata, mala et damnabilia: ideo semper punienda.«

[108] Da die sprachlichen Änderungen der zweiten Bearbeitung der sieben Bußpsalmen von 1525 zu umfangreich sind, als daß man die Abweichungen im Apparat vermerken konnte, wurde bei der Ausgabe der Werke Luthers in WA 1 die Entscheidung getroffen, die zweite Bearbeitung separat drucken zu lassen. Diese weitere Bearbeitung der sieben Bußpsalmen steht aber zum großen Teil im Zusammenhang mit Luthers Arbeit an der deutschen Bibel und ergibt in den meisten Fällen keine Änderung des Psalmverständnisses selbst. Nur bei Vers 16 führt die neue Übersetzung des Hebräischen zu einer völlig neuen Auslegung des Textes. In der ersten Bearbeitung von 1517 übersetzte Luther »sanguinibus« als »die gebluete«, hinweisend auf die Hoffärtigen, die dem Glaubenden bei seinem Predigen der Gerechtigkeit Gottes immer wieder Steine in den Weg legen (WA 1; 192, 15–26). In der zweiten Bearbeitung hingegen wird das Hebräische דָּמִים als »blutschulden« übersetzt, und dementsprechend interpretiert Luther den Vers dahin, daß der Beter vor Gott des Todes schuldig ist (WA 18,505,20–23). Der erste Nachweis für dieses neue Verständnis des 16. Verses ist eine Eintragung Luthers in den sogenannten Danziger Psalter in der Zeit vom Sommer 1521 bis zu 1524: »מִדָּמִים Sanguinibus, i[d est] reatu homicidii, de quo lex praecipit. Huius legis vim sentit et metuit mortem« (WAD 10; 2, 339, 7–8). Im übrigen sind die Abweichungen der zweiten Bearbeitung von keiner großen Bedeutung und erfordern deshalb keine detailierte Analyse.

[109] Ob die Anthropologie und das Taufverständnis des 4. Bußpsalms eine direkte Frucht von Luthers Römerbriefvorlesung oder der Ertrag seiner nachträglichen Beschäftigung mit dem Römerbrief (z.B. bei der Predigtarbeit) sind, bleibt hier dahingestellt. Auf jeden Fall ist aus den Quellen klar ersichtlich, daß man von der Zeit der Römerbriefvorlesung bis zum 4. Bußpsalm mit einer Entwicklung rechnen muß. Wenn man z.B. die Auffassung der Taufe in der Römerbriefvorlesung zu Röm 6 (1515–16, WA 56; 324, 15–23), im 4. Bußpsalm (1517) und in »Ein Sermon von dem Sakrament der Taufe« (1519, WA 2; 728, 21–26) miteinander vergleicht, zeigt

betrifft, fallen die sieben Bußpsalmen zeitlich in eine Periode des Übergangs. Beachtlich ist zunächst einmal dies, daß Luther in der Auslegung des 4. Bußpsalms offenbar keinen Gebrauch mehr von dem vierfachen Schriftsinn macht, obwohl die Unterscheidung von spiritus und litera bzw. von Wahrheit und Figur nach wie vor eine bedeutsame Rolle spielt.[110] Entsprechend dem hermeneutischen Ansatz in den Dictata super Psalterium wird diese Distinktion nun aber vollends auf die coram-Relation hin interpretiert. Ferner gibt es in der Auslegung keine Anhaltspunkte dafür, daß Luther die von Faber und Perez gebrauchten hermeneutischen Unterscheidungen weiterhin berücksichtigt. Die Bedeutung der mittelalterlichen und humanistischen Auslegungskunst für die Genese der Hermeneutik Luthers läßt sich selbstverständlich nicht bestreiten, aber die hermeneutische Perspektive von Luthers Interpretation des 4. Bußpsalms gilt als eine in der Auslegungstradition des 51. Psalms ganz neue, denn Luther orientiert sich hier voll Bedacht an dem gequälten Gewissen des Christen und zielt mit seinen Worten auf den Trost des Leidenden ab. Auf den ersten Blick möchte man freilich den besonderen Charakter dieser Auslegung dem Umstand zuschreiben, daß die sieben Bußpsalmen eine erbauliche, keine wissenschaftliche Schrift ist; sie ist – wie Luther selbst in einem Brief an Christoph Scheurl schreibt – eine Auslegung für die »rohen Sachsen«.[111] Aber die Sache läßt sich nicht so einfach erklären. Schon allein deswegen nicht, weil auch in der späteren Enarratio Psalmi 51, die als wissenschaftliche Vorlesung gehalten wurde, die conscientia und die consolatio immer noch im Mittelpunkt stehen. In der Auslegung des 4. Bußpsalms begegnet ein tiefgreifendes seelsorgerliches Interesse, das für die Theologie und Hermeneutik Luthres überhaupt charakteristisch ist. Es sei in diesem Zusammenhang daran erinnert, daß die erste von Luthers Schriften, die er selbst dem Druck übergab, gerade diese erbauliche Arbeit über die Bußpsalmen war. Seine Sympathie für das einfache Volk und dessen Seelennot unter dem Banne einer gesetzesorientierten Theologie wirkte sich ganz allgemein auf seine Hermeneutik, aber insbesondere auf sein Verständnis des 51. Psalms aus. Das ist der Grund, weshalb Luther sich im 4. Bußpsalm nicht mehr für die Juden interessiert[112] und die historische Situation Davids überhaupt nicht erwähnt.[113] Jetzt spricht er das Gewissen der Christenheit an und versucht den Christen die Augen zu öffnen für die lebenswichtige Unterscheidung zwischen einer selbstgemachten Gerechtigkeit und der Gerechtigkeit Gottes.

---

sich deutlich, daß Luthers Verständnis der Taufe im 4.Bußpsalm der Predigt aus dem Jahre 1519 näher steht.

[110] Z. B. WA 1; 189, 17.

[111] WAB 1; 93, 6–8 (Brief Nr. 38, Luther an Scheurl, 6. Mai 1517): »Non enim Nurinbergensibus, id est, delicatissimis et emunctissimis animabus, sed rudibus, ut nosti, Saxonibus, quibus nulla verbositate satis mandi et praemandi eruditio christiana, editae sunt.«

[112] Die Juden werden nur in Vers 16 erwähnt. Siehe WA 1; 192, 25.

[113] Die Verse 1 u. 2 des Vulgata-Textes werden von Luther in den Bußpsalmen weder übersetzt noch ausgelegt.

A. Die Gewissensnot der Seele und der Trost Gottes

Gemessen an den Glossen in den Dictata super Psalterium, in denen das Wort
»conscientia« nur einmal (v. 10) und »consolatio« kein einziges Mal vorkommt,
treten diese aufs engste miteinander verbundenen Themen im 4. Bußpsalm
deutlich in den Vordergrund. Schon im ersten Satz der Auslegung führt Luther
das Thema Gewissen an: »Einem wahrhaftigen reuigen Herzen liegt nichts vor
Augen, denn seine Sünde und Elend im Gewissen.«[114] Und der von Gott
ersuchte Trost wird sowohl durch Luthers Übersetzung des Psalms ins Deutsche
betont[115] als auch in seinen Ausführungen über die einzelnen Verse selbst
immer wieder hervorgehoben.[116] Dennoch lässt sich nicht mehr mit Sicherheit
feststellen, was für ein Gewissensverständnis Luther im 4. Bußpsalm darstellen
will, weil seine Begriffsbestimmung zu diesem Zeitpunkt gegensätzliche Tendenzen aufweist. Auf der einen Seite haftet seine Sprache teilweise an der scholastischen Terminologie, auf der anderen Seite bricht Neues zum Thema
Gewissen unverkennbar auf. Er kann z. B. das Gewissen mit den Seelenvermögen des Menschen in einer Weise verknüpfen, die wenigstens vom Sprachgebrauch her an die Scholastik erinnert, aber das Gewissen wird in der Auslegung
auf keinen Fall bloß als eine Funktion der Seele aufgefaßt, die dem Menschen
gegebenenfalls Handlungsanweisungen gibt oder bei Übertretungen des Gesetzes den Betreffenden durch Gewissensbisse bestraft.[117] Trotz solcher Schwierigkeiten steht eines aber außer Zweifel: Das Gewissen ist nicht primär nach
außen, an den Taten des Menschen orientiert, sondern nach innen, an dem
Selbst. Das böse Gewissen entsteht also nicht erst auf Grund des Versagens eines
Menschen auf der Ebene des Handelns, sondern schon vorher infolge seiner
Natur[118] – man könnte wohl sagen: auf Grund des Versagens des Menschseins.
Selbst dann, wenn der Mensch nach guten Werken strebt, sucht er von Natur
seinen eigenen Vorteil an allem, sogar an Gott. Darum kann das gequälte
Gewissen nicht im geringsten durch die guten Werke einer äußerlichen
Gerechtigkeit, vielmehr allein durch das Hören der Gnade beruhigt werden.
Trotz aller guten Werke bleibt das »blöde, erschrockene, furchtsame« Gewissen,
bis es das Wort der Vergebung hört.[119]

---

[114] WA 1; 185, 37–38.

[115] Luther übersetzt den 10. Vers: »gib meinem gehorde freude und trost«. Das Hebräische
שָׂשׂוֹן, das hier als »trost« übersetzt wird, bedeutet eigentlich »von Freude erfüllt, froh« und wird
wortgetreuer in der deutschen Bibel von 1531 als »Wonne« wiedergegeben.

[116] WA 1; 186, 1 u. 3. 189, 35. 191, 25.

[117] WA 1; 190, 7–12: »Das ist, alle crefft der selen, die des sundlichen gewissens halben gleich
muede und zurknursert werden, die erfrewen sich und werden erquicket, wan das gewissen die
freude des ablaß horet, dan die sunde ist eyn schwere, betrubte, engestliche burden allen crefften
der selen, und doch mit den eußern werckenn des menschen nit mag abgenomen werden, Sundern allein durch das ynnerliche werck gottis.«

[118] WA 1; 188, 12–14.

[119] WA 1; 189, 34–190, 4: »Das ist, aller eußerlicher gerechtickeit wandel und handel vormag

Das von Gott ausgerichtete Wort des Trostes und der Freude kann Luther aber statt mit der Sündenvergebung auch mit dem Ablaß identifizieren, was nicht ohne weiteres einleuchtet.[120] Die Theorie und die Praxis des Ablasses gingen von der alten Unterscheidung von Schuld (culpa) und Strafe (poena) aus und erblickten in dem Ablaß einen Nachlaß der zeitlichen Strafe. Für Lebende besteht das Wesen des Ablasses gerade darin, daß dem Büßenden ein Teil der kirchlichen Bußauflagen (poena) geschenkt wird, nachdem die Schuld (culpa) seiner Sünde bereits getilgt wurde.[121] In seiner Auslegung des 4. Bußpsalms hätte man aber eher erwartet, daß Luther von der Sündentilgung, also von der Vergebung der Sünde, nicht von dem Nachlaß der zeitlichen Strafe spricht. Daß Luther zur Zeit der ersten Bearbeitung der sieben Bußpsalmen mit dem ganzen Ablaßproblem intensiv beschäftigt war, erklärt vielleicht teilweise diesen Sprachgebrauch, aber dieses Argument verliert an Überzeugungskraft, sobald man merkt, daß Luther das Wort »Ablaß« im Text der zweiten Bearbeitung von 1525 stehen läßt. Darum wird man wahrscheinlich mit der Annahme nicht fehlgehen, daß Luther das Wort »Ablaß« nicht etwa im Sinne eines terminus technicus für den Nachlaß zeitlicher Strafe, sondern als einen undifferenzierten, volkstümlichen Begriff für die Vergebung gebraucht hatte. Durch das Hören des Wortes der Vergebung wird das geplagte Gewissen getröstet. Daß Luther noch zu dieser Zeit das Wort der Vergebung auf das Bußsakrament oder genauer gesagt auf die Absolution bezieht, ist meiner Meinung nach anzunehmen, aber die neue Gewichtung des Gotteswortes ist ebenso unmißverständlich. Nicht die Reue (contritio) des Büßers, sondern das Hören des externen Wortes, nicht die Ableistung der kirchlichen Bußauflagen von dem Menschen, sondern der Trost des Gewissens durch das Gotteswort gibt dieser Auslegung ihren Grundton.

B. Die Verquickung des Sünden- und Rechtfertigungsverständnisses mit der Anthropologie

Die enge Verbindung des Sünden- und Rechtfertigungsbegriffes mit einem gegenüber der Scholastik bahnbrechenden Menschenverständnis bezeugt eindeutig den paulinischen Einfluß auf Luthers Interpretation des 51. Psalms. Zwar finden sich in der Auslegung des 4. Bußpsalms noch Anklänge der schola-

---

nit mein gewissen zu trosten und sund wegnehmen, Bleybt uber all wircken und gute wercke das blode unnd erschrockne forchtsam gewissen, biß lange du mit gnaden mich sprengest und weschest, und alßo mir ein gut gewissen machst, das ich hoer deyn heimlich eynrunen, dir seynd vorgeben dein sund. das wirt niemant gewar, dan der es horet, Niemant sihet es, niemant begreifft es. Es lest sich horen, und das horen macht ein trostlich frolich gewissen und zuvorsicht gegen gott.«

[120] S.o. Anm.118. Vgl. ferner: WA 1; 186, 18. 187, 31.
[121] K. G. STECK, Ablass. RGG³ I, 64–65.

stischen Anthropologie, aber insgesamt wird diese Interpretation von einem grundsätzlich anderen Menschenverständnis geprägt, dessen Mittelpunkt der paulinische Gegensatz von Adam und Christus bildet.

1. Die Anthropologie

Als Ausgangspunkt unserer Analyse drängt sich aber ein anderes Gedankenpaar auf, das Luther in verschiedenen Kontexten in der Auslegung verwendet, nämlich die Unterscheidung von Äußerem und Innerem. Sie ist im Denken Luthers eindeutig mit der Distinktion zwischen litera und spiritus in den Dictata super Psalterium verwandt, und wie diese so kann auch jene auf verschiedene Begriffe angewendet werden, um die latenten Spannungen der Begriffe ans Licht zu bringen. Luther spricht z.B. von der äußeren und der inneren Sünde,[122] von der äußeren und der inneren Gerechtigkeit,[123] von der äußeren und der inneren Weisheit.[124] Auffallend bei all diesen Gegensätzen ist zunächst einmal dies, daß Luther nicht selten die negative Wirkung des Äußeren betont. Die äußere Gerechtigkeit kann beispielsweise die innere Sünde verdecken,[125] und das Äußere des Gesetzes kann den Menschen verführen, falls er das Innere hinter dem Schein nicht wahrnimmt.[126] Daraus ist ersichtlich, daß Luther beim Gegensatz von Äußerem und Innerem nicht bloß an das Sinnliche und das Geistliche im herkömmlichen Sinne oder an das Wahrnehmbare und das Unwahrnehmbare denkt, wohl aber an das, was jeweils wahrgenommen wird. Denn Luther interpretiert den Gegensatz von Äußerem und Innerem im Horizont der coram-Relation, so daß das Innere der Situation des Menschen vor Gott, das Äußere seiner Situation vor den Menschen zugeordnet wird.[127] Das Äußere deutet somit auf das, was vor den Menschen offen zutage liegt; das Innere dagegen weist auf die gleichen Dinge, wie sie nun vor Gott in Erscheinung treten. Vor Gott nimmt der Mensch die Sachen wahr, wie sie in Wahrheit sind, aber vor den Menschen werden sie in ein falsches Licht gestellt. Die Wahrheitsfrage wird also nicht an der starren Unterscheidung von Sinnlichem und

---

[122] WA 1; 187, 12–15. 188, 24–26.

[123] WA 1; 188, 24–26. 189, 8–11.

[124] WA 1; 188, 32–35.

[125] WA 1; 188, 24–26: »Das ist, die eußerlich gerechtickeit und scheynende frumickeyt ist lauter triegerey an grund unnd warheit, darumb das sie die ynnerlich sunde decket und nur ein figur ist der grundlichen waren gerechtickeyt.«

[126] WA 1; 189, 23–25: »Das ist, das eußerlich waschen hend und fuße nach dem gesetze macht mich nit weyß, sundernn vorfurt mit seym scheyne, die nit wyssen das ynnerlich das darynne bedeut ist, wilch die rechte ware weißheit ist.«

[127] WA 1; 187, 9–15. Zur coram-Relation vgl.: WA 1; 188, 12. 190, 24.32. Daß die Coram-Relation in dieser Auslegung zugunsten des einfacheren Gegensatzes von Äusserem und Innerem in den Hintergrund tritt, erklärt sich m. E. aus dem erbaulichen Charakter der sieben Busspsalmen.

Geistlichem entschieden, sondern an der jeweiligen Beziehung, in der etwas wahrgenommen wird.[128]

Nun hat aber der Gegensatz von Äußerem und Innerem eine zweite, ebenso wichtige Dimension, die als aktives Moment gewissermaßen in Spannung mit dem eher passiven Moment des Wahrnehmungsvorgangs steht und zugleich mit ihm im Rechtfertigungsprozeß aufs tiefste verbunden ist. Das Äußere/ Innere deutet nämlich nicht nur auf zwei Wahrnehmungsmöglichkeiten, sondern auch auf zwei Verfügungsbereiche. »Reine Hand und schönes Wort im äußeren Schein« sind aus menschlicher Kraft leicht getan, aber das reine Herz kommt allein durch die Kraft Gottes zustande.[129] Mit all dem, was coram hominibus offen zutage tritt, kann der Mensch mit seinen innewohnenden Kräften mehr oder weniger geschickt umgehen, aber coram deo treten Dimensionen der Wirklichkeit in Erscheinung, die sich der Kontrolle und der Verfügungsgewalt des Menschen entziehen. Diese zwei sich voneinander unterscheidenden, aber auf keinen Fall voneinander absolut zu trennenden Verfügungsbereiche bilden den ontologischen Ort des Menschseins und führen naturgemäß zu einem Widerstreit zwischen Gott und Mensch. Man bemerke aber wohl den Unterschied zwischen Luther und den Scholastikern an diesem Punkt! Auch die Scholastik kannte eine tiefe Unruhe im Menschsein, und zwar in der Form eines Konflikts zwischen der potentia sensitiva und der potentia intellectiva. Nach Luther entsteht jedoch diese Spannung im Menschen keineswegs aus der Unterscheidung vom Sinnlichen und Geistlichen, sondern daraus, daß sich der Mensch in zwei fundamentalen Beziehungen befindet, die je einen Verfügungsbereich bilden. Darüber hinaus wird in Luthers Sicht diese allerdings stets vorhandene, aber meist verdrängte Unruhe der Seele erst durch das Angesprochenwerden virulent. Durch das Gotteswort wird der Mensch in Frage gestellt, nicht bloß in dieser oder jener Hinsicht, vielmehr als Mensch in Frage gestellt. Das heißt: das Wort Gottes beschuldigt den Menschen nicht einfach dieser oder jener Sünde, enthüllt ihn vielmehr in seiner Sündhaftigkeit, und gerade daraus entsteht der Widerstreit zwischen Gott und Mensch über das Menschsein selbst – ein Streit, den Luther im 4. Bußpsalm als einen Gerichtshandel bezeichnet und der auf zwei grundverschiedene Weisen ausgetragen wird.[130] Die hoffärtigen, scheinheiligen, sich selbst rechtfertigenden Menschen nehmen nur das

---

[128] WA 1; 188, 27–29: »... aber die menschen lieben sie [d.h. die äußere Gerechtigkeit], darumb ßo liebstu die ynnere warheit, Sie aber die eußere falscheit, du den grund, sie den schein. darumb ßo sprechen sie nit, dyr byn ich ein sunder etc.«

[129] WA 1; 190, 29–31: »Reyne hand und schone wort ym eußern scheyne ist leichtlich zuthun und menschen crafft, aber ein reines hertz von aller ding libe gesundert, das ist des schepfers unnd gotlicher gewalt werck ...«

[130] WA 1; 187, 22–25: »Aber yn seynen worten und wercken geschicht ym von den eigen rechtfertigen und eigen dunckenden menschen stetiges widder sprechen, widderstreben, richten, vordamnen, und ist zwischen ym unnd den selben ann underlaß ein kriegischer gerichtshandell uber seinen worten und wercken.«

Äußere im Leben wahr, streiten deshalb das Urteil Gottes ab und verhärten sich dadurch in dem äußeren Schein.[131] Hier zeigt sich das Äußere wieder in seiner verführischen Qualität, indem es die innere Sünde des Menschen verdeckt und ihn zu einer Scheingerechtigkeit verführt. Den trostlosen, elenden Menschen dagegen tritt das Innere im Leben deutlich vor Augen, nämlich die Sündhaftigkeit des Menschen und sein Angewiesensein auf die Barmherzigkeit Gottes.[132] Da die Elenden Gott in seinem Urteil recht geben, bekommen sie durch das Hören des Wortes der Vergebung und das Glauben daran ein getrostes Gewissen. Entgegen allen Erwartungen gelangen die Glaubenden aber nicht zu der Erfahrung eines integrierten Selbst, sie entdecken vielmehr in sich eine neue Spannung zwischen Adam und Christus.[133] Diese Spaltung in dem Selbst zwischen Adam und Christus gründet sich in der doppelten coram-Relation, wird aber erst durch den Glauben gleichsam ins Leben gerufen. Ob diese neue Anthropologie genetisch zu einem neuen Sünden- und Rechtfertigungsverständnis führte oder umgekehrt, kann aus dem 4. Bußpsalm kaum geklärt werden. Die Verquickung der drei loci miteinander besagt nichts über die Entstehung der Gedanken, sie bezeugt aber klar und deutlich die innere Kohärenz von Luthers Denken bei der Auslegung des 51. Psalms.

2. Das Sündenverständnis

Daß Luther in der Auslegung des 4. Bußpsalms ein den Dictata super Psalterium gegenüber neues Sündenverständnis entwickelt, wird durch die Zäsur zwischen dem 3. u. 4. Vers signalisiert.[134] Zuerst in Verse 3 richtet der Büßer nach Menschenweise einen Blick auf die getanen Sünden, aber in den nachstehenden Versen bittet er im tieferen Sinne um Reinigung von seiner sündhaften Natur: Adam soll zunichte werden, damit Christus allein in dem Menschen

---

[131] WA 1; 188, 32–34: »Die weyßheyt gottis wirt den hoffertigen nur ym eußer scheyn offenbart, aber denn demutigen wirt sie yn ynnewendiger warheyt und vorborgenen grund ertzeigt.« 189,8–11: »disse ynnere unbekante gerechtickeit wirt bedeut yn allen außern tzierden, weyßen, worten, wercken, yn wilchen die hoffertigen vorbleyben und vorharten, darumb got, der den grund unnd warheit liebhat, hasset sie, das sie liebhaben den scheyn und heuchel.« Zum Thema »Streit« siehe ferner: WA 1; 187, 27–29.

[132] WA 1; 185, 32–186, 6. Interessanterweise werden die Trostlosen nur einmal in der Auslegung als die Demütigen bezeichnet, siehe 188, 33.

[133] WA 1; 186, 25–29. 188, 18–22. 194, 37–39.

[134] Zum Sündenverständnis in den zwei Schriften muß man auch die Auslegung des 12. Verses berücksichtigen. In den Dictata super Psalterium schreibt Luther zum Versteil: »cor mundum« die Glosse: »quia per peccatum veterauit« (WA 55, 1; 398, 10), also nicht: »quia per peccatum originale«. In der Auslegung des 4. Bußpsalms ist aber die Rede nicht mehr von dem Herzen, das durch das peccatum alt gemacht wurde, sondern von dem bleibenden Zustand des Menschen wegen des Adamsgeistes: »Nach dem die schrifft spricht, das niemant ein reynes hertz hab, derhalben auch all vor got sunder seien, dem das hertz offen ist …« (WA 1; 190, 31–33) »Eyn krummer geyst ist des fleysches und Adams geist, der yn allen dingen sich ynn sich selb boget, das seyne suchet, der ist uns angeboren.« (WA 1; 191, 2–3)

regiere.[135] Dieser Akzentverschiebung von Vers 3 zu Vers 4 entspricht die Unterscheidung zwischen peccata actualia und peccatum originale, der in der Auslegung des 4. Bußpsalms ein ganz anderer Stellenwert als in den Dictata super Psalterium zukommt. Im letzteren ging Luther beim Ringen um ein neues Sündenverständnis neue Wege, als er die Sünde ins Licht der coram-Relation stellt. In diesem Stadium seines Denkens war es von sekundärer Bedeutung, ob die verborgenen Tatsünden oder die Erbsünde in den Blick kam. Die Hauptsache war in jedem Fall dies, daß die Sünden vor Gott, nicht einfach vor den Menschen in Erscheinung traten. Gewisse Spuren dieser früheren Auffassung finden sich noch im 4. Bußpsalm, wie z.B. am Anfang der Erklärung zu Vers 7, wo Luther schreibt: »Sihe, sso war ists das ich vor dir ein sunder bin, das auch sunde mein natur, mein anhebendes wessen, mein empfengniss ist ...«[136] Das »auch« in diesem Satz ergibt m. E. nur dann einen Sinn, wenn das peccatum coram deo als der Oberbegriff gedacht wird, zu dem die Erbsünde »auch« gehört. Auf der anderen Seite hat die Erbsünde jetzt den Charakter eines bleibenden Zustands nach der Taufe, weil sie mit der Natur des Menschen gleichgesetzt wird. Infolgedessen fällt der frühere Unterschied zwischen peccatum coram deo und peccatum originale nicht mehr ins Gewicht, so daß die Erbsünde auch beim Glaubenden an erste Stelle tritt als *die* Sünde vor Gott. Aus diesem Grund kommt die Unterscheidung von peccatum originale und peccata actualia im reformatorischen Sinne – wenigstens was Luthers Verständnis des 51. Psalms betrifft – erst in der Auslegung des 4. Bußpsalms zur Geltung. Dabei werden die Tatsünden nicht einfach an den Rand geschoben. Sie erfüllen vielmehr eine wichtige Funktion dadurch, daß sie den Menschen immer wieder an seine sündhafte Natur erinnern. Dementsprechend bekennt der Büßer im 3. Vers zuerst seine begangenen Sünden; nachher kommt seine Sündhaftigkeit in Sicht und bildet das Hauptthema des Psalms.

Die bleibende Sündhaftigkeit des Getauften kann man kaum pointierter zum Ausdruck bringen, als wenn Luther sogar die guten Werke des Gerechtfertigten Sünden nennt. Die allerdings vor den Menschen einleuchtende Unterscheidung zwischen Tatsünden und guten Werken verliert nach Luther ganz und gar an Bedeutung, wenn man seine Situation vor Gott wahrhaftig erkennt, d.h. wenn man die Spannung zwischen Adam und Christus in sich selbst wahrnimmt. Trotz des anhebenden neuen Lebens (Christus) in dem Getauften wer-

---

[135] WA 1; 186, 18–21: »Vorhyn hat er yn anhebendes menschen weyß gebeeten gnad und ablaß vor die gethane sund und anzuheben einn anders leben. Nu bittet er fast byß ann des psalmen ende yn zunehmender weiße, das ym ymmer mehr und mehr abgewaschen werde und gereinigt.« 186, 25–29: »Nu ists mit unß alßo, das Adam auß muß und Christus eyn geen, Adam zu nichte werden und Christus allein regiren und seynn, derhalben ist waschens und reynigens kein ende yn disser tzeit. dann Adam, der unß angeborn ist, macht auch unser guten werck, die wir thun yn dem anhebende und zunehmen zu sunden und zu nicht, wen got nit an sehe die angefangen gnade und waschen.«

[136] WA 1; 188, 12–13.

den alle seine guten Werke von seiner alten Natur (Adam) verdorben, deren Wesen gerade darin besteht, an allem, selbst an Gott, das Ihre zu suchen.[137] Die wahren Heiligen sind sich ihrer verkrümmten, sündigen Natur stets bewußt, aber die Scheinheiligen spüren überhaupt nichts davon.[138] Denn sie merken nie, daß sie nicht das sind, was sie sein sollen. Oder anders gesagt: Sie merken nie, wer sie in Wahrheit sind, und diese Selbstvergessenheit läuft letzten Endes auf die schlimmste Art von Abgötterei hinaus. Der Mensch versteht weder sich selbst noch Gott, und in seiner Selbstvergessenheit tritt er stillschweigend an die Stelle Gottes.[139] Das kann aber nichts anderes bedeuten als einen Verstoß gegen das erste Gebot! Diese Vernebelung des ontologischen Gebietes, wo Gott und Mensch einander berühren, bewirkt durch die Selbstvergessenheit des Menschen und charakterisiert durch seine unberechtigte Ausübung fremder Verfügungsgewalt, läßt dem Menschen trotz allen Beteuerungen seiner Unschuld keine Ruhe und drängt naturgemäß zum rechten Unterscheiden zwischen Gott und Mensch, damit der Mensch zur echten Selbsterkenntnis und Gotteserkenntnis gelange – zu einer doppelseitigen Erkenntnis, die die Sündhaftigkeit des Menschen auf keinen Fall aufhebt, jedoch das gequälte Gewissen tröstet.

3. Die Rechtfertigung des Menschen

Sowohl sprachlich als auch inhaltlich steht das Thema »Gerechtigkeit« bzw. »Ungerechtigkeit« deutlich im Mittelpunkt dieser Auslegung des 51. Psalms. Zuerst ist zu registrieren, daß Luther bei der Übersetzung des Textes ins Deutsche den Begriff der Gerechtigkeit/Ungerechtigkeit siebenmal innerhalb der 21 Verse sprachlich zum Ausdruck bringt, entweder als Substantiv (ungerechtickeit, gerechtickeit) oder als Adjektiv (ungerecht). Bemerkenswert ist auch, daß er das Lateinische »iniquitas« jedesmal als »ungerechtickeit« übersetzt, ungeachtet dessen, ob פֶּשַׁע oder עָוֹן im hebräischen Text steht. Dieser Umstand läßt sich nur daraus erklären, daß sich Luther zu dieser Zeit noch nicht mit dem hebräischen Text des Psalms intensiv auseinandergesetzt hat. Bei der Übersetzungsarbeit hat er also bloß den lateinischen Text und Johann Reuchlins »Septem psalmi poenitentiales hebraici« vor sich.[140] Diese Einschränkung beein-

---

[137] WA 1; 191, 2–3: »Eyn krummer geyst ist des fleysches und Adams geist, der yn allen dingen sich ynn sich selb boget, das seyne suchet, der ist uns angeboren.« Vgl. WA 1; 189, 1–4. 191, 31–35.

[138] WA 1; 186, 32–36: »Das ist der underscheyd der waren heyligen und der scheynenden heiligen, das die sehen yhre gebrechen, dass sie nit seyn was sie seyn sollen und wollen, und darumb urteylen sie sich selb, unnd nit sich mit den andern bekummern. die andern aber erkennen yhre gebrechen nit unnd meinen, sie seyen nu das sie seyn sollen, alzeit yhr selb vorgessen, der ander leut frevel richter seyn …«

[139] WA 1; 187, 37–39.

[140] In der Bearbeitung der sieben Busspsalmen von 1525 verschwindet das Wort »Ungerechtigkeit« aus dem Text. Auch in der ersten Ausgabe der deutschen Bibel aus dem Jahre 1524 kommen

trächtigt jedoch den Inhalt seiner Auslegung überhaupt nicht; im Gegenteil, seine Übersetzung bringt den Begriff der Ungerechtigkeit in der ersten Hälfte des Psalmtextes sehr deutlich zur Sprache und setzt ihn ins gegensätzliche Verhältnis zu der Gerechtigkeit (iustitia) in den Versen 16 u. 21. Wie eine Brücke spannen sich die beiden Begriffe, Ungerechtigkeit und Gerechtigkeit, in einem Bogen über die ganze Übersetzung, wobei der Unterscheidung zwischen der inneren und äußeren Gerechtigkeit oder zwischen der menschlichen Gerechtigkeit und der Gerechtigkeit Gottes eine zentrale Bedeutung zukommt.[141] Geprägt von innerer Ungerechtigkeit, versucht der Mensch vergeblich, sich selbst zu trösten durch die äußere Gerechtigkeit der schönen Worte und guten Werke.[142] Die äußere Gerechtigkeit vermag freilich die innere Ungerechtigkeit zu verdecken, kann aber das geängstete Gewissen kaum zum Schweigen bringen. Ja, mehr noch: das Wort Gottes entlarvt die äußere Gerechtigkeit als die heimtückischste Art der Ungerechtigkeit! Denn durch seine guten Werke sucht der Mensch sogar an Gott selbst nur den eigenen Vorteil,[143] und diese gesteigerte Form der Selbstsucht versetzt das böse Gewissen in eine noch tiefere, wenn auch verdrängte Angst.

Die innere, der Welt unbekannte Gerechtigkeit wird nicht wie eine Tugend im scholastischen Sinne durch Einübung erworben, sondern einzig und allein als Geschenk von Gott empfangen.[144] Dies ist die Gerechtigkeit Gottes, durch die Gott die Ungerechten gerecht macht, und Luther bringt sie in engsten Zusammenhang mit der Tätigkeit des heiligen Geistes.[145] Einerseits deckt sich die innere Gerechtigkeit mit Christus, der durch das Gotteswort in dem Selbst lebendig wird. Andererseits ist die innere Gerechtigkeit eine neue Beziehung zu Gott, die durch das Hören des Gotteswortes entsteht, so daß Gott die Sünde

---

an den entsprechenden Stellen statt des Wortes »ungerechtickeit« bzw. »ungerecht« die Wörter »ubertrettung«(v. 3), »missethat« (v. 4), »ubertrettung« (v. 5), »untugent« (v. 7) und »missethat« (v. 11).

[141] WA 1; 189, 8. 189, 34. 190, 23. 190, 34. 192, 9–13. 192, 22 u. 29–34. 193, 4–8. 193, 18. 193, 23 u. 36. 194, 6–14 u. 31.

[142] WA 1; 189, 8–10: »disse ynnere unbekante gerechtickeit wirt bedeut yn allen eußern tzierden, weyßen, worten, wercken, yn wilchen die hoffertigen vorbleyben und vorharten ...« 189, 34–35: »Das ist, aller eußerlicher gerechtickeit wandel und handel vormag nit mein gewissen zu trosten und sund wegnehmen ...«

[143] WA 1; 188, 35–189, 11.

[144] WA 1; 192, 29–34: »Das ist, ich wil nymer mehr predigen der menschen gerechtickeit, nach preysen yre werck, sundern allein deyn werck und das nit mehr sey dan deyne gerechtickeit, durch wilch alle gerechten gerecht sein, außer wilche alle ander sunder seyn. dann wen du nit rechtfertigest, wirt mit seynen wercken nymer gerecht, darumb heysset es deyn gerechtickeit, das sie unß gibest auß gnaden unnd wir sie nit erlangen mit wercken.«

[145] WA 1; 191, 18–20: »Dann auß mir byn ich vordorben, deyn geist muß mich lebendigen und erhalten. Auch an den heilgen geist selbs ist keyne gabe ader gnade gnugsam vor gott.« Beachte, daß diese Auslegung des 13. Verses an einen Abschnitt über die innere Gerechtigkeit (v. 12) anschließt.

des Menschen nicht mehr anrechnet[146] und damit das geplagte Gewissen getröstet wird.[147] Daß Christus nicht allein in dem Glaubenden, sondern in Spannung mit Adam lebt, deutet auf die Unvollkommenheit der inneren Gerechtigkeit in diesem zeitlichen Leben.[148] Dem entspricht es, daß die Taufe nicht mehr
bloß als eine punktuelle kirchliche Handlung verstanden wird, vielmehr als ein
Lebens- und Glaubensprozeß, der erst mit dem leiblichen Sterben des Menschen zum Abschluß kommt,[149] und daß die Buße, von alters her das andere mit
der Sündenvergebung verbundene Sakrament, nunmehr als ein bis zum Sterben
sich erstreckendes bußfertiges Leben aufgefaßt wird,[150] das allen voran in einer
Gottes- und Selbsterkenntnis besteht, die dem Menschen zuschreibt, was des
Menschen ist, und Gott, was Gottes ist.[151]

C. Das Leben in der Gerechtigkeit Gottes

Der Übergang von Vers 14 zu Vers 15 bildet noch eine zweite Zäsur in Luthers
Auslegung des Psalms.[152] Hat Luther vorher die Spannung zwischen Adam und
Christus und das Sünden- und Rechtfertigungsverständnis erläutert, so thematisiert er jetzt in den Versen 15–21 das Leben des Gerechtfertigten, und zwar
unter zwei Gesichtspunkten, nämlich dem Predigen der Gerechtigkeit (v.
15–17) und dem Opfer der Gerechtigkeit (v. 18–19, 21). Nachdem der Beter
Gott um die Vergebung der Sünde und um das fortwährende Waschen der
Taufe gebeten hat, wird er nun von dem in ihm durch den Glauben entstande-
nen freiwilligen Geist dazu bewegt, die Gerechtigkeit Gottes gegen alle
menschliche Gerechtigkeit zu lehren oder zu predigen.[153] Der genauere Inhalt
dieser Botschaft besteht gerade in dem zweifachen Bekenntnis, daß dem Men-

---

[146] WA 1; 190, 14–21.

[147] WA 1; 189, 34–190, 4.

[148] WA 1; 190, 34–35: »Reynes hertz ist die warheit die got lieb hat, die ynnerlich gerechtickeit
aber yn dißem leben nymer voll erlangt, und doch stete zusuchen.«

[149] WA 1; 186, 25–27: »Nu ists mit unß alßo, das Adam auß muß und Christus eyn geen, Adam
zu nichte werden und Christus allein regiren und seynn, derhalben ist waschens und reynigens
kein ende yn disser tzeit.«

[150] WA 1; 188, 15–20: »und darumb alßo lange als die selb natur und weßen yn und an uns
bleybt, alßo lang seynn wyr sunder unnd mussen sagen, vorlaß uns unser schuld etc. byß das der
leichnam sterbe und undergehe. dan Adam der muß sterben und vorweßen, ee dan Christus gantz
erstee, und das hebet an das bußfertige leben, und volbrenget wirt durch das sterben.«

[151] WA 1; 193, 6–8.

[152] Luther betont den engen Zusammenhang dieser Verse durch das Kausaladverb »darumb«:
WA 1; 192, 34. 193, 13 u. 24.

[153] WA 1; 192, 9–11: »Das ist, ich will nu nymer meer der menschen gerechtickeit unnd wege
leeren, als die hoffertigen thun, sundern den weg der gnaden und deiner gerechtickeit.« 192, 29–
31: »Das ist, ich wil nymer mehr predigen der menschen gerechtickeit, nach preysen yre werck,
sundern allein deyn werck und das nit mehr sey dan deyne gerechtickeit, durch wilch alle gerechten gerecht sein ...«

schen eine sündhafte Natur eignet und daß Gott allein Lob und Preis gebühren.[154] In Anbetracht der Unvollkommenheit der inneren Gerechtigkeit im
Glaubenden richtet sich das Predigen nicht einfach an die Sünder als eine Sondergruppe neben den Gerechtfertigten, sondern an den Menschen schlechthin.
Beachtlicherweise ist das Lehren oder das Predigen der Gerechtigkeit für
Luther nicht etwa ein Opfer an Gott, vielmehr das größte Werk, das der
Gerechtfertigte leisten kann; und doch kann der Gerechtfertigte es gar nicht leisten! Das heißt: diese Verkündigung der inneren Gerechtigkeit ist deswegen
keine menschliche Leistung, kein satisfaktorisches Werk, weil Gott selbst dabei
am Werke ist. Wenn es nicht so wäre, daß Gott dem Glaubenden den Mund
auftut und durch ihn redet, käme das Predigen der Gerechtigkeit nie zustande.[155] Daraus erhellt, daß das Predigen der Gerechtigkeit zugleich ein Predigen aus der Gerechtigkeit heraus ist, d.h. ein Predigen aus der rechtfertigenden
Kraft Gottes. Da die Botschaft des Glaubenden die äußerliche Gerechtigkeit
der Welt als Ungerechtigkeit enthüllt, stößt der Prediger unausweichlich auf
den Widerstand der Hoffärtigen. Um diese schwierige Situation auszuhalten,
bringt nun der Beter zwei weitere Bitten vor Gott. Zuerst bittet er um Erlösung
von den Kindern des Blutes (v. 16), d.h. von den Hoffärtigen, die nur die
Scheingerechtigkeit der Menschen verstehen und das Predigen der Gerechtigkeit Gottes nicht leiden können.[156] Ob Luthers Übersetzung des Psalmtextes:
»Erlosse mich von den geblueten«, eine bewußte Anspielung auf die letzte Bitte
des Vaterunsers: »Erlöse uns von dem Bösen« darstellt, ist schwer zu beurteilen,
aber eine solche Andeutung wäre auf jeden Fall sachgemäß im Kontext der
Auslegung des 4. Bußpsalms.[157] Bei Luther handelt es sich im 16. Vers nicht ausschließlich um die Hoffärtigen, sondern grundsätzlich um den Widersacher des
Glaubens zu jeder Zeit und in jeder Gestalt, also um alle diejenigen, die nur aus
Adam geboren sind und deren Erfahrungshorizont auf zwischenmenschliche

---

[154] WA 1; 193, 2–8: »Das ist, durch deyne stercke werde ich kune seyn, alle menschen zustraffen unnd zuubertzeugen, das sie sunder seyn, und das nichts yn yhn sey lobes adder eren werd, alleyn schand und straff vordienet haben, Auff das sie erkennen das lob unnd eer allein deyn sey, darumb das die gerechtickeit alleyn deyn ist, und die weyßheit etc. dan niemant kan dich eeren und
loben, er scheld und schend sich selb, Niemant kan dir zu schreiben weyßheit und gerechtickeit,
er nehm sie dan von yhm und schreyb yhm zu eytel sunde und torheit.«

[155] WA 1; 193, 9–13: »disses lob und eer sall ausprengen dyr mein tzungen, wan du sie offenest.
dan wehn got nit sendet und yn yhm redet, kan disse leere nit ausprengen und gottis lob eynbrengen. Unnd ist das groste, das wir gote thun kunnen, das er auch am hochsten begeret, das man
das lob und eere ym gebe und als gute, das yrgend ist.«

[156] WA 1; 192, 15–18: »Die gebluete seynd die hoffertigen, die auß Adam geborn nach dem
blute altzeyt widder diße leere und rechte weyßheit streben, und wer sie leeret, der muß eynrede
und vorfolgunge von yhn leyden. dan sie tzu mal nit leyden wollen, das yhr ding nichts sey.«

[157] In der Bearbeitung der sieben Bußpsalmen von 1525 übersetzt Luther den Vers: »Errette
mich ...« statt »Erlosse mich ...«, und die entsprechende Auslegung des Verses ist auch eine ganz
andere als in der ersten Bearbeitung.

Beziehungen beschränkt ist.[158] Schließlich bittet der Beter um Kraft und Mut
(v. 17), damit er frei und kühn das Wort Gottes zur Sprache bringe und dadurch
die Menschen zu der zweifachen Erkenntnis führe, alle Menschen seien vor
Gott Sünder und wahre Gerechtigkeit gehöre Gott allein.[159]

Verglichen mit den Dictata super Psalterium begegnet in der Auslegung des
4. Bußpsalms ein ganz neues, wenn auch noch nicht völlig entwickeltes Opferverständnis. Während Luther in den Glossen sein Opferverständnis auf das
zweifache Bekenntnis konzentriert hat, wagt er nun die kühne Behauptung,
daß Gott überhaupt kein Opfer vom Büßer will. Also gilt sogar das gesprochene
Wort des Sündenbekenntnisses und des Lobpreises nicht mehr als ein Gott dargebrachtes Opfer. Diesen mutigen Schritt begründet Luther mit zwei Argu-
menten, die aus einer neuen Erkenntnis des Menschen und einer entsprechenden Gotteserkenntis entstehen. Zum einen hat Luther bereits zu dieser Zeit die
neue Einsicht gewonnen, daß der Opferbegriff sich nur schwer mit der Rechtfertigung des Menschen durch den Glauben vereinbaren läßt. Gleichgültig ob
man von den Tieropfern des alten Gesetzes oder von dem zweifachen Bekenntnis der ersten Psalmenvorlesung spricht, erweist sich der letzte Beweggrund des
Opferdienstes als die versteckte, nicht auszurottende Motivation des Menschen,
sich selbst zu loben und zu preisen, also schließlich sich selbst zu rechtfertigen.[160] Zum andern argumentiert Luther, als wenn er aus seiner neuen Gotteserkenntnis eine neue Definition von Gott anführen wollte, daß Gott rein Geber
sei und überhaupt nichts von dem Menschen nehmen wolle: Gott gebührt es zu
geben, nicht zu nehmen.[161] Aus dieser Sicht kann man streng genommen nicht
einmal das zerschlagene Herz als ein Gott dargebrachtes Opfer betrachten.
Denn das gebrochene Herz, das freilich das zweifache Bekenntnis zum Ausdruck bringt, gibt Gott letzten Endes nichts; im Gegenteil, es empfängt von
ihm alles. Will man hier noch vom Opfer der Gerechtigkeit reden – was
bekanntlich in Vers 21 der Fall ist –, kann dies nur bedeuten, daß das Opfer für
die Sünde zu einem Opfern des Sünders selbst wird. Nicht das, was der Mensch

---

[158] WA 1; 192, 22–26: »Erloße mich von den kindern des blutes, die yre selickeit yn yre fro-
mickeit setzen, und darumb disser leer widder streben, die alleyn die sunder bekert, alß dan die juden den Aposteln, die heyden den merternn, die ketzer den doctorn, die hoffertigen noch thun
den einfeltigen.«

[159] WA 1; 192, 36–193, 7. In der ersten Bearbeitung von 1517 wird die besondere Rolle der
Prälaten beim Predigen der Gerechtigkeit hervorgehoben: »dan die mauren seyn die prelaten der
kirchen, die do sollen vornemlich yn disser leer erbauet seyn« (WA 1; 194, 2–3). In der zweiten
Bearbeitung heisst es aber nicht mehr »die prelaten«, sondern »die lerer« (WA 18; 506, 34).

[160] WA 1; 193, 17–20: »Das ist, du wilt das niemant yhm, sundernn dyr alleinn lasse lob, eere,
von der gerecticeit und weyßheit. darumb fragestu nichts nach dem opffer, vill weniger nach
den andern geringeren guten wercken, ßo das opffer doch das großte ist.«

[161] WA 1; 193, 28–32: »Alß sprech her, alls ander vorachtet er, an eynn hertz das gedemutiget
und zurbrochen ist. dan das selb gibt yhm die eer unnd sich selb die sund. das hertz gibt got nichts,
sundern nimpt nur von yhm. das wil auch gott haben, auff das er got sey warhafftig. den gote geburt zu geben und nit nehmen.«

hat, sondern das, was er ist, gilt als Opfer der Gerechtigkeit.[162] Dieser Gedankengang führt am Schluß der Auslegung zu den verwandten Themen: dem Handeln Gottes und dem Kreuz. Im Hintergrund der Äusserungen Luthers steht sicherlich die Erwägung all dessen, was dem Menschen im Verlauf der Geschichte widerfahren kann, und auch die Frage danach, wie der Mensch seine Vergänglichkeit und die schicksalhaften Ereignisse seines Lebens verstehen soll. Das Vertrauen, daß Gott in allen Dingen gerecht an einem handelt, ist nun das rechte Opfer – man könnte wohl sagen: das zweifache Bekenntnis auf die Ebene der menschlichen Geschichte transponiert.[163] Doch auf dieser Ebene tritt die Passivität des Menschen so deutlich vor Augen, daß der Gedanke einer sich aufopfernden Leistung des Menschen unhaltbar wird. Die Sachlage wird noch komplexer, wenn man der inneren Spannung des Menschenbegriffs Rechnung trägt. In diesem Sinne setzt Luther das Opfern des Sünders in den Kontext des Gegensatzes von Adam und Christus; der äußere Adam-Mensch muß mit Christus gekreuzigt werden, »auf das Kreuz« geopfert werden.[164] Daß der Mensch selbst hier als das rechte Opfer gilt, ist klar ersichtlich. Aber welches Selbst wird geopfert? Und ferner: wer ist letztlich der Opfernde? Erst in der Enarratio Psalmi 51 erreicht Luther eine Formulierung seines Opferverständnisses, die die ungeheure Komplexität dieser Fragen erkennen läßt.

---

[162] WA 1; 194, 6–8: »Als sprech er. Nit werden sie dir opffern bock und schaff unnd kelber, sundern opffer der gerechtickeit, das ist, sich selbs. dann der opfert eynn opfer der gerechtickeit, der do got gibt, was er schuldig ist.«

[163] WA 1; 194, 9–14: »Darumb betzalen wyr yhn nit anders, dan geben uber als was wyr haben und was wyr selbs seyn, und das mit demutiger erkentnis unßer sund und bekentnis seiner gerechtickeit, das er gerecht sey, wie seyn gotlicher will mit uns handell. Diße weyße und gelassenheit ist die hochst gerechtickeit, die wir haben muegen, und das rechte opfer, das do heyst holocaustum, alße hernach volget.«

[164] WA 1; 194, 36–39: »Es ist nur ein figur disse tzeit kelber opfern. denne werden sie die rechten kelber opfern, das ist den eußern Adams menschen auff das creutz opfern, und yhn zu nichte machen und creutzigen mit Christo, des creutz aller kelber altar ist.«

Kapitel 4

Enarratio Psalmi 51

Die cognitio dei et hominis als homo reus et deus iustificans (v. 1–2)

I. Die Kontroverse über die paenitentia

Luther eröffnet seine Vorlesung über den 51. Psalm mit einem Abschnitt über die Buße. Da die Buße und die Rechtfertigung auf der ganzen Welt so kontrovers geworden sind, lohnt es sich – so meint er –, diesen Bußpsalm einer eingehenden Untersuchung zu unterziehen.[1] In der Tat wurde die Bußlehre zur Zeit Luthers gleichsam zum Knotenpunkt von zwei zentralen Themen der christlichen Religion, nämlich peccatum und gratia. Und wenn Luther nun eine sorgfältige Untersuchung dieses Psalms in Angriff nimmt, verspricht er sich davon neue Einsichten in die wahre Bedeutung des zentral Christlichen. Zwar reden die Papisten über peccatum, gratia und poenitentia, aber bei ihnen bleiben diese Wörter leere Vokabeln, nichts als konstruierte Begriffe der Vernunft ohne jede Beziehung zum Leben. Man erreicht ein Verständnis der vera paenitentia in ihrer Lebensbezogenheit nie durch eine Leistung der Vernunft, man muß es vielmehr – eigenartig wie es tönt – als Geschenk des heiligen Geistes empfangen.[2] Bereits der Ansatz der Scholastiker zum Verstehen der paenitentia verrät einen fatalen Fehler des theologischen Denkens. Da sie das peccatum nur als Tatsünden, also als einzelne Handlungen des Menschen auffassen[3], wird bei ihnen die paenitentia zu einer paenitentia operum, zu einer Buße, die ausschließlich auf die Handlungen des Menschen ausgerichtet ist. Wer das peccatum in seiner Tiefe nicht begreift, kann auch nicht die gratia verstehen. Für Luther hat dies zur Folge, daß die scholastische Theologie im Ganzen zu einer weltlichen, politischen Theologie wurde. Sie lenkt ihren Blick nur auf die

---

[1] WA 40, 2; 315, 10–12: »Estque psalmus satis utilis, si aliquam partem intellexi, quia iam maxima controversia est in orbe terrarum de poenitentia, iustificatione etc, qui sunt loci principales in religione Christiana.«

[2] WA 40, 2; 316, 2–3: »… cognoscere enim peccatum, gratiam et veram poenitentiam non est humanae rationis, sapientiae nec nascitur in nostris cordibus, sed divinitus datur.«

[3] WA 40, 2; 316, 9–11: »Ut dicerent: hoc peccatum est aut cogitatum aut dictum aut factum contra legem dei. Non inspexerunt profundius definitionem peccati: esse radicem et morbum ipsum.«

Oberfläche des Lebens, versteht die Sünde im Sinne einer bürgerlichen Moral[4], fragt nicht weiter nach der Wurzel der Sünde und ist deswegen überhaupt nicht in der Lage, die Seele des Menschen zu trösten.[5] Angenommen, daß es sich in diesem Psalm um die paenitentia handelt, muß man doch die paenitentia – und das heißt auch das peccatum und die gratia – in ihrer Lebensbezogenheit auf die conscientia afflicta erfassen. Erst an dem anthropologischen Ort, wo Todesangst und Lebensfreude entstehen, begreift der Mensch, worum es bei diesen uralten theologischen Begriffen geht. In der Enarratio Psalmi 51 treibt Luther die erwähnte Kontroverse um die paenitentia auf die Spitze in der Hoffnung, daß die Wahrheit über die paenitentia, das peccatum und die gratia in diesem Psalmtext aufleuchte. Dabei erweckt er jedoch an gewissen Schlüsselstellen den Verdacht, er werde der scholastischen Tradition nicht gerecht, wie etwa bei seiner Kritik an dem Sündenverständnis der Papisten. Daß die Scholastiker »Sünde« bloß nach der zweiten Tafel des Gesetzes verstehen und daß sie deswegen die Theologie auf das Weltliche und Politische einschränken, scheint auf den ersten Blick eine grobe Übertreibung oder vielleicht sogar ein unglückliches Mißverständnis zu sein. Trotz ihrer Beschäftigung mit der Ethik und mit einem philosophischen Menschenbild hat die Scholastik doch klare theologische Unterscheidungen in bezug auf das peccatum getroffen. Thomas von Aquin z.B. unterscheidet je nach dem Gegenstand des Willensakts drei species der Sünde: in deum, in seipsum und in proximum, und führt als Beispiele der drei an: Ketzerei, Genußsucht und Diebstahl.[6] Wenn Luther nun den Scholastikern den Vorwurf macht, sie verständen das peccatum nur in bezug auf die zweite Tafel, wie z.B. im Sinne von Diebstahl, drängt sich die Frage auf, ob er sein Verständnis der Tradition auf nur eine species des peccatum beschränke und dadurch die Scholastik zu Unrecht in ein schlechtes Licht stelle. Inwiefern Luthers Kritik des scholastischen Sündenverständnisses treffend und berechtigt ist, wird sich erst im Laufe der Untersuchung zeigen.

---

[4] WA 40, 2; 317, 4–5: »ista sunt signa Ignoratae poenitentiae, peccati, gratiae dei, et theologia facta mere mundana, Civilis. Sicut fur poenituit.«

[5] WA 40, 2; 316, 13–317, 1: »et postea hoc secutum, cum peccati definitionem non intelligerent, ut neque intelligerent gratiam; ea non intellecta impossibile est consolari et erigere conscientias.«

[6] THOMAS, S. th. 1, II q. 72 a. 1 crp.: »Et ideo peccata specie distinguuntur ex parte actuum voluntariorum … Actus autem voluntarii distinguuntur specie secundum obiecta …« Vgl. a. 4 crp.: »Sunt autem diversa quibus homo ordinatus ad Deum, et ad proximum, et ad seipsum. Unde haec distinctio peccatorum est secundum obiecta …«

II. Der Psalm als exemplum oder doctrina?

Alle Interpreten, Luther eingeschlossen, sind bei der Auslegung des 51. Psalms von der Annahme ausgegangen, daß David der Autor des Psalms war. Nachdem David Ehebruch mit Bathseba begangen hatte und deren Mann Uriah auf dem Schlachtfeld hatte töten lassen und nachdem der Prophet Nathan David des Ehebruchs und Mordes beschuldigt hatte, tat der König Buße und betete diesen Psalm. Also: die Geschichte von David und Bathseba in 2. Samuel 11f steht im engsten Zusammenhang mit dem 51. Psalm; an diesem Punkt herrschte ein Konsens bis zur Entstehung der modernen exegetischen Methoden. Und doch ist es den Interpreten in der Auslegungstradition nicht entgangen, daß der Psalm, abgesehen vom Titel, die konkreten Sünden Davids gar nicht erwähnt. Zudem wird in Vers 7 anscheinend auf die Erbsünde hingewiesen, was im Kontext der Geschichte des großen Königs nicht ohne weiteres einleuchtet. Dennoch versuchte man, den Psalm – und zwar trotz den erwähnten Schwierigkeiten – im Lichte der Geschichte von David und Bathseba zu interpretieren.[7] Bereits Augustin hatte den Psalm kasuistisch ausgelegt: am Fall Davids finden wir ein leuchtendes Beispiel auf zweierlei Weise. Wenn ein so großer Mann wie David in Sünde geraten kann, sollen wir uns um so mehr vor einem Rückfall in die Sünde hüten. Oder wenn wir schon eine Missetat begangen haben, zeigt David uns den Weg zur Buße. Die Interpretation des Psalms als eines Beispiels zieht sich wie ein roter Faden durch die gesamte Auslegungstradition und wurde von der Scholastik durch ihre intensive Beschäftigung mit den Tatsünden und mit der Buße unterstrichen. Auf diesem Hintergrund fällt sofort auf, daß Luther das hermeneutische Gefälle von der Geschichte in 2. Samuel 11f zu Psalm 51 verändert. Während die ganze Tradition den Psalm im Lichte der Geschichte Davids interpretiert hat, geht Luther umgekehrt vor, indem er den Psalm als den Schlüssel zum Verständnis der Geschichte betrachtet. Daraus erhellt, daß er von Anbeginn der Ernarratio Psalmi 51 an einem im Vergleich mit der Tradition völlig anderen hermeneutischen Ort steht. Dies hat in erster Linie zur Folge, daß Luther den Psalm nicht primär für ein exemplum der paenitentia hält, sondern für eine doctrina.[8] Es mag wohl sein, daß der Psalm der conscientia afflicta ein wichtiges Beispiel liefert, indem er die misericordia dei so klar und deutlich darstellt. Aber sogar als exemplum verstanden, reicht die Tragweite dieses Psalms weit über das hinaus, was man in der Auslegungstradition wahrgenommen hat. Nach Luther hat David nicht nur Ehebruch und

---

[7] Typisch ist z.B. Lyra, Interp. lit. zu v. 2: »tunc enim venit nathan ad arguendum david: ut haberetur ii re. xii.d. et tunc david peccatum suum recognoscens dixit: Peccavi domino: et de paenitentia illa fecit psalmum istum: et sic patet auctor et materia huius psalmi …«

[8] WA 40, 2; 326, 5–8: »Non ergo solum propheta tractat suum exemplum, sed ultra hoc tradit doctrinam religionis spiritualis, ut agnoscamus vera cognitione deum, peccatum, nosipsos, gratiam, poenitentiam, iustificationem, ut sit generalis instructio Totius populi dei;«

Mord begangen, er hat das ganze Gesetz Gottes von A bis Z überschritten.[9] Und auf Grund dieser Erfahrung gelangte David danach zu einem neuen Verständnis von sich selbst und von Gott, zu der cognitio dei et hominis – und das heißt für Luther – zu *der* doctrina der christlichen Religion, die im 51. Psalm ihren sachgemäßen Niederschlag findet. Aus dieser Sicht verliert der Psalm seinen augustinischen kasuistischen Charakter zugunsten einer dreifachen Universalität. Zum einen, der Psalm gilt nicht nur für Übertreter dieses oder jenes Gebots, sondern ausnahmslos für jeden Menschen.[10] Zum andern, der Psalm behandelt nicht im Sinne der Auslegungstradition einen Teilaspekt der christlichen Theologie, wie etwa die paenitentia. In diesem Psalm handelt es sich vielmehr um die Theologie schlechthin, deren Thema nichts anderes ist als die cognitio dei et hominis. Zum dritten, der universale Charakter des Psalms eröffnet neue Perspektiven für das Sündenverständnis, so daß es nicht mehr am Tun des Menschen, sondern am Menschsein selbst orientiert ist. Das heißt, der Sünde auf den Grund zu gehen, die Sünde als arbor statt als fructus zu verstehen, die ganze Sünde in den Blick zu bekommen als eine nicht auszurottende Wurzel im Menschsein.[11]

III. Das Gebet als Schlüssel zur cognitio dei et hominis

Daß Luther das hermeneutische Gefälle der Geschichte Davids zum Psalm derart verändert, daß der Psalm die Schlüsselstellung als Interpretament erhält, hat

---

[9] WA 40, 2; 320, 3–10: »Das heist rumort per praecepta 10, per 1.2.3.4., et nihil in toto decalogo, quod non egregie et insigniter transgrederetur … Das Exempel ist gut et historia etc., quia leufft per totum decalogum …«

[10] S.o. Anm. 8. Vgl. 343, 16–18: »Sed non solum videndum privati hominis Exemplum, Sed psalmus est generalis doctrina, quae pertinet ad omnem hominem nullo excepto.«

[11] WA 40, 2; 319, 7–10: »Placet historia, sed quod non latius tractaverit quam ad Adulterium, homicidium, blasphemiam David, etc., sed dicimus, psalmum ultra loqui de toto peccato et radice. Ipsi solum de fructibus peccati interpretati, nos de arbore …« Obwohl der Ausdruck »peccatum radicale« eine neue Prägung Luthers war (siehe z.B. EBELING, LuSt III, 77), gebrauchte man schon seit der Frühkirche das Wort »radix« in bezug auf das peccatum. Im lateinischen Text vom 1.Tim.6,10 wird die Wurzel der Sünde mit Begierde identifiziert (radix enim omnium malorum est cupiditas), und aus dieser Wurzel sollen nicht nur die peccata capitalia, sondern auch alle anderen Sünden entstehen, siehe PETR. LOMB., Sent. II d. 42 c. 7. Auch in der exegetischen Tradition zu Psalm 51, 7, der bekanntlich als klassische Belegstelle der Erbsünde diente, kommt das Wort radix vor, siehe G.O. zu Vers 7 (a radice peccator). Schon früh brachte Luther die Sünde als radix in Verbindung mit dem peccatum originale. In einer Predigt über Matthäus 9,12 aus dem Jahre 1516 erklärte er den Unterschied zwischen dem peccatum originale und den peccata actualia unter der Bezeichnung des Ersten als »superbia radicalis et originalis« (WA 1,86,20f). Zum Ausdruck »totum peccatum« ist folgendes zu erwähnen: Bereits in dem Betbüchlein von 1522 hatte Luther dem 51.Psalm den Titel gegeben: »Von der gantzen, das ist, von der weßentlichen unnd erbsund sampt yhren fruchten« (WA 10, 2; 412, 1f.). Darauf hatte er später im Revisionsprotokoll von 1531 hingewiesen: »Ego semel titulum feci huius psalmi: de toto peccato« (WAD 3, 51, 28).

weitgehende Konsequenzen für das Verhältnis von Wort und Geschichte im allgemeinen, sowie für das Verhältnis von Gebet und Erfahrung im besonderen, die Luther selbst in der Einleitung zur Enarratio Psalmi 51 nicht thematisiert. In seinem hermeneutischen Ansatz ist der höchst interessante Gedanke implizit enthalten, daß die Geschichte erst durch sprachliche Interpretation zu dem wird, was sie in Wahrheit ist. Im Fall des Einzelmenschen bedeutet dies, daß Erfahrung – sei sie noch so unmittelbar und unreflektiert – alles andere ist als einfach und eindeutig. Aber sobald man sich um ein klares Verständnis der eigenen Erfahrungen bemüht, setzt man unbemerkt die ratio ein, so daß eine vernunftmäßige, aber nicht unbedingt sachgemäße Erklärung der Erfahrung gewonnen wird. In diesem Zusammenhang sei auf seelsorgerliche und therapeutische Situationen hingewiesen, in denen übermäßig viel Gewicht auf eine systematische bzw. eine theoretische Erklärung einer bestimmten Erfahrung oder einer Konstellation von Erfahrungen gelegt wird. Zwar gilt es in solchen Situationen, die Erfahrung eines Menschen zu deuten, da hier wie auch sonst im Leben Erfahrung interpretationsbedürftig ist, aber es droht zugleich die Gefahr, daß die ratio die betreffende Erfahrung in ein sachfremdes Schema hineinpreßt und dabei gerade das verhindert, was man durch die Deutungskunst eigentlich erreichen will, nämlich die Erleuchtung der Erfahrung. Um entscheidende Lebenserfahrungen zu Geltung zu bringen, empfiehlt Luther einen anderen Weg: die Umkehr zum Gebet. Das Gebet ist auch eine sprachliche Interpretation der Erfahrung, aber im Gegensatz zum vernunftmäßigen Denken eine vom heiligen Geist geleitete.[12] Erst im Gebet werden die Tiefendimensionen der Erfahrung erleuchtet, so daß die Erfahrung zu dem wird, was sie in Wahrheit ist. Dementsprechend gilt das Gebet als der Schlüssel zur cognitio dei et hominis, und nicht von ungefähr versucht Luther an einem Psalmtext, also an einem Gebet, das zentral Christliche darzustellen.[13]

Da beide, die ratio und das Gebet, eine Interpretation lebenswichtiger Erfahrungen zur Sprache bringen, entsteht zwischen dem vernunftmäßigen und dem betenden Denken zwangsläufig ein Streit über die letztgültige Wahrheit. Die ratio verteidigt den Menschen samt allen seinen Fähigkeiten und Gaben mit der Behauptung, die Sünde sei auf gelegentliche Einzelfehler beschränkt. Anspielend auf Biel, führt Luther uns die Denkweise der ratio vor Augen: die naturalia sind gut, d.h. die ratio ist nach dem Sündenfall ebenso fähig wie vorher, das Gute zu erkennen, und die voluntas ist nach wie vor imstande, das Gute

---

[12] WA 40, 2; 326, 8–9: »spiritus sanctus loquitur in Davide, erudiens nos ad cognitionem nostri et dei,«

[13] Erst beim Sündenbekenntnis vor Gott gelangte David zum Verständnis seiner eigenen Geschichte und zum Verständnis der Sünde als einer Wurzel im Menschen. WA 40, 2; 321, 10ff: »Sed David ex ista historia factus doctior ex seipso: Sum talis herbula, qui sic institui ceremonias, sic laudavi deum et tot opera, leges, instituta, psalmos feci, Sic rexi ecclesiam et politiam, – wo kompt das uber mich? Ibi ex isto facto coepit agnoscere ipsum totum peccatum.«

zu wählen.[14] Wenn es sich aber tatsächlich so verhält, läßt es sich wohl fragen, wozu die gratia und der spiritus sanctus überhaupt nötig sind.[15] Und wenn es wirklich so wäre, wie die ratio meint, bleibt nicht viel übrig von dem biblischen Verständnis der Sünde.[16] Indessen stehen die Behauptungen der ratio in starkem Gegensatz zur Denkweise des Gebets. Während die ratio nur das Gute im Menschen erblickt und alles andere verdrängt, ist das Gebet offen für alles, auch für die dunkeln Mächte des Menschseins, denn im Gebet befindet sich der Mensch in einer völlig anderen Situation, nämlich vor Gott, wo die ratio als Strafverteidiger ihn nicht mehr in Schutz nehmen kann. Somit führt das betende Denken den Menschen unausweichlich zur Einsicht, daß die naturalia nach dem Sündenfall ihre Funktionen nicht mehr richtig ausüben können. Die ratio ist blind für das Gute, und die voluntas wendet sich von dem Guten ab.[17] Was ist aber das Gebet für eine Denkweise? Geht es hier bloß darum, daß der Mensch gleichsam eine Klageschrift gegen sich selbst aufstellt? Als Akt des Menschen ist das Beten ein denkendes Hindurchdringen zu dem gefährlichen Ort zwischen Leben und Tod, wo Todesangst und Lebensfreude entstehen.[18] Das Beten ist aber nicht nur ein Akt des Menschen, sondern zugleich ein Akt des heiligen Geistes – das Ergriffensein vom Geist Gottes, das einen bis zur Grenze zwischen Seligkeit und höllischer Qual hinziehen kann. Im wahrhaften Gebet ist man nie sicher, ob man selber betet oder ob durch einen gebetet wird.[19] Auf jeden Fall wird das Menschsein im Gebet offen dargelegt, so daß das Aufstellen einer Klageschrift völlig überflüssig ist – die Wahrheit spricht für sich selbst! Die naturalia sind corrupta! Für Luther bedeutet dies nicht nur, daß das peccatum die Seelenvermögen in seinen Bann zieht, sondern den ganzen Menschen von außen wie im Inneren.[20] Das Herz ist unruhig, der Körper zerbrechlich und sterblich, voll von Begierden. Aus scholastischer Sicht könnte man an diesem Punkt den Einwand erheben, Luther habe zu Unrecht zwei ganz wichtige Kategorien der Sündenlehre vermischt, nämlich culpa und poena. Ungeachtet der in der Scho-

---

[14] WA 40, 2; 322, 11–323, 1: »Ideo fingunt in natura nihil mali, dicunt naturalem voluntatem bonam et intellectum verum et ille potest se naturaliter conformare dictamini rectae rationis, i.e. voluntas est bona, intellectus purus, sed per malitiam aliquando cogitat aliud quam verum.«

[15] WA 40, 2; 323, 1–2: »Ad quid opus gratia et spiritu sancto? Non est necessarius.«

[16] WA 40, 2; 316, 9–11: »Ut dicerent: hoc peccatum est aut cogitatum aut dictum aut factum contra legem dei. Non inspexerunt profundius definitionem peccati: esse radicem et morbum ipsum.«

[17] WA 40, 2; 325, 3–5: »Vera ratio peccatoris est haec, quod simpliciter sumus aversi a deo, ratio excaecata, quicquid cogitat de deo, est idolum. Voluntas non est recte affecta erga deum et homines.«

[18] WA 40, 2; 336, 13–14: »– quia sentio me terreri, Ideo volo orare et per vim hin durch dringen.«

[19] WA 40, 2; 338, 5–8.

[20] WA 40, 2; 325, 9–11: »Nostrum peccatum heist: ›Ego in peccatis conceptus‹, peccatum est voluntatis aversio, corruptio omnium virium hominis intrinsecus et extrinsecus, quod nulla pars hominis suum officium facit ...«

lastik umstrittenen Frage, ob das peccatum originale ein Positivum oder bloß eine Privation sei[21], herrscht Übereinstimmung, daß die Sterblichkeit des Menschen bloß als Strafe der Erbsünde gilt und daß ihr deswegen keine Schuld anhaftet.[22] Jedoch bei Luther kann diese Unterscheidung zwischen culpa und poena keine große Bedeutung erlangen; ihm geht es nicht darum, die Schuld des Menschen abzugrenzen, sondern darum, die verheerenden Auswirkungen des peccatum auf den ganzen Menschen zu erhellen. Und dieses Interesse entspricht wiederum seiner Überzeugung, daß das Gebet der Schlüssel zur cognitio dei et hominis ist. Denn im Gebet, wenn ein Mensch die dunklen Mächte in sich selbst anschauen muß, findet er keinen Trost in spitzfindigen Unterscheidungen. In diesem Moment gibt es nichts anderes als die verheerende Macht des peccatum wahrzunehmen und auf den heiligen Geist zu harren.

IV. Die cognitio dei et hominis als homo reus et deus iustificans

Bevor er die Einleitung zur Enarratio Psalmi 51 abschließt, will Luther den Inhalt der Theologie – und das bedeutet zugleich den Inhalt dieses Psalms – noch präziser bestimmen. Hat er schon vorher die cognitio dei et hominis für die zentrale Lehre der christlichen Religion erklärt, liegt es jetzt an ihm, die zwei Termini »homo« und »deus« genauer zu definieren. Die Art und Weise, wie Luther diesen Anspruch erfüllt, gewährt uns einen tieferen Einblick in sein Theologie-Verständnis. An dieser Stelle führt er nämlich keine Definition der beiden Termini im Sinne eines »quid est« an, denn ihn interessiert offenbar die Frage nach dem Wesen des Menschen und dem Wesen Gottes wenig. Wenn er von der cognitio dei et hominis spricht, deutet er vielmehr auf die Identität der betreffenden Personen, und dementsprechend lautet die Fragestellung nicht »quid est«, sondern »quis est«.[23] Das heißt: das anthropologische Interesse Luthers geht in eine nicht-aristotelische Richtung und konzentriert sich auf den Einzelmenschen. Im Vergleich mit der philosophischen Fragestellung ist die Frage »quis est« viel persönlicher; es handelt sich um den konkreten Menschen, der hier und jetzt am Schreibtisch sitzt oder der hier und jetzt das Buch liest usw. Dahingehend präzisiert Luther den Inhalt der Theologie, indem er die cognitio dei et hominis durch die Formel erläutert: homo reus et deus iustificans. Wer bin ich? Antwort: der Angeklagte, einer, der schuldig ist, i. e. ein peccator. Allerdings kann man diese Feststellung – und Luther macht es auch – als

---

[21] Siehe z.B. Biels Zusammenfassung des Problems in Coll. II d. 30.

[22] Thomas, S. th. 1, II q. 81 a. 3 obi. 1: »Mors enim est poena consequens originale peccatum.« u. q. 83 a. 1 crp. »quod autem provenit ad carnem, non habet rationem culpae, sed poenae.«

[23] WA 40, 2; 326, 13–15: »Theologia etiam non disputat de homine, an magnus, parvus habeat corpus, sed erudit eum, ut sciat, quis sit ipse, cognoscere se peccatorem ...« Vgl. 336, 11–12: »Quare vis orare? nescis, quis sis? et quis deus?«

Definition formulieren: homo est peccator. Dies soll uns aber nicht dazu verleiten, die ungewöhnliche Fragestellung Luthers aus den Augen zu verlieren. Auch in Form einer Definition geht es nicht um die objektive, ja objektivierende Beobachtung, daß jeder Mensch ein Sünder ist, sondern um die Wahrnehmung der dunklen Mächte in sich selbst.[24]

Daß der Inhalt der Theologie als homo reus et deus iustificans, also der Mensch als Sünder und der rechtfertigende Gott bestimmt wird, mag uns freilich zuerst etwas befremden, zumal diese Formulierung anscheinend mit einer für die Neuzeit nicht mehr einleuchtenden, mittelalterlichen Begrifflichkeit behaftet ist. Wer redet schon heute von dem Menschen als Sünder oder von Gott als dem, der gerecht macht? Wenn man sich aber die Mühe nimmt, sich in das Sündenverständnis Luthers zu vertiefen, gewinnt die Formulierung: homo reus et deus iustificans je länger, desto mehr an Plausibilität als eine Situationsbestimmung, die jeden Menschen angeht. Unter dem Wort »peccatum« versteht Luther nicht primär die peccata actualia, aber auch nicht das peccatum originale im herkömmlichen Sinne. Im Rahmen seines Sündenverständnisses prägte er vielmehr den Ausdruck »peccatum radicale«, den er im Laufe der Enarratio Psalmi 51 auf verschiedene Weise interpretiert, u. a. als einen Mangel an Gotteserkenntnis oder als die Gottesvergessenheit.[25] Entsprechend der Zusammengehörigkeit der cognitio dei und der cognitio hominis könnte man das peccatum radicale auch als einen Mangel an Selbsterkenntnis oder als die Selbstvergessenheit (nicht mit Selbstlosigkeit zu verwechseln!) beschreiben. Besonders instruktiv ist Luthers Schilderung des peccatum im Zusammenhang mit der intentionalen Struktur der Psyche.[26] Weil die voluntas böse, ja das ganze Menschsein entstellt ist, sucht der Mensch an Gott und sogar an der ganzen Schöpfung nur das, was ihm gefällt.[27] Das empirische Selbst ist von Haus aus intentional, charakterisiert durch die Anspannung geistiger Kräfte auf ein bestimmtes Ziel hin, und wenn das Selbst in Beziehung zu jedem beliebigen Objekt, sei es ein Gegenstand oder ein Mitmensch, letzten Endes auf sich selber ausgerichtet ist, bleibt es nicht nur für sich selbst, sondern auch für die ganze Schöpfung Gottes blind. In jeder Beziehung sucht das Selbst den eigenen Vorteil und erfaßt an dem Gegenüber nur das, was dem Selbst nützlich ist. Diese entstellte intentionale Struktur führt am Schluß zu einer erlebten Welt des Selbst, die nichts anderes ist als eine geistige Konstruktion, die weitgehend von

---

[24] Interessanterweise wurde eine ähnliche Fragestellung bestimmend für die Entwicklung des Zen-Buddhismus, siehe TOSHIHIKO IZUTSU, Philosophie des Zen-Buddhismus, 11f.

[25] WA 40, 2; 325, 9 u. 11–12: »Nostrum peccatum heist: ›Ego in peccatis conceptus‹ ... Est deum non cognoscere, non recte iudicare de eo ...«

[26] In diesem Jahrhundert wurde die intentionale Struktur des Bewußtseins von Edmund Husserl aus der Sicht der phänomenologischen Philosophie gründlich analysiert, siehe EDMUND HUSSERL, Ideen zu einer reinen Phänomenologie und phänomenologischen Philosophie, 1913.

[27] WA 40, 2; 325, 6–8: »Nulla bona voluntas erga sapientiam, iustitiam, omnia incurvata, ich such an Gott, an allen creaturn, quod mihi placet.«

der Wirklichkeit abweichen kann. Daraus erklärt sich die Bemerkung Luthers, der Mensch verstehe nicht einmal, was eine Hand oder ein Auge sei.[28] Diese Blindheit des Selbst nicht nur für sich selbst, sondern auch für seine ganze Welt erinnert an Kants Kritik der reinen Vernunft und an die apriorischen Prinzipien der Erkenntnis. In der Tat läßt es sich wohl fragen, inwiefern Zeit und Raum geistige Konstruktionen im Interesse des Selbst sind. Eine zweite Überlegung ist aber dies, ob die intentionale Struktur des empirischen Selbst eine ontologische Notwendigkeit des Menschseins sei. Meiner Meinung nach sind momentane nicht-intentionale Erfahrungen in verschiedenen Religionen reichlich bezeugt. In der christlichen Tradition denkt man nicht nur an mystische Erfahrungen, sondern auch, oder vielleicht vor allem, an das Ergriffensein des Menschen im Gebet – eine Erfahrung, bei der die intentionale Struktur des Selbst, wenn auch nur augenblicklich, sich entspannt und der Betreffende seine Welt mit ganz anderen Augen anschaut. Ob das Selbst über längere Zeit bestehen könne, ohne daß es sich auf ein bestimmtes Ziel anspannt, scheint mir jedoch fraglich zu sein.[29] Auf jeden Fall rechnet Luther in der Einleitung zur Enarratio Psalmi 51 bloß mit einem Selbst, das unter einer hoffnungslos entstellten intentionalen Struktur leidet. Der Mensch sucht an der ganzen Schöpfung nur das, was ihm nützlich ist, oder genauer gesagt, was er für nützlich hält. Denn die tiefgreifenden Widersprüche in sich selbst und den damit verbundenen Mangel an Gewißheit kann er nie und nimmer durch die geistige Inbesitznahme der Schöpfung beheben. Das Selbst versucht die ganze Schöpfung, d.h. das Nicht-Selbst, gleichsam zu konsumieren, für sich vorteilhaft und nützlich zu machen, und dieser Versuch läuft schließlich auf eine Art Selbstheilung oder, in der Sprache Luthers, Selbstrechtfertigung hinaus. Doch die fehlende Gewißheit im Kern des Selbst bleibt. Darin liegt die Notsituation des Menschen – eine Situation, die den Menschen tatsächlich in Todesangst versetzen kann, denn ohne die nötige Gewißheit im tiefsten Inneren zum Denken und zum Handeln droht das Selbst auseinanderzubrechen bzw. von der einen oder von der andern Macht überschwemmt zu werden. Durch welche Kraft gelingt es dem Menschen, die tiefgreifenden Widersprüche in sich selbst auszuhalten und auszutragen? Und wie kommt er je zur echten Gewißheit in sich selbst? Dies ist die Frage nach dem rechtfertigenden Gott, nach einem Gott, der dem Menschen Kraft spendet und seine Todesangst in Lebensfreude verwandelt. Das subiectum theologiae erweist sich letztlich nicht einfach als die cognitio dei et hominis aus irgendwelcher Perspektive, sondern bezogen auf den homo reus und den deus iustificans.[30]

---

[28] WA 40, 2; 326, 3–5. »Est caecitas, nihil potest statuere nec de deo, verbo, vita, morte, quid oculus, manus etc., quia nescit esse creaturam dei et corruptam peccato et poena.«

[29] Wenn ich recht verstehe, ist genau dies die Behauptung des Zen-Buddhismus – wenigstens in der Form, in der er z.B. von D. T. Suzuki dem Westen übermittelt worden ist.

[30] WA 40, 2; 327, 11–328, 2: »Cognitio dei et hominis est sapientia divina et proprie theologi-

Die genauere Bestimmung des Inhalts der Theologie hat für Luther zwei Implikationen. Zum einen, alles, was nicht mit dem Verständnis des Menschen als Sünders und des rechtfertigenden Gottes zu tun hat, gehört schlicht und einfach nicht zur Theologie, und zwar aus diesem Grund, daß das Gotteswort auf keinen Fall den Wohlstand des Menschen in diesem Leben, seine Gesundheit oder sogar politischen Frieden in seiner Welt gewährleisten kann oder soll.[31] Das Wort Gottes hat einzig und allein diese für den Menschen seinsbestimmende Wirkung: den Sünder zu rechtfertigen, den Verzweifelten zur Gewißheit zu führen, die Todesangst zu überwinden. Zum andern, das subiectum theologiae dient als Kriterium, um die Theologie gegen alle anderen Wissenschaften abzugrenzen. Bei seiner Erörterung dieses Sachverhalts setzt Luther mit dem sogenannten Herrschaftsgebot in 1.Mose 1,28 an und zielt auf eine sachgemäße Abgrenzung anhand des Lebensbegriffs. Der Auftrag Gottes an den ersten Menschen: »dominamini« bleibt auch nach dem Sündenfall in Kraft; er tangiert aber nur dieses zeitliche Leben, und seine Erfüllung obliegt den Wissenschaften wie Medizin, Jurisprudenz usw. Im Gegensatz dazu bezieht sich die Theologie nicht auf dieses Leben, sondern auf ein anderes: »Ideo Theologia non pertinet ad hanc vitam, sed est alterius vitae, quam habet Adam«.[32] Aber auf welches? Das hier angeführte Zitat aus der Rörer-Nachschrift ist auf jeden Fall mißverständlich, wenn nicht gar korrekturbedürftig. Faßt man das »quam« komparativisch auf, so wäre der Sinn des Satzes: Die Theologie bezieht sich nicht auf dieses Leben, sondern auf ein anderes Leben als dasjenige, welches Adam hat. Oder versteht man das »quam« im Sinne des Handschrift-Apparats relativisch auf »vitam« bezogen – Rörer hat also das »quam« mit einen Strich auf »vitam«, nicht auf »alterius vitae« rückbezogen – , so ergibt sich der Sinn: Die Theologie bezieht sich nicht auf dieses Leben, das Adam hat, sondern auf ein anderes. In der Druckbearbeitung der Enarratio Psalmi 51 hat sich Viet Dietrich offenbar für das letztere entschieden, und eine Zeitdifferenz »haec vita« und »altera vita« als eine Differenz vor und nach dem leiblichen Tod eingeführt.[33] Gesetzt den Fall, daß Dietrich Recht hat, droht die Theologie Luthers an diesem Punkt zu einer weltfremden Sonderwissenschaft zu entarten, da eine unüberwindbare Spaltung zwischen dem Diesseits und dem Jenseits herbeigeführt wird. Der Zuständigkeitsbereich der anderen Wissenschaften wäre dieses zeitliche Leben, die Theologie dagegen befasse sich mit ewigen Dingen, was aber der von Luther selbst behaupteten Lebensbezogenheit der Theologie

---

ca, Et ita cognitio dei et hominis, ut referatur tandem ad deum iustificantem et hominem peccatorem, ut proprie sit subiectum Theologiae homo reus et perditus et deus iustificans vel salvator.«

[31] WA 40, 2; 328, 2–5: »quicquid extra istud argumentum vel subiectum quaeritur, hoc plane est error et vanitas in Theologia, quia non expectamus in sacris literis possessiones, sanitates corporum vel politicarum rerum, quae omnia tradita sunt in manus nostras et creata.«

[32] WA 40, 2; 328, 8–9.

[33] WA 40, 2; 328, 26: »Sed agitur hic de futura et aeterna vita, de Deo iustificante ...«

widerspräche. Aber auch die erste Interpretation, nach der das »quam« komparativisch verstanden wird, könnte eine unhaltbare Zeitspaltung zwischen der
Theologie und den anderen Wissenschaften zur Folge haben. Nach meiner
Ansicht soll man das »quam« relativisch lesen, wie Rörer andeutet, aber nicht
auf »vitam«, sondern auf »alterius vitae« bezogen. Außerdem soll man wohl
merken, daß das »alterius« auf »den andern von zweien« hinweist, was in Anbetracht von Luthers Äußerungen zur Herrschaft im Kontext der Schöpfungsge-
schichte nichts anderes bedeuten kann als die Gottebenbildlichkeit. Das andere
Leben ist also das wahre Menschsein, die imago dei, die Adam hat und doch
nicht hat, da sie in ihm so entstellt ist, daß man sie nicht mehr erkennt. Gerade
an diesem Punkt setzt die Theologie ein, um Klarheit darüber zu verschaffen,
was der Mensch verloren hat, wie es jetzt mit ihm beschaffen ist und wessen es
bedarf, ihn zum wahrhaften Leben zu führen. Anders als Dietrich hat Luther
die Theologie nicht dem künftigen Leben zuordnet, sondern dem Leben, das
Adam vor dem Sündenfall in vollem Umgang genoss und das noch heute, wenn
auch nur als verzerrtes Fragment, zum menschlichen Leben gehört.[34] Ist das
subiectum theologiae der Mensch als Sünder und Gott als der rechtfertigende
in bezug auf das Diesseits, so ist selbstverständlich das ewige Leben darin enthalten, insofern als Luther die Gottebenbildlichkeit im Sinne des Paulus eschatolo-
gisch interpretiert. Dennoch ist es für das Verständnis der Enarratio Psalmi 51
von entscheidener Bedeutung, daß Luther am Schluß der Einleitung den Blick
nochmals auf die Lebensbezogenheit der Theologie lenkt. Die Theologie ist
überhaupt nicht weltfremd. Zwar ist ihr Thema nicht die empirische Welt,
doch die Welt – und das heißt primär der Mensch – , wie sie wirklich ist. Die
Theologie will uns die Augen öffnen für das, was uns täglich umgibt, aber was
wir in unserer Blindheit gar nicht wahrnehmen, nämlich daß wir das Paradies
verloren haben, daß wir Sünder sind und den rechtfertigenden Gott nötig
haben.

Die cognitio dei et hominis unter dem Gesichtspunkt des peccatum radicale
im Gegensatz zu den fructus peccati (v. 3–14)

Anhand der Verse 3–19 entfaltet Luther das Hauptthema dieses Psalms, nämlich
die cognitio dei et hominis, aus zwei Grundperspektiven, die wiederum die
wesentliche Zusammengehörigkeit der cognitio dei und der cognitio hominis
deutlich erkennen lassen. In den Versen 3–14 handelt es sich um die Gotteserkenntnis und die Selbsterkenntnis des Menschen unter dem Gesichtspunkt der
Sünde, in den Versen 15–19 um dasselbe unter dem Blickwinkel der Früchte

---

[34] Das Zerrbild von Gott im Menschen kann Luther pointiert als die imago diaboli beschreiben. Siehe WA 24; 51, 12f.

der Gnade Gottes. Will man die wahre Identität des empirischen Selbst feststellen, so muß man von einem sachgemäßen Sündenverständnis ausgehen. Für Luther heißt dies, daß man peccatum als peccatum radicale erfassen muß, als eine böse Wurzel im Menschsein, die nicht auszurotten ist. Als Vergleichsmöglichkeit dient das scholastische Sündenverständnis, das bekanntlich primär auf die peccata actualia ausgerichtet war. Nach Luther sind diese Tatsünden nur Früchte der wahren Sünde und gewähren keinen tiefen Einblick in das Menschsein. Solange man den Menschen bloß aus der Perspektive der peccata actualia betrachtet, versteht man weder sich selbst noch kann man Gott verstehen. Insofern als die wahre Identität des Menschen erst durch die Wahrnehmung der Wurzelsünde geklärt werden kann, behandelt diese erste Variation des Themas die cognitio dei et hominis im Zeichen des Menschen. Dies gilt aber nur mit Vorbehalt, da die Wahrnehmung des peccatum radicale nicht rein aus einer phänomenologischen Analyse des Menschseins, sondern erst aus dem Glauben an das Gotteswort entsteht. Also ist die wahre Identität Gottes bereits mitten im Spiel, wenn man von der Identität des Menschen als peccator redet.

I. Die petitio um die remissio (v. 3)

David fleht Gott in Vers 3 um Verzeihung seiner Sünde mit der wohlbekannten Bitte an: »Miserere mei«. Daß Luther nicht sofort auf die Bedeutung der remissio, des hebräischen »Chesed« (misericordia) und des »rechem« (miseratio) eingeht – dies kommt erst gegen Schluß seiner Auslegung des Verses zur Sprache – und daß er statt dessen mit den betreffenden Personen, Gott und dem Menschen, ansetzt, zeigt unmißverständlich sein Hauptinteresse in der Enarratio Psalmi 51, nämlich die cognitio dei et hominis. Gewiß könnte man auf den ersten Blick geneigt sein, das exegetische Verfahren Luthers in Frage zu stellen, denn der Psalmtext bringt offensichtlich eine Bitte um Verzeihung zum Ausdruck. Doch will Luther bei seiner Auslegung klarstellen, daß die Bitte »Miserere mei« keine zeremonielle Formel ist, die selbstverständlich zur Verzeihung der Sünde führe. Im Gegenteil: Alles hängt davon ab, wie man diese Bitte versteht, woran man glaubt, wenn man sie betet, wer spricht und zu wem. Soll ein Moslem das »Miserere mei« beten, dann gilt es nicht![35] Denn ein Moslem oder ein Ketzer spricht nicht zu dem wahren Gott, kennt dessen wahre Identität gar nicht und betet, auch dann wenn er das »Miserere mei« betet, bloß zu einer Wahnvorstellung seiner eigenen Fantasie.[36] Auf diesem Weg gibt es überhaupt

---

[35] WA 40, 2; 330, 9–12: »Si etiam Mahometista dicit: ›Miserere‹ etc., et Monachus, Si hereticus, so gilts nicht, quia non apprehendit deum velatum vel indutum larva vel persona nobis attemperata, sed in sua absoluta maiestate …«

[36] WA 40, 2; 329, 7–9: »… quia (David) non habuit deum, ut fingunt eum hypocritae, Mahometistae, etc., qui speculationibus suis ascendunt in coelum et speculantur de deo creatore etc.«

keine Vergebung der Sünde. Will man das »Miserere mei« in Wahrheit beten, muß man sich mitten im Gebet Klarheit darüber verschaffen, wer eigentlich spricht und zu wem er spricht. Das heißt: die wahre Identität der betreffenden Personen muß im Gebet geklärt werden.[37] Dementsprechend behandelt Luther in diesem Abschnitt nicht in erster Linie das peccatum und die misericordia, sondern den peccator und den, der sich als misericors zeigt.

A. Das rechte Unterscheiden

Die cognitio dei et hominis ist keine rein wissenschaftliche Kenntnis von Gott und Mensch, sie ist eine durch Erfahrung gewonnene Erkenntnis. Zu der Frage: »quis est homo?« oder »quis est deus?« wäre eine theoretische, allgemein gültige Antwort zu wenig, wenn auch diese innerhalb gewisser Grenzen ihre Berechtigung hat. Die Lebensbezogenheit der Selbsterkenntnis des Menschen und der Gotteserkenntnis fordert ein theologisches Verfahren, wobei man nicht nur beim Inhalt ansetzt, sondern zugleich bei dem Prozeß, der überhaupt zur cognitio dei et hominis führt. Somit drängt sich die Frage auf: Wie kommt man eigentlich zu dieser lebenswichtigen Erkenntnis über sich selbst und über Gott? Antwort: durch das rechte Unterscheiden. Mitten in der Anfechtung und Verzweiflung, mitten in der Komplexität des Lebens, an der Grenze zwischen Leben und Tod die rechte Unterscheidung zwischen sich selbst als Sünder und Gott als gnädig zu treffen – das heißt sich selber und Gott in Wahrheit zu verstehen.[38] Das rechte Unterscheiden zwischen Gott und dem Menschen vollzieht sich aber nicht etwa wie eine einfache Differenzierung zweier Größen, erweist sich vielmehr als ein komplexer Lebensvollzug, in dem zwei andere Unterscheidungen ins Spiel kommen, nämlich die zwischen deus und deus, und die zwischen peccator und peccator.[39] Nur indem man Gott von Gott unterscheidet und den Sünder von dem Sünder, gelangt man zu der seinsbestimmenden Unterscheidung zwischen Gott und Menschen. Aus diesem Grund beginnt Luther seine Auslegung des 3. Verses mit einer Erörterung des Adressaten des Psalms. Mit welchem Gott spricht David in diesem Gebet? Sicherlich nicht mit dem Gott der Moslem, der Epikureer oder der Heiden, denn durch ihre Speku-

---

Inwiefern die Vorstellung von Gott in seiner Majestät ein Wahrheitsmoment beinhaltet, interessiert Luther in diesem Kontext nicht.

[37] WA 40, 2; 330, 15–331, 2: »Videtis etiam contrariam sapientiam, laut ebenteurlich, quando dicit: ›Miserere‹ etc., si spectemus personas, inter quas res geritur: deus, peccator, quia deus odit peccatum …«

[38] WA 40, 2; 342, 5–7: »Et ubers ›Mei‹, peccator, qui sentit iram dei, sol er so fortem distinctionem machen inter peccatorem et propicium deum. Das ist non theologia rationis, sed supernaturalis …«

[39] WA 40, 2; 342, 13–15: »Discendum ex hoc versu, ut distinguas inter peccatum et peccatum, peccatorem et peccatorem et deum et deum.«

lationen machen sie sich bloß Vorstellungen von Gott in seiner Majestät, und mit einem solchen Wahnbild will David gar nichts zu tun haben. David spricht aber auch nicht mit dem Gott der Papisten, die sich dem nudus deus, d. h. Gott in seiner Majestät, annähern wollen, weil er den Gedanken, der nudus homo könne vor dem nudus deus bestehen und sogar die Verzeihung der Sünden verdienen, für reine Überheblichkeit hält, die im Ernstfall des Lebens – und das heißt beim Sterben – in Verzweiflung umschlägt.[40] Will man das »Miserere mei« in Wahrheit beten, den mittleren Weg zwischen Vermessenheit und Verzweiflung finden, so muß man eine Unterscheidung treffen zwischen Gott, wie er stumm und ohne Wort dasteht, und Gott, wie er sich gerade in seinen Verheißungen ankündigt – eine Unterscheidung zwischen dem nackten Gott in seiner Majestät und dem von seinen Verheißungen bedeckten. Also betet David zu dem Gott seiner Väter, zu Gott, dem Verheißer, und dies bedeutet eo ipso, daß Christus schon dabei ist.[41]

Der Gott der Väter hat sich aber nicht nur als Verheißer offenbart, sondern auch als Richter; das Wort Gottes beinhaltet den Dekalog sowie auch die Verheißungen. Als der Gerechte, der den Dekalog erlassen hat, und als der Richter, der ein Urteil über das Menschsein fällt, erweckt Gott im Menschen nur Erschrecken. Wenn das empirische Selbst über sich selbst reflektiert und die tiefgreifenden Widersprüche in sich wahrnimmt, wenn dem Selbst die eigene entstellte intentionale Struktur bewußt wird und wenn das empirische Selbst zugleich die Voraussetzungen des wahrhaften Lebens realisiert, gerät es unausweichlich in Verzweiflung.[42] Der Mensch als Sünder und Gott als Gerechter vertragen einander nicht, und daraus folgt, daß eine weitere Unterscheidung nötig ist, nämlich die zwischen Gott, dem Verheißer, und Gott, dem Richter. Das empirische Selbst muß das eigene Versagen vor Augen halten und zugleich das wahrhafte Leben nicht als Forderung, sondern als Geschenk wahrnehmen. Das heißt: Gott als Verheißer der Vergebung und des neuen Lebens, statt als Richter über das Versagen des Selbst zu erfahren. Den Sinn dieses Satzes kann man wohl in einer Predigt verkündigen, aber es gilt im konkreten Fall diese Botschaft am eigenen Leib zu erfahren![43] Dazu wäre eine weitere Unterscheidung nötig, nämlich der zwischen dem peccator und dem peccator, was übrigens die Verflochtenheit der cognitio dei und der cognitio hominis nochmals unterstreicht. Die Selbsterkenntnis des Menschen und die Gotteserkenntnis

---

[40] WA 40, 2; 330, 1–3: »... Ne sit nudus deus da cum nudo homine. Cum Papa et Mahomete est praesumptio, donec ad mortis horam, da ghet desperatio er nach.«

[41] WA 40, 2; 329,6–7: »... sed loquitur cum deo patrum suorum, cum deo promissore, das Christus mit drinen sei, quia non habuit deum, ut fingunt eum hypocritae, Mahometistae etc.«

[42] WA 40, 2; 331, 3–6: »Et per 5 libros Mosy est dimidium comminationum contra malos, oppressores, dicit se ›vindicem‹, ›Iudicem pupillorum et patrem viduarum‹. sensum autem naturae non possumus eradicare et opinionem hanc: Tu es peccator et deus est iustus, ergo odit te.« Vgl. die Sommerpostille, 1526, über Joh 20,19–31. WA 10.I,2, 235,3–9.

[43] WA 40, 2; 333, 5–6: »Ista praedico, sed quando ad experientiam ventum, nescio.«

gehören untrennbar zueinander, und die eine wird nur im Wechselspiel mit der andern erreicht. Nun aber wollen wir die Untersuchung der Unterscheidung Sünder/Sünder vorläufig zurückstellen, weil in einer wichtigen Hinsicht die Unterscheidung Richter/Verheißer einer näheren Erklärung bedarf.

Es ist im Vergleich mit der Auslegungstradition auffallend, daß Luther bei der Interpretation von Vers 3 die Verheißungen Gottes in den Mittelpunkt rückt. Seit Gregor hat man öfters im Zusammenhang mit der Darlegung des 6. Verses die Verheißungen Gottes ins Feld geführt. Gott wird in seinen Worten gerechtfertigt, indem er seine Verheißung der künftigen Menschwerdung, des ewigen Reichs Davids und der damit verbundenen Sündenvergebung erfüllt.[44] Schon in den Adnotationes zum Quincuplex Psalterium kritisiert Luther diese auch von Lyra vertretene Auffassung der Verheißungen Gottes. Es widerspricht dem klaren Sinn des Texts, so meint Luther, daß Gott ohne Verletzung der Gerechtigkeit seine Verheißungen an David nicht hätte zurückrufen können. Im Gegenteil wäre Gott völlig im Recht gewesen, hätte er die Verheißung für ungültig erklärt.[45] Und in den Dictata super Psalterium erläutert Luther die »sermones« in Vers 6 als die Verheißung der iustitia dei im Sinne der Verurteilung der Sünde.[46] Gott wird in seinen Worten dadurch gerechtfertigt, daß er ein Urteil über das peccatum des Menschen fällt. Auf dem Hintergrund der Auslegungstradition und Luthers kritischer Einstellung dazu ist es bemerkenswert, daß er in der Enarratio Psalmi 51 den Verheißungen Gottes so viel Bedeutung beimißt.[47] Bedeutsamerweise behandelt er jedoch die Verheißungen im Zusammenhang mit Vers 3, nicht Vers 6, und diese Kontextverschiebung verleiht seiner Diskussion von vornherein einen ganz neuen Ton. Luther will die Verheißungen nicht im Kontext der Gerechtigkeit erörtern − was natürlich beim 6. Vers naheliegend war − , um im Fahrwasser der Tradition das theoretische Problem des scheinbaren Widerspruchs der misericordia dei und der iustitia dei zu lösen. Statt dessen will er bei der Auslegung von Vers 3 unseren Blick auf die betreffenden Personen lenken. Nicht die Verheißungen per se, sondern der Verheißer steht hier im Mittelpunkt.[48] Lebensentscheidend für den Menschen ist letztlich nicht, was er theoretisch von Gott oder dessen Verheißungen hält, sondern welcher Gott ihm in Anfechtungen, in Lebenskrisen entgegentritt. Dies hat selbstverständlich nicht zur Folge, daß die Verheißung Gottes ihren Inhalt einbüßt, aber auch inhaltlich gibt es bei Luther eine Gewichtsverlagerung. Während die Tradition von verschiedenen Verheißun-

---

[44] Siehe oben K. 2, »Eine Bilanz der Auslegungstradition«.

[45] WA 4; 496, 32–36.

[46] WA 55, 1; 396, ZGl zu v. 6.

[47] Soweit ich feststellen konnte, erwähnte Luther erst bei der Enarratio Psalmi 51 die Verheißungen im Zusammenhang mit Vers 3.

[48] WA 40, 2; 329, 6–7: »... sed loquitur cum deo patrum suorum, cum deo promissore, das Christus mit drinen sey ...«

gen an David und an den Büßer zu sprechen wußte, legt Luther alles Gewicht auf das Gotteswort zu Adam über Christus und die Schlange.[49] So sprach Gott zu der Schlange: »Ich will Feindschaft setzen zwischen dir und dem Weibe und zwischen deinem Nachkommen und ihrem Nachkommen: der soll dir den Kopf zertreten, und du wirst ihn in die Ferse stechen.«[50] In der Genesisvorlesung geht Luther im einzelnen auf dieses Wort ein. In allen ihm bekannten lateinischen Bibeln stand in diesem Text »ipsa«, statt »ipsum«: »ipsa conteret caput tuum«. Diese Verfälschung des Hebräischen betrachtet Luther als das Werk inkompetenter Interpreten, die durch den lateinischen Text der Marienverehrung Vorschub leisten wollten. Selbst Lyra, der kein schlechter Kenner des Hebräischen war, überlieferte diese gottlose Meinung.[51] Diese im Interesse der Marienverehrung ausgedachte Interpretation steht aber nicht nur im Widerspruch zum hebräischen Text, sondern auch zur Botschaft des Neuen Testaments.[52] Christus, nicht Maria wird angekündigt als das Lamm Gottes, das die Sünde der Welt überwindet. Insofern ist die tiefere Bedeutung der Verheißung an Adam und Eva klar; es handelt sich hier um den für das Leben des Menschen entscheidenen Streit zwischen Christus und der Schlange. Durch die Schlange geriet der Mensch unter die Macht der Sünde, des Gesetzes und des Todes; durch Christus wird nun diese böse Macht gebrochen.[53] Im Gegensatz zu der herkömmlichen Interpretation der Verheißungen Gottes schließt diese eine Verheißung an Adam und Eva prinzipiell alle Bußwerke aus. Sie gilt dann nicht als Verheißung an den Büßer, sondern als Verheißung an den Glaubenden. Es gibt hier überhaupt nichts zu unternehmen. Es gilt nur, die dunkeln Mächte in sich selbst unerbittlich vor Augen zu halten und der rettenden Macht Christi zu harren. Es geht hier im Grunde um einen Streit zwischen Mächten, über die der Mensch gar nicht verfügen kann, um einen Streit zwischen den bösen, tötenden Mächten des empirischen Selbst und der lebenspendenden Kraft des Christus-Selbst. Entscheidend für den Menschen an der Grenze zwischen Leben und Tod ist allein dies, daß ihm Gott, der Verheißer, d.h. Christus, begegnet. Daß Christus Sünde, Tod und Gesetz in einem Menschen überwinden kann, ist eine Verheißung, deren Inhalt immer wieder neu

---

[49] WA 40, 2; 329, 11–330, 1: »Sed illum deum apprehendas, quem David, qui vestitus suis promissionibus, ut Christus adsit, qui ad Adam dicit: ›Ponam inimicicias‹, ›et ipsum‹ etc. Den Gott mus man haben ...«

[50] 1. Mose 3, 15 nach der Lutherbibel, 1984.

[51] WA 42; 143, 12–16: »Ac LYRA, qui tamen Ebraicae linguae non rudis fuit, hoc errore tanquam grassante et magno impetu ruente flumine abripitur in impiam sententiam, ut non obstante textu, hunc locum accipiat de beata Virgine, per quam, Filio mediante, vis Satanae fracta sit.«

[52] Dazu zitiert Luther Röm 4, 25 und Joh 1, 29.

[53] WA 42; 146, 36–40: »Includitur igitur in hanc sententiam redemptio a lege, peccato et morte, et ostenditur manifesta spes et certa resurrectionis et innovationis in altera vita post hanc vitam. Si enim Serpentis caput conteri debet, profecto oportet aboleri Mortem. Si mors aboletur, etiam mortis meritum aboletur, hoc est, Peccatum. Si peccatum, ergo Lex quoque aboletur.«

bewährt wird. Die existentielle Dimension der Verheißung ist u. a. aus Luthers Predigt über 4. Mose 21 ersichtlich. Die feurigen Schlangen, die die Israeliten in der Wüste bissen, symbolisieren peccatum, mors, conscientia mala, Satan.[54] Wenn das böse Gewissen einen plagt, nützen alle Selbsthilfemittel nichts. Man muß zwischen Gott, dem Richter, und Gott, dem Verheißer, unterscheiden können; man muß mitten im Leiden die Christus-Schlange wahrnehmen.[55] In dieser gefährlichen Situation hängt das rechte Unterscheiden zwischen Gott und Gott aufs engste mit der Unterscheidung zwischen peccator und peccator zusammen, insofern als die Verheißung Gottes allein für den gilt, der unter dem bösen Gewissen leidet.[56]

Infolgedessen trifft Luther in der Enarratio Psalmi 51 die wichtige Unterscheidung zwischen peccatores non sentientes und peccatores sentientes.[57] Wer die Wurzelsünde in sich selbst gar nicht realisiert, der ist schon tot und hat weder Erkenntnis von sich selbst noch von Gott. Ihm kann nur der nackte Gott in seiner Majestät begegnen oder Gott, der Richter, mit seinem fordernden Gesetz, und je nachdem schwankt der Sünder zwischen Vermessenheit und Verzweiflung, zwischen Selbstbehauptung und Todesangst – ein Zustand, der jedem Therapeuten und Seelsorger aus der Praxis bekannt ist, geschweige denn aus dem eigenen Leben. Verändert sich aber die Situation eines Menschen, so daß er die bösen Mächte in sich selbst wahrnimmt, dann gilt für ihn die Verheißung: Christus hat den Kopf der Schlange zertreten. Gott liebt den Sünder, der sich seiner Sünde bewußt wird.[58] Die innere Spannung dieser Situation entsteht dadurch, daß diese Verheißung nicht im Erfahrungsbereich des natürlichen Menschen liegt. Da das empirische Selbst zwischen dem peccator sensitivus und dem peccator insensitivus überhaupt nicht unterscheiden kann, haftet es immer an der Meinung, daß Gott das von dunkeln Mächten geprägte Selbst schlechthin zerstören will. Der natürliche Mensch versteht nicht, daß das »mei« im Gebet geradezu der Sünder ist, der sich selbst als solchen kennt.[59] Zudem

---

[54] WA 25; 477, 3–7: »Christus exponit historiam: Pfal crux, schlang Christus, feurige schlang est peccatum, mors, conscientia mala, Satan, das uns anzund und beist ad aeternam mortem, da liegen wir. Qui morsi sunt, qui sentiunt conscientiam malam i.e. vere ignitos serpentes. Quod consilium? Inspice serpentem (Christus).«

[55] WA 25; 477, 10–14: »Drumb ists nichts geredt, so wenig hilfft ein menschen, ut liberetur a peccato, Si ipse velit currere in cenobium ac ipsi in aquam. Nullum remedium nisi credere in Christum. Habes, quod nostra redemptio non consistat in nostris manibus, sed in inspectione serpentis.«

[56] S.o. Anm.54.

[57] WA 40, 2; 333, 7–10: »Ideo magst mich hören in mediis peccatis, distingue sic: Deus odit peccatores et amat iustos: Inter peccatores non sentientes et sentientes: horum orationes non vult, quia peccator non sentiens est mortuus, non cogitat neque de se nec deo …« Vgl. 335, 11–12: »Ibi distingue de peccatore: aut est sensitivus, aut insensitivus …«

[58] WA 40, 2; 335, 13–14: »Deus non odit peccatores sentientes, sed maxime diligit, est eius acceptissimum sacrificium;«

[59] WA 40, 2; 332, 8–10: »‹Meus‹: quis est? David peccator, qui ciciderat in adulterio et totus est

kann das empirische Selbst mit seiner natürlichen Denkweise sich selbst nicht wesentlich verändern, trotz aller Selbsthilfe und Selbstverwirklichung. Darum steht der Glaube an die Verheißung Gottes stets in Spannung mit der natürlichen Denkweise, und darum ist die Verwandlung der Todesangst in die Lebensfreude immer ein Kampf. Wie Luther aus eigener Erfahrung schreibt: Man muß über den Berg kommen.[60] Man muß angesichts des eigenen Versagens das Gebet, den Glauben wagen: »audere«. Wer dieses Wort existentiell versteht, wird nie von einer billigen Gnade reden! In Worten kann man diesen Sachverhalt nie richtig fassen; dazu ist Erfahrung nötig,[61] aber wer einmal über den Berg kommt, der weiß, was Todesangst und Lebensfreude heißt. Was Luthers Auslegung des Wortes »mei« in diesem Text anbelangt, dafür erweist sich ein Vergleich mit der Interpretation Hugos als aufschlußreich. Nach Hugo deutet das Pronomen »mei« auf die Substanz des Menschen, die Gott selbst geschaffen hat und deswegen nicht hassen kann.[62] Diese Interpretation läuft jedoch auf eine ontologische Begründung der Gnade Gottes hinaus und steht im starken Kontrast zu Luthers Verständnis des Pronomen als des peccator. Die wahre Identität des »mei« bietet bei Luther keine Gewähr gegen die Zerstörung des Selbst, führt hingegen zu der äußersten Lebenskrise.

Indem man zwischen Sünder und Sünder, zwischen Gott und Gott unterscheidet, trifft man zugleich eine Unterscheidung zwischen Gott und Mensch. Doch zeigt es sich gerade beim rechten Unterscheiden, daß die betreffenden Personen, nämlich Gott und der Mensch, auf unerklärliche Weise in Einklang miteinander gebracht werden.[63] Anders formuliert: der Mensch kommt ins reine mit Gott, indem er sich wahrheitsgemäß von Gott unterscheidet.

Am Schluß dieses Abschnitts wollen wir nun das Unterscheiden bei Luther noch genauer charakterisieren. Erstens, diese Art von Unterscheiden hebt sich von der scholastischen distinctio-Methode grundsätzlich ab, weil es nicht primär durch einen Denkvollzug, sondern durch einen Lebensvollzug geschieht.[64] Zweitens, es handelt sich bei Luther – wieder im Gegensatz zur Scholastik – nicht um einzelne, voneinander trennbare, abgrenzbare Unterscheidungen, die

---

in peccatis. Natura dicit: non audeo levare oculos ad coelum, terreor a facie dei, quia est amans iusticiae et odiens iniustitiae;« Vgl. 336, 8: »Quando recte inspicis ›Mei‹, so heists peccatorem, ut sequentia verba indicant.«

[60] WA 40, 2; 338, 5.

[61] WA 40, 2; 338, 2–6: »Illi sequuntur Davidem et dicunt: ›Miserere‹. Ego tentatus ab ira, superbia, carne. Sed natura in contrarium etc. Nemo potest eloqui, experientia ibi est necessaria. Sed qui uber den berg kompt, vicit. Quando homo est in peccatis, ineptus est ad orandum, sed maxime est necessarium.«

[62] Siehe Postilla v. 3.

[63] WA 40, 2; 336, 3–5: »Et haec est huius prophetae theologia. Reimts fluchs zw hauff (= bringt in Einklang), videlicet se et deum, qui irascitur peccatoribus, et se, qui meruit iram: sed talis est mons, qui non statim superatur;«

[64] Zum ganzen Thema Unterscheiden bei Luther siehe EBELING, »Das rechte Unterscheiden«, ZThK, 85,1988,219–258.

vor allem auf sprachlogischen Erwägungen basieren, sondern um die Verflechtung von sich ergänzenden, sich gegenseitig interpretierenden, komplementären Unterscheidungen, die nur im Wechselspiel überhaupt getroffen werden
können. Drittens, das Widersprüchliche wird nicht, wie häufig bei der sic-et-
non-Methode Abälards, für einen Scheinwiderspruch erklärt, den man durch
das rechte Denkmittel beseitigen könnte, es bleibt vielmehr bestehen in der
Vereinigung der Gegensätze.[65] Viertens, das rechte Unterscheiden hat bei
Luther ontologische, existentielle Konsequenzen, die im Kontext der Logik
und der Sprachanalyse der Scholastik undenkbar wären. Die cognitio dei et
hominis, die durch das rechte Unterscheiden gewonnen wird, erweist sich als
seinsbestimmend für den Menschen.[66] Das rechte Unterscheiden zwischen
Gott und dem Menschen wird dadurch erschwert, daß das empirische Selbst
keine in sich selber abgeschlossene, selbstständige Substanz ist, die nur zufällig
in Beziehungen zu anderen Substanzen tritt. Das Selbst deckt sich zwar zum
großen Teil mit dem Individuum, mit dem Einzelmenschen, weist aber auch
überindividuelle Charakteristika auf, die eine Abgrenzung des Selbst äußerst
problematisch machen. Man denke hier z.B. an transkulturelle Symbole des
Selbst oder an den ebenfalls so problematischen Begriff des Zeitgeistes. Ohne
an dieser Stelle auf eine sorgfältige Analyse des Selbst einzugehen, begnügen
wir uns jetzt mit der Feststellung, daß die Grenzen des Selbst – allerdings gegen
die landläufige Meinung – alles andere als eindeutig sind. Auch die Grenze zwischen dem Selbst und Gott verschwindet im Nebel unter dem Einfluß der
Sünde. Dieses verwirrte und auch verwirrende Phänomen, das wir Selbst nennen, drängt fast naturgemäß zum Unterscheiden, und je nachdem, wie das
Unterscheiden sich vollzieht, wird das Selbst so oder so erlebt. Unterscheidet
der Mensch zwischen sich selbst und Gott, so daß Gott stumm und wortlos in
seiner Majestät dasteht, dann erlebt das Selbst Gott genau als den deus nudus.
Trifft das Selbst eine Unterscheidung zwischen sich selber und Gott, wobei
Gott für das Selbst nicht mehr existiert, dann erlebt das Selbst Gott in der Tat als
abwesend, obgleich dies in Wahrheit nicht stimmt.[67] Das Unterscheiden, sei es
recht oder falsch, konstituiert das Selbst als genau dieses empirische Selbst, das
hier und jetzt sitzt und arbeitet, das vor dem offenen Grab um einen geliebten
Menschen trauert, das sich unter Zeitdruck oder plötzlich von einer Last befreit

---

[65] Eigenartig in der Enarratio Psalmi 51 ist aber dies, daß das Zugleich der Gegensätze nicht in
Verbindung mit dem simul-Begriff steht. Im ganzen Abschnitt über das Unterscheiden zwischen
Gott und Mensch, Gott und Gott, Sünder und Sünder, kommt das Wort »simul« kein einziges
Mal vor.

[66] WA 40, 2; 342, 15–343, 2: »Si quis dicit: Ultra meum cogitare nihil sequitur. Sicut cogitas,
ita fit. Si credis deum iratum, est. Si potes credere, quod ei ›Beneplacitum‹ etc., tum habes: si in infidelitate manes, habes desperationem. Ideo sequitur effectus maxime ad cogitationes nostras. Sicut de deo cogito, ita fit mihi.«

[67] WA 40, 2; 343, 2–3: »Si ista cogitatio de irato deo est falsa, et tamen fit, quanquam falsa. Si
econtra, est opinio vera et fit. Ideo non dicendum: Ich mag gedencken, sed nihil sequitur.«

fühlt. Fünftens, als Hauptmerkmal des empirischen Selbst ist die ratio überhaupt nicht imstande, den Menschen von Gott wahrheitsgemäß zu unterscheiden. Das rechte Unterscheiden vollzieht sich einzig und allein mit Hilfe des
heiligen Geistes,[68] d.h. dank einer im Selbst wirkenden, aber durchaus nicht im
Selbst innewohnenden Kraft, die der ratio bei weitem überlegen ist und über
die das empirische Selbst nie verfügen kann. Sechstens, die rechte Unterscheidung zwischen Gott und Mensch, zwischen Gott und Gott, zwischen Sünder
und Sünder, zwischen Gesetz und Verheißung, oder wie man das Geschehen
sonst nennen will, bildet nicht bloß ein Stück des gesamten theologischen
Gerüsts, gilt vielmehr als Theologie schlechthin.[69]

B. Die remissio im Zeichen der cognitio dei: die Ganzheit des göttlichen Handelns

Nachdem Luther das rechte Unterscheiden, Gott als promissor und den Menschen als peccator sensitivus ausführlich erörtert hat, wendet er sich dem Begriff
»remissio« zu, zuerst als das Handeln Gottes am Menschen, zuletzt als die Erfahrung des Menschen selbst. Im Hinblick auf das erstere erinnert Luther an den
Unterschied im Hebräischen zwischen »chesed« (חֶסֶד) und »rechem« (רֶחֶם). Das
hebräische »chesed« wird in der Vulgata als »misericordia« übersetzt, ist eigentlich gleichbedeutend mit »beneficium« und weist auf die Wohltat Gottes hin.[70]
Diesen Begriff assoziiert Luther mit einem bestimmten Aspekt der remissio; die
Vergebung der Sünde ist die Wohltat Gottes an dem Menschen. Durch das
rechte Unterscheiden begegnet dem Menschen Gott der Verheißer, und eben
diese Begegnung schenkt dem Menschen Hoffnung mitten in Verzweiflung,
Leben mitten im Tod. Das heißt: beim Ereignis der remissio erweist sich der
Verheißer als Wohltäter des Sünders, der sich als solchen erkennt. Das Wort
»chesed« erschließt also die existentielle Dimension der remissio. Die eher juristische Dimension identifiziert Luther mit dem Wort »rechem«; hier handelt es
sich darum, die Sünde des Menschen zu verzeihen, sie nicht bestrafen zu wol-

---

[68] WA 40, 2; 344,6–8.13–14: »Prius rogaverat avertens oculos a sua conscientia et a peccatis et
apprehendens deum proponentem gratiam et misericordiam. hoc non posset, nisi adiutus spiritu
sic apprehenderet promissiones gratiae ... Ratio: Tu peccasti, ergo deus iratus est.«
[69] WA 40, 2; 342, 6–11: »... sol er so fortem distinctionem machen inter peccatorem et propicium deum. Das ist non theologia rationis, sed supernaturalis, quod peccator nihil videat quam misericordiam, et tamen ibi sentit iram dei, quia, si non sentiret, Non diceret: ›Miserere‹: ergo significat se sub ira et dignum ira, et tamen sic pugnat, ut abigat spectaculum irae et misericordiae appre-
hendat. Das ist Theologia.« Vgl. 341, 15 u. 345, 4.
[70] WA 40, 2; 345, 9–11: »Chesed: proprie ›beneficium‹, Ut Paulus interpretatur ad Timot-
heum, ubi dicit de servis, 1.Timo.6., quod ›participes beneficii‹ in omnibus donis, quae in Christo
et per Christum accepimus: germanice: ›wolthat‹.«

len.[71] Den juristischen Charakter von Luthers remissio-Verständnis soll man aber nicht zu stark betonen. Im Grunde geht es bei »rechem« um die Gemütsverfassung, den Affekt Gottes; Gott liebt den peccator sensitivus und will dessen Sünde nicht bestrafen, nicht anrechnen. Bildlich könnte man die Sache so formulieren: die misericordia deutet auf das Handeln Gottes, die miseratio auf das, was in seinem Herzen liegt, und das Unbegreifliche bei Gott ist eben dies, daß beides bei ihm eine Ganzheit bildet,[72] so daß der Verheißer sich als Verzeihender zeigt.[73] Da Gott der Verheißer und der Verzeihende ausgerechnet dem Sünder begegnet, ergibt sich eine Korrelation der Gnade bzw. der remissio zur Sünde. Je größer die Sünde, desto größer die Gnade. Daraus geht hervor, daß der Mensch seine Sünde nicht gering, sondern groß machen soll; sonst verringert er auch die misericordia und die miseratio Gottes.[74] Seit Augustin kennt man in der Auslegungstradition den Gedanken, daß sich die misericordia und das peccatum quantitativ zueinander verhalten. Die Größe der misericordia entspricht nach Augustin dem Schweregrad der Sünde. Sündigt der Mensch mit voller Absicht, dann braucht er die magna misericordia dei, wie dies z.B. bei David der Fall war.[75] Trotzdem hätte Augustin den Gedanken Luthers, der Sünder sollte seine Sünde größer machen, für reinen Unsinn gehalten, weil ihm hauptsächlich die Tatsünden vor Augen standen, deren Schwere er weitgehend an der Intention des Menschen gemessen hat. Luther dagegen will die Sünden überhaupt nicht abstufen, weder nach der Intention des Betreffenden noch nach irgendwelchem andern Kriterium. Stattdessen bemüht sich Luther darum, unter der Oberfläche der Tatsünden die Wurzel der elenden Situation des Menschen bloßzulegen und gerade diese Wurzelsünde immer deutlicher vor Augen zu führen, d.h. sie immer größer zu machen. Wenn Luther also – wahrscheinlich mit Anspielung auf die Auslegungstradition – von einem quantitativen Verhältnis der Gnade zur Sünde spricht, meint er nicht das Verhältnis

---

[71] WA 40, 2; 345, 12–14: »‹Miseratio‹, ›rechem‹: Das ist proprie ad affectum: ignoscere, induere remittentem animum nec volentem respicere, ulcisci peccatum.« Erst bei der Präparation auf die Vorlesungsreihe hatte sich Luther intensiv mit dem Unterschied der beiden hebräischen Wörtern beschäftigt: WA 31, 1; 510, 29–32.

»Nota differentiam $\left\{\begin{array}{l}\text{Misericordiae, wolthat, favere,}\\\text{Miserationum, barmhertzigkeit, ignoscere}\end{array}\right.$

Rogavit misericordiam umb ein wolthat und almosen, hoc est, ut miserationem et remissionem peccati obtineat.«

[72] WA 40, 2; 345, 14–346, 1: »Alterum benefacere, alterum ignoscere. ›Miserebor, cui‹ etc. Oportet ista duo habeamus, ut largiatur deus remissionem peccatorum: hoc facit per misericordiam et spiritum sanctum, Ut ignoscat, wolle sie nicht rechen ...«

[73] WA 40, 2; 350, 11–12: »1.pars gratiae habere faventem et benefacientem deum ...«

[74] WA 40, 2; 349, 5–9: »Sed wir mussen unser peccatum nicht gering machen, quia non parva misericordia et miseratio: res est seria etc.: qui extenuat peccatum, etiam gratiam etc. dei extenuat, quia tanta est gratia, quantum peccatum, et remissio. Correlativa: si peccatum mach gros, mus ich misericordiam noch grosser machen. Si klein, tum vilescit misericordia etc.«

[75] CC 38, 602–603.

der Gnade zum Schweregrad der Sünde, sondern das existentielle Verhältnis der Wahrnehmung der Sünde zur Erfahrung der Wohltat Gottes. Wer das wahrhafte Leben erfahren will, der muß den Weg gehen durch den Tod hindurch. Wer die Wohltat Gottes erleben will, der muß sich das Elend im empirischen Selbst bewußt machen, anstatt es ständig zu verdrängen.

C. Die remissio im Zeichen der cognitio hominis: die Unvollkommenheit der menschlichen Erfahrung

Das, was seitens Gottes eine vollkommene Wohltat ist, nimmt der Mensch – und zwar gerade wegen der Sünde – nur bruchstückhaft in Anspruch. Entsprechend der misericordia und der miseratio Gottes erlebt der Sünder die remissio als ein Nachlassen der Macht der Sünde und als ein Erlassen der Schuld.[76] Indem der peccator sensitivus dem Verheißer Gott sein Leben anvertraut, gelangt er zur Gewißheit, daß Gott ihm die Sünde erläßt.[77] Und durch das remissio-Ereignis wird auch die böse Macht des peccatum entscheidend gebrochen – eine Macht, die darin besteht, den Sünder zu beschuldigen, zu töten, zu verdammen, das Gewissen zu beißen und dem Sünder erschreckende Vorstellungen des göttlichen Zorns vor Augen zu führen.[78] Wie das Fieber einer scheinbar unheilbaren Krankheit, so läßt die Macht der Sünde nach. Der peccator sensitivus hat durch das Wirken des heiligen Geistes die wahre Unterscheidung zwischen Gott und Mensch getroffen. Nach der remissio ist die Krisis für den Sünder vorbei, doch ist er noch lange nicht genesen. Diesen Sachverhalt verdeutlicht Luther durch einen zweiten Hinweis auf die erste Verheißung Gottes an den Menschen, nämlich die an Adam (1. Mose 3, 15): der Kopf der Schlange ist weg, aber der Körper bleibt.[79] Die böse Macht der Sünde hält den Menschen nicht mehr in ihrem Bann, aber die Sünde bleibt als ein Faktum, mit dem der Mensch ständig rechnen muß und das ihm immer wieder zu schaffen macht. Durch die remissio gelangt der Mensch zur Selbsterkenntnis und zur Gotteserkenntnis, aber diese Erkenntnis bleibt im Bereich des irdischen Lebens

---

[76] WA 40, 2; 350, 1–3: »Aboletur peccatum, quo ad remissionem et culpam, sed non ut nihil remaneat et ut nihil cogitem, alioqui oblivio gratiae et remissionis peccatorum.«

[77] WA 40, 2; 350, 11–351, 2: »1.pars gratiae habere faventem et benefacientem deum, quod simus in sinu misericordiae et habeamus fiduciam in promissiones certas nobis gratia sua donatas, ut nos habemus in baptismo, sacramento altaris et Evangelio;«

[78] WA 40, 2; 352, 6–7: »Vis peccati est accusare, occidere, damnare, mordere conscientiam diu nocte, non relinquit obiicere infernum, furores, iras dei.«

[79] WA 40, 2; 351, 13–352, 3: »Res ipsa, quae vere peccatum est, quae toleratur a deo, manet quidem, sed per misericordiam ist ihm (der Schlange) der kopff ab, est quasi decollatum, tollitur ei vita, – ›Ipsum semen‹ etc., ut Textus dicit, – per remissum peccatum, non potest mordere, accusare, deum Iratum reddere etc., quae est maxima vis peccati etc. Quando non terret coram deo, sed affectum erga deum patrem, – Tamen manet corpus peccati, die schlang ist noch da, manet adhuc imperfecta scientia Christi et socordia verbi.«

immer unvollkommen. Der Abgrund des empirischen Selbst ist dem Menschen selber unergründlich: die Widersprüche gehen zu tief, das Selbstinteresse ist zu stark und die Selbsttäuschung zu raffiniert, als daß ein Mensch sich selber völlig kennen kann. Deswegen kann ein Mensch in diesem Leben nur undeutlich erkennen, was die Liebe Gottes in Wahrheit heißt. Daraus folgt, daß sich der Kampf zwischen Christus und der Schlange bis zum Tode des Menschen hinzieht. Zwar ist der Kopf der Schlange weg, aber Christus will auch den Körper der Sünde, des Todes vernichten. Und bei diesem kosmischen Kampf zwischen Mächten, die wir Menschen im bewußten Zustand kaum ahnen, erweist sich der Mensch selbst als das Schlachtfeld.

II. Die petitio um die dona (v. 4)

Daß die verheerende Macht der Sünde gebrochen ist, daß aber die Sünde immer noch im Menschsein am Werke ist, dieser existentiellen Situation gibt Luther Ausdruck durch die Unterscheidung zwischen dem peccatum remissum (die nachgelassene und erlassene Sünde) und dem peccatum lavandum (die noch wegzuwaschende Sünde). Im Hinblick darauf kann man zugleich sagen, daß kein Christ in Sünde lebt und daß jeder Christ in Sünde lebt.[80] Zu beachten ist jedoch dies, daß Luther in diesem Kontext die singularische, nicht die pluralische Form von peccatum gebraucht. Es handelt sich also nicht etwa um verschiedene Sünden, einige, die schon vergeben sind, und andere, die noch wegzuwaschen sind. Luther interessiert sich an dieser Stelle nicht primär für Einzelsünden, sondern für Sünde als eine verheerende Macht über das Menschsein. Demgemäß tritt an die Stelle der traditionellen Unterscheidung zwischen culpa und poena die Differenz zwischen peccatum accusans und peccatum suppullulans – die Sünde, die einen beschuldigt, plagt und tötet, und die Sünde, die, wie eine nicht ganz auszurottende Wurzel, immer wieder hervorsproßt und treibt, die Sünde, die einen wiederholt durchs ganze Leben belastet. Als Korrelation zu der Unterscheidung zwischen dem peccatum accusans und dem peccatum suppullulans, die den Sachverhalt eher von seiten der cognitio hominis beleuchtet, trifft Luther eine zweite Unterscheidung unter dem Gesichtspunkt der cognitio dei, nämlich die zwischen dem ersten und dem zweiten Teil der Gnade.[81] Nach der remissio bittet der Psalmist um die dona dei, um das Wirken

---

[80] WA 40, 2; 352, 8–11: »Nullus Christianus habet peccatum et omnis habet peccatum. Peccatum est duplex apud Christianos: Remissum peccatum et lavandum. Est remissum, non est accusans peccatum, sed suppullulans.«

[81] WA 40, 2; 351, 6–8 u. 10–12: »Peccatum sensibile duobus modis condonatur: 1. per remissionem peccatorum, per misericordiam, miserationes dei, ut nobis velit bene deus … 2. : herr Gott, non satis est remissum esse peccatum: vellem, quod totum abolitum, mortuum et sepultum etc.«

des heiligen Geistes in seinem Leben, damit der Rest der Sünde – d.h. die bleibende Wirkung der Sünde – allmählich überwunden wird.[82] Nicht daß das peccatum bis zum letzten Sproß vollständig vernichtet werden könnte; darin täuschen sich die Schwärmer sehr. Es bleibt immer ein Rest der Sünde, die einen belästigt und plagt.[83] Gewiß kann die Schlange den Menschen nicht mehr in die gleiche schreckliche Todesangst versetzen wie vorher[84]: der Kopf der Schlange ist weg und damit auch das Gift, ihre verheerende, zerstörende Macht. Doch bleibt der Körper der Schlange da, und schon allein dies genügt, um den Menschen zu beunruhigen, zu belästigen, zu beängstigen.[85]

Das Bild von einer Schlange, deren Körper noch vorhanden ist, macht den Begriff der Gnade als einer Relation anschaulich. Die remissio, inklusive der misericordia und der miseratio, verleiht der menschlichen Seele keine neue Anlage (habitus) oder Eigenschaft (qualitas) wie etwa eine Begabung zum Zeichnen.[86] Die Vergebung der Sünde führt keine strukturelle Veränderung des empirischen Selbst herbei. Auch nach der Vergebung mangelt es dem Selbst an einer Veranlagung, die zum wahrhaften Leben tendiert. Die tiefgreifenden Widersprüche im Menschsein bleiben noch da, und das »Ich« wird nach wie vor durch und durch von der ratio geprägt. Die intentionale Struktur des Selbst verändert sich nicht, obgleich das Selbst faktisch nicht ständig auf den eigenen Nutzen bedacht ist, und das Fleisch – das unausweichliche Verhältnis des Selbst zum Materiellen, zum eigenen Körper und zur Außenwelt – droht ständig das Selbst wieder in die Macht der Sünde gefangen zu nehmen.[87] Was sich nun aber bei der Vergebung grundsätzlich verändert, ist eben die Situation des empiri-

---

[82] WA 40, 2; 353, 10–11: »Sic, ubi liberi misericordia dei, oportet deus det spiritum, donum in cor, qui purget reliquum peccati, quod nobis molestum est.«

[83] WA 40, 2; 354, 5–7: »Ergo inquit: ›Lava me‹, sum ledig, non accusat me peccatum, non terret, sed molestat, vexat.«

[84] WA 40, 2; 358, 7–8: »… heists noch peccatum et iniquitatem, Sed non ut ante, quia caput contritum et contusum per remissionem peccatorum et misericordiam et miserationem.«

[85] WA 40, 2; 355, 3–4: »Serpenti ist caput conculcatum, sed corpus ist noch da.«

[86] WA 40, 2; 353, 3–5: »Es iustus, sanctus extrinsece. Misericordia et miseratione es iustus. Das ist nicht meus habitus vel qualitas cordis mei, sed extrinsecum quoddam, scilicet misericordia divina …«. 354, 2–5: »Ideo Christianus non est sanctus intrinsece et formaliter. Nec Sanctitas est in praedicamento substantiae sed relationis, est gratuita misericordia, simpliciter per Confessionem et agnoscentiam, quod praedicaret deum misericordem peccatoribus.« Luthers Kritik an einem Verständnis der sanctitas als substantia bedarf vielleicht einer weiteren Erklärung. In der Scholastik wurde die gratia nicht als eine Substanz, sondern als eine Qualität, genauer gesagt als ein habitus, verstanden. So BIEL, Coll. II d. 26 a. 1 not. 1: »Gratia gratum faciens est … qua habens amicus Dei constituitur et dignus vita aeterna. Est enim quaedam forma animae a Deo infusa, qua anima formaliter redditur Deo cara et grata et qua ordinatur ad vitam aeternam possidendam, nisi obicem posuerit vel impedimentum.« AaO, concl. 2: »Gratia non est substantia, sed accidentalis forma animae infusa.« Das heißt: die gratia gilt bei BIEL als eine Modifikation der Substanz, aber doch als eine, die nicht leicht veränderlich sei. Für Luther läuft es offensichtlich auf das gleiche hinaus, ob man die gratia als eine Substanz oder als eine feste Modifikation der Substanz versteht. Beides führt den Menschen zu einer falschen Sicherheit in sich selber.

[87] WA 40, 2; 355, 5: »›inquinamenta‹ spiritus et carnis«.

schen Selbst. Dank des Siegs Christi über die Schlange gewinnt das Selbst eine neue Erkenntnis von sich selber und von Gott. Dies bedeutet einerseits, daß die Grenzen des Selbst erweitert werden, so daß sich das empirische Selbst annähernd mit dem wahren Selbst deckt (Selbsterkenntnis)[88], andererseits, daß eine als überindividuell erlebte Kraft im Selbst wahrgenommen wird, über die das »Ich« ebensowenig verfügen kann wie über das Unbewußte (Erkenntnis des heiligen Geistes). Keine von diesen beiden neuen Erkenntnissen beinhaltet eine strukturelle Veränderung des Selbst, sondern bloß eine faktische Veränderung der Situation, in der das empirische Selbst sich von Augenblick zu Augenblick aktualisiert. Aus dieser Sicht gibt es überhaupt keinen Grund zur Selbstsicherheit. Im Gegenteil! Jedes Gefühl des Geschütztseins vor Gefahr, jeder Vorstoß, auf einem vermeintlich neuen Fundament des Selbst zu bauen, jeder Versuch, sich aus der Gefahrenzone des Lebens wegzubringen, führt das empirische Selbst zugleich aus dem Bereich, wo die Selbst- und Gotteserkennntnis entstanden ist. Das heißt: Selbstsicherheit läuft letzten Endes auf die Selbsttäuschung hinaus. Als Gegenpol zur Selbstsicherheit gilt nicht – wie man vielleicht aus grammatischer Sicht erwartet – die Unsicherheit des Selbst, sondern die Freiheit des Selbst von Todesangst, die Befreiung des Gewissens – Sorgenfreiheit, Unbekümmertheit.[89]

III. Die Notwendigkeit der petitio um die remissio (v. 5–7)

Nachdem David in Vers 3 um die remissio der Sünde und in Vers 4 um die dona gebetet hat, spricht er in Vers 5 ausdrücklich von seiner Sündenerkenntnis: »Denn ich erkenne meine missethat, Und meine sunde ist imer für mir.«[90] Daß dieser neue Aspekt der Problematik mit dem vorhergehenden sehr eng verbunden ist, wird im Vulgata-Text durch die Konjunktion »quoniam« signalisiert. In der Auslegungstradition von Gregor bis zu Lombardus wurde bei der Interpretation dieses Verses das Verhältnis von misericordia und iustitia behandelt, um die beiden durch den Begriff der Selbstbestrafung miteinander in Einklang zu bringen. Demnach lautet die Fragestellung typischerweise so: Wie kann Gott die Sünde verzeihen, ohne dadurch seine Gerechtigkeit zu verletzen?[91] Aus dieser Perspektive verstand man das »quoniam« kausal mit Bezugnahme auf die Vergebung der Sünde; demgemäß soll der 5. Vers den Grund bekanntgeben, warum Gott die Sünde vergibt, nämlich weil (quoniam) der Sünder seine Sün-

---

[88] Vgl. Luthers Bild von der Befreiung eines Übeltäters aus dem Gefängnis. WA 40, 2; 353, 9.
[89] WA 40, 2; 357, 17–18: »Ibi conscientia libera et reducta in securitatem, hilaritatem.«
[90] Der Psaltertext von 1531. WAD 10,1.
[91] Gregor. MPL 79, 584, C: »Iustum invoco, qui et peccata odio habet, et ista impunita non dimittet. Sicut eius misericordiam expeto, ita etiam iustitiam ipsius attendo. Non sic postulo misericordiam accipere, ut velim ab eo iustitiam suam auferre.«

den offen bekennt und dadurch sich selbst bestraft.[92] In der Enarratio Psalmi 51 stellt auch Luther die Frage nach dem Grund (causa) der gratia und der remissio und kommt dabei zu folgendem Schluß: wenn es irgendeinen Grund gibt, weshalb der Sünder die gratia und die remissio erreicht, dann besteht er einzig und allein in der Sündenerkenntnis.[93] Über die Selbstbestrafung, die nach Gregor der Gerechtigkeit Gottes Genüge leisten soll, steht aber in der Nachschrift Rörers kein Wort. Im Gegenteil lesen wir unmittelbar nach Luthers Äußerung zur Sündenerkenntnis, wie er sie gegen allfällige Mißverständnisse im Sinne eines Verdiensts oder einer Leistung des Menschen abgrenzt.

Verwirrend in diesem Zusammenhang ist jedoch die Druckbearbeitung von Veit Dietrich. Luthers Berührung mit der Tradition bei der Fragestellung des Verses hat Dietrich offenbar dazu verleitet, den theologischen Gedankengang der Vorlesung auf die Begründung der remissio bzw. die iustificatio hin aufzufassen.[94] Denn die Druckbearbeitung geht ausschließlich von der Fragestellung aus, weshalb der Sünder überhaupt zur remissio gelangt, und greift das alte Ursache-Schema auf, um eine plausible Antwort liefern zu können. Dabei konnte Dietrich an das eindeutig textbedingte Vorkommen des Wortes »causa« in der Vorlesung – »quoniam« gilt ja als eine kausale Konjunktion – anknüpfen. Die Sündenerkenntnis bezeichnet er dann als eine causa secunda oder causa sine qua non der remissio im Gegensatz zu der misericordia dei als prima causa.[95] In seiner Begeisterung für den causa-Begriff setzte Dietrich sogar die drei Verse 5–7, die freilich bei der Vorlesung eine Einheit bilden, in den Kontext des causa-Schemas: Vers 5 soll den Grund der remissio bekanntgeben, Vers 6 den Grund der Erkenntnis der Sünde, Vers 7 den Grund der Sünde selbst.[96] Wenn Dietrich bei der Darlegung des causa-Begriffs mit Nachdruck betont, daß der Mensch durch die Sündenerkenntnis die remissio nicht verdienen kann, entsteht zuerst der Anschein, als ob er sich in Übereinstimmung mit Luther befinde. Aber seine offenbar von der Auslegungstradition übernommene Fragestellung sowie sein Rückgriff auf das Ursache-Schema haben in Wirklichkeit

---

[92] AaO: »Nolo ut peccatum meum remaneat impunitum. Sic misericordia est ut peccanti ignoscat: sic iustitia est ut peccatum impunitum non transeat. Sed quia peccatum meum ego ipse paveo, ideo ut tu me non punias tam vehementer, exoro. Ideo agnosco, ut tu ignoscas.« Vgl. Glo, ZGl zu v. 5: » quid ergo erit? per misericordiam peribit iustitia: ut hoc sit impunitum? non: quia ego punio: quasi, ignosce: quia ego agnosco«.

[93] WA 40, 2; 358, 16–17: »Si est ulla causa impetrandae gratiae et consequendae remissionis peccatorum, tum illa est sola, ut agnoscamus peccatum.«

[94] WA 40, 2; 358, 35–36: »Quia tantum una iustificationis causa est, scilicet meritum Christi seu gratuita misericordia ...«

[95] WA 40, 2; 358, 37–359, 16: »Quod si quis vult, numeret agnitionem peccati tanquam causam secundam seu, ut eruditi loquuntur, causam sine qua non, quia sic est causa, ut tamen tota res pendeat ex misericordia Dei seu ex promissione ...« 359, 37–38: »Quare rationalis particula (das heißt: quoniam), qua hic utitur, non ponitur, quasi cognitio peccati sit prima causa, quae mereatur remissionem peccatorum.«

[96] WA 40, 2; 379, 33–380, 17.

den Effekt, die bahnbrechenden Gedanken Luthers zu diesem schwierigen Vers zu verdunkeln statt zu erhellen. Dieser Sachverhalt ist aus den Umständen der Veröffentlichung der Druckbearbeitung klar zu ersehen. Gleich nach der Erscheinung der Druckbearbeitung reagierte Melanchthon heftig durch einen Brief an Dietrich (6. Oktober 1538), in dem er ihm den Vorwurf machte, Dietrich habe die Gedanken Luthers zugunsten Melanchthons verdreht und unnötigerweise den Gegnern Luthers Anlaß zur erneuerten Kritik gegeben.[97] Um so verständlicher ist die Reaktion Melanchthons auf dem Hintergrund des Cordatus-Streites, der schon im Sommer 1536 begonnen hat, bei dem der causa-Begriff die zentrale Rolle spielte und in den Melanchthon selbst gegen seinen Willen verwickelt wurde.[98] Wenn wir uns nun auf den Brief Melanchthons verlassen dürfen, hatte Luther die Druckbearbeitung in endgültiger Form vor ihrer Erscheinung nicht begutachtet und war auch nicht mit ihr zufrieden. Diese Sachlage soll uns vor einer unkritischen Heranziehung der Druckbearbeitung bei der Interpretation der Rörer-Nachschrift warnen.[99] Hätte Dietrich den Kontext der Bemerkung Luthers über den Grund der remissio genauer beachtet, wäre es ihm nicht entgangen, daß Luther im Vergleich mit der Auslegungstradition die Fragestellung völlig verändert hat. Luther interessiert sich bei der Auslegung des 5. Verses nicht primär für die Frage, warum der Beter die remissio empfängt, sondern warum er überhaupt um die remissio bittet. Ebenfalls erweist sich Dietrichs Gliederung der drei Verse in die causa misericordiae, die causa notitiae peccati und die causa peccati als eine fragwürdige Veränderung, wenn nicht schlicht als eine Vergewaltigung der Nachschrift. Aus diesen Gründen empfiehlt es sich, die Untersuchung der Enarratio Psalmi 51 zu den Versen 5–7 nach den Anhaltspunkten der Nachschrift Rörers zu gliedern. Daraus ergibt sich folgendes: der Druck des peccatum (v. 5), der Streit um das peccatum (v. 6) und die Tiefe des peccatum (v. 7).

---

[97] Corpus Reformatorum, Bd. 3, 593–594: »Verum tu maiorem curam mihi iniecisti editione Psalmi, ubi inseris quaedam, de causa sine qua non, et de causa, ut tu loqueris, secunda. Quid dicent nostri Critici, seu potius Sycophantae? Te in meam gratiam depravasse Lutheri enarrationem. Crimen falsi obiicient. Ipse, sive sic dixit, sive non dixit, edet violentas propositiones, et volet delere et evertere illas causarum appellationes. Omnino expecto novam tragoediam. Deinde scis eum libere kai atechnos uti talibus appellationibus. Nec satis technikos explicata res est, cum dicis, etsi tota res pendet a misericordia, tamen agnitio peccatorum est secunda causa remissionis. Haec sunt perplexa.«

[98] Siehe MELANCHTHONS Brief vom 1. November 1536 an Luther, Jonas, Bugenhagen und Cruciger, in dem er zu dem von Cordatus ausgelösten Streit um die Formulierung »causa sine qua non« klar Stellung nimmt (WAB 7,579–581).

[99] S. o. Anm. 97: »Haec duxi tibi significanda esse, ut in posterum sis cautior, ac omnino velim te eius enarrationes, nisi prius ipsi missas, non edere. Sensi ei editionem ouk apeskein.«

A. Der Druck des peccatum (v. 5)

Am Schluß der Vorlesung vom 17. Juni 1532, in der Luther den 3. u. 4. Vers eingehend auslegte, kündigte er das Thema des 5. Verses mit diesem Wort an: »‹Quoniam‹: dicet, warumb er so geschrien habe«.[100] Dieser neue Ansatz zur Interpretation des Verses besteht darin, daß Luther die kausale Konjunktion »quoniam« nicht wie die Auslegungstradition auf die remissio selbst, sondern auf die Bitte um die remissio und die dona bezieht. Es handelt sich also nicht mehr um die Frage, warum der Beter trotz der iustitia dei zur remissio bzw. zur misericordia dei gelangt, sondern um die Frage, warum der Beter überhaupt um die remissio bittet. Was hat ihn eigentlich dazu bewogen? Luther sucht bei diesem Vers den Beweggrund des Gebets unter dem Gesichtspunkt der Erfahrung des Menschen,[101] und er findet diesen in der bereits getroffenen Unterscheidung zwischen den peccata sensibilia und den peccata insensibilia.[102] So verstanden, gilt dieser Vers zusammen mit den Versen 6 u. 7 als eine erläuternde Ergänzung dessen, was schon in den Versen 3 u. 4 erklärt wurde. Der Mensch wird zum Gebet um die remissio dadurch veranlaßt, daß er seine Sünde deutlich wahrnimmt und deswegen von seiner Sünde, und zwar nicht nur von einzelnen, sondern von dem peccatum universale, überwältigt wird.[103]Die Unterscheidung zwischen peccatum und peccatum ist darum lebenswichtig, weil allein die Erscheinung der Sünde als einer im Menschsein nicht auszurottenden Wurzel einen Menschen zum wahrhaften Gebet um Gottes Vergebung bewegen kann. Das peccatum drückt einen, läßt nicht los.[104] Das empirische Selbst, charakterisiert in der Regel durch eine falsche Selbstzufriedenheit und Selbständigkeit, befindet sich mitten im Gebet plötzlich in der Anwesenheit eines Gegenübers (coram deo), das die Selbständigkeit als eine Illusion entlarvt und die Selbstzufriedenheit als eine Lüge. Unter dem Druck der tiefgreifenden inneren Widersprüche wird das empirische Selbst zum Schreien gebracht; das peccatum drängt einen zur Selbstverzweiflung und zugleich zur Suche nach einer heilbringenden Kraft.[105] Will man die Frage nach einem Anhaltspunkt im Menschsein für die Gnade Gottes stellen, so gilt für Luther allein dies: der

---

[100] WA 40, 2; 358, 10.

[101] Siehe z.B. WA 40, 2; 359, 6: »Causa, quare petat misericordiam:«. 359,14: »Ideo causa est petendi veniam, quia sentio peccatum.« 364, 7: »Das ist causa, quare oraverit ita.«

[102] WA 40, 2; 358, 15–16: »Iam sequitur causa, quare sic peccata distinguenda In peccata sensibilia et insensibilia.«

[103] WA 40, 2; 359, 7–8.

[104] WA 40, 2; 363, 14–364, 3: »Causam habetis: quia ideo peto remissionem peccatorum, quia trick (drückt) mich et ›coram‹, i.e. kan sie nicht los werden: Ut verum: pacem non habet, vigilans, dormiens, edens. Sic premitur peccato, lege, mus terreri. Sed quia sentio peccatum, eluctandum et dicendum: ›Miserere‹ …«

[105] WA 40, 2; 362, 1–2: »Sed petit hic veniam causa nulla alia: sum ein elender, betrubter sunder.«

Druck des peccatum! Die Entschiedenheit dieser Antwort bringt uns ein Stück weiter auf dem Weg zur cognitio dei et hominis.

Was dieser Druck des peccatum erfahrungsmäßig bedeutet, kann gegen die Bußempfindungen der Tradition noch deutlicher abgehoben werden. Besonders markant war die Schilderung der Bußempfindungen bei Gregor. Indem der Büßer leidet und weint, seine eigene Schuld vor Augen hält und sich den Schrecken des jüngsten Tages vorstellt, wird Gott zur Sündenvergebung bewogen.[106] Anders als bei Luther gelten die Bußempfindungen bei Gregor als eine Art Selbstbestrafung, wodurch der Mensch die Gnade verdient und Gott zur Sündenvergebung veranlaßt. Luther dagegen versteht das Leiden unter dem Druck des peccatum nicht als den Beweggrund der remissio, sondern als den des Schreiens um Hilfe. Daß es bei den Bußempfindungen und dem Druck des peccatum um ganz unterschiedliche Erfahrungen geht, läßt sich leicht aus Luthers Gleichnis der zwei Mühlsteine erkennen.[107] Es handelt sich hier nicht etwa um eine fromme Leistung, sondern es geht buchstäblich um Leben und Tod des Menschen. Luther spricht nicht wie Gregor von Vorstellungen, wie etwa von der Vorstellung des Todes als einer Strafe der Sünde. Er spricht schlicht und einfach vom Tod: sentio mortem![108] Daraus erklärt sich Luthers wiederholte Mahnung in der Enarratio Psalmi 51: die Sache ist ernst!

B. Der Streit um das peccatum (v. 6)

Die zentrale Stellung des 6. Verses im Psalmverständnis Luthers wird u. a. dadurch bezeugt, daß er in den Dictata super Psalterium praktisch das ganze Scholion diesem Vers widmete, daß von allen anderen Versen des 51.Psalms dieser am meisten in andern Schriften Luthers zitiert wurde und daß er in der Enarratio Psalmi 51 dem Vers zweimal soviel Platz gewährte wie Vers 5 oder 7. Ein Grund dafür war sicherlich, daß Paulus den Versteil: »ut iustificeris in sermonibus tuis et vincas cum iudicaris« in Röm 3, 4 zitierte und dadurch einen hermeneutischen Ansatz für eine christliche – und das heißt für Luther – eine sachgemäße Interpretation des 6. Verses und damit auch des ganzen Psalms lie-

---

[106] Siehe oben K. 2, IV. PSEUDO-GREGOR DER GROSSE, C. Die paenitentia.

[107] WA 40, 2; 360–361.

[108] WA 40, 2; 360, 1–4: »‹Novi›: in Ebraeo est amplum vocabulum. Non est simpliciter ›cognoscere‹, sed: er erferts, fults. Deus non curat, non promovet superbos etc., non ›novit‹. Iam est tempus miserendi et iuvandi, quia factus sum ex insensato peccatore sensatus, sentio mortem …« Vgl. Luthers Predigt über Joh 20, 19 vom 16. April 1531: »i.e. sentio peccatum meum i.e. non solum gedenckt dran, quod gemordt etc. sed quod sentiam die krafft peccati, ut fiat peccatum in corde vivens, ut sentiam i.e. ut non solum cogitem, quomodo peccavi, sed sentio wie mich das peccatum wil fur Got verklagen und hin unter reissen inn die helle, das ist verum peccatum, die da unum ist, de quo Paulus ad Ro 7 ›veniente lege vivum factum et ego mortuus‹.« (WA 34, 1; 322, 10–16)

ferte.[109] Dieser hermeneutische Wegweiser war Luther um so wichtiger, als der 6. Vers schwierige sprachliche sowie sachliche Probleme aufweist.

Die sachlichen Probleme liegen vor allem darin, daß der 6. Vers von einer Sünde spricht, die man offenbar nicht direkt erkennen kann, also nicht einfach von Ehebruch und Mord, sondern von einer Sünde, die dem Menschen selbst unbewußt bleibt.[110] Bereits das »soli« (soli tibi peccavi) signalisiert ein neues Sündenverständnis gemessen an der Ethik.[111] Allerdings hat David Ehebruch mit Bathseba begangen und deren Gatten auf hinterlistige Art und Weise töten lassen. Doch heißt es in diesem Vers, David habe allein an Gott gesündigt. Daraus erhellt, daß die im 6. Vers gemeinte Sünde wesentlich anders als moralische Missetaten und deswegen auf direkte Weise nicht wahrnehmbar ist. Darüber hinaus ergibt sich aus dem Vers kein Sinn, wollte man den Vers in bezug auf die Tatsünden verstehen und die offensichtlich absurde, doch in diesem Fall naheliegende Konsequenz ziehen, daß man um Gottes Gerechtigkeit willen sündigen sollte (ut iustificeris). Deshalb muß man den Vers theologisch, nicht historisch interpretieren,[112] und dazu liefert Paulus den hermeneutischen Schlüssel.

Die sprachlichen Probleme sind auf die Übersetzungsschwierigkeiten bei der Wiedergabe des Urtextes ins Griechische und Lateinische zurückzuführen; insbesondere war der letzte Versteil: »et vincas cum iudicaris« problematisch. Was im Vulgata-Text als »iudicaris« übersetzt wurde, war wahrscheinlich im Hebräischen ein Infinitiv mit aktivem Sinn: בְשָׁפְטֶךָ, obschon eine leichte Abänderung der Vokale auch der Bedeutung als Substantiv zuläßt.[113] Vermutlich unter dem Einfluß der Septuaginta, die das Hebräische durch einen passiven Infinitiv übersetzte, und nicht zuletzt auf Grund des aus der Septuaginta von Paulus angeführten Zitats in Röm 3,4: ἐν τῷ κρίνεσθαί σε blieb praktisch die ganze Auslegungstradition, auch Luther, beim Infinitiv.[114] Dennoch gingen die Meinungen von früh an auseinander in bezug auf Genus und Tempus der Übersetzung ins Lateinische. Nach Faber Stapulensis übersetzte Hieronymus den Infi-

---

[109] Von den Dictata super Psalterium an war Luther überzeugt, daß man diesen Vers nur im Sinne des Paulus sachgemäß verstehen konnte (WA 3; 287, 22–23). So auch in der Tischrede: »Niemand soll den Vers ›tibi soli peccavi‹ auslegen, ohne Paulus zu verstehen.« (WAT 2; 151, 6)

[110] WA 40, 2; 368, 5–8: »haec erat prima sententia, quod peccatum hoc loco non possit intelligi de actuali peccato. ideo frustra laborat, qui interpretatur de casu, quo peccavit David homicidio et adulterio: qui casus fuit fructus istius perpetui peccati, in quo nati vivimus et moriemur.«

[111] WA 40, 2; 366, 2: »Das ›Soli‹ vexirt einen wol: nemo vidit.«

[112] WA 40, 2; 368, 9–369, 1: »Secundo: non posse hunc versum intelligi grammatice, sicut verba illa sonant, Ut Paulus etiam Ro. 3. tangit: ›Tibi peccavi, ut iustificeris‹, quasi deus iustificari non possit, nisi nos peccemus, quae est absurda sententia, quia non agitur hic historice de peccato, sed theologice, spiritualiter de probando, iudicando, iustificando.«

[113] So z.B. die Zürcher Bibel, 1971: »in deinem Richten« und die RSV, 1965: »in thy judgment«.

[114] Die einzige Ausnahme, die mir bekannt ist, ist ein von Faber Stapulensis erwähnter Interpret, der den Versteil so übersetzt: »mundes in iudicio tuo«.

nitiv mit futurischem, passivem Sinn, also »iudicaberis«.[115] In der Vulgata steht das Verb mit präsentischem, passivem Sinn: »iudicaris«, und Burgensis plädierte für einen activen Sinn: »iudicabis«. Im Gegensatz zu allen andern eröffnet Luther seine Auslegung von Vers 6 in der Enarratio Psalmi 51 mit diesem Wort: »›Tibi soli‹, ›mundus sis, cum iudicareris‹«,[116] also mit einem passiven Imperfekt Konjunktiv. Außer wenn wir Luther reine Willkür an dieser Stelle unterstellen – was angesichts der zentralen Bedeutung dieses Verses für sein Psalmverständnis völlig unberechtigt wäre –, müssen wir davon ausgehen, daß er mit Bedacht das Imperfekt gebraucht. Der Grund dafür liegt meiner Meinung nach in dem iterativen Aspekt des Imperfekts. Durch seine Übersetzung ins Lateinische will Luther uns klarmachen, daß es sich in diesem Vers um etwas handelt, was wiederholt geschieht, um etwas, was gerade zu einer gewohnheitsmäßigen Handlung geworden ist – um die Sache mit Namen zu nennen: um den dauernden Streit zwischen Gott und dem Menschen. Gott wird ständig von dem Menschen gerichtet, weil der Mensch das Wort Gottes nicht wahrhaben will.

Diese Interpretation wird bestätigt, wenn wir den anderen Versteil in Betracht ziehen: »vincas«. Meines Wissens hat Lyra als erster gemerkt, daß »vincas« eine schlechte Übersetzung des hebräischen תִּזְכֶּה war. Statt »vincere« schlug er das Verb »mundare« in passiver Form vor: »mundaberis cum iudicaris«, was eigentlich den Sinn des Hebräischen (»rein sein« oder »rein dastehen«) treu wiedergibt.[117] Obwohl Luther in den Dictata super Psalterium beim Vulgata-Text (vincas) blieb[118] und in den sieben Bußpsalmen von 1517 ihn als »überwinden« übersetzte,[119] hatte er schon im Betbüchlein aus dem Jahre 1522 das Hebräische als »rein sein« erfaßt,[120] und von diesem Zeitpunkt an war er sich durchaus im klaren, was das hebräische זָכָה eigentlich bedeutet. Auch sein erster Satz der Auslegung des 6. Verses in der Enarratio Psalmi 51: »mundus sis, cum iudicareris« widerspiegelt diese neue Sprachkenntnis. Im Hinblick darauf ist es beachtlich, daß Luther trotz allem in seinen Ausführungen den 6. Vers auf das »vincas«

---

[115] FABER, Quin. Ps. zu v. 6. Aber in der uns überlieferten Psalmauslegung von Hieronymus steht »iudicaris«! (CC 72, 210).

[116] WA 40, 2; 364, 10.

[117] LYRA, Interp. lit. zu v. 6: »In hebraeo habetur: Et mundaberis cum iudicaris: id est apparebis mundus adimplendo promissum ...« Burgensis hingegen übersetzte mit aktivem Sinn: mundes cum iudicabis.

[118] WA 3; 289, 26–27: »›Vincas.‹ Hoc fit in malis et incredulis, a quibus iudicatur deus, cum ipsi sese deberent iudicare, sicut illi, qui dicunt ›Tibi peccavi‹.«

[119] WA 1; 187, 16–17: »Auff das du gerechtfertig seyst in deinen worten und uberwundest, wan du gerichtet wirst.«

[120] WA 10, 2; 412, 10–11: »Darumb wirstu recht haben yn deynen wortten und reyn erfunden, wenn du gerichtet wirdist.« In den sieben Bußpsalmen von 1525 erschien somit die neue Fassung: »Darumb wirstu recht bleyben ynn deynen worten, und reyn erfunden, wenn du gerichtet wirst.« (WA 18; 500, 32–33). Vgl. auch die Schlußfassung der Deutscher Bibel, 1545: »Auff das du recht behaltest in deinen worten, Und rein bleibest, wenn du gerichtet wirst.« (WAD 10, 1; 265, v.6).

hin interpretiert.[121] Die Tatsache läßt sich nur daraus erklären, daß er bei diesem Vers den dauernden und für den Menschen seinsbestimmenden Streit zwischen Gott und Mensch in den Mittelpunkt stellen will. Wenn auch das »vincas« uneigentlich gebraucht wird, trifft dieses Wort doch den Kern der Sache. So lesen wir in seiner Predigt über Joh 6,41 vom 27. Januar 1531: Gegen die Ketzer und Sekten, die Juden und Türken, gegen die Papisten und alle, die das Wort Gottes mit der Vernunft messen, sagt der Prophet: »Du wirst doch recht behalten in deinen wortten undt darzu gewinnen, wen man dich lange richtet.« Das Wort Gottes muß unter den Menschen leiden, aber am Schluß wird Gott überwinden (vincas): »Am ende wirdt man sehen, was die glocke geschlagen hat«.[122]

Worum geht es bei diesem Streit? Antwort: um das peccatum! Aus seiner Erfahrung kam David zur Erkenntnis, daß er vor Gott nichts anderes als ein peccator war. Nachdem er den Kultus gegründet und im göttlichen Auftrag über das Volk Israel regiert hatte, mußte er doch erleben, wie rasch er in diese Sünde des Fleisches geriet. Und wenn es einmal so geschah, überlegte sich David, kann es morgen wieder kommen! Denn diese Tatsünden sind nur die Früchte des wahren peccatum, der Wurzelsünde.[123] Daraus folgt, wie Paulus uns wegweisend in Röm 3, 4 zeigt, daß man diesen Vers auf das peccatum universale (generale), auf das peccatum perpetuum hin interpretieren soll; universale, weil alle Menschen ohne Ausnahme betroffen sind, perpetuum, weil sie in dieser Sünde geboren sind, leben und sterben.[124] Das Entscheidende bei diesem Vers ist also die Wahrnehmung der Grundsituation des Menschen, d.h. die Selbsterkenntnis oder die Erkenntnis des empirischen Selbst, wie es faktisch in dieser Welt vor Gott existiert. Und das »Wozu« dieser Selbsterkenntnis gibt der Beter bekannt durch den finalen Nebensatz: »ut iustificeris«, den Luther auf raffinierte hermeneutische Art durch eine Ergänzung interpretiert: »ut tum sis iustus et iustificans«.[125] Der Beter bekennt seine Sünde, auf daß Gott in seinen Worten gerechtfertigt wird, d.h. damit das Gotteswort als die Wahrheit über das

---

[121] WA 40, 2; 377, 10–11.«›Vincas‹: Non displicet mihi abusus interpretis, ›mundum‹ esse; ›Zadka‹: ›ut probus sis‹.« Hatte Rörer hier falsch geschrieben? Das Hebräische für »mundus esse« ist nicht צדק, sondern זכה? Daß »vincas« nur uneigentlich gebraucht werden kann, betont Dietrich in der Druckbearbeitung, siehe 377, 32–33: »Quod ad Hebraeam Grammaticam attinet, verbum, quod Interpres reddidit: ›Ut vincas‹, proprie significat: ›Ut purus seu mundus sis …‹«

[122] WA 33,119, 36–39.

[123] WA 40, 2; 365, 5–10: »Hodie castus, cras adulter … Si iste fructulus in me, tum nihil boni in me, ne radix, rinden etc. Sic accipe etiam hic generale peccatum: ›Tibi‹, ›Peccatum feci‹ etc. ›Peccatum meum asnosco‹, i.e. merck, quod coram te nihil sim quam peccator.«

[124] WA 40, 2; 364, 12: »Psalmus loquitur in persona omnium Sanctorum, qui etiam nihil fecerunt etc.« 366, 9: »Paulus macht recht universalem draus: Omnes sumus condemnati, ut iustificeris.« 368, 6–8: »ideo frustra laborat, qui interpretatur de casu, quo peccavit David homicidio et adulterio: qui casus fuit fructus istius perpetui peccati, in quo nati vivimus et moriemur.«

[125] WA 40, 2; 366, 10–12: »Ut tum dico: o deus, confiteor meum peccatum et durch et durch tumb, ut tum sis iustus et iustificans …« 367, 7–8: »Sed omnis homo, mundus debet esse reus, ut solus deus intelligatur iustus et iustificans.«

Menschsein vom Menschen selbst anerkannt wird. Indem das bekennende Wort des Menschen mit dem Gotteswort von der menschlichen Sündhaftigkeit übereinstimmt, leuchtet das Wort Gottes als gerecht und wahr. Der tiefere Sinn dieser Rechtfertigung Gottes durch das Bekenntnis des Menschen liegt aber letztlich in der Rechtfertigung des Menschen durch das Wort Gottes. Die Verflechtung der beiden hebt Luther durch den Nebensatz hervor: ut sis iustus et iustificans.[126] Sobald der Mensch Selbsterkenntnis erlangt, tritt Gott gerade als der Gott in Erscheinung, der den Menschen gerecht macht.

Da nun aber die ratio die Wurzelsünde weder versteht noch irgendwie in Erfahrung bringen kann, entsteht ein Streit zwischen der ratio und dem verbum dei. Das Wort Gottes fällt das Urteil über den Menschen, daß er ein peccator ist: die Vernunft sträubt sich heftig dagegen und nimmt das Menschsein in Schutz.[127] Allerdings kommen für die ratio die moralischen Missetaten in den Blick, aber die Wurzelsünde bleibt ihr stets verborgen. Deshalb war sogar Aristoteles, dessen Ethik nach dem 13. Jahrhundert so große Bedeutung für die scholastische Theologie erlangte, nicht in der Lage, uns über diese Wurzelsünde aufzuklären. Wie man diese Sünde näher beschreiben und weshalb die ratio sie gar nicht erkennen kann, verdeutlicht Luther am Beispiel der scholastischen Theologen. Da die Scholastiker infolge der theologischen Rezeption der aristotelischen Schriften so viel Gewicht auf die Metaphysik und die Logik legten, kann Luther sie polemisch mit der ratio gleichsetzen. Genau wie die ratio, so nehmen auch die Scholastiker das Menschsein in Schutz und behaupten, der Mensch sei nach dem Sündenfall wie vor ihm prinzipiell unversehrt. Im Anschluß an Anselm, Scotus und Ockham tendierte Gabriel Biel zu der Meinung, daß das peccatum originale bloß eine Privation sei, nämlich die carentia iustitiae originalis, ein Mangel an seelischer Ordnung,[128] daß aber diese durch die Sünde der ersten Eltern verlorene Harmonie der Seele, die sich vor allem im Konflikt zwischen Sinnlichkeit und Vernunft anmeldet, durch die christliche Taufe wiederhergestellt wird.[129] Für den getauften Christen fällt somit das peccatum originale effektiv aus dem Spiel: die Seelenvermögen sind unverletzt, so daß der Wille stets auf das von der Vernunft erfaßte und der voluntas gesetzte

---

[126] Wahrscheinlich in Anlehnung an Paulus, Röm 3,26: »… ut sit ipse [Deus] iustus et iustificans eum, qui ex fide est Iesu.« Vgl. auch WA 40, 2; 376, 5–8: »Sed spiritu crede te peccatorem, et talem, quem deus velit iustificare et habere pro filio, modo fateatur se perditum. Hac confessione glorificas deum, et te econtra: hic tempus mihi iustificandi.«

[127] WA 40, 2; 369, 4–6: »Ego pronuncior, quia ratio hoc peccatum non comprehendit, ideo ubi audit haec verba, subirascitur, quia non sentit nisi opus et fructum et civilia peccata.«

[128] BIEL, Coll. II d. 30 q. 2 a. 2 concl.3: »Peccatum originale non dicit rem positivam quantum ad suum formale, sed originalis iustitiae privationem debitae inesse.«

[129] AaO: »Aliis autem positis, sublata carentia debiti, talis non est peccator: ut patet post baptismum, ubi manet quidem fomes et non manet peccator, quia iam non caret iustitia debita, eo quod per baptismum sublatum est debitum.« Dagegen Luther, Ein Sermon von dem Sakrament der Taufe, 1519. WA 2; 728, 25.

gute Ziel tendiert. Das Vorhandensein der Synderesis als eines im Intellekt unauslöschbaren Lichtes gewährleistet, daß die ratio das Gute beinahe unfehlbar erkennt.[130] Wird die Erbsünde auf diese Weise aus dem praktischen Leben des Christen eliminiert, so rücken die Tatsünden in den Vordergrund als gelegentliche Fehlgriffe, die darin bestehen, daß der Wille zuweilen gegen das Diktat der Vernunft entscheidet.[131] Die Tatsünde ist also ein Mangel an Konformität des Willens zur Vernunft. Der Charakter der erforderlichen Konformität in der Anthropologie Biels ist für ein Verständnis der Enarratio Psalmi 51 von besonderer Bedeutung. Denn die Konformität wird mit dem Begriff der Intentionalität dahin definiert, daß der Wille gerade die Intention hat, die die Vernunft ihm vorschreibt. Nicht zu vergessen ist aber dies, daß die Seelenvermögen bei Biel nicht real trennbar sind, weil die Seele eine substantielle Einheit besitzt. Dies hat zur Folge, daß der Wille und die Vernunft als Funktionen der Seele zu betrachten sind, und insofern kann man bei jedem Akt des Willens von einer entsprechenden Intention der ganzen Seele reden. Ohne auf Biels verschiedene Distinktionen unter den Akten der Seele – moralisch, unmoralisch, gleichgültig, verdienstvoll usw. – einzugehen,[132] stellen wir fest, daß die Tatsünden sowie die guten Werke an der Intention der Seele zu messen sind.[133] Ist die Intention gut, dann ist der Seelenakt gut; ist die Intention auf Gott um Gottes willen gerichtet (amor amicitiae), so ist der Akt verdienstvoll.[134]

Wenn man auf diesem Hintergrund die Auslegung Luthers zum 6. Vers liest, hat man auf den ersten Blick den Eindruck, daß Luther und die scholastischen Theologen dauernd aneinander vorbeireden, daß sie einfach von ganz verschiedenen Dingen sprechen. Denn Luther argumentiert gar nicht über die einzelnen Intentionen der Seele, räumt freilich der Synderesis in zivilen Sachen eine gewisse Bedeutung und Richtigkeit ein, behauptet jedoch mit allem Nachdruck, daß die Vernunft die Wurzelsünde überhaupt nicht erkennen kann. Abgesehen davon, wie es sich mit der Ethik verhält, erscheinen die Seelenvermögen in einem ganz andern Licht, sobald die Wurzelsünde bei der Sache ins Spiel kommt. Aus dieser den Scholastikern offenbar unbekannten und wegen der Herrschaft der ratio verbauten Perspektive kann man nicht mehr von der

---

[130] So GRANE, Contra Gabrielem. 86: »Das Vorhandensein von syntheresis ist also nur eine Bestätigung dafür, daß der Mensch keine Entschuldigung hat, wenn er gegen recta ratio handelt.«

[131] BIEL, Coll. II d. 35 q. un. art. 1 not. 1: »peccatum actuale est voluntaria commissio vel omissio contra rectam rationem.«

[132] Siehe Coll. II d. 41: »Utrum inter humanos actus aliquis indifferens sit dicendus«.

[133] Biel unterscheidet allerdings zwei Bedeutungen der Intention, nämlich volitio finis und volitio finis, ad quem aliquod medium ordinatur. Nur im zweiten Sinne genügt die gute Intention für den guten Akt, siehe Coll. II d. 40 q. un. a. 2 concl. 3: »Bonitas intentionis dicta secundo modo sufficit et requiritur, ut bona sit operatio.« Der böse Akt hingegen folgt zwangsläufig der bösen Intention, auch im ersten Sinne des Wortes (aaO concl. 2).

[134] Sofern diese höchste Disposition zu Gnade nicht ohne die Gnade Gottes in der Seele bleiben kann.

Unversehrtheit der Vernunft und des Willens reden. Vor Gott – und das heißt: in Wahrheit – erkennt die ratio das Gute gar nicht, und selbst wenn dies der Fall wäre, würde die voluntas es nicht erstreben. Die Notsituation des Menschen liegt nun gerade darin, daß er diesen beunruhigenden, ja unglaublichen Sachverhalt an den einzelnen Intentionen nicht merkt und auch nicht merken kann. Richtet man den Blick nur auf die einzelnen Intentionen, kann man sich leicht überzeugen, daß diese oder jene doch moralisch gut sei, daß man in diesem oder jenem Fall die Nächstenliebe wahrhaftig erwiesen habe. Was aber die ratio nicht wahrnehmen kann, erweist sich letztlich als das Entscheidende, nämlich die Quelle, aus der alle Intentionen entstehen. Was im tiefsten Inneren des empirischen Selbst steckt, kann die ratio nicht erfassen. Anders gesagt: das Selbst kann sich selber gerade bei seinen Akten nicht ertappen. Es kann höchstens sich selber objektivieren und einzelne Intentionen in Erwägung ziehen. Das, was man die Intention aller Intentionen nennen könnte, kommt aber nie und nimmer in den Blick, sie ist nichtsdestoweniger bei jedem Akt vorhanden. Und die Blindheit der ratio für diese verborgene Grundintention verhindert von vornherein die Formulierung einer klaren Definition des peccatum, denn jede Definition der Sünde gilt ja als ein Produkt der ratio, d.h. des Selbst in seiner objektivierenden und analysierenden Funktion. Deswegen verzichtet Luther auf eine feste, eindeutige Definition der Sünde; es gilt hier nicht, über das Wesen des peccatum zu disputieren, es gilt vielmehr das Gotteswort zu hören und zu glauben.[135] Wenn die Seelenvermögen so versehrt sind, daß die ratio die Wurzelsünde nicht zu erkennen vermag, bleibt dem Menschen nichts anderes übrig, als sich auf das Wort Gottes zu verlassen, damit dieses Wort ihn über das peccatum aufkläre, in der Überzeugung, Gott kenne ihn besser, als er sich selbst kennt.[136] Das Angewiesensein auf das Wort Gottes in Sache der Sündenerkenntnis verknüpft Luther nun mit dem ersten Gebot. Versucht man, die Wurzelsünde in der Sprache der Bibel genauer zu bestimmen, so muß es heißen, sie sei ein Verstoß gegen das erste Gebot.[137] Bei diesem Gebot handelt es sich nicht um einzelne Intentionen, sondern um die Grundsituation des Menschen, um das, woran der Mensch sein Herz hängt, um etwas, was alle anderen Intentionen des Selbst von Haus aus prägt, und ob man hier von Hab und Gut, von Gesundheit, von Prestige oder desgleichen redet, läuft alles letztlich auf das Gleiche hinaus: Selbstinteresse![138] Will man die Wurzelsünde noch weniger

---

[135] WA 40, 2; 371, 2–5: »Non est disputandum de essentia peccati. Sed quando vox dei venit et dicit: Tu es propter hoc peccatum in morte, sub ira dei, Ibi incipit lis totius mundi cum deo. An deus recht dran thu, quod accuset nos peccatores.«

[136] WA 40, 2; 369, 14–16: »Dicit hoc verbum: ›Tibi soli‹. Solus spiritus sanctus: qui credit huic verbo, omnes nos esse sub peccato. Nam credo, inquit, te ›veracem‹, melius me nosti quam ego me. Ego mihi volo discredere, tibi adherere.«

[137] WA 40, 2; 370, 3–4: »Es leit als am credere, iudicare, credere hoc peccatum. Declaratur totus mundus sub peccato, Ut totum praeceptum primum.«

[138] In dem Großen Katechismus, 1529, erklärt Luther im Zusammenhang mit dem 1.Gebot,

schmeichelhaft beschreiben, heißt es: Selbstsüchtigkeit. Das Selbst sucht nicht nur an allen Kreaturen, sondern auch an Gott selbst nur das, was dem Selbst nützlich ist.[139] Deshalb findet Luther das Argument des Duns Scotus geradezu lächerlich: wenn der Mensch die Kreatur lieben kann, dann kann er auch Gott über alles lieben.[140] Aber der Mensch kann die Kreatur gar nicht lieben! Er liebt bloß sich selbst und sucht stets an der Kreatur seinen eigenen Vorteil.[141] Von daher erweist sich die Nächstenliebe als ein ebenso großes Wunder wie der Glaube.

Nun sind wir in der Lage, die Frage zu beantworten, die am Anfang dieses Kapitels gestellt, aber offen gelassen wurde, nämlich inwiefern Luthers Kritik an den Scholastikern berechtigt war, sie verstünden bloß die zweite Tafel des Gesetzes. Daß die Scholastiker zwischen der ersten und zweiten Tafel, zwischen Sünden gegen Gott und denen gegen andere Menschen unterschieden haben, steht für Luther selbstverständlich nicht zur Diskussion. Er hält aber alle Unterscheidungen des scholastischen Sündenverständnisses für Produkte der ratio, weil bei diesen vielen, noch so raffinierten Distinktionen bloß das in den Blick kommt, was die ratio selbst verstehen kann, nämlich einzelne Intentionen bzw. einzelne Objekte für den Willen. Ob es um die Liebe zum Nächsten oder zu Gott geht, das empirische Selbst mißt den Wert des Aktes an der von der ratio objektivierten Intention; die Erwägung von einzelnen Intentionen gehört aber zu der zweiten Tafel. Bei der ersten Tafel hingegen handelt es sich um die Quelle aller Intentionen, und in dieser entscheidenden Hinsicht bleiben die Scholastiker blind. Die scholastischen Theologen disputieren über die Liebe zu Gott, verstehen diese Liebe jedoch im Sinne des Moralischen. Sie definieren die Gottesliebe sogar als »Deum velle esse Deum«, aber im tiefsten Inneren, gleichsam hinter dem Rücken der ratio, wollen sie gar nicht, daß Gott Gott sei. Am liebsten möchten sie einen Gott haben, der gerade diejenige Werke respektiert und belohnt, die aus der Sicht der ratio als lobenswert und verdienstlich erscheinen.[142] Ob es heute in unserer westlichen Kultur viel anders ist, bleibe

---

wie wir durch andere Menschen Gutes von Gott empfangen, und unterscheidet zwischen von Gott Geschenktem und vom Selbst Gesuchtem: »Daruemb auch solche mittel durch die creaturn guts zu empfahen nicht auszuschlagen sind noch durch vermessenheit andere weise und wege zusuchen denn Got befohlen hat. Denn das hieße nicht von Gott empfangen sondern von ihm selbs gesucht.« (WA 30, 1; 136, 14–17).

[139] S. o. Anm. 26.

[140] DUNS SCOTUS, Sent. III d. 27 n. 13. Auch Gabriel BIEL, Coll. III d. 27 q. un. a. 3 dub. 2 prop. 1, wo er Pierre d'Ailly zitiert: »‹Homo errans potest diligere creaturam super omnia et frui ea ex puris naturalibus: ergo pari ratione potest‹ diligere Deum ex suis naturalibus super omnia et frui eo.«

[141] WA 40, 2; 377, 6–9: »Scotus: Si homo potest diligere creaturam, potest etiam deum diligere super omnia: Si diligere possum oculum, pulchram puellam, – et non vident ceci, quod homines non diligant creaturam. Nemo adhuc, qui dilexit aurum ut aurum: ist libido da: diligere creaturam ut creaturam, est etiam diligere creatorem.«

[142] WA 40, 2; 376, 12–15: »Si in nostra potestate, crearemus deum illum, qui diceret: Tu ieiu-

dahingestellt. Wollen wir wirklich einen Gott, dem unsere Anstrengungen nach Weltfrieden, politischer Gerechtigkeit und dergleichen nicht imponieren, zumal diese Ziele im Rahmen des Moralischen so edel sind? Auf jeden Fall zeigt sich Luthers Kritik des scholastischen Sündenverständnisses als berechtigt, angenommen daß er Recht hatte, es stecke tief im Menschsein eine nicht zu beseitigende böse Wurzel, deren Tiefe immer verborgen bleibt. Da jedoch diese Wurzel nicht direkt erkennbar ist, sondern durch das Gotteswort angekündigt und vom Glauben anerkannt werden muß, kann der Streit zwischen der ratio und dem verbum dei in diesem Leben nie zu Ende kommen. Insofern gibt es keine endgültige Antwort des empirischen Selbst –und damit ist die ratio auch gemeint – auf die Frage, ob Luthers Kritik am Schluß treffend war.

Einen interessanten Vergleich zu Luthers Verständnis des peccatum radicale bietet Freuds Konzept des Unbewußten, das auch im Prinzip nicht direkt erkennbar ist, das sich aber in Symbolen meldet. Bemerkenswert ist zunächst dies, daß das Freudsche Unbewußte, also ein Konzept von etwas, was nicht von der ratio erfaßt werden kann, innerhalb relativ kurzer Zeit allgemeine Anerkennung im Denken des Volkes gefunden hat. Warum steht es anders bei der Wurzelsünde, die gleichermaßen nicht von der ratio erfaßt werden kann? Liegt die beinahe begeisterte Aufnahme des Begriffs des Unbewußten daran, daß der Mensch für den unbewußten Inhalt und Prozeß keine große Verantwortung tragen muß? Und eine zweite Frage: inwiefern sind das Unbewußte Freuds und Luthers peccatum radicale konkurrierende Begriffe? Berührungspunkte zwischen den beiden gibt es auf jeden Fall. Zwar zeigt sich das Unbewußte vor allem in Symbolen, während das peccatum radicale sich in der Todesangst bemerkbar macht. Aber die Symbole des Unbewußten können auch unter Umständen angsterregend wirken und den Betreffenden in Todesangst versetzen – gratia exempli, Schlangenträume –, und die Todesangst vor der Wurzelsünde tobt wahrscheinlich am wildesten, wenn sich das peccatum radicale in symbolischer Form erschließt – exempli causa, das Gleichnis Nathans. Daraus läßt sich schließen, daß wir hier entweder mit sich überschneidenden Phänomenen oder mit konkurrierenden Interpretationen des gleichen Phänomens zu tun haben. Dieser Sachverhalt bedarf eindeutig einer näheren Untersuchung, die aus praktischen Gründen nicht zum vorliegenden Projekt gehören kann.

Die böse Wurzel im Menschsein und die dadurch erregte Todesangst deutet auf eine tiefe Spaltung zwischen dem Urstand des Menschen und dem empirischen Selbst. Bei Adam war es anders als bei seinen Nachkommen, denn seine ratio hatte in der Tat das Gute erkannt und seine voluntas das Gute gewählt.[143] Im Zustand der Sünden hingegen ist das empirische Selbst durch eine Blindheit

---

nasti, legisti: propter hoc nunquam tui obliviscar. Pharisaei Israel fecerunt talem deum, sic hodie, i.e. talem volumus deum, qui respiciat nostra opera …«

[143] WA 40, 2; 323, 8–10: »Adam habuit rectam voluntatem, erat laetus, confidebat in deum etc. Sic Eva. Administrabat terrena etiam in fide et laude dei. Da waren sie recht.«

für das Gute (ratio corrupta) und eine Abneigung gegen das Gute (voluntas corrupta) charakterisiert. Dennoch bleibt der Urstand des Menschen, das wahre Selbst, wenn nicht als Realität, doch als die wahrhafte Entsprechung des empirischen Selbst. Daraus erklärt sich das Aufbrechen eines zweiten Streits im Menschen, nämlich des zwischen dem spiritus und der caro, den Luther auch bei der Auslegung von Vers 6 erörtert. Ohne den Glauben aktualisiert sich das empirische Selbst von Augenblick zu Augenblick einzig und allein aus der bösen Quelle der Selbstsucht, aber sobald das wahre Selbst durch das Zusammenspiel von Glauben und heiligem Geist gleichsam ins Leben gerufen wird, entsteht sofort ein Streit zwischen dem empirischen und dem wahren Selbst. Das heißt: die stets vorhandene Spaltung im Menschsein, die eigentlich die Kehrseite der entstellten intentionalen Struktur des Selbst darstellt, wird plötzlich durch den Glauben virulent (Röm 7). Daraus folgt, daß der Streit zwischen der ratio und dem verbum dei durch den Glauben nicht aufgehoben, sondern auf eine andere Ebene versetzt wird. Der Widerstreit zwischen der ratio und dem verbum dei wird zu einem Streit zwischen dem spiritus und der caro.[144] Die Wurzelsünde samt der Blindheit der ratio und der Böswilligkeit der voluntas bleibt im Glaubenden, wirkt sich aber anders aus denn zuvor, nämlich als ein Kampf zwischen zwei Seinsweisen.[145] Das wahre Selbst will zum empirischen Selbst werden, aber das alte empirische Selbst mit seiner entstellten intentionalen Struktur kämpft um sein Leben. Die Intensität dieses Kampfs kann Luther zuspitzend formulieren, indem er sich selbst als einen Lästerer bezeichnet.[146] Wie dieser Streit zum Austrag kommen wird, ist aber nicht mehr ungewiß. Die verheerende Macht des peccatum im Glaubenden ist ein für allemal endgültig gebrochen; der spiritus bleibt unversehrt und wird letzten Endes den Sieg über das Fleisch erringen, wie Gott den Kampf über seine Lästerer gewinnen wird.[147]

---

[144] WA 40, 2; 373, 8–14: »›Et vincas‹: Hoc addit ad conculcandos nos, quia illud iudicium, quo iudicat nos omnes peccatores, patitur instantiam. Papa, Turca, Iudei impugnant et nos intra nos, ›militamus‹ intra nos ipsos, Ro.7., quod deus iudicatur et damnatur, quod tamen per legem et promissiones damnat et iudicat. Et in nobis renati et qui intus in spiritu dicimus: ›tibi soli peccavi‹, tamen wollen semper Unsern herrn Gott lugen straffen. Ego non possum istam blasphemiam ex carne mea bringen, quia nondum mortificasti.«

[145] Dazu siehe EBELING, LuSt II, 2, 250–251.

[146] S.o. Anm. 144. Vgl. auch »Sic Scholastici directe in faciem blasphemant deum. Sic etiam ego, quia ratio humana non amisit lucem, superior portio est inextinguibilis lux, quae nunquam delebitur.« (WA 40, 1; 371, 10–13). Ich sehe keinen überzeugenden Grund zur Annahme, daß die Nachschrift an dieser Stelle in entstellter Weise verkürzt ist. Näherliegend scheint mir die Interpretation, daß Luther hier im Namen des empirischen Selbst – wenn wir bei Luthers eigener Sprache bleiben – in der Person des homo vetus spricht. Siehe EBELING, LuSt II, 2, 257, Anm. 215. In diesem Zusammenhang muß man auch den Text verstehen: »Ratio, quare non debemus omnes fateri peccatores et iustificare solum deum, et omnia studia, – quia totus mundus aliter sapit, nec Papa nec ego, quamquam diligentissime legi Biblia.« WA 40, 2; 384, 8–11.

[147] WA 40, 2; 375, 12–376, 3: »Haec verba spiritus. Ista applicanda ad nostram consolationem, quia ratio humana et voluntas eadem est, maneat tamen spiritus et mens integra, quod credat se

Zum Schluß sei ein erkenntnistheoretischer Aspekt von Luthers Sündenver-ständnis erwähnt, der bisher nur unscharf ins Blickfeld geraten ist. Auf der einen Seite behauptet Luther unermüdlich, daß die ratio für das peccatum radicale blind ist und daß der Mensch deswegen zeitlebens auf das Gotteswort für die Erkenntnis der Wurzelsünde angewiesen bleibt. Auf der andern Seite macht Luther geltend, daß das peccatum radicale in der Todesangst, allerdings auf indi-rekte Art und Weise, sich meldet. Das heißt: die Wurzelsünde ist auf zweierlei Weise erkennbar, indirekt durch die Erfahrung der Todesangst und direkt durch den Glauben an das Wort Gottes.[148] Also: Der Glaube bringt das deutlich zum Vorschein, was das empirische Selbst bereits vorher von Zeit zu Zeit spürt, aber meistens sofort verdrängt.

C. Die Tiefe des peccatum (v. 7)

Die zerstörenden Auswirkungen der Erbsünde bringt Luther bildlich mit die-sem Wort zum Ausdruck: »›Ecce enim in iniquitatibus‹: Das heist dem vas den boden ausgeschlagen«[149]; der Mensch ist im peccatum originale empfangen und geboren, und dies ist der Hauptgrund, weshalb er sein peccatum vor Gott bekennen soll.[150] Da jeder Interpret der Auslegungtradition den 7. Vers im Zusammenhang mit dem peccatum originale ausgelegt hat, liegt in Luthers Ansatz zur Interpretation des Verses scheinbar nichts Neues. Dennoch macht die Art und Weise, wie sich Luther über das peccatum originale äußert, bald deutlich, daß er nur dem Namen nach vom Gleichen spricht wie die Scholasti-ker. War die Rede beim 6. Vers von der zwiefachen Erkenntnisweise des pecca-tum, nämlich durch die Schrift und durch die Erfahrung des Menschen, so gibt es bei Vers 7 kein Wort mehr über den Erfahrungsgrund der Sündenerkenntnis. Hier verlassen wir den Bereich menschlicher Erfahrung und betreten einen des völlig Unbekannten, denn wir suchen nach der Hauptwurzel des peccatum radicale. Es ist, als ob man die Kindheitserlebnisse bis zu dem Zeitpunkt der Vergangenheit zurückverfolgt, wo man keine konkrete Erinnerungen mehr hat. Man geht auf die Spur der ersten Lebenserfahrungen, aber an irgendeinem Punkt in den ersten Jahren der eigenen Lebensgeschichte verschwindet alles im Nebel des Unbewußten. Wegen des mangelnden Unterscheidungsvermögens

---

peccatorem, deum iustificatorem: non not, quod deum secundum carnem negamus, iudicamus. Sed sicut deus triumphat et vincit suos blasphematores, captivatores, sic hic, sed in spiritu: quia deus videtur victus, et spiritus in nobis videtur victus.« Das Vorkommen von »mens« neben »spiri-tus« ist sicher eine Anspielung auf Röm 7, 23.

[148] Zu vergleichen sei die 4.Thesenreihe über Römer 3, 28, in der Luther auch die Sündener-kenntnis durch die Erfahrung und durch die Schrift zur Sprache bringt (WA 39, 1; 84–86), sowie EBELINGS ausführliche Untersuchung der Thesenreihe in LuSt III, 258ff.

[149] WA 40, 2; 380, 1. Vgl. WA 31, 1; 512, 10–11.

[150] WA 40, 2; 380, 5–6.

der Kindheit bleiben die ersten Erfahrungen primär im Bereich der Affektivität, und statt klarer Erinnerungen sind einem bloß vage Gefühle noch zugänglich. Gleichermaßen haben wir keine konkrete »Erinnerung« mehr an die Hauptwurzel des peccatum, keine konkrete Vorstellung dessen, was diese Sünde überhaupt bedeuten könnte. Aber mehr noch! Wir haben den Abgrund dieser Wurzel weder affektiv noch intellektuell je erfahren können; auch gefühlsmäßig haben wir überhaupt kein Gespür für das peccatum radicale in seiner unermeßlichen Tiefe. Somit bleibt das peccatum originale der Welt verborgen; es ist den geistigen Kräften und Spekulationen des Menschen schlicht und einfach nicht zugänglich. Im Gegenteil, das peccatum radicale wird von der ratio und den anderen menschlichen Fähigkeiten verdunkelt, und das Menschsein wird in Schutz genommen.[151]

Die Unkenntnis des Menschen über den Abgrund des peccatum originale, die Unzugänglichkeit der Hauptwurzel durch die Erfahrung und das daraus folgende absolute Angewiesensein auf das Wort Gottes erweckt leicht die Erwartung, daß das peccatum originale im Wort Gottes klar und eindeutig verkündigt wird. Diese Erwartung wird aber nicht erfüllt. Daß der Mensch im peccatum radicale empfangen und geboren wird, kommt nur selten in der heiligen Schrift zum Ausdruck, und außer wenn der Mensch diesen Schluß aus dem Gesetz und den Verheißungen Gottes zieht, hätte er davon keine Kenntnis.[152] Der verborgene Charakter der biblischen Verkündigung über die Hauptwurzel entspricht ihrer Unergründlichkeit. Folglich erweist sich der Glaube an das Wort von der Sündhaftigkeit des Menschen nicht etwa als eine intellektuelle Zustimmung zu einem ohnehin eindeutigen Bibelwort, sondern als ein Lebensprozeß, in dem der Glaube und das Geglaubte gleichzeitig entstehen. Entgegen allen Erwartungen spricht Luther hier von dem Geglaubten als der Schlußfolgerung eines Syllogismus.

Der Mensch gelangt also zum Glauben an das peccatum originale dadurch, daß er diesen Schluß syllogistisch aus dem Gesetz und den Verheißungen folgert.[153] Demgemäß kann man das Geglaubte in Form einer logischen Proposition festhalten, wie etwa »sumus peccatores«. Das Entscheidende bei diesem Prozeß ist aber nicht eine bestimmte Formulierung der Schlußfolgerung, sondern der Lebensvollzug, in dem der Glaube und das Geglaubte gleichzeitig entstehen. Was auf dem Spiel steht, ist nicht die Präzision der Logik; es handelt sich hier um die Rolle der ratio im Glaubensprozeß. Die Blindheit der Vernunft für

---

[151] WA 40, 2; 385, 4–8: »Audistis istum locum de confessione istius originalis vel cognati nobiscum peccati, quod absconditum toti mundo et non revelatum nostris viribus, speculationibus, sed potius obscuratur, defenditur. Ideo opus est verbo de coelo, quod declaret nobis, cui credentes fatemur sic habere rem, quanquam ratio pugnet cum natura in contrarium.«

[152] WA 40, 2; 383, 9–11: »Iste locus in sacris literis valde rarus. Nescimus hunc locum, nisi ex lege et promissionibus possimus Syllogizare, nos esse peccatores.«

[153] AaO.

die Hauptwurzel der Sünde legt allerdings den Gedanken nahe, man solle die
ratio ganz und gar ausschalten und gleichsam blind an das Wort Gottes glauben.
Dennoch hält Luther diese Überlegung für einen Kurzschluß, der den Menschen nie und nimmer zum echten christlichen Glauben führen kann. Sogar bei
der vernunftfeindlichsten Äußerung Luthers geht es im Grunde nicht um ein
sacrificium rationis, vielmehr um den gottgewollten usus rationis.[154] Die ratio
muß ihren berechtigten Ort im Glaubensprozeß finden, und sie tut dies, indem
sie sich im Dienste des Gotteswortes einsetzt. Gewiß zeigt die ratio bis zum
leiblichen Sterben des Menschen die starke Tendenz, sich gegen das Gotteswort
zu sträuben; sie verhüllt das peccatum radicale und verteidigt die entstellte
intentionale Struktur des empirischen Selbst. Doch muß sie an einem entscheidenden Punkt im Glaubensprozeß – wenn der Glaube überhaupt lebendig wird
– sich unter das Gotteswort beugen und den logischen Schluß folgern: »Wir
sind allesamt Sünder vor Gott«. Was den Syllogismus selbst anbelangt, gilt bei
Luther jeweils als Prämisse ein Bibelwort aus dem Gesetz oder dem Evangelium. Diesbezüglich kommt Röm 3, 4 und 1. Mose 3, 15 eine besondere
Bedeutung zu. Daraus, daß alle Menschen Lügner sind und daß alle Menschen
das peccatum radicale abstreiten, kann man schließen: alle Menschen ohne
Ausnahme sind Sünder.[155] Oder: vorausgesetzt, daß Christus die zerstörende
Macht der Schlange (der Sünde) über den Menschen gebrochen hat – der Kopf
der Schlange ist weg, obwohl der Körper noch bleibt –, folgert man den
Schluß: alle Menschen befinden sich noch unter der restlichen Macht der
Sünde.[156] Freilich sind diese Argumente keine logischen im üblichen Sinne,
aber es geht hier nicht primär um die Logik, sondern um die ratio und ihre
unerläßliche Mitwirkung beim Glauben. Luther bemüht sich an dieser Stelle
nicht in erster Linie darum, logische Argumente mit aller Präzision auszuarbei-

---

[154] EBELING, Fides occidit rationem. LuSt III, 219.

[155] WA 40, 2; 380, 4: »‹Sit homo mendax‹, quare non debeo credere, confidere minime …« Im
Vulgatatext steht dieser Satz universal: »omnis autem homo mendax«. WA 40, 2; 384, 8–11: »Ratio, quare nos debemus omnes fateri peccatores et iustificare solum deum, et omnia studia, – quia
totus mundus aliter sapit, nec Papa nec ego, quamquam diligentissime legi Biblia.« Ich zweifle
daran, daß Luther tatsächlich eine bestimmte logische Form im Sinn hatte, als er vom »Syllogizare«
sprach. Nimmt man z.B. den Satz: Alle Menschen sind Lügner, als die 1.Prämisse, muß man den
andern Satz: Alle Menschen sind Sünder, aus der 1. und einer 2.Prämisse schließen können. Es
gibt aber keine syllogistische Form, bei der das Subjekt der 1.Prämisse als das Subjekt des Schlusses
vorkommt. Dies müßte etwa so aussehen:
Alle M ist P
?????
ergo Alle M ist . ,
was keiner von den vier anerkannten Figuren entspricht. Durch die propositionale Logik
könnte man das Argument Luthers schon geltend machen: doch widerspräche dies wahrscheinlich
Luthers Intention.

[156] WA 40, 2; 384, 4–7: » In sacris literis ists nicht expressum. Moses hats recht verstanden et
David. Mose: ›Et semen caput‹, ›Et in semine‹. Ex istis gespunnen (abgeleitet). Ergo omnes male-
dicti sub capite diaboli, regno, quod lucerna dei, ergo non est celestis lux, ibi rectitudo.«

ten. Es liegt ihm vielmehr am Herzen, den notwendigen Gebrauch der ratio im Dienste des Gottesworts deutlich hervorzuheben.

Durch ein drittes Argument widerlegt Luther die scholastische Behauptung, der Mensch sei mit einem unauslöschbaren Licht (synteresis) in der superior portio rationis ausgerüstet, dank dessen er beinahe unfehlbar das Gute erkenne: »quod lucerna dei, ergo non est celestis lux«.[157] Die Formulierung des Arguments in der Rörer-Nachschrift ist leider zu knapp, als daß man mit Sicherheit die Satzteile interpretieren kann. Wollte man trotzdem eine Auslegung der »lucerna dei« wagen, käme m. E. an erster Stelle das Psalmwort 119,105 in Frage: »Lucerna pedibus meis verbum tuum«, das Luther in den Dictata super Psalterium im Zusammenhang mit dem Wort Gottes und dem Gehorsam auslegt. Durch den Glauben wandert der Christ im Gehorsam auf einem Weg, den er selbst nicht versteht, denn der Glaube erleuchtet den Verstand nicht, macht ihn vielmehr blind.[158] Wenn »das unauslöschbare Licht«, dank dessen der Mensch das Gute überhaupt erkennt, mit dem Wort Gottes identifiziert wird, das nicht dem Verstand, sondern den Füssen den Weg erleuchtet, dann gibt es in der ratio kein Licht, keine celestis lux. Das heißt: die Blindheit der ratio ist kein zeitweiliges Vorkommnis, das aus dem üblichen Rahmen fällt und den Menschen zu Denkfehlern verleitet. Im Gegenteil, es fehlt der ratio ganz und gar am Licht in dem ontologischen Bereich, wo der Mensch die cognitio dei et hominis erlangt.[159] Der Mensch ist nicht durch den heiligen Geist erzeugt, sondern aus Begierde,[160] und somit wird ihm die entstellte intentionale Struktur des Selbst übertragen. Die Tiefe des peccatum bleibt am Schluß verborgen. Eines ist aber aus dem Wort Gottes klar: die ganze Struktur der menschlichen Psyche ist derart entstellt, daß man daran das Ebenbild Gottes nicht mehr wiedererkennt und daß das Selbst nicht nur beim Handeln, sondern bereits bei seiner Wahrnehmung der Welt hoffnungslos auf sich bezogen ist.[161] Doch die Tiefe der Spaltung im Menschen

---

[157] WA 40, 2; 384, 7. Die klassische Belegstelle für die Synteresis ist Psalm 4,7: »signatum est super nos lumen vultus tui Domine«. Doch ist hier die Rede von »lumen«, nicht von »lucerna«. Vgl. CICERO, der auch über die Verknüpfung von »lux« und »ratio« berichtet: »ratio quasi quaedam lux lumenque vitae« Academicae Quaestiones, 2,8,26.

[158] WA 4, 356, 22–24: »Ego quidem erro et nescio, ubi sim, et tamen pedes mei quasi viderent lumen, ita certo eunt rectam viam. Sic enim fides non intellectum illuminat, immo excecat ...«

[159] WA 40, 2; 381, 18. Vgl. die Präparation in WA 31, 1; 540, 14–16: »‹Me concepit‹: etiam in utero matris etc. Ibi est mera ignorantia dei, oblivio dei, ingratitudo, contemptus.«

[160] WA 40, 2; 381, 16–18: »Das ist ingenitum vicium naturae et ex ista carne nascitur, secundum spiritum non generamur sed ex concupiscentia et postea secundum libidinem: ibi non cognitio dei.«

[161] Luthers Überzeugung, daß die Tiefe des peccatum radicale unergründlich ist, bildet den Hintergrund seiner Hinneigung zum Traduzianismus. Bei seinen Äußerungen über die Übertragung der Erbsünde spricht er nicht getrennt von der anima und der caro, wie es in der scholastischen Tradition üblich war (siehe z.B. PETR. LOMB., Sent. d. 31 c. 3 n. 1: »Non igitur secundum animam, sed secundum carnem solam, peccatum originale trahitur a parentibus.«), sondern von dem ganzen Menschen: »... ich bin aus unreinigem, sundlichem, schuldigem samen geborn i.e.

zwischen dem wahren Selbst und dem empirischen Selbst – eine Spaltung, die schließlich nur die Kehrseite der Selbstbezogenheit ist, bleibt unergründlich.

IV. Verbum und remissio: der wahre Modus (v. 8–10)

Nachdem der Psalmist die wahre Lehre über die remissio aus dem Gesichtswinkel des peccatum dargestellt hat, geht er ausführlich auf den Modus der Sündenvergebung ein, und zwar in drei Schritten: die Widerlegung aller Religionen (v. 8), die Widerlegung des Gesetzes Mosi (v. 9) und der wahre Modus der remissio (v. 10). Bei der Auslegung der Verse 8 u. 9 zeigt Luther, wie der Psalmist alle Vorstellungen der Religionen über die iustitia als falsch aufweist, indem er ihre sämtlichen Wege zur Rechtfertigung als gottwidrige Selbstrechtfertigung entlarvt.[162] Diese Widerlegung vollzieht sich in zwei Stufen, im allgemeinen in bezug auf die Religionen und im besonderen in bezug auf das Gesetz Mosi.[163] Bekanntlich ließ das Wort »religio« im Spätmittelalter verschiedene Bedeutungen zu: u. a. die Gewissenhaftigkeit, das religiöse Gefühl, der Gewissenszweifel, die äußere Religion (der Kultus) und die Mönchs- oder Nonnenorden. Und so wie Luther dieses Wort bei der Auslegung vom 8. Vers gebraucht, kommen einige von diesen Definitionen in Betracht. Wenn er z.B. Judaismus und Islam mit Namen nennt, denkt er sicherlich an bestimmte äußere Religionen.[164] Doch spricht er auch vom Mönchtum,[165] und die Idee der Gewissenhaftigkeit schwingt unmißverständlich bei vielen Äußerungen mit.[166] Also hat das Wort »religio« im Sprachgebrauch Luthers einen sehr reichen Sinngehalt. Neben diesen sprachlichen Überlegungen bemerkt man in diesem Abschnitt über die Religion, daß die ratio stets mit im Spiel ist. Die ratio umarmt begeistert die Religionen der Welt,[167] weil die Denkweise der ratio von Natur einer weltlichen Religion entspricht und deswegen zu derselben führt.[168] Ja mehr noch: Wenn man der Religion der Welt auf den Grund geht,

---

ich bin inn der wurzel verderbt, der same ist nicht gut, inde gretzige baum et omnia membra arboris morbosa.« (WAD 3; 52, 2–4 Revisionsprotokoll aus dem Jahre 1531).

[162] WA 40, 2; 394, 15–395, 2: »Extra hanc veritatem, quam confessionem et sapientiam, qua tu solus sapiens, quicquid docetur, vivitur, est damnatum, quia tu non diligis an den euserlichen iustitia, sapientia, sed in veritate abscondita et sapientia occulta.« Vgl. Die sieben Bußpsalmen, 1517: »Das ist, die eußerlich gerechtickeit und scheynende frumickeyt ist lauter triegerey an grund unnd warheit, darumb das sie die ynnerlich sunde decket und nur ein figur ist der grundlichen waren gerechtickeyt.« (WA 1; 188, 24–26). Und auch das Revisionsprotokoll, WAD 3; 52, 10–12.

[163] Vgl. WA 31, 1; 512, 21–22.

[164] WA 40, 2; 387, 15 u. a.

[165] WA 40, 2; 388, 3 u. a.

[166] WA 40, 2; 390, 2–4.

[167] WA 40, 2; 388, 8–10: »Das ist ratio humana, hanc religionem mundi amplectitur, se diversum quam communis vita. Das ist religio mundi et sapientia …«

[168] WA 40, 2; 388, 11–13: »Das sind Monachi, Papistae et Turcae. Turcae non edificant, ergo sunt Sancti, et A multis abstinent quam Christiani, ergo sancti.«

stellt sich heraus, daß sie nichts anderes als ein Produkt der ratio ist. Orientiert man sich nun an Luthers Absicht bei der Auslegung von Vers 8, nämlich an der Widerlegung des falschen Weges der Rechtfertigung, kann man sachgemäß die verschiedenen, in seinen Äußerungen anklingenden Bedeutungen des Wortes »religio« auf den gemeinsamen Nenner bringen: das Eingreifen der ratio in das Gottesverhältnis zum Zwecke der Selbstrechtfertigung. Selbstverständlich führt die Vermessenheit der ratio zu bestimmten, konkreten Weltreligionen, aber auch zur Pflichterfüllung und zur Bewahrung der vorgeschriebenen Bräuche des Mönchtums. Wenn man bedenkt, daß das Wort »religio« wahrscheinlich von »religare«, also von »zurückbinden«, abgeleitet wurde,[169] klingt die Charakterisierung der Religion als ein unangemessenes Eingreifen der ratio geradezu paradox. Aber so verhält es sich nach Luther. Was die Religion dem Menschen verspricht, nämlich die Rechtfertigung vor Gott, kann sie am Schluß nicht herbeiführen. Denn das Zurückbinden der Religion erweist sich in Wahrheit als ein vermessenes Eingreifen der ratio in das Gottesverhältnis.

Bei der Auslegung von Vers 9 geht Luther von der confutatio genere zur confutatio specie über und zieht demzufolge einen engeren Kreis, so daß es sich nicht mehr um die Religion im allgemeinen handelt, sondern um eine bestimmte Erscheinung der Religion, nämlich das Gesetz Mosi. Das Thema des 9. Verses erfordert nun aber eine genaue Differenzierung, weil das Gesetz Mosi auf keinen Fall schlechthin als ein Produkt der ratio betrachtet werden kann. Gilt doch das Gesetz als Wort Gottes! Daraufhin behandelt Luther das Gesetz unter zwei unterschiedlichen Gesichtspunkten: das Mißverständnis bzw. der Mißbrauch des Gesetzes zur Selbstrechtfertigung und das Gesetz Gottes im Lichte des Glaubens.

A. Die Widerlegung aller Religionen (v. 8)

Zu Beginn der Auslegung dieses Verses greift Luther ein Thema auf, das er bereits beim 3. Vers behandelt hat, nämlich die Unterscheidung zwischen Gott in seiner Majestät und Gott, dem Verheißer.[170] Dort handelt es sich primär um die entscheidende Rolle des rechten Unterscheidens für die Selbsterkenntnis des Menschen und für die Gotteserkenntnis, hier um die verheerenden Auswirkungen des Versagens beim Unterscheiden. Gelingt es dem Menschen nicht,

---

[169] So Augustin, Retract. 1, 13.

[170] WA 40, 2; 386, 8–15: »Observandum etiam est, in hoc psalmo prophetam loqui de deo filiorum Israel. Nos hactenus deprivati, pessime confirmati, qui putabamus, ista verba dicta confuse ad deum, sicut Turca de deo loquitur. Omnia scripturae verba fluunt a deo revelato, quem possis palpare certo loco, verbis habere alligatum. Sic deus filiorum Israel fuit in Templo Ierusalem, promissionibus, Signis certis fuit, Sicut non constituimus vanum, nudum deum, qui cogitationibus nostris etc., Sed in certis.«

wahrheitsgemäß zwischen Gott und Gott zu unterscheiden, dann bleibt er hoffnungslos in seinen eigenen Vorstellungen von dem nackten Gott gefangen, und unter dem Bann dieses Wahnbilds verfällt er einer weltlichen Religion, die ihm überhaupt keine Gewißheit gewähren kann.[171] Am rechten Unterscheiden entscheidet sich also die Gewißheit oder die Ungewißheit des Menschen. Die Schlüsselstellung des Wortes »Gewißheit« bei Luthers Auslegung des 8. Verses läßt sich daran erkennen, daß er seine Mißbilligung der Übersetzung des Vulgata-Textes: »incerta et occulta sapientiae« so leidenschaftlich zum Ausdruck bringt. Es liegt den Christen fern, daß ihre Lehren unsicher und ungewiß wären; im Gegenteil, die heilige Schrift bekämpft keinen Feind so energisch wie die Ungewißheit.[172] Die weltlichen Religionen sind lediglich die Gewissenhaftigkeit und den Gewissenszweifel, aber nicht die Gewißheit des Glaubens. Denn die tiefe Gewißheit des Glaubens, die das empirische Selbst von seinen falschen Vorstellungen befreit, gründet sich in der Begegnung mit Gott, dem Verheißer, und dieser Gott erschließt sich nicht den Spekulationen der Vernunft, manifestiert sich vielmehr in äußeren Zeichen und Worten und an bestimmten Orten.[173] Was sich im Geschehnis unzweifelhaft zeigt, das allein schenkt einem Gewißheit.

In dem Kontrast zwischen der Unsicherheit des Disputierens und der Gewißheit des Glaubens klingt bereits die Thematik der Wahrheitsfrage an, die Luther jetzt in Angriff nimmt. Da sich die Gewißheit des Menschen in der Wahrheit (cognitio dei et hominis) gründet, entzündet sich zwangsläufig an der Vielfalt der Religionen die Wahrheitsfrage. Nirgends wird die Frage nach der Wahrheit virulenter als dort, wo es um das Leben und das Sterben des Menschen geht, um seine Gewißheit oder Verzweiflung. Charakteristisch für die Religion ist nun aber dies, daß sie der ratio eine entscheidene Funktion bei der Wahrheitssuche überläßt, sei es in Form eines Nebeneinanders von ratio und fides oder in Form eines zügellosen Rationalismus, sei es im Bereich der Ontologie (z.B. die Quinque viae des Thomas von Aquin) oder im Bereich der Ethik (z.B. das dictamen rationis des Gabriel Biels). Aus der Sicht des Glaubens erweist sich doch diese Betätigung der ratio innerhalb der Religion als ein unsachgemäßes, gewaltsames Eingreifen der ratio in den Bereich, wo Gott dem Menschen im tiefsten Inneren begegnet. Daß der ratio in diesem Bereich Fehler unterlaufen können, wird jeder wahrscheinlich zugeben, aber die Behauptung Luthers an dieser Stelle tönt für scholastische Ohren – und auch für unsere

---

[171] WA 40, 2; 386, 15–17: »Iudei relinquentes deum, qui se certis verbis, signis, loco, ibant alius in vallem, etc., et finxerunt et vagati sund post suas incertas religiones.«

[172] WA 40, 2; 385, 11–386, 2: »Latinus versus est confusus in distinctione, non recte: ›Incerta‹ etc. Est etiam Impia translatio vel generans impiam sententiam. Absit a Christianis, ut eorum doctrina sit incerta, cum apud eos debeat esse certissima persuasio veritatis et infallibilis lux. Non magis pugnat scriptura quam contra incertitudinem etc.«

[173] WA 40, 2; 386, 15–387, 6.

– geradezu revolutionär. Die ratio will die Wahrheit nicht! Das bedeutet: Die
ratio versagt ausgerechnet da, wo sie angeblich zu Hause ist und wo sie dem
Menschen das meiste verspricht, nämlich bei der Suche nach der letztgültigen
Wahrheit. Erweitern wir die Perspektive, so daß die ganze Menschenwelt in
den Blick kommt, so nimmt das Problem der ratio erschreckende Dimensionen
an. Die durch die ratio geprägte Welt möchte letzten Endes betrogen werden;
sie möchte eine überzeugende, plausible Lüge umarmen und daran festhalten.[174] Das Wirken der ratio an der Grenze zwischen Leben und Tod führt auf
keinen Fall zur Wahrheit über Gott und Mensch, bewirkt dagegen eine Selbsttäuschung, durch die der Mensch sich selber zu heilen versucht. Dementsprechend zeigt sich die Religion als eine plausible Täuschung, wie auch heute z.B.
der Gedanke der Selbstverwirklichung. Soll es nicht zur Lebensgewißheit führen, wenn der Mensch sich selbst verwirklicht? Solange das empirische Selbst
infolge der ratio unter dem Bann der Selbsttäuschung bleibt, kann die Selbstverwirklichung die Spaltung im Selbst nur noch tiefer machen. Seit der Entstehung der modernen Psychologie ist das Pendel von der Gewissenhaftigkeit der
Religion nach der Selbstverwirklichung des selbständigen, gottlosen Menschen
ausgeschlagen. Die bleibende Todesangst und die Verzweiflung der Moderne
sind aber klare Zeichen dafür, daß die ratio nach wie vor am Werke ist. Die
Selbsttäuschung bleibt, nur die Erscheinungsformen sind historisch bedingt.

Nun liegt aber der Einwand nahe, daß Luthers Polemik gegen die ratio den
vielen Vorzügen der ratio selbst nicht gerecht werde. Es ist z.B. daran zu erinnern, daß die ratio im Rahmen der Logik unentbehrlich ist, wenn man ernsthaft nach der Wahrheit sucht, und daß die Logik ohne Zweifel imstande ist,
gewisse Denkfehler zu entdecken und zu korrigieren. Solche Erwägungen tan-
gieren weiterhin die Wahrheitsfrage, aber jetzt in bezug auf den Wahrheitsbegriff. Auffallend bei Luthers Wahrheitsbegriff ist zunächst einmal dies, daß er
von einem existentiellen, nicht von einem logischen Verständnis ausgeht. Als
Prädikat bezeichnet das Wort »Wahrheit« nicht primär einen Satz, sondern das
Leben eines Menschen – alles, was er tut, sagt und denkt.[175] Insofern wird die
Wahrheit als der Gegenpol zum Betrug und zur Selbsttäuschung definiert. In
diesem Sinne sprechen wir von einem aufrichtigen Menschen, von einem ehr-
lichen Geschäftsmann usw.[176] Man bemerke aber wohl, daß Luther durch die

---

[174] WA 40, 2; 388, 5–10: »Et si hodie induerem cappam, plures converterem quam mea doctrina, quia Mundus vult decipi et converti mendacio, quia hoc spectat: Ille vestitur grisea tunica et sihet sauer. Magistratus nihil est, fidelis mater familias nihil est. Das ist ratio humana, hanc religionem mundi amplectitur, se diversum ostentare quam communis vita. Das ist religio mundi et sapientia …«

[175] WA 40, 2; 389, 1–4: »Ergo ›veritas‹ accipe pro sua tota latitudine, Non veritatem in verbis,
sed omnia, quae in nobis, quae vivimus, dicimus, cogitamus, sunt vera solida, non fallacia, quibus
non solum non fallamus mundum, sed nec nos.«

[176] WA 40, 2; 389, 9–10: »Apud gentes etiam reperiri bonus, fidelis mercator, qui non homines
betreugt.«

angeführten Beispiele den auf die Existenz des Menschen bezogenen Wahrheitsbegriff auf die ethische Situation beschränkt. Nicht von ungefähr spielt
diese Definition – alles, was er tut, sagt und denkt – auf die traditionelle Definition der Tatsünden in der Scholastik an[177]; dieser von Augustin stammenden
Definition der Sünde gibt Luther recht im Rahmen des Sozial-Ethischen. Aber
daraus folgt, daß der Wahrheitsbegriff einer weiteren Differenzierung bedarf.
Der Wahrheitsbegriff, nach dem man von einem wahren (aufrichtigen) Politi-
ker spricht, bezeichnet Luther somit als »politica veritas« im scharfen Gegensatz
zu der »veritas in abscondito« des 8. Verses.[178] Die politische Wahrheit wird.
zwar von Gott verlangt, und die warnenden, mahnenden Stimmen der Ethiker
sind immer wieder vonnöten, weil auch im ethischen Bereich der Mensch sich
leicht täuschen läßt.[179] Aber diese Wahrheit reicht nicht zur cognitio dei et
hominis. Der Mensch exisiert nicht nur als ethischer Mensch, sondern als
Mensch vor Gott. Will er zu der seinsbestimmenden Wahrheit coram deo
gelangen, dann muß er den Bereich des Geheimnisvollen betreten, wo die ratio
die Dinge nicht mehr erfassen kann, den Bereich der veritas theologica.

Die scharfe Unterscheidung Luthers zwischen einer politischen und einer
theologischen Wahrheit erinnert vielleicht an die sogenannte Lehre von der
doppelten Wahrheit im 13. Jahrhundert, sie hat aber bei näherem Zusehen nur
wenig mit dieser Lehre gemein. Ob die Averroisten an der Pariser Artistenfa-
kultät je eine solche Lehre vertraten, sei jetzt dahingestellt. Die Lehre wurde auf
jeden Fall ihnen zugeschrieben und als ein radikaler Versuch verstanden, das
Problem der ratio und der fides nach der Rezeption der aristotelischen Schriften zu lösen. Gemäß der doppelten Wahrheitslehre kann eine bestimmte Aussage zugleich philosophisch wahr und theologisch falsch sein oder umgekehrt.
Denn die philosophische Wahrheit einer Aussage besagt nichts in bezug auf ihre
theologische Wahrheit. Damit fielen für die Verfechter dieser Theorie die ver-
nünftigen und die offenbarten Wahrheiten auseinander. Vergleicht man diese
Theorie mit Luthers Unterscheidung zwischen einer politischen und einer
theologischen Wahrheit, springen sofort einige tiefgreifende Unterschiede ins
Auge. Zum einen, die Lehre von der doppelten Wahrheit setzt einen logischen

---

[177] Petr. Lomb., Sent. II d. 35 c. 1: »Peccatum est, ut ait Augustinus, omne dictum vel factum
vel concupitum, quod fit contra legem dei.« Bei Biel wird die lex dei mit dem dictamen rationis
gleichgesetzt, so daß die Bezugnahme auf das Gesetz Gottes sich erübrigt, siehe Coll. II d. 35 q.
un. a. 1 not. C: »Notandum etiam circa hoc quod sequitur ›contra legem Dei‹, quod lex aeterna
extendit se ad omnem rectam rationem et non solum ad praeceptionem vel prohibitionem proprie
acceptam.«

[178] WA 40, 2; 389, 4–9: »Politica veritas, quod aliquis vir Civilis, qui sit fucate, re vera ein
schalck, qui est malo ingenio, Terentius. Das ist politica, ut sic vivas, ut sentis, ut Pomponius, Ari-
stides, Socrates, Catho, qui das ding mit ernst gemeint, rempublicam, Catilina falso: qui sine fraude
prospicere reipublicae, das ist veritas politica Aristotelis.«

[179] WA 40, 2; 389, 12–14: »Politica praestatur ab hominibus, aut si non, iudicatur et docetur, ut
Aristoteles, Cicero. Et totus mundus quaeritur, quod mundus sit in mendacio et fraude …«

Wahrheitsbegriff voraus im Gegensatz zu Luthers existentiellem Verständnis. Genauer gesagt: Luthers Unterscheidung zwischen einer politischen und einer theologischen Wahrheit ist situationsbestimmt. Was coram hominibus als wahr, aufrichtig und ehrlich gilt, zählt nicht coram deo.[180] Zum andern, die Theorie von der doppelten Wahrheit zielt darauf, Widersprüche zwischen Philosophie und Theologie zu lösen, die gerade durch die grenzenlose Umarmung der aristotelischen Schriften ausgelöst wurden, als könne die ratio das Problem der ratio beseitigen. Für Luther wäre dieses Verfahren nichts als ein zügelloser Gebrauch der ratio, der bloß in eine Sackgasse führe. Bei seiner Unterscheidung zwischen einer politischen und theologischen Wahrheit geht es ihm um die Entlarvung der Vermessenheit und der Unangemessenheit der ratio in theologischen Sachen und zugleich um die Bestimmung des berechtigten Orts der ratio in dem Lebensprozeß, der wahrhaftig zur cognitio dei et hominis führt. Zum dritten, im Gegensatz zur Wahrheitstheorie des 13. Jahrhunderts beinhaltet die Unterscheidung Luthers nicht bloß die Gegensätzlichkeit der politischen und der theologischen Wahrheiten, so daß die beiden inhaltlich auseinanderfallen, sondern auch ihre Entsprechung aus theologischer Sicht. Gemäß der politischen Wahrheit kann man freilich von einem aufrichtigen Menschen sprechen, der die Gotteserkenntnis und Selbsterkenntnis noch nicht erreicht hat, aber das Umgekehrte gilt nicht. Gelangt man zur cognitio dei et hominis, so daß das empirische Selbst aus dem wahren Selbst lebt, wirkt diese Seinsveränderung auf alle Beziehungen im Bereich der politischen Wahrheit aus.

Fragt man nun ausdrücklich nach dem Inhalt der theologischen Wahrheit, so gibt Luther deutlich zur Antwort: die cognitio dei et hominis.[181] Wie Luther uns wiederholt und unermüdlich einschärft, besteht die Selbsterkenntnis des Menschen in dem Sündenbekenntnis, die Gotteserkenntnis in der Wahrnehmung des Verheißers. Und als die für den Sünder ausschlaggebende Verheißung kommt nochmals die Versprechung Gottes an Adam zur Sprache: Christus wird den Kopf der Schlange zertreten (1. Mose 3, 15).[182] Für den Glaubenden heißt dies: Christus hat die verheerende Macht des peccatum über den Menschen entscheidend gebrochen. Wer sich im Glauben bis an die Grenze zwischen Hoffnung und Verzweiflung führen läßt, der wird nicht letztlich zerstört; denn mitten im Leben mit dem Tod umfangen, begegnet dem Glaubenden das Christus-Selbst als das unauslöschbare Licht und als die ewige Quelle des Lebens.

---

[180] WA 40, 2; 393, 10–12: »Veracia sunt, bono Zelo facta, sed non secundum ›sapientiam‹, hoc, quod bonum coram hominibus, malum et erroneum coram deo. Est sapientia in aperto et publico.«

[181] WA 40, 2; 393, 2: »›sapientia‹ et ›veritas‹ idem, quod cognosco deum et meipsum.«

[182] WA 40, 2; 391, 11–14: »Non veraces peccatores perdit, sed qui pugnant contra hanc cognitionem, quia deus est, qui promisit filium missurum contriturum caput, vult nos salvos fieri a peccatis. Ideo requiritur, ut agnoscas te damnatum et morti aeternae addictum. Das heist ›veritas in abscondito‹, theologica, non politica, quam nemo scit deo valde gratam.«

Diese ist jedoch keine logische Wahrheit, sie ist eine existentielle, die ein Mensch einzig und allein aus der Erfahrung lernen kann.[183] Aber nicht nur das! Selbst wenn ein Mensch diese Wahrheit am eigenen Leibe erfahren hat, kann die ratio sie doch nicht fassen, und deswegen bleibt sie dem Menschenverstand zeitlebens verborgen.[184] Da die ratio sich selbst nie und nimmer in ihren eigenen Akten zu ertappen vermag, kann sie nicht akzeptieren, daß alles, was sie macht, vom peccatum geprägt ist. Und daß sie die reine Wahrheit nicht ernsthaft erstrebt, daß sie im Gegenteil die Selbsttäuschung des Menschen herbeiführt, bleibt für die ratio eine grundlose Behauptung. Daraus ergibt sich, daß die Spannung zwischen der fides und der ratio eine in diesem Leben nicht zu überwindende ist, die in dem Menschen immer wieder zur seelischen Unruhe führt.[185] Dabei handelt es sich nicht um zwei Bestandteile des Menschen, wie etwa Geist und Fleisch, sondern um zwei grundverschiedene Aktualisierungen des Selbst: die eine besteht darin, daß das Selbst an Gott und an der ganzen Welt nur das Seine sucht,[186] die andere darin, daß das Selbst befreit aus der Gefangenschaft des Selbstinteresses jedes Gegenüber wahrnimmt, wie es in Wahrheit dasteht.

B. Die Widerlegung des Gesetzes Mosi (v. 9)

Nachdem Luther anhand der Wahrheitsfrage die Religion im allgemeinen widerlegt hat, greift er das Gesetz Mosi als eine spezielle Form der Religion an. In beiden Fällen handelt es sich um einen falschen Weg der Rechtfertigung,[187] aber Luther behandelt den einen Weg nicht wie den anderen. Während seine Ausführungen über die Religion an der Wahrheitsfrage orientiert war, stellt er jetzt seine Darlegungen über das Gesetz in den Kontext der Gerechtigkeit. Man soll jedoch die Verwandtschaft der Religion mit dem Gesetz nicht außer acht

---

[183] WA 40, 2; 392, 13–16: »Ideo dicitur ›sapientia in mysterio abscondita‹, quae non revelata sapientibus: nobis revelata per spiritum sanctum, ut sciremus. Et hoc experientia, quare damnant nos hereticos etc. Ipsi hanc sapientiam non vident, quia est in abscondito.«

[184] WA 40, 2; 393, 6–8: »Ista est sapientia abscondita et ita, ut, si praedicetur, Inculcetur, tamen abscondita, quia ratio humana kan nicht hin an komen, ut dicat se peccare in omnibus, quae facit.« 12–14: »Sic ego et nos, cum audimus viventes in carne, Non possum dicere: Ego scio, quod diliges me et letaris super me, quoties hoc dicas.«

[185] WA 40, 2; 394, 7.

[186] Vgl. Die sieben Bußpsalmen, 1517 zu Vers 8: »In dissem suchet mann alles gott, aber gantz mit dem rucken und eußerlichen, innewendig kennen sie seyn weniger, dan all ander, darumb das sie sich selb suchen, auch an got mit den selben weyßen studiren unnd gottis erkennen etc.« WA 1; 189, 1–4.

[187] WA 40, 2; 397, 8–10 u. 14–16: »Audistis proximo versu, quomodo spiritus dei damnet in universum omnes iustiarios, sapientes, veritates et stultias: unam illam veritatem, quae est in abscondito, et sapientiam, quae est in mysterio.« »Iam descendit in partem, ad iustitiam illam Specialem, quae est legis divinae. Illam etiam refutamus sicut illam generalem iusticiam quantumcunque.«

lassen. Denn das Gesetz bringt gerade das zum Vorschein, was schon bei jeder Religion latent ist. Wenn es um die Wahrheit im existentiellen Sinne geht – wie dies beim Eingreifen der ratio in das Gottesverhältnis der Fall ist – , ist die Rechtfertigung des Menschen immer mit im Spiel. Bedingt durch den Text: »Entsundige mich mit Ysopen, das ich rein werde, Wassche mich, das ich schnee weis werde«,[188] sowie durch die Auslegungstradition, die an dieser Stelle die Sakramentslehre darzustellen pflegte, konzentriert Luther beim 9. Vers seine Gedanken auf das Verhältnis der Sakramente zum christlichen Glauben. Nichtsdestoweniger gelten seine Erwägungen mutatis mutandis für das ganze Gesetz Mosi. Der historische Kontext der Enarratio Psalmi 51 macht sich dadurch bemerkbar, daß Luther sich gegen zwei verschiedene Fronten wendet: gegen die römischen Sakramentalisten und gegen die Täufer und Spiritualisten.[189]

Zuerst erläutert Luther die mosaischen Vorschriften, die das Besprengen (aspersio) der Stiftshütte, der Bücher des Gesetzes, der priesterlichen Gewänder usw. zur Heiligung derselben geregelt haben. Danach zieht er eine Parallele zu der Praxis der Besprengung mit Weihwasser in der römischen Kirche und stellt unter Berufung auf Paulus fest, daß keine der beiden zeremoniellen Handlungen in Wahrheit zur remissio peccatorum wirksam sei.[190] Luther will selbstverständlich nicht abstreiten, daß solche kultische Handlungen, wie auch z.B. das Tischgebet, bedeutsam sind, um das Heilige vom Profanen im alltäglichen Leben zu unterscheiden, aber das heißt bei weitem nicht, daß sie die Sündenvergebung bewirken.[191] Wenn man bedenkt, so überlegt sich Luther, wie David gegen die zeremoniellen Vorschriften auftrat! – er hatte sicher den Tod verdient. Doch war David überzeugt, daß das Gesetz keine Kraft hat, die Sünden zu tilgen. Wer zur remissio gelangen will, der muß sich auf die Verheißung Gottes verlassen, Christus werde den Sieg über die Schlange, d.h. über die Sünde (1.Mose 3,15) erringen.[192] Ein zweites Mal vergleicht Luther die Zeit Davids mit den Verhältnissen des 16. Jahrhunderts und zieht daraus den Schluß,

---

[188] Die Lutherbibel, 1531.

[189] WA 40, 2; 397, 16–18: »Mera tonitrua, quae absterrere debent a iusticia Monachorum et fanaticorum hominum, ut Sacramentariorum et Anabaptistarum.«

[190] WA 40, 2; 398, 11–17: »Aspergebatur etiam cinere rufae vaccae, quae fuit, ut apud nos, ut aqua benedictionis, per quam delerentur peccata venialia et post contritionem et Confessionem reatus mortalis peccati. Aquam consecrari non est malum, sed eis tribuere, quod deus non tribuit suis sanctificationibus, hoc est impium. Paulus commendat: ›Sanctificatur‹ etc., etiam uxor et coniugium, panis et vinum, vestis, corpus sanctificatur, sed non ibi remissio peccatorum.«

[191] WA 40, 2; 398, 18–19: »Ideo tribuere remissionem peccatorum, si asperseris te aqua, hoc est additum diabolicum. Alioqui non impugnaremus.«

[192] WA 40, 2; 399, 4–7 u. 11–12: »Tollit hic universum sacerdotium cum suis ritibus, consecrationibus et negat eos posse consecrari. Et het verdint, ut eum occiderent, quia insaniebat iste populus in istis consecrationibus, ut nos in nostra opera.« »Est adhuc alia sanctificatio, quae dicitur: ›In semine tuo‹ etc. ›Ipse portabit‹ Esa.53: ›semen mulieris‹ (1. Mose 3, 15) in futurum Christum promissio.«

daß es noch keine Zeit gegeben hätte, in der die remissio peccatorum anders als durch den Glauben an Christus geschah.[193] Damit berührt Luther ein Grundprinzip der christlichen Theologie, zeigt aber zugleich das bahnbrechende Neue an seinem Denken. Wir gehen in der Folge der Sache nach.

Da Jesus zu einer bestimmten historischen Zeit erschienen ist, drängt sich zwangsläufig die Frage auf, wie es sich mit den Menschen vor seiner Geburt verhielte. Genauer: wie kamen diese Menschen zur remissio peccatorum? und wie gelangten sie zur Seligkeit? Schon Augustin hatte diese Frage, und zwar auch bei seiner Auslegung des 51.Psalms, durch den Hinweis auf den universalen Charakter des Glaubens beantwortet: »Die Zeiten haben sich geändert, der Glaube aber nicht.«[194] Wie weit dieser theologische Grundsatz in der Tradition verbreitet war, zeigt sich u. a. daran, daß der Satz Augustins in die Glossa Interlinearis zum 14. Vers aufgenommen wurde.[195] Doch ist der Unterschied zwischen Augustin und Luther an diesem Punkt unverkennbar. Augustin spricht von der Gleichheit des Glaubens in jedem Zeitalter und gründet diese Idee in dem universalen, ewigen Logos. Luther dagegen betont nicht bloß des Glaubens Gleichheit, sondern auch die Gleichheit des Modus der remissio peccatorum, denn die Sündenvergebung wird stets durch den Glauben an das konkrete Wort der Verheißung geschenkt. Augustin hätte diesem Gedanken nicht zustimmen können, weil er trotz der Gleichheit des Glaubens die Zeit vor und nach Christus in bezug auf den Modus der Vergebung unterschieden hat. Dies hat zur Folge, daß die Taufe in der nach-, im Gegensatz zu der vorchristlichen Zeit für die Vergebung der Erbsünde unentbehrlich sei.[196] Ausführlich geht Perez de Valentia auf die ganze Problematik bei seiner Auslegung des 11. Verses ein, welchen er dann mit Vers 9 in Verbindung bringt. Grundlegend für die Sakramentslehre des Perez – und auch für die ganze Scholastik – war die Unterscheidung zwischen den alttestamentlichen und den neutestamentlichen Sakramenten bzw. zwischen den sacrificia und den sacramenta.[197] Perez erklärt vier Differenzen zwischen den sacrificia und den sacramenta, aber das Wesentliche liegt in ihrer unterschiedlichen Wirksamkeit: die sacrificia des Alten Testaments

---

[193] WA 40, 2; 400, 11–401, 1: »Christus semper fuit remissor peccatorum, quam praeteritorum, praesentium et futurorum: qui credimus in praeteritum, habemus eundem, qui futurus, etiam in praesentem.« 403, 5–8: »Nostra lotio est audire et credere verbum gratiae per Christum mediatorem, qui nos redemit suo sanguine. Das haben sie so wol gehabt ut nos. Eadem esca, potus aspersio, cibus, Nisi quod credimus venisse, illi expectabant.«

[194] Augustin, Enarr. in Ps. 51 zu v. 14: »Redde mihi exsultationem salutaris tui: utique Christi tui. Quis enim sine illo sanari potuit? Quia et antequam de Maria nasceretur, in principio erat Verbum, et Verbum erat apud Deum, et Deus erat Verbum: et ita a sanctis patribus dispensatio susceptae carnis futura credebatur, sicut a nobis facta creditur. Tempora variata sunt, non fides.«

[195] Glo, ZGl zu v. 14: »Tempora variata sunt, non fides«.

[196] Augustin, Enarr. in Ps. 51 zu v. 7: »Novimus enim et baptismo Christi solvi peccata, et baptismum Christi valere ad remissionem peccatorum.«

[197] Für eine allgemeine Diskussion über die Sakramentslehre siehe Seeberg, Lehrbuch der Dogmengeschichte. III, 507ff.

wirkten nur sola fide, während die sacramenta des Neuen Testaments ex opere operato wirksam sind.[198] Diese Unterscheidung schließt grundsätzlich eine Gleichheit des Glaubens im Sinne eines Glaubensakts aus, da das Vertrauen eben bei den neutestamentlichen Sakramenten nicht mehr die entscheidende Rolle spielt. Aber die Tradition hat diesen Sachverhalt nicht als problematisch empfunden, weil sie sich nur für das Objekt, nicht aber für den Akt des Glaubens interessiert hat. Wie David an den zukünftigen Christus geglaubt und infolgedessen die Vergebung erhalten hat, so erhält auch die Kirche Vergebung durch Sakramente, deren Wirksamkeit auf Christus und seiner Selbstaufopferung beruht. Auf diesem Weg versucht die Tradition, die Gleichheit des Glaubens sowie das Spezifische an der Sakramentslehre der Kirche zu bewahren.

Wenn Luther nun die remissio peccatorum schlechthin als ein Geschehen sola fide darstellt,[199] entsteht leicht der Verdacht, daß er die eine Seite der traditionellen Unterscheidung gegen die andere ausspiele und damit alles auf einen vorchristlichen Stand reduziere. In diesem Fall wäre das Neue bei Luther nichts anderes als eine Abänderung und Vereinfachung der herkömmlichen Lehre. Eine genaue Analyse der Auslegung Luthers zeigt jedoch, daß dieser Verdacht nicht zutrifft. Im Gegenteil, es begegnet bei seiner Interpretation des 9. Verses ein fundamentales Umdenken des Verhältnisses des Glaubens zu den Sakramenten, das vor allem daran erkennbar wird, daß die Unterscheidung von lex und evangelium an Stelle der geläufigen zwischen den sacrificia und den sacramenta eingeführt wird. Die Unterschiede zwischen der vorchristlichen und der nachchristlichen Zeit will Luther nicht etwa nivellieren, aber bei dem Gegensatz von lex und evangelium geht es prinzipiell nicht um zwei Zeitalter mit je unterschiedlichen Sakramenten, sondern um zwei Gebrauchsmöglichkeiten des gleichen Sakraments.[200] Verspricht man sich die Sündenvergebung vom

---

[198] Perez, Expos. i zu v. 11: »Notandum est quod quadruplex est differentia inter sacramenta legis veteris et novi. prima differentia. quia haec continent realiter christum aut virtutum suae passionis: eo quod derivantur immediate a passione christi: illa autem non continent christum realiter nec suam virtutem: sed tamen significabant huiusmodi virtutem inquantum ordinabantur ad christum tamquam in finem. Secunda differentia sequitur ex prima quod ista efficiunt realiter virtutum et gratiam quam significabant: illa autem non. Tertia differentia: quod ista agunt et efficiunt in virtute propria quam continent: eo quia sunt bona de opere operato: illa autem non auferebant peccatum in virtute in se contenta: sed in fide offerentis et operantis. Quarta differentia: quod ista realiter dantur in pretium et praesentem solutionem pro peccato: illa autem tamen dabantur in signum foederis et pacti et fideiussionis cum protestatione inquantum illam circumcisionem acceptabat deus non in pretium reale: sed in signum futurae solutionis et futuri pretii per christum offerendi: et sic est dicendum de caeteris sacramentis et sacrificiis.« Vgl. conclusio 5 am Schluß der 2.expositio: »Quinta conclusio quod sacramenta et sacrificia veteris legis de se non poterant iustificare hominem quod de se non erant bona nisi ex sola fide et bonitate offerentis. Unde sola fides christi futuri iustificabat antiquos a peccato.«

[199] Schon in den Operationes in Psalmos hatte Luther diese Einsicht in Verbindung mit einem Zitat über Ps.51,9 geäußert, siehe WA 5, 380, 17.

[200] WA 40, 2; 401, 4–9: »Ideo concludit universum ritum legis fuisse inutilem et perniciosum, si velint mundare per hunc. Concedit eis aspersiones et lotiones, sed mundari per haec coram deo, ut

Sakrament allein (ex opere operato), so macht man davon Gebrauch im Sinne des Gesetzes; doch kann dieses dem Menschen weder Sündenvergebung noch seelische Gewißheit schenken. Seien die Rituale im alltäglichen Leben noch so wichtig, man gewinnt unmöglich durch das Wiederholte, das Regelmäßige, das Gleichbleibende die notwendige, innerliche Gewißheit zum Denken und zum Handeln. Im extremen Fall wird die Ritualisierung des Lebens sogar krankhaft. Die Rituale wurden aber von Moses und David nicht zur Rechtfertigung und zur Vergebung praktiziert, galten vielmehr als Zeichen des Glaubens an Christus und der dadurch entstehenden wahren Rechtfertigung.[201] Vollzieht man die Sakramente in diesem Sinne, so gebraucht man das Gesetz nicht mehr als Gesetz, sondern im Geiste des Evangeliums. Daraus geht hervor, daß das äußerliche Gesetz samt allen Vorschriften und Sakramenten zweimal in den Blick kommt, einmal im Banne des Gesetzes selbst als das Fordernde, ein andermal im Lichte des Evangeliums als Zeichen des Schenkenden. Und zwischen diesen beiden Gebrauchsmöglichkeiten des Gesetzes, so konstatiert Luther, gibt es gar keine Mitte![202]

Daß diese Unterscheidung des doppelten Gebrauchs des Gesetzes nicht gleichbedeutend mit dem Gegensatz von usus civilis und usus theologicus ist, den Luther in anderen Schriften diskutiert, versteht sich von selbst; denn hier geht es um die Auslegung eines bestimmten Psalmtextes in bezug auf die alttestamentlichen zeremoniellen Vorschriften, d.h.auf die kirchlichen Sakramente, dort um das ganze Gesetz in seiner durch das Evangelium aufgedeckten zweifachen Funktion. Dennoch haben Luthers Äußerungen zu den rituellen Vorschriften eine Tragweite, die weit über die äußerlichen Sakramente selbst hinausgeht. Da das ganze Gesetz von Gleichmäßigkeit und Regelmäßigkeit geprägt ist, enthält Luthers Ausführung zum 9. Vers wichtige Hinweise darauf, wie man mit dieser Dimension des Gesetzes im christlichen Glauben umgehen soll. Das Gleichmäßige und das Regelmäßige haben für Luther keine innewohnende Kraft, die den Menschen innerlich heilen kann – seinsbestimmend für den Menschen ist allein das Glauben, sei dies ein tiefes Vertrauen zu Christus oder ein entartetes Vertrauen zu Hab und Gut der sichtbaren Welt –, diese nehmen jedoch einen wichtigen Platz im alltäglichen Leben des Menschen ein als Ausdruck des mit Gott ins reine gebrachten Selbst. Aus dieser Perspektive ist die

---

me deus schoner halt quam nivem. Da scheiden sich lex et Evangelium. Lex praecipit, ut sit populus sacer suo deo. Sed coram se in spiritu, in interno tabernaculo, ubi deus est in propiciatorio, da kompt altus sacerdos unus.«

[201] WA 40, 2; 401, 14–402, 2: »Moses et David sint istis ceremoniis usi, nullo (modo) ut per eas iustificarentur, sed ut significarent se in fide et iustificatione veri aspersoris, qui cum venerit, non curassent unum pilum legis nisi propter Charitatem.«

[202] WA 40, 2; 406, 2–6: »Est quaerenda longe alia aspersio, quam possit ulla lex dare, quae est promissio. Extra omnem legem manet illa promissio divina: Christus est pro vobis mortuus: non sunt legis, sed verba gratiae offerentis remissionem peccatorum. Aut est lex exigens, aut promissio donans, nullum medium. Si alterum, ibi pugna.«

Vollziehung des äußerlichen Rituellen sozusagen ein Gleichnis des Selbst, das sich auf das Wort Gottes verläßt. Das Wesentliche am Rituellen enthüllt sich somit als das Wort Gottes, das an das Selbst zum Trost adressiert ist.[203] Gegen die römischen Sakramentalisten mußte Luther die Ohnmacht der äußerlichen, vom Glauben getrennten Sakramente geltend machen, gegen die Täufer hingegen die bleibende, gleichnishafte Bedeutung der Sakramente als Ausdruck des Glaubens. Daß man das Innerliche und Äußerliche nicht beliebig auseinanderreißen darf, zeigt sich schon an der Korrelation von Wort und Glauben. Das Wort ist eine vox humana, jedoch das wahrhafte Sakramentale.[204]

Das wahre Verständnis von den Sakramenten und der Rechtfertigung durch Wort und Glauben kann man leicht lehren, aber in Anfechtungen, wenn man selbst in Todesangst gerät, bricht in einem die Macht des alltäglichen Denkens von neuem aus. Unter der Wirkung dieser Macht will man die kleinsten Übertretungen des Gesetzes bestrafen, hinsichtlich jeder Schuld eine Wiedergutmachung fordern, also mit allem handelnd umgehen, ob man den anderen oder sich selbst zur Rechenschaft ziehen muß.[205] Diese Denkweise des Alltags nennt Luther familiaritas carnis (die Vertrautheit mit dem Fleisch) – ein höchst interessanter Ausdruck, der eine wichtige Dimension des caro-Begriffs ans Licht bringt. Unter »Fleisch« versteht Luther nicht nur eine mögliche Seinsweise des Einzelmenschen, sondern auch die herrschende Seinsweise der Welt, in der sich der Mensch befindet und von der er in Zeiten der Anfechtungen – d.h. in Zeiten der Angst und der Ungewißheit – geistig gefangengenommen wird. Die ganze Welt steht unter dem Bann des peccatum, und sie will nicht, daß das wahre Selbst eines Menschen zum empirischen Selbst wird, daß das Wort Gottes in ihm lebendig wird. Deshalb fällt die Welt bei jeder Gelegenheit ein gesetzestreues, forderndes, tötendes Urteil über den Glaubenden, um die Freiheit des wahren Selbst zum Schweigen zu bringen. Und das Fleisch des Glaubenden, i.e. die bleibende Denkweise des alten empirischen Selbst, spielt in Zeiten der Ungewißheit mit, so daß der Christ in diesem Leben nie zur endgültigen Ruhe kommt.

---

[203] WA 40, 2; 402, 11–15: »Quicunque audimus verbum dei, aspergimur sanguine Christi, quia vox docentis Evangelium est aspersorium. Intingit suum verbum in sanguinem Christi et sic spargit sanguinem Christi per Evangelium in totum mundum.«

[204] WA 40, 2; 402, 15–17: »Vox est humana, et tamen spargit etc. Sic aqua est aqua, et tamen lavor in sanguine Christi, quia profertur verbum passionis Christi in baptizatum.«

[205] WA 40, 2; 404, 1–4: »Ego docere possum, implere non, quia Civilis iustitia, lex Mosaica impedit me et familiaritas carnis, quia video, quod omnes peccatores civiliter puniuntur. Etiam in mea conscientia adest etiam diabolus, et succedunt impii doctores, qui eam confirmant opinionem.«

C. Der wahre Modus der remissio (v. 10)

Bei der Auslegung von Vers 10 kehrt Luther zum Thema »doctrina« zurück.[206]
Es handelt sich beim 51. Psalm nicht bloß um ein Beispiel der Gerechtigkeit in
der Person Davids, sondern um die Hauptlehre des christlichen Glaubens: die
Rechtfertigung des Menschen.[207] Dadurch, daß Luther dieses Thema gerade
jetzt aufgreift, legt er besonderes Gewicht auf den 10. Vers, ja er erreicht hier
den Höhepunkt seiner in Vers 5 angefangenen Ausführung über die remissio
peccatorum. Das Ziel der ganzen Theologie besteht nach Luther gerade in der
consolatio conscientiae, der Inhalt in der cognitio dei et hominis. Der von
Todesangst geplagte Mensch bekommt an der Grenze zwischen Leben und
Tod, also in der äußersten Notsituation des Lebens, einen tiefgreifenden,
lebensspendenden Frieden von Gott geschenkt, indem Gott, der Verheißer,
ihm begegnet. Da gelangt der Mensch zugleich zur Selbsterkenntnis und zur
Gotteserkenntnis; er erkennt sich selbst als Sünder und Gott als Verheißer. In
diesem Gedanken ist die Erkenntnis des wahren Modus der remissio peccatorum bereits implizit enthalten. Doch erst beim 10. Vers, nachdem der Psalmist
die Religion im allgemeinen und das Gesetz im besondern als falsche Wege der
Rechtfertigung zurückgewiesen hat, bringt er den wahren Modus der Vergebung deutlich an den Tag: »Auditui meo dabis!« Es gibt keinen andern Weg zur
remissio peccatorum, keinen andern Weg zum Frieden des Herzens, keinen
andern Weg zur Befreiung von der Todesangst als diesen: das Hören des Gotteswortes.[208] Mittels eines Chiasmus hebt Luther den wahren Modus der remissio
deutlich hervor: die Vergebung der Sünde geschieht durch das Hören, das
Hören wiederum durch das Wort (remissio peccatorum et auditus consolationis
fiat per verbum, auditum).

Bekanntlich läßt das Wort »auditus« zwei Bedeutungen zu: das Hören bzw.
das Zuhören und das gesprochene Wort. Obschon Hugo auf das letztere hinge-
deutet hat – auditus gleicht der confessio peccatorum – ,[209] hat die Auslegungstradition das Wort vorwiegend als das Hören des Büßers bei der Absolution
interpretiert.[210] Auch Luther versteht das Hören im Sinne der Wahrnehmung

---

[206] Siehe oben K. 1 Der Inhalt der Theologie.

[207] WA 40, 2; 408, 11–13: »›Auditui meo‹: Sic a principio huius psalmi audistis, quod non solum sit exemplum iustitiae in David nobis propositum, sed ipsa verba doctrinae tradita et modus,
quo fit iustificatio in cunctis hominibus.«

[208] WA 40, 2; 409, 2–6: »Iam se declarat. ›Auditui‹: sic asperge me, ut ›des auditui meo gaudium
et letitiam‹, ut mihi pax sit cordis per verbum gratiae. Emphasis in verbo: Audire me fac gaudium
et letitiam. Ibi declarat clarissime, quod remissio peccatorum et auditus consolationis fiat per verbum, auditum.«

[209] HUGO, Postilla, v. 10: »Item (auditui meo). id est confessioni mee.«

[210] CASSIODOR, CC 97, 460, 330ff: »Auditui meo dabis gaudium et laetitiam et exsultabunt ossa
humiliata. Hic iam pia confidentia divinitatis ostenditur: ut talia se auditurum dicat, quae gaudium
laetitiamque congeminent. Gaudium pertinet ad absolutionem, laetitia ad perpetua praemia possi-
denda.« so auch ALKUIN, GREGOR, Glossa Ordinaria, LOMBARDUS.

des gesprochenen Wortes, aber nicht primär als das Wort der durch den Priester erteilten Absolution, sondern als das Wort Gottes, das dem Menschen mitten in Todesangst ins Herz spricht. Die Unterschiede zwischen Luther und der Tradition greifen aber noch viel tiefer, als diese Feststellung zuerst erkennen läßt. Für Luther kommt es einzig und allein darauf an, wessen Wort der Mensch in Todesangst hört und was dieses Wort in ihm zu bewirken vermag. Um diese Sache näher zu erläutern, setzen wir mit der Sakramentslehre der Scholastik an.

Im Brennpunkt der scholastischen Kontroverse über die Sakramentslehre stand das Verhältnis der contritio zur absolutio.[211] Von alters her herrschte die feste Überzeugung, daß die Tilgung der Sünden durch die contritio im Sinne der Liebesreue bewirkt werde. Die Scholastik übernahm dieses theologische Erbe, versuchte aber zugleich, das kirchliche Sakrament, dessen Mittelpunkt die absolutio bildet, systematisch zu untermauern; dabei wurde sie dann mit dem Problem konfrontiert, was eigentlich bei der absolutio geschehen soll. Wenn die remissio peccatorum bereits vor der absolutio, also bei der contritio eintrat, war es fast unerklärlich, warum die absolutio, d.h. das kirchliche Sakrament noch heilsnotwendig sei. Im Laufe der Auseinandersetzung um die contritio gab es in der Früh- bis zu der Spätscholastik verschiedene, sehr raffinierte Lösungen der Problematik, aber ungeachtet aller Verschiedenheiten kann man festhalten, daß die Sündenvergebung von der contritio nie losgelöst wurde. Auf diesem Hintergrund ist die Auslegungstradition zum 10. Vers zu verstehen. Wird der auditus mit dem Hören des Büßers bei der Absolution identifiziert, so heißt dies eben nicht, daß das Wort selbst die remissio herbeiführt, denn die contritio bleibt stets eine Bedingung der Sündenvergebung. Im Gegensatz dazu behauptet Luther, daß allein das Wort Gottes die innewohnende Kraft hat, dem Menschen die Sünden zu verzeihen; es gibt keinen andern Weg zur remissio als das Hören des Gottesworts – also bringt die contritio nichts.[212] Sogar die Bezugnahme auf das Wort im Zusammenhang mit der Sündenvergebung war bei Luther und der Scholastik grundverschieden. Im Rahmen der Sakramentslehre war das Wort der Absolution im Grunde genommen ein kirchliches. Allerdings wurde das Wort der Absolution in der angeblich vom Befehl Christi stammenden Schlüsselgewalt begründet, aber die Schlüsselgewalt war auch Sache der Kirche. Demgemäß war das Wort der Absolution untrennbar mit dem kirchlichen Sakrament verbunden. Bei Luther hingegen verhält es sich völlig anders. Das Wort, das dem Menschen Trost und Zuspruch schenkt, ist das Wort Gottes schlechthin, unabhängig von der Kirche und allen ihren Sakramenten, das Wort Gottes, wo und wie es immer zur Sprache kommt, sei es in

---

[211] So SEEBERG, Lehrbuch der Dogmengeschichte. III, 531 ff.

[212] In fünf von den sechs Zitaten des 10. Verses in den Jahren 1513–1516 beschäftigte sich Luther ausschließlich mit dem auditus, nicht mit der contritio – ein Zeichen dafür, daß er von Anfang an viel Gewicht auf das Hören legte, WA 3; 348, 4. WA 4; 150, 36. 253, 25. 541, 10–11. WA 55, 1; 882, RGl zu v.8.

der Form einer Predigt oder des Trostwortes eines Bruders oder sei es als Äußerung des heiligen Geistes im Herzen des Menschen.[213]

Da Luther hier ausdrücklich vom heiligen Geist spricht, wollen wir seine Auslegung der Verse 11–15 vorwegnehmen und die innere Kohärenz seiner Reflexion über Sünde und Vergebung erhellen. Den komplementären Aspekten des peccatum, nämlich der entstellten intentionalen Struktur des Selbst und der Spaltung im Selbst, entspricht nun der Modus der remissio peccatorum als das Hören des verbum externum und als das Wirken des heiligen Geistes im Menschsein. Ist das Wort Gottes ein verbum externum, dann ist es auch ein menschliches Wort, es unterscheidet sich doch von allen menschlichen Worten dadurch, daß es nicht aus Selbstinteresse, vielmehr um des andern willen gesprochen wird. Das heißt: das Wort Gottes geschieht nicht etwa als Ausdruck eines Selbst, das alles auf sich bezieht, sondern als ein aus unbegreiflicher Freiheit gesprochenes Wort, das den Hörer im tiefsten Inneren treffen und ihn von Todesangst befreien kann. Redet man zugleich vom heiligen Geist als komplementärem Modus der remissio peccatorum, so will man damit das geheimnisvolle Wirken des verbum externum im Menschsein hervorheben. Der Mensch lebt einerseits von dem, was am deutlichsten durch Externalität geprägt ist, nämlich durch das an das Selbst adressierte Wort, andererseits von dem, was so tief im wahren Selbst am Werke ist, daß man nicht mehr von dem eigenen Selbst sprechen kann.

Der Modus der remissio erschließt uns eine weitere Erkenntnis über das Menschsein, wenn wir ihn statt von dem Gotteswort, von der Passivität des Menschen her in Betracht ziehen.[214] Sei es durch Selbstverwirklichung, durch die Manipulation von Beziehungen oder wie immer, der Mensch will am liebsten seine eigenen Probleme durch seine eigenen Anstrengungen lösen. Das Bild von einem Menschen, der alles im Griff hat, der jedes Problem aus eigener Kraft bewältigen kann, entspricht jedoch der Realität des Menschseins nicht, erweist sich vielmehr als bloße Illusion. Das menschliche Leben ist von einer geheimnisvollen Passivität geprägt, die man in der eigenen Lebensgeschichte je länger, desto deutlicher spürt, und dieser Passivität korrespondiert es, daß der

---

[213] WA 40, 2; 410, 6–13: »In perturbatione positus, in sensu irae divinae, nihil remedii nisi bonum verbum, sive inspiretur per fratrem praesentem, sive incidat per praeteritum auditum: ›Nolo mortem‹, ›Vita in voluntate‹, ›Deus viventium‹. Den spruch mus einer konen, sive per alienum ministerium sive per os spiritus sancti, ut cor dicat: non irascitur, ›deus non mortuorum sed vivorum‹. Nota, quoties fit commemoratio verbi, ut notes contra phanaticos spiritus. Verbum tam necessarium, ut, si frater non adsit, qui suggerat, tamen spiritus sanctus, ut: ›Venite ad.‹ 414, 3–5: »Docet ergo psalmus nos veram rationem transquillandi cordis, quae nulla alia quam audire verbum vel ex fratre vel ex praedicato auditu.«

[214] WA 40, 2; 410, 1–5: »Sic totus mundus: nullus modus, nisi qui hic describitur: ›Asperge, lava me, Auditum da‹. Volumus placare active, das passivum nolumus. Oportet expectare, donec audimus verbum. Dicit Paralitico. Et David a Natan: ›Non morieris‹. Das war auditus pacis, remissio peccatorum.«

Sünder nicht der Adressant, sondern der Adressat des heilbringenden verbum externum ist. Hier stoßen wir wieder auf die Kraft des verbum externum, die eine der wichtigsten Voraussetzungen der Seelsorge und Psychotherapie bildet. Trifft ein aus der Nächstenliebe gesprochenes Wort – und dies wäre nichts anderes als das Gotteswort! – den andern in seiner Notsituation, dann kann es tatsächlich zu Lebensveränderungen führen. Auf Grund dieser doctrina von der heilenden Kraft des Wortes kämpft Luther gegen die gleichen Fronten wie vorher, nämlich gegen die Papisten auf der einen Seite, die in der Anfechtung Zuflucht zu dem Bußsakrament samt allen Bußleistungen nehmen, und gegen die Täufer auf der anderen Seite, die das verbum externum so gering schätzen, daß sie das »auditus« überhaupt nicht mehr verstehen.[215] Gegen beide Seiten gilt es das Psalmwort hervorzuheben: »Auditui meo dabis.« Es gibt keinen andern Weg zu remissio peccatorum als das Hören des Gotteswortes. Die ontologische Schlußfolgerung dieser doctrina liegt klar auf der Hand. In seiner Passivität lebt der Mensch von gerade dem Wort, das er glaubt – ein anscheinend harmloser Grundsatz, der doch ernst genommen sowohl tröstend als auch beunruhigend wirkt, weil er auf die heilbringende Kraft des aus dem wahren Selbst entstehenden Wortes bei der Seelsorge, bei der Predigt und beim persönlichen Gespräch hinweist, aber zugleich auf die verheerende, zerstörende Macht des aus dem verkrümmten Selbst hervorgehenden Wortes in den gleichen Situationen, also bei der Seelsorge, bei der Predigt, beim persönlichen Gespräch, – geschweige denn, was alles in den Medien täglich auf den Menschen zukommt.

Die scholastische Kontroverse über die contritio bildet auch den Hintergrund der zweiten Hälfte von Luthers Auslegung des 10. Verses.[216] Wie schon erwähnt, wurde die Idee der Sündentilgung durch die contritio (Liebesreue), und zwar trotz aller theologischen Varianten der Sakramentslehre, als ein Grundsatz der Theologie nie preisgegeben.[217] In der Spätscholastik löste sich aber die contritio weitgehend aus der von der Hochscholastik angestrebten Bindung mit dem Sakrament dadurch, daß man die Liebesreue als eine Disposition zum Sakramentsempfang verstand, die aus den natürlichen Kräften des Menschen hervorgebracht werden soll.[218] Wenn aber der Mensch aus eigenen

---

[215] WA 40, 2; 411, 1–4: »Das vocale verbum mus dir. Iste versus pugnat, qui oderunt verbum externum, et contra eos, qui serio vellent satisfacere et in tentatione currunt et operibus volunt efficere, alii cogitationibus. Non sic. Illi errant, qui operibus et qui contemnunt verbum.«

[216] Ab WA 40, 2; 411, 5: »In Confessione non respicimus contritionem, sed spectamus verbum etc.«

[217] Vgl. z.B. in der Auslegungstradition über Psalm 51, Lyra, Interp. lit. zu v. 18: »remissio autem peccati acquiritur ex contritione sufficienti«, oder Perez, Expos. iii zu v. 5: »Hic explicat primam partem paenitentiae quae est cordis contritio inquantum peccator cognoscit in se peccatum suum et reatum dolet et conteritur. Per quam contritionem meretur ut deus deleat peccatum suum ne amplius imputet ad poenam aeternam.«

[218] Biel, Coll. IV d. 14 q. 1 a. 2: »Nam nulli facienti quod in se est disponendo se ad gratiam

Kräften die zur remissio notwendige contritio in sich selbst erzeugen kann, erfolgt die Vergebung der Sünde anscheinend ohne das Wort der Absolution und sogar auch ohne die Gnade Gottes.[219] Gegen diese spätscholastische Entwicklung, die im Grunde nur eine Zuspitzung der überall in der Scholastik anklingenden Tendenz darstellt, konstatiert Luther, daß das Wesen des Bußsakraments nicht in der contritio – wie man diese immer verstehen mag –, sondern in dem verbum besteht.[220] Indem die Papisten die Aufmerksamkeit beinahe ausschließlich auf die contritio lenken, machen sie die Vergebung der Sünde zu einer Leistung des Menschen und verdunkeln die heilende Kraft des Wortes. Dadurch geraten die conscientiae afflictae nur tiefer in Verzweiflung. Die Erkenntnis, daß das verbum externum, nicht die contritio das Entscheidende beim Sakrament ist, läuft schließlich auf das rechte Unterscheiden zwischen Gott und dem Menschen im Kontext des Bußsakraments hinaus.[221] Wie sehr die ganze Sache ihm am Herzen liegt, zeigt Luther durch die Erzählung eines persönlichen Erlebnisses aus seiner Klosterzeit, als sein Präzeptor ihm durch das gesprochene Wort ein wenig zum Glauben verholfen hatte.[222]

Daraus, daß Wort und Glaube die zentrale Stellung bei Luther einnehmen, darf man jedoch nicht schließen, er habe die contritio gering geschätzt oder sogar aus dem Leben des Christen scheiden wollen. Die contritio gehört nach wie vor zur Buße, sie soll aber wahrhafte contritio im biblischen Sinne sein und nicht bloß die Schreibtischreue der Papisten. Denn wahrhafte contritio ist nicht ein Akt des Menschen aus eigener Kraft, die zur Erlangung der Sündenvergebung mehr oder weniger hinreichend sein könnte; echte contritio erfolgt vielmehr durch das Handeln Gottes am Menschen, so daß kein Bein das andere tragen kann.[223] So heißt es ja im Psalmtext: »Das die gebeine frölich werden, die

---

subtrahit Dominus gratiam, multo minus enim Deus deficit tribuendo necessaria ad salutem quam natura: sed in utroque casu peccator potest facere totum quod in se est convertendo se ad Deum absque actu paenitentiae: ergo utrisque non deest Deus dando gratiam et per consequens remissionem peccatorem.« Coll. IV d. 14 q. 2 a. 2: »Quamvis regulariter per contritionem praeviam peccatum dimittitur et gratia prima iustificans confertur ante susceptionem sacramenti paenitentiae, ipsum tamen sacramentum semper est efficax signum gratiae per sacramentum confitenti non ficto collatae.« Vgl. OCKHAM, Sent. IV q. 11 opinio Ockham.

[219] Daraus wird die Kritik Luthers am Anfang der Enarratio Psalmi 51 noch verständlicher, die Lehre von den unversehrten natürlichen Kräften des Menschen mache die Gnade Gottes und den heiligen Geist überflüssig. WA 40, 2; 323, 1–3.

[220] WA 40, 2; 411, 9–11: »Caput confessionis, Sacramenti sit ipsa vox auditus. Papa obscurat absolutionem, verba in Sacramento. Et maximum fuit, Utrum fuerit contritio sufficiens etc. Ab ista doctrina sic sum vulneratus, ut non possim cor meum ad auditum.«

[221] WA 40, 2; 412, 5–8: »Sic docemus: Doctrina Iustificationis hec est, quod iustificatio non donatur nisi credenti verbo. Quando audis absolutionem, distingue inter tuam contritionem, sine terram esse i.e. infimum: verbum absolutionis sit celum, ipsum deum.«

[222] WA 40, 2; 411, 14–412, 1.

[223] WA 40, 2; 414, 7–415, 6: »›Ossa, quae tu contrusti‹, das keins das ander tragen kan. De his Rebus nihil intelligunt Papistae et Rottenses. Nunquam senserunt terrores, auditum mortis, desperationis. Ideo speculantur de gratia et iusticia, ut possunt, –rem veram non comprehendunt.

du zeschlagen hast«.[224] So zerschlagen, daß man nicht mehr gehen kann! Den Boden unter den Füssen verlieren, in Todesangst geraten, von der Angst ergriffen, daß das Selbst sich plötzlich auflösen wird – das heißt wahrhafte contritio, und kein Mensch unterzieht sich dieser Art von contritio freiwillig. Diese contritio erfolgt dann auf keinen Fall als eine menschliche Leistung, sondern als das Wirken des Gesetzes im Selbst des Menschen. Das empirische Selbst sucht an allem nur das, was ihm nützlich ist, nimmt das Gegenüber an und für sich gar nicht wahr und bildet für sich eine Welt, die von der Wirklichkeit weitgehend abweicht. Doch leistet das Gegenüber stets seinen Widerstand, setzt dem intentionalen Selbst klare Grenzen (du sollst nicht …) und fordert es auf, im Interesse des andern zu handeln (du sollst deinen Nächsten lieben). Auf diese Art und Weise ist das Gesetz ständig am Werke im Menschsein, hindeutend auf das peccatum radicale und abzielend auf die wahre contritio. Dennoch bleibt das Wirken des Gesetzes so tief unter der Oberfläche des Alltags, daß es sich meistens nur in der Form der Unruhe, der Unzufriedenheit und Beängstigung meldet. Sollte aber das Gesetz – und zwar aus anscheinend unerklärlichen Gründen – in einem plötzlich virulent werden, dann verliert man in der Tat die Existenzgrundlage, weil die Außen- sowie die Innenwelt von Grund auf in Frage gestellt werden. Bei dieser Erfahrung gibt es nicht einmal den Trost, daß das in der tiefsten Tiefe der Seele wirkende Gesetz tatsächlich das Gesetz Gottes sei. Könnte man Gott, den Verheißer, klar und deutlich am Werke spüren, dann würde man den Boden unter den Füssen gar nicht verlieren, aber das Gesetz nimmt einen in die Zange wie eine böse, zerstörerische Macht. Darum spricht Luther hier vom Teufel und Tod und unter Berufung auf Hiob und die Propheten von dem bösen Handeln Gottes durch seine Diener. Das Gesetz nennt er ein Instrument Gottes, als stamme es gar nicht von Gott selbst und als ließe Gott das Gesetz den Menschen zu Boden werfen, während er sich in Verborgenheit zurückzieht.[225] Dies will nicht etwa heißen, daß das Gesetz einen anderen Urheber hat als Gott selbst. Das Gesetz ebenso wie das Evangelium ist das Wort

---

›Ossa contrudisti‹, – quid sit, interrogavi multos in ordine meo, sed nihil intellexerunt. Quos habet robustos, fortius exercet, alios minus. Quisque vim legis et terrorem mortis oportet sentiat, sive in mortis hora, multi autem experiuntur in vita. Verus sensus legis et irae dei tam gravis, ut natura etc. Etiam literaliter ad sensum: ›ossa‹ etc., das einem die hende sincken und peine, ut non ghen et sthen konnen. In morte fulen sie fein, das ihn die hend et bein verlamen. Alia contritio, quam de qua Papa, da ich so sitzen etc., sed quando diaboli sagittae et mundus, fit angustius, quid ibi?«

[224] Luther Bibel, 1531.

[225] WA 40, 2; 416, 10–417, 4: »Ibi scrupulus: ›Tu contrivisti‹. Observare debetis diligenter a prophetis, quod mala pronuncient ab ipso deo venire, quamquam deus per se non faciat, sed per media, ministros. Iob: ›Fecisti, ut spiritum affligerem‹, et tamen clara historia: ›serva animam‹ etc., quod diabolus incenderit domum, oculos, filios et afflixerit conscientiam. Ista omnia fiunt diaboli operibus. Et tamen contradicit textus: ›Coegisti‹ etc. Diabolus kompt uber uns, facit tristitias cordium, desperationem, ut homines quaerant remedia et ut cadant in fucum et desperent. Deus facit per instrumentum. Sic lex est instrumentum, deus utitur lege. Et Paulus facit eam personam contra deum.«

Gottes, aber es handelt sich hier nicht um das, was das Gesetz sagt, sondern um das, was das Gesetz bewirkt. An dieser Stelle will Luther die wahrhafte contritio im Gegensatz zu der contritio der Spätscholastik deutlich vor Augen halten, und es entspricht erfahrungsmäßig der Wirklichkeit, daß der Mensch in der Zange des Gesetzes das Gesetz nicht als das von Gott, dem Verheißer, stammende empfindet. Doch ist das Gesetz in der Tat das Wort Gottes, und auch wenn der Mensch es mitten in der Anfechtung nicht merkt, handelt Gott an ihm auf verborgene Weise. Das heißt: Gott ist immer und ewig der pater consolationis.[226] Und genau in die Krisensituation der contritio hinein spricht das heilsame Wort des Verheißers.

Durch die contritio und das verbum externum gelangt der Mensch zur Selbsterkenntnis und zur Gotteserkenntnis. Die Krise der contritio macht dem Menschen überwältigend klar, daß das empirische Selbst keinen festen Halt in sich hat. Dies bedeutet die ungeheure Gefahr, daß das Selbst plötzlich auseinanderbricht oder – was die Kehrseite ist – daß alle seine Beziehungen zerstört werden. Daraus erfolgt die Todesangst, die im konkreten Fall so oder so erlebt wird, je nachdem wie das Gesetz in einem am Werke ist. Entsprechend dieser neuen Selbsterkenntnis, tritt Gott dem Menschen entgegen als der consolator,[227] zuerst als der Tröster, der den Menschen von Todesangst befreit, und dann als der heilige Geist, der im tiefsten Inneren des Glaubenden am Werke ist. Daß diese neue Gotteserkenntnis den zwei Aspekten der remissio entspricht, wird sicherlich keinem entgehen. Das Erlassen der Schuld der Sünde (nonimputatio) vollzieht sich erfahrungsmäßig als die Befreiung von der Todesangst,[228] das Nachlassen der verheerenden Macht der Sünde als die Entdeckung einer in sich wirkenden, aber dem empirischen Selbst nicht innewohnenden Kraft des wahrhaften Lebens. Bei dieser Feststellung über das Nachlassen der Sünde nehmen wir die folgende Auslegung von den Versen 11–14 vorweg. Erst dann, wenn Luther die Gaben des heiligen Geistes behandelt, kommt er dazu, sich eingehend über die Veränderung des Menschen im Glauben zu äußern.

---

[226] WA 40, 2; 417, 10–418, 4: »Quando pavor venit, so lauff ich gwis ad alium deum. Exempli gratia: In terrore fingo mihi alium deum, iratum. Et non est, sed est ›pater consolationis‹, nisi quod suspendit eam. Ibi statim idolum in conscientia, Et tamen non est verus deus, sed quaedam nubes in corde meo, quod cogito deum iratum, cum debeam contrarium cogitare. nihilominus percutiendo manes bonus largitor gratiae. velis gaudii gern. sed das ist eine kunst.«

[227] WA 40, 2; 416, 1–3: »Mittit ideo filium in mundum, ut certi simus, ipsum velle summo mandato, ut credamus eum esse consolatorem.« Nicht zu vergessen ist dies, daß »consolator« im Spätlatein eine Umschreibung für den heiligen Geist war.

[228] Bei der Auslegung von Vers 3 spricht Luther von einer Affektsdimension der remissio seitens Gottes, nämlich die miseratio. WA 40, 2; 345, 12–14.

V. Die Notwendigkeit der petitio um die dona (v. 11)

Warum spricht der Beter nach der remissio peccatorum weiterhin von seiner Sünde: »averte faciem tuam a peccatis meis«? Für Luther bezeugt die Bitte des 11. Verses die bleibende Sündhaftigkeit des Menschen im Glauben und signalisiert zugleich den Wechsel zu einem neuen, wenn auch mit der remissio sehr eng verbundenen Thema. Der Übergang von Vers 10 zu Vers 12 gleicht dem von Vers 3 zu Vers 4. Einleitend behandelt Luther in Vers 3 die petitio um die remissio peccatorum, in Vers 4 die petitio um die dona. Auf ähnliche Weise, aber jetzt eingehend erörtert er in den Versen 5–10 nochmals das Thema remissio, in den Versen 12–14 die dona. Nun aber wird der Übergang ausführlicher erklärt durch die Auslegung des 11. Verses, und zwar anhand einer von Paulus stammenden Unterscheidung zwischen gratia und dona (Röm 5, 15).[229] In den Versen 5–10 handelt es sich also um die gratia und in den Versen 12–14 um die dona. Was es bei diesem Ineinander und Nebeneinander von Begriffen auf sich hat, müssen wir noch erhellen, aber zuerst bedarf die Versgliederung selbst einer weiteren Erläuterung.

Nicht als erster in der Auslegungstradition hat Luther eine deutliche Zäsur beim 11. Vers gesetzt. Perez de Valentia teilte den ganzen Psalm in zwei Teile auf: die Bitte um die remissio culpae et poenae (v. 3–11) und die Bitte um die gratia (v. 12–21). Und schon vor ihm hatte Lyra für eine ähnliche Struktur plädiert, obwohl er den Einschnitt beim 9. Vers machte: die Bitte um die remissio culpae (vs. 1–8) und die Bitte um die restitutio gratiae (v. 9–21). Die Verwandtschaft der Gliederung Luthers mit der von Lyra und Perez ist bei Vers 11 augenfällig, aber ebenso deutlich sind die tiefgreifenden Differenzen. Bei Lyra und Perez beruht die Gliederung auf der altkirchlichen Unterscheidung zwischen der Vergebung der Sünde (remissio) und der Erneuerung der Seele (gratia) – eine Unterscheidung, die in der Scholastik viel diskutiert und systematisch präzisiert wurde. Die Vergebung der Sünde bedeutet, wie aus der von Perez vertretenen Struktur des Psalms ersichtlich ist, die Tilgung der Schuld des peccatum sowie die Erlassung der ewigen Strafe. Diese Sündenvergebung kann aber nicht anders geschehen als dadurch, daß neue Gnade in die Seele eingegossen wird anstelle der Gnade, die infolge der Sünde zerstört wurde,[230] wie etwa die Finsternis erst durch das Licht vertrieben wird. Aus dieser Sicht ist verständlich,

---

[229] WA 40, 2; 421, 1–5: »Absoluta est fere principalis huius psalmi pars, nempe de gratia, In qua diligit nos. Docuit non solum exemplum, sed quae sit natura peccati et cognitio gratiae et natura iustificationis. Quae sequuntur, pertinent ad dona, Sicut scitis, nos habere hanc distinctionem ex S.Paulo: ›Aliud gratiam, donum‹, Ro.5.«

[230] Lyra, Interp. lit. zu v. 2: »et sic patet auctor et materia huius psalmi qui dividitur in duas partes: et in prima david petit culpae remissionem. In secunda gratiae restitutionem: ibi: Asperges me. Licet autem ista duo sint idem re: quia non remittitur peccatum nisi per gratiam iustificantem: differunt tamen ratione: quia remissio culpae respicit maculam quae abiicitur: iustificatio gratiam quae acquiritur.«

warum die Bitte um die Wiederherstellung der verlorenen Gnade wesentlich zur Bitte um die Vergebung gehört. Aber noch wichtiger ist dies: nach den meisten Scholastikern sind die remissio und die infusio gratiae in der Tat nicht zwei Akte, sondern nur einer. Das heißt: die remissio und die infusio gratiae unterscheiden sich zeitlich nicht, obwohl vielleicht logisch, insofern als man die infusio gratiae als die causa remissionis betrachtet. Im Kontext der Buße wird die infusio gratiae mit der contritio (der Liebesreue) gleichgesetzt, die als ein Akt der Liebe in der Seele die habitus, fides und spes, formiert und den Menschen zu verdienstvollen Werken vor Gott ausrüstet. Und gerade hier liegt das Hauptinteresse der Scholastik an der Unterscheidung zwischen der remissio und der gratia. Die Erneuerung des Menschen durch die Eingießung der Gnade erweist sich im Rahmen der Scholastik als eine primär an der Ethik orientierte Veränderung der Seele, und dementsprechend zielt sie auf die Erwerbung der Seligkeit durch verdienstvolle Werke.

Es ist offenkundig, daß Luther seine Unterscheidung zwischen der remissio und den dona als eine biblische Korrektur zur scholastischen Bußtheologie konzipiert hat. Zwar gilt es auch für die remissio und die dona im Sinne Luthers, daß sie nicht voneinander trennbar sind, aber sie fallen nicht, wie die remissio und die infusio gratiae, substantiell und zeitlich (in re) zusammen. In einem ganz unscholastischen Stil spricht Luther hier von einem Übergang von der remissio zu den dona und bezeichnet diesen weiter als ein Wachstum: das, was bei der remissio angefangen hat, wächst durch die dona im Glaubenden weiter bis zum leiblichen Sterben.[231] Das Bild des Wachstums, offensichtlich aus der organischen Welt entliehen, gibt der Diskussion Luthers einen völlig anderen Ton als die eher mechanistische Rede der Scholastik über Ursache und Wirkung. Die remissio und die dona verhalten sich auf keinen Fall als Effekt und Ursache. Will man hier überhaupt von einer Ursache reden, so muß man sich eines neuen Denkschemas bedienen, wie etwa eines der Komplementarität, nach dem das eine jeweils die Ursache des andern sei. Der einzige Weg zur remissio peccatorum ist das Hören (und das Glauben) des Gotteswortes: doch kann kein Mensch das Wort glauben, es sei denn, er habe das donum des heiligen Geistes empfangen.[232] Und umgekehrt: der heilige Geist ist eine im Menschsein wirkende Kraft, die die verheerende Macht des peccatum über den Menschen bricht: doch empfängt kein Mensch diese heilende Kraft, es sei

---

[231] WA 40, 2; 418, 13–419, 1: »Petit ergo incrementum istius gaudii: ut nihil sentiam tristiciae legis, ut nihil remaneat in me, quid me mordeat, contristet et pusilanimet erga te. Impetrabimus, sed in fine. Et tamen in hac vita crescit, Ut Petrus: ›Crescite‹ etc.« vgl. die Präparation: »Et largire mihi plerophoriam, ut sequitur: Omnes. Ergo non solum de peccato adulterii loquitur sed generaliter de incremento remissionis peccatorum, cuius primitias petiit versu proximo.« (WA 31, 1; 513, 6–8).

[232] WA 40, 2; 315, 10–14. 346, 10–12. 369, 14–15. 392, 13–15.

denn, er glaube das an ihn adressierte Wort Gottes.[233] Somit lebt der Mensch zwischen der äußersten Externalität des verbum externum und der äußersten Internalität des spiritus sanctus.

Von Externalität und Internalität spricht Luther ausdrücklich in Rationis Latomianae confutatio aus dem Jahre 1521, und zwar in einem Zusammenhang, in dem er erklärt, wie das Evangelium auf zweierlei Weise das peccatum radicale im Menschen überwindet. Wie in der Enarratio Psalmi 51, so weist Luther auch hier zuerst auf die paulinische Unterscheidung in Röm 5, 17 zwischen gratia und dona. Danach nennt er die gratia dei ein bonum externum, das den ganzen Menschen betrifft und ihn von dem Zorn Gottes befreit, und er bezeichnet das donum bzw. die iustitia als ein bonum internum, das den Menschen im tiefsten Inneren betrifft und ihn von dem Verderben des peccatum heilt.[234] In Übereinstimmung mit der Enarratio Psalmi 51 identifiziert Luther die gratia mit dem Verhältnis des Menschen zu Gott, nicht im scholastischen Sinne mit dem donum.[235] Das donum hingegen wird im scheinbaren Unterschied zu der Auslegung des 51. Psalms mit der fides statt mit dem heiligen Geist in Verbindung gebracht. Doch erweist sich diese Differenz als irrelevant, sobald man in Betracht zieht, daß das erste donum des heiligen Geistes in Luthers Psalmverständnis nichts anderes ist als eben die fides.

Nun sind wir in der Lage, Luthers Verständnis der remissio und gratia mit der scholastischen Bußtheologie zu kontrastieren. Wie die Scholastiker, so schreibt auch Luther in seiner Auslegung des 51. Psalms von der remissio und gratia, aber bei ihm sind die beiden tatsächlich identisch – in der Sprache der Scholastik, sowohl in ratione, wie auch in re. Das heißt: er identifiziert die gratia nicht mehr mit den dona als Ausrüstung des Menschen zu verdienstvollen Werken, sondern mit der remissio selbst! Damit hebt er die ganze scholastische Gnadenlehre aus den Angeln, da die gratia – jetzt als remissio verstanden – nicht mehr als eine eingegossene Qualität der Seele aufgefaßt werden kann. Um die Sache noch deutlicher hervorzuheben, beschreibt Luther die gratia als eine relatio – eine Aussage, die für scholastische Ohren auf jeden Fall anstößig, wenn nicht

---

[233] Enarratio Psalmi 51 zu Vers 10, passim.

[234] WA 8; 105, 39–106, 2: »Nam Evangelium etiam duo praedicat et docet, iustitiam et gratiam dei. Per iustitiam sanat corruptionem naturae, iustitiam vero, quae sit donum dei, fides scilicet Christi, sicut Ro. iii …« 106, 10–13: »Gratiam accipio hic proprie pro favore dei, sicut debet, non pro qualitate animi, ut nostri recentiores docuerunt, atque haec gratia tandem vere pacem cordis operatur, ut homo a corruptione sua sanatus, etiam propitium deum habere se sentiat.« 106, 18–25: »Nam remissio peccatorum et pax proprie tribuitur gratiae dei, sed fidei tribuitur sanitas corruptionis. Quia fides est donum et bonum internum oppositum peccato, quod expurgat, et fermentum illud Evangelicum in tribus farinae satis absconditum. At gratia dei est externum bonum, favor dei, opposita irae. Haec duo sic Ro.v. distinguit: ›Si enim unius delicto mortui multi sunt, multo magis gratia dei et donum in gratia unius hominis Iesu Christi in plures abundavit‹.«

[235] Thomas, S. th. 1, II q. 112 a. 2 crp.: »Respondeo dicendum quod, sicut supra dictum est, gratia dupliciter dicitur: quandoque quidem ipsum habituale donum Dei; quandoque autem ipsum auxilium Dei moventis animam ad bonum.«

völlig unverständlich war.[236] Aber pointierter hätte Luther die Sache nicht formulieren können, denn das Wort »relatio« besagt: die gratia ist nicht substanz-
haft, sie ist keine neue Ausrüstung der Seele, sie ist überhaupt nichts Greifbares
oder Verfügbares. Die Gnade ist ein neues Verhältnis zu Gott.

Wie verhält es sich aber mit den dona nach dem Verständnis Luthers? Wenn
sie eine Erneuerung des Menschen herbeiführen – was Luther offenbar meint
–, wird an diesem Punkt die scholastische Gnade, gleichsam als paulinische
dona verkleidet, nicht wieder eingeschmuggelt? Wie man diese Frage beant-
wort, kommt zum Teil auf den Sprachgebrauch an. Definiert man »Erneuerung« als eine substantielle, strukturelle Veränderung des Selbst oder als die
Erteilung von neuen Kräften an das Selbst, so daß das Selbst fortan über neue
Möglichkeiten verfügt, dann wäre das Wort im Kontext der Enarratio Psalmi
51 fehl am Platze. Versteht man aber unter »Erneuerung«, daß die Macht des
peccatum über den Menschen gebrochen wird, daß der Mensch die Welt mit
neuen Augen sieht, daß die Spaltung im tiefsten Inneren des Menschen zwischen dem empirischen und dem wahren Selbst einigermaßen geheilt wird,
dann eignet sich das Wort gut, um die Wirksamkeit der dona im Menschsein zu
bezeichnen. Das Entscheidende ist auf jeden Fall dies, daß man diese »Erneuerung« nicht als eine neue Veranlagung des Menschen auffaßt, denn das Verständnis Luthers geht in eine ganz andere Richtung. Sein Verweis auf 2. Petr 3,
18 im Zusammenhang mit dem Wachstum der gratia macht es deutlich[237] –
»crescite vero in gratia et in cognitione Domini nostri« –: bei der Erneuerung
des Menschen handelt es sich um ein Wachstum in der cognitio dei et hominis.[238] Die neue Selbst- und Gotteserkenntnis hat natürlich zur Folge, daß das
Selbst anders als zuvor gelebt wird, sie schließt jedoch keine strukturelle Veränderung des Selbst ein, die man eine neue seelische Veranlagung nennen könnte.
Diesen Sachverhalt bezeugt auch Luthers Beschreibung der dona als einer creatio continua im Menschsein.[239]

In der scholastischen Tradition vollzog man eine für die Gnadenlehre und für
die Anthropologie wichtige Unterscheidung zwischen der gratia creata und der

---

[236] WA 40, 2; 421, 5–10: »Gratia ad ipsum favorem divinum, quo consolatur nos et remittit nobis peccata nostra. Dilectio versatur in praedicamento relationis, quod minimae entitatis, tamen
etc. Cum ›reputatur fides ad iustitiam‹, das ist gratia, simpliciter ex promissione dei, sine nostris
meritis, imo econtra gratuito complet nos per cognitionem legis, ut humiliati.«

[237] S. o. Anm. 231.

[238] Vgl. WA 40, 2; 419, 11–420, 2: »Ideo petimus, ut semper letificet, deleat et nunquam nos si-
nat tristes fieri de incremento cognitionis, leticiae et pacis, quia iusti infestantur sepius, num ipsis
remissum peccatum.«

[239] WA 40, 2; 421, 15–422, 3: »Ioh.: ›spiritus sanctus habitat in cordibus nostris‹, scimus. ›Membra vestra‹, ›Mansionem‹. Deus non abit donatis suis donis et relinquit nos solos. Non fecit et abiit.
Dixit ille philosophus: Non vadit dormitum, Sed creare est continuo conservare, fortificare. Sic
spiritus sanctus adest praesens et operatur in nobis suum donum. Donum, quod ipse spiritus
sanctus in nobis operatur.«

gratia increata; jene heißt auch die gratia infusa, diese bezeichnet den spiritus sanctus. Indem man die in die Seele eingegossene Gnade vom heiligen Geist trennte, konnte man die gratia infusa als eine Qualität der menschlichen Seele auffassen, die dem Menschen zur Verfügung stand und ihn dazu befähigte, verdienstvolle Werke zu leisten. Diese scholastische Dichotomie der Gnade lehnt Luther prinzipiell ab zugunsten eines am Leben orientierten Verständnisses. Er spricht also weder von einer gratia creata noch von einer gratia increata, versteht vielmehr die dona als das Wirken des heiligen Geistes im Menschen, um den Menschen in der remissio – und das heißt in der cognitio dei et hominis – zu bewahren und zu stärken. Aus seiner Sicht ist die gratia creata der Scholastiker ein totes Ding, weil es ohne die Willensbewegung des Menschen leblos in der Seele liegt, ein tötendes Ding, weil es den Menschen doch zu guten Werken angeblich befähigt und deshalb auch dazu verpflichtet. Für Luther sind die dona das lebendige, schöpferische Wirken des heiligen Geistes selbst,[240] – ein Wirken, das den Menschen immer wieder neu zu einem glaubenden, ethisch handelnden, die Wahrheit sprechenden Menschen macht, ohne daß der Geist die innewohnenden Fähigkeiten des empirischen Selbst verändert. Sowenig der Mensch über die gratia (remissio) verfügen kann, ebensowenig über die dona. Keines von den beiden ist ein fester Bestandteil des empirischen Selbst, den das Selbst beliebig zur Erwerbung der Seligkeit einsetzen könnte. Die Bitte um die dona erweist sich also als notwendig, nicht damit der Beter zur Erlangung der ewigen Seligkeit befähigt wird, sondern damit der Beter in diesem Leben nach und nach von der Sünde befreit wird. Denn das peccatum radicale bleibt nach der remissio in dem Menschen, so daß die pax conscientiae mit der restlichen Macht des peccatum vermischt ist.[241] Die Notwendigkeit der petitio um die dona gründet schließlich in der Not des Gewissens, und das Ziel der dona ist die consolatio conscientiae.[242] Luthers Entthronung der verdienstvollen Leistungen des Menschen im Rahmen der scholastischen Gnadenlehre unterstreicht wieder einmal die ontologische Passivität des Menschseins – eine Passivität, die nicht mit einem Mangel an Unternehmungslust oder mit einem bewußten

---

[240] WA 40, 2; 422, 5–10: »Ideo dicit: ›Cor mundum.‹ Ne putes significare subitaneum operari dei sed continuatum. Imer new: perfice quod cepisti; Confirma, quod. Non qui incepit, sed ›qui perseverarit‹. Sophistae sic rem gratiae tractant: putaverunt qualitatem latentem in corde, quam si quis haberet tanquam aliquam gemmam, respiceret eum deus etc. Non intelligentes.«

[241] WA 40, 2; 418, 7–11: »Iusti, quando eis remissio peccatorum, non possunt satis habere pacis, quam vellent. Iste sensus pacis et auditus consolatorius bleibt mixtus in reliquiis. Accepimus tamen primitias etc., Ut Paulus: ›primitias spiritus‹. Remissionem peccatorum ergreiff ich so egre, ut vix in sericeo filo etc., et tamen libenter velim habere abundantissime.«

[242] WA 40, 2; 419, 5–6: »Et machs, das gar rein sei, ne videas ullum peccatum, sed omnia deleta, sed sit plena remissio, plenum gaudium, pax.« Vgl. Arbeiten zu den Summarien, WA 31, 1; 512, 39ff.: »›Absconde faciem tuam a peccatis meis‹. Quid sit mala conscientia, vide. Est chirographum et non deletum coram deo. Accusat, mordet. Quia iusti etiam remisso peccato vexantur perturbanturque saepius aculeo conscientiae, Et vix audent credere gratiae. Ideo hic dicit: Omnes iniquitates meas dele, omnem deme scrupulum.«

Verzicht auf Handeln zu verwechseln ist. Das Leben zwischen dem verbum externum und dem spiritus sanctus ist nicht von reiner Passivität im üblichen Sinne geprägt – wie man sich z.B. die passive Haltung eines meditierenden Zen-Mönches vorstellt. Das Spannungsfeld, in dem der Glaubende lebt, ist mit einer lebendigen Kraft geladen, die ihn immer wieder zum Handeln und zum Sprechen bewegt.[243] Es läßt sich nur fragen, welches Subjekt hier letzten Endes am Werke sei.

VI. Der spiritus sanctus und die dona: die Eigenart und die Wirkung der dona (v. 12–14)

A. Der glaubende Mensch (v. 12)

Es erinnert wieder an die scholastische Theologie, wenn Luther den Glauben für das erste donum des heiligen Geistes erklärt, nachdem er den Glauben im Zusammenhang mit der remissio eingehend behandelt hat.[244] Denn auch die Scholastiker hatten in der systematischen Tradition die fides an zwei Stellen erörtert, nämlich im Kontext der Wortverkündigung als die fides informis und im Zusammenhang mit dem sakramentalen Empfang der gratia infusa als die fides formata. Ob die fides informis vermöge der gratia gratis data (Bonaventura u. a.)[245] oder aufgrund der natürlichen Kräfte des Menschen (Biel)[246] entsteht, so oder so hat dieser Glaube eine notwendige Beziehung zum verbum externum,[247] er gilt aber als keine tiefe Überzeugung im Herzen des Menschen, sondern als eine bloß äußerliche Zustimmung zu den Glaubenssätzen.[248] Da die fides informis den Menschen vor Gott nicht »angenehm« (gratum) macht und deswegen nicht zur Seligkeit reicht, muß sie durch die Liebe, d.h. durch die in der Regel beim Sakrament eingegossene gratia, formiert werden. Man beachte aber wohl: diese neue fides formata wird nicht durch das Wort erzeugt, noch

---

[243] WA 40, 2; 422, 11–12: »Gratia est continua operatio, qua exercitamur per spiritum facientes, loquentes placentia deo. Spiritus non res mortua sed vivax.«

[244] Z. B. beim 10. Vers. WA 40, 2; 412, 5–6: »Sic docemus: Doctrina Iustificationis hec est, quod iustificatio non donatur nisi credenti verbo.«

[245] BONAVENTURA, Sent. III d. 23 a. 2 q. 2.

[246] BIEL, Coll. III d. 23 q. 2 a. 1 not. 2.

[247] BIEL, Coll. III d. 23 q. 2 a. 2 concl. 1: »Quantum ad secundum articulum est prima conclusio: Fides acquisita ad credendum fidei articulos est necessaria. Probatur illa conclusio auctoritate Apostoli Rom.10: ›Fides ex auditu est. Auditus autem per verbum Dei.‹ Et praemisit: ›Quomodo credent ei, quem non audierunt, quomodo audient sine praedicante?‹ Quae non possunt intelligi de fide infusa, quae non est ex auditu praedicationis, sed immediate creata a Deo.«

[248] Nach PETR. LOMB. können auch die Dämonen diesen Glauben erwerben, siehe Sent. III d. 23 c. 4: »Fides igitur quam daemones et falsi christiani habent, qualitas mentis est, sed informis, quia sine caritate est.«

nimmt sie notwendigerweise auf das Wort Bezug.[249] Diese kurze Schilderung des scholastischen Glaubensverständnisses genügt für einen Vergleich mit Luthers Auffassung in der Enarratio Psalmi 51. Bedeutsam ist zunächst, daß Luther keinen zweistufigen Glaubensbegriff vertritt; die auf das Wort bezogene fides der remissio unterscheidet sich überhaupt nicht von der fides des donum. Bei seiner Unterscheidung von gratia und donum handelt es sich nicht um eine qualitative Veränderung, sondern um eine Verstärkung des Glaubens.[250] Zweitens, die fides als ein donum bleibt ihrem Wesen nach auf das Wort bezogen, so daß das verbum externum nach wie vor den einzigen Modus der Rechtfertigung darstellt. Drittens, die fides schlechthin, ob anfänglich bei der remissio oder später bei den dona, macht den Menschen vor Gott gerecht. Es gibt also keinen Glauben, der nicht zur Rechtfertigung reicht, und demgemäß braucht der Glaube weder Ergänzung noch Vervollkommnung durch die Liebe.

Diesem Glaubensverständnis entspricht es, daß Luther bei der Auslegung von Vers 12 das »creare« im Sinne einer creatio continua interpretiert.[251] Seit Hugo Cardinalis legte man viel Gewicht auf den Versteil:»crea in me« im Zusammenhang mit der Eingießung der Gnade.[252] Nach scholastischem Denken wird die gratia in der Seele des Menschen durch die Sünde zerstört, so daß nur noch die fides und die spes als habitus übrig bleiben, während die caritas und die den habitus in die Tat umsetzende Gnade verlorengehen. Geht man von dieser Annahme aus, so scheint es, als bitte der Büßer in Vers 12 um die gratia infusa, damit die fides wieder formiert werde.[253] Entgegen scholastischer Ansicht, der Glaube bedürfe einer Vervollkommnung durch die Liebe, greift Luther auf die altkirchliche Idee der »creatio continua« zurück, um die Konti-

---

[249] BIEL, Coll. III d. 23 q. 2 a. 1 not. 2: »Sed fides infusa est habitus a Deo supernaturaliter et immediate in anima creatus … Sed habitus infusus numquam inclinat ad actum credendi respectu cuiuscumque obiecti proprii vel mediati sine habitu acquisito aut actu eius.«

[250] In der Präparation vom Februar 1532 spricht Luther von der plerophoria der fides: »Primum donum est donare spiritum, qui purgare peccatum et agnoscere gratiam i.e. da mihi donum fidei, et sic, ut credam firmiter, da fidem plerophoriae, das mich die sunde nimer mehr anfechte …« WA 31, 1; 541, 20–22.

[251] S.o. Anm. 239.

[252] HUGO, Postilla, v. 12: »hic autem orat pro bonis ut dentur cum subiungit (cor mundum crea in me deus) crea dicit. id est ex nihilo, quia esse morale perdiderat secundum quod peccatori dicitur Ezech.xxviii. Nihil factus est.« PEREZ, Expos. i zu v. 12: »Et ideo david prius petit sibi culpam remitti et deleri: et ex consequenti in hac parte petit sibi gratiam restitui et infundi. Sed quia talis gratia non educitur de potentia passiva ipsius animae per aliquod agens creatum: nisi a solo deo per solam creationem. Ideo ait. O deus crea in mea cor mundum.«

[253] PEREZ, Expos. iii zu v. 12: »Hic petit sibi gratiam per peccatum amissam restitui. Ad cuius intelligentiam est notandum quod in baptismo per aspersionem sanguis christi non solum remittitur culpa originalis et etiam actualis in adultis: sed etiam confertur fides spes et caritas in habitu et gratia in actu. Sed per peccatum licet non perdatur habitus fidei et spei: tamen amittitur charitas et gratia in actu. quae quidem gratia et charitas non possunt recuperari nisi per paenitentiam.« Gegen das Verständnis des 12. Verses im Zusammenhang mit der gratia infusa äußerte sich Luther schon in einer Predigt aus dem Jahre 1517. WA 1; 119, 21.

nuität des Glaubens deutlich hervorzuheben. Der Begriff der creatio continua war, dogmatisch betrachtet, ursprünglich in der Vorsehungslehre zu Hause[254] und trug wahrscheinlich dazu bei, die Kontinuität zwischen dem Schöpfergott und dem Erlösergott gegen marcionitische Tendenzen zu gewährleisten. Interessant bei Luthers Auslegung von Vers 12 ist seine Versetzung dieser alten Idee in die Anthropologie, um die Kontinuität des Glaubens zu bewahren. Die erste Bitte um die dona besteht also darin, den Beter bei einem reinen Herzen zu halten,[255] ihm einen festen Geist zu schenken, damit er bei dem Glauben und bei der Gnade festbleibt.[256] Bei diesem ersten donum wird aber nichts Neues im Menschen geschaffen, das bereits Geschaffene wird vielmehr aufrechterhalten und sogar verstärkt.[257]

Wie unentbehrlich für das christliche Leben das erste donum ist, zeigt sich angesichts der Blindheit der ratio. Durch das Wirken des heiligen Geistes in der Seele soll die Selbsterkenntnis und die Gotteserkenntnis immer festeren Sitz im Menschsein gewinnen. Das cor mundum von Vers 12 bedeutet demnach, daß der Mensch keine falsche Vorstellungen von Gott hat, daß er wahrhaftig das erste Gebot erfüllt.[258] Die Übertretungen des ersten Gebotes kann aber die ratio gar nicht erfassen, wie Luther uns wiederholt einschärft. Für diese Art von Unreinheit ist auch die Vernunft des Glaubenden blind, und deswegen kann das empirische Selbst sich selbst nicht im Glauben, d.h. in der wahren Erkenntnis von sich selbst und von Gott, erhalten.[259] Daraufhin bleibt das Selbst stets auf das Wirken des heiligen Geistes in ihm angewiesen[260] – ein Sachverhalt, der den neuzeitlichen Begriff der Selbstverwirklichung in ein höchst problematisches Licht stellt. Angenommen, daß der Mensch durch die fides zur cognitio dei et hominis gelangt, wird er diese Erkenntnis nur bruchstückhaft erfassen können, so daß das wahre Selbst sich mit dem empirischen Selbst nie völlig deckt.[261] Will

---

[254] So G. GLOEGE, Schöpfung. RGG[3] V, 1486.

[255] WA 40, 2; 423, 14–15: »1.petitio: halte mich bey eim reinen hertzen, quod solum te videt, quia sentit.« 426, 8–9: »1. ut cor maneat cum ista doctrina et halt fest dran, i.e. ut deus exerceat nos quotidianis tentationibus, donec crescamus.«

[256] WA 40, 2; 425, 3–4: »Item ut stabilias spiritum, ut feste bleib an deiner glaube et gnaden.«

[257] WA 40, 2; 422, 14: »Sic cor, pulsus, Crescit quotidie.«

[258] WA 40, 2; 423, 6–11: »Vere cor mundum, quod agnoscit deum, qualis sit, et non habe phantasma de deo falsum. Est trahendum ad iudicium cordis, quae est in spiritualibus rebus. Cor polluitur per peccata 2.tabulae, sed has immundicies intelligit caro et ratio. Gentiles de istis vitiis scripserunt, die lassen wir mit ghen. Ista immundicies alia, quam ratio non intelligit. habere cor mundum ab omni cogitatione falsa et vana …«

[259] Der Teufel wirkt zusammen mit der ratio, damit der Mensch weder sich selber noch Gott, den Vater versteht. WA 40, 2; 424, 1–2: »Illud cor vult (diabolus) reddere immundum, ut de deo aliter cogitet etc. Hoc faciet, quia non me nec patrem.«

[260] WA 40, 2; 424, 11–14: »Hoc est opus creationis, non humanum. Ipsi: oportet te prius purgare, antequam ad Sacramentum etc. Non mundum meis operibus, sed est conservationis et creationis divinae, quia tot nebulis obvolventibus Ego non possum conservare hoc cor mundum.« Vgl. WA 32; 95, 25.

[261] Bei der Auslegung von Gal 6,15 bringt Luther das cor mundum in Verbindung mit dem ho-

man nun die voluntas und die ratio bewußt einsetzen, um sich selbst zu verwirklichen, so erweist es sich als äußerst fraglich, welches Selbst dabei verwirklicht wird! Auf jeden Fall kann es bei Luther nur heißen: das Selbst, das von
Haus aus vom peccatum geprägt ist. Denn die Verwirklichung des wahren
Selbst kann einzig und allein durch das Wirken des heiligen Geistes im Menschen erfolgen, während die voluntas und die ratio verhältnismäßig passiv bleiben und sich vom Geiste Gottes führen lassen. Deshalb betet der Psalmist nach
der remissio um das erste donum, um das Wirken des heiligen Geistes in ihm,
daß er ihn im Glauben, in der cognitio dei et hominis bewahre.[262]

Daß man wenigstens dem Schein nach anfänglich an das Wort Gottes glau-
ben und doch später in allerlei ketzerischen Gedanken geraten kann, sah Luther
zu seiner Zeit am historischen Beispiel der Schwärmer.[263] Ausgerechnet die
Schwärmer, die bekanntlich die Präsenz des heiligen Geistes im Menschen zum
Hauptmerkmal des Christseins machten, wanderten ohne beständiges Herz im
Irrglauben, d.h. ohne das Wirken des heiligen Geistes, und zwar aus diesem
Grund, weil sie den Geist Gottes von dem verbum externum trennen wollten.
Das empirische Selbst des Glaubenden kann nicht als glaubendes Selbst beste-
hen außerhalb des Spannungsfeldes des verbum externum und des spiritus
sanctus. Diese mit dem ersten donum verbundene Einsicht gehört wesentlich
zur cognitio dei et hominis.

B. Der ethisch handelnde Mensch (v. 13)

Während Luthers Ausführung über den 12. Vers an die theologischen Tugenden erinnert, steht m. E. im Hintergrund des 13. Verses das Mönchsgelübde des
Mittelalters, bestehend aus den drei Teilen: paupertas, continentia und oboe-
dientia. Obwohl Luther bei der Auslegung dieses Verses kein Wort über Armut
verliert, klingt in seinen Worten doch immer wieder das Motiv der Keuschheit
bzw. der Sittenreinheit an. Und ausdrücklich wird der Gehorsam erwähnt,
wenn auch nur am Rand, was wahrscheinlich textbedingt ist.[264] Wie Luther
schreibt, handelt es sich bei diesem Vers um die Vertreibung der libido und die

---

mo novus. WA 2; 614, 29. Zu vergleichen ist Luthers Auslegung des 51.Psalms in den sieben
Bußpsalmen von 1517, in der er zwischen dem Geist Adams, der an allen nur das Seine sucht, und
dem richtigen Geist, der Gott allein sucht, unterscheidet. WA 1; 191, 2–7.

[262] WA 40, 2; 426, 6–8: »Das ist 1.opus spiritus sancti in corde iustificati peccatoris: certificare,
stabilire cor, ne dubitet, et perseveret contra quascunque machinas hereticorum et cogitationes
etc.«

[263] WA 40, 2; 426, 11–13. Vgl. Druckbearbeitung von Dietrich 426, 28–33.

[264] WA 40, 2; 429, 2–4: »Quando iustus et certus de remissione peccatorum et ambulo iam in
sanctimonia, in obedientia et efficior quotidie magis temperans dono.« In der Druckbearbeitung
spricht Dietrich von der nova obedientia: »Notum enim est, quid nova obedientia in iustificatis se-
cum afferat, ut cor quotidie crescat in spiritu sanctificante nos ...« 427, 34–35, vgl. 427, 27–34.

Heiligung des Leibes[265] oder wiederum um das Töten der leiblichen und geistlichen Leidenschaften.[266] Dies sind aber Themen, die traditionsgemäß im Kontext des Gelübdes über die continentia vorkommen, wie z.B. Thomas von
Aquin in Hinsicht auf die Frage: »Utrum perpetua continentia requiratur ad
perfectionem religionis« durch ein Zitat aus 2. Kor 7, 1 bezeugt.[267] Oder als
Vergleichsmaßstab bietet sich auch das Ziel des Mönchsgelübdes an, das gerade
darin besteht, daß der Mönch vollkommene Liebe erreicht.[268] Bei Luthers Auslegung des 13. Verses zielt auch alles schließlich auf den liebevollen Umgang
mit andern Menschen ab.[269] Ob es um den moralisch anständigen Umgang mit
der eigenen Gattin, um das treue, zuverlässige Verhalten den Familiengliedern
gegenüber oder um die liebevolle Beziehung zu den Nachbarn geht, alles läuft
auf das gleiche hinaus, nämlich auf eine von Geduld und Nächstenliebe erfüllte
Verhaltensweise. Was bei all dem im ungeheuer starken Kontrast zu der Tradition des Mönchtums steht, ist aber dies: Die Verhaltenweise der Nächstenliebe
wird nicht durch die Verpflichtung eines Gelübdes angestrebt, sondern vom
heiligen Geist geschenkt. Nicht durch die Anstrengungen des empirischen
Selbst, sondern durch das Wirken einer verborgenen Kraft im wahren Selbst
wird der Mensch gleichsam von Grund aus zu einer neuen Verhaltensweise
bewegt. In der Folge wollen wir diese Verhaltensweise durch die Erhellung
ihres Gegenteils etwas genauer bestimmen.

Luthers Bezugnahme auf Gal 5 im Zusammenhang mit der Heiligung des
Fleisches läßt vermuten, daß er auch an die in dem Paulustext aufgeführten
Gaben des heiligen Geistes gedacht hat.[270] Denn unter den Gaben steht gerade
die continentia, deren Wesen Luther nicht mehr in der pflichtgemäßen Ent-
haltsamkeit, vielmehr in der vom heiligen Geist bewirkten Mäßigkeit sieht, die
sich ungezwungen als Nächstenliebe auswirkt. Was diese Nächstenliebe – von
der auch heute so viel geredet wird – heißt, verdeutlicht Luther zuerst an den

---

[265] WA 40, 2; 427, 10–13: »Das heist sanctificare corpus nostrum: 1.cor sanctificat, pugnat contra dubitationes de deo, ut cor mundum et sanctum fiat, deinde progrediatur in corpus et expellat
libidinem et discat sanctimoniam, charitatem, quae sunt postea Christianae.«

[266] WA 40, 2; 432, 10: »2.mortificare passiones spirituales et corporales;«

[267] THOMAS, S. th. 2, II q. 186 a. 4 ctr.: »Sed contra est quod Apostolus dicit, II ad Cor. 7, 1:
›Mundemus nos ab omni inquinamento carnis et spiritus, perficientes sanctificationem nostram in
timore Dei‹. Sed munditia carnis et spiritus conservatur per continentiam … Ergo perfectio religionis requirit continentiam.«

[268] THOMAS, S. th. 2, II q. 186 a. 3 crp.: »Respondeo dicendum quod, sicut supra dictum est,
status religionis est quoddam exercitium et disciplina per quam pervenitur ad perfectionem carita-
tis.«

[269] WA 40, 2; 427, 8–10: »Ut caste vivat cum coniuge et fideliter erga domesticos, suaviter erga
vicinos. Et quisque ambulet in suis officiis semper magis patienter, charitative.«

[270] WA 40, 2; 427, 7–8. In der Vulgata lautet der Paulustext so: »Fructus autem Spiritus est caritas, gaudium, pax, longanimitas, benignitas, bonitas, fides, mansuetudo, continentia:« In den Sen-
tenzen werden die Gaben üblicherweise anschließend an die Tugendlehre behandelt und eben
mit den Tugenden identifiziert. Siehe z.B. BIEL, Coll. III d. 34 q. un. not. 4 F.

bereits erwähnten Beispielen einer aus Geist gewonnenen Verhaltensweise gegenüber der eigenen Gattin bzw. dem Gatten, der Familie und den Nachbarn, aber dann zuletzt am Gegenpol der Nächstenliebe, nämlich der libido. Letzteres ist besonders aufschlußreich. Der Mensch wird zur Nächstenliebe bewegt, indem der Geist Gottes die libido aus ihm hinaustreibt.[271] Dadurch, daß Luther die libido in den Zusammenhang sowohl mit der Sittenreinheit als auch mit der Nächstenliebe bringt, enthüllt er sie als den gemeinsamen Grund des Mangels an beiden. Das Wort »libido« in diesem Sinne bedeutet nicht bloß die fleischliche Begierde (Scholastik), aber auch nicht den sexuellen Trieb (Freud) oder die unbestimmte, psychische Energie des Unbewußten (Jung), sondern die zügellose Genußsucht des Menschen. Genießen kann man ein köstliches Essen oder die Schönheit der Natur. Im ersten Fall spricht man von einem Zu-sich-Nehmen, im letzteren von einem In-sich-Aufnehmen, aber so oder so geht es um die Inbesitznahme des Nicht-Selbst in das Selbst. Wohlgemerkt, die libido in diesem Sinne deutet nicht auf das Essen oder das Betrachten der Natur selbst, sondern auf das Genießen hin. Das gespaltene Selbst mit seiner entstellten intentionalen Struktur sucht an allen das Seine und nimmt das scheinbar Nützliche zu sich in der fatalen Hoffnung, sich selbst dadurch zu heilen. Daß wir heute in den Industrieländern eine so gesteigerte Konsumkultur entwickelt haben, gibt uns allerdings Anlaß zur Besorgnis. Sogar die fast zur Mode gewordenen Mahnungen zur Bewahrung der Schöpfung bleiben meistens im Rahmen des Selbstinteresses der Menschheit. Wer interessiert sich wirklich für die Natur selbst? d.h. unabhängig von ihrem Nutzwert für unsere Nachkommen? Doch durch das zweite donum wird die libido allmählich aus dem empirischen Selbst vertrieben, so daß das Selbst seine Welt anders als vorher wahrnimmt. Die Spaltung zwischen dem wahren und dem empirischen Selbst wird annäherungsweise überwunden und die entsprechende intentionale Struktur des Selbst vom Selbstinteresse befreit. Damit vollzieht sich keine strukturelle Veränderung des Selbst, vielmehr eine grundsätzliche Veränderung seiner Situation. Diese neue Seinsweise bedeutet, daß das Selbst sich anders als vorher aktualisiert, oder besser gesagt, daß das Selbst im Spannungsfeld zwischen dem heiligen Geist und dem Wort Gottes anders aktualisiert wird.

C. Der sprechende Mensch (v. 14)

Auf die moralischen Tugenden prudentia, iustitia, fortitudo und temperantia anspielend, konzentriert Luther seine Auslegung des 14. Verses auf den Mut (fortitudo), ja sogar auf die Kühnheit (audacia) des Glaubenden, die Wahrheit

---

[271] WA 40, 2; 427, 12–13: »deinde progrediatur in corpus et expellat libidinem et discat sanctimoniam, charitatem, quae sunt postea virtutes Christianae.« vgl. 377, 8–9: »Nemo adhuc, qui diligere aurum ut aurum: ist libido da: diligere creaturam ut creaturam, est etiam diligere creatorem.«

Gottes vor einer ungläubigen Welt zu verkündigen. Daß Luther die fortitudo nicht als eine Tugend im scholastischen Sinne, sondern als ein donum des heiligen Geistes interpretiert, läßt sich jetzt vermuten, nachdem er schon in den Versen 12 u.13 die fides und die continentia als Geschenke des Geistes ausgelegt hat. Ein Vergleich mit Thomas von Aquin bestätigt diese Vermutung und bringt zugleich die ausgeprägte Eigenart des dritten donum bei Luther noch deutlicher ans Licht. In Anlehnung an Augustin und Aristoteles definiert Thomas die fortitudo als die Standhaftigkeit des Geistes (animus) in besonders gefährlichen Situationen.[272] Er führt dann das klassische Beispiel eines gerechten Krieges an, um zu verdeutlichen, daß die fortitudo in erster Linie das Handeln des Menschen angesichts des leiblichen Sterbens betrifft. Da der Begriff der fortitudo nicht nur die Zurückbindung der Furcht, sondern auch die Aggression gegen das im Wege stehende Hindernis beinhaltet, ist Thomas darum bemüht, die fortitudo einigermaßen gegen die audacia abzugrenzen.[273] Luther dagegen bezieht die fortitudo auf das Sprechen des Menschen angesichts des Teufels und der weltlichen Feinde des Glaubens, ohne sie vor dem Mißverstehen im Sinne der Tollkühnheit oder Vermessenheit zu schützen. Im Gegenteil, Luther bezeichnet das dritte donum ausdrücklich als einen hochmütigen, trotzigen Geist; der Glaubende wird zu einem Verächter des Teufels und der ungläubigen Welt.[274] Diesem Verständnis der fortitudo entspricht es, daß Luther nun die Bedeutung des hebräischen נְדִיבָה in Vers 14 als »edel«, »fürstlich« statt als »freiwillig« stark betont.[275] Allerdings sind beide Bedeutungen des Hebräischen Luther schon seit den Dictata super Psalterium bekannt,[276] und in der Enarratio Psalmi 51 wird auch auf beide hingewiesen. Dennoch legt Luther

---

[272] Thomas, S. th. 2, II q. 123 a. 2 crp.: »Alio modo potest accipi fortitudo secundum quod importat firmitatem animi in sustinendis et repellendis his in quibus maxime difficile est firmitatem habere, scilicet in aliquibus periculis gravibus.«

[273] Thomas, S. th. 2, II q. 123 a. 3 crp.: »Oportet autem huiusmodi rerum difficilium impulsum non solum firmiter tolerare cohibendo timorem, sed etiam moderate aggredi: quando scilicet oportet ea exterminare, ad securitatem in posterum habendam. Quod videtur pertinere ad rationem audaciae. Et ideo fortitudo est circa timores et audacias, quasi cohibitiva timorum, et moderativa audaciarum.«

[274] WA 40, 2; 429, 6–9: »Redde tu me totum superbum et contemptorem omnium inimiciciarum diaboli et mundi. ›letitia‹: i.e. audacia, constantia, fortitudo animi, ein trotziger geist, ein mutigs herz, ein furstlicher.«

[275] WA 40, 2; 431, 15ff.: »›Et spiritu principali‹: alioqui terror et gravatio wer zu gros, sed quando spiritus principalis, der thuts. ›Nadib‹: ein furst. ›Nadibim‹: cum principibus. ›Nedava‹: voluntarium, das einer gern thut ... Ich wags umb deinet willen, da mihi ein furstlichen, spontaneum spiritum, qui non coacte, sed sua gratia gubernet: Non ein bangenden, sed secundum officium.«

[276] WA 55, 1; 398, RGl zu v. 14, Z. 4–7: »Vnde dicitur In hebraico a verbo ›Nadib‹, quod significat principem vel spontaneum et liberalem et beneficum et voluntarium, que omnia sunt contraria seruili conditioni, quia non voluntarie et liberaliter et benefice facit, Sed coacte, Inuite et maligniter etc.« Bei den Zitaten des 14. Verses in anderen Schriften hebt Luther fast ausschließlich die Bedeutung des נְדִיבָה als »freiwillig« hervor: als Ausnahmen gelten die zwei Stellen in WA 55, 1; 737, RGl zu v. 3, Z. 3 u. WA 16; 506, 12.

bei der Auslegung des 14. Verses das Hauptgewicht eindeutig auf den Begriff »fürstlich«, um die fortitudo in den Mittelpunkt zu rücken.

Auf den ersten Blick erweckt Luthers Interpretation der fortitudo den Verdacht, daß sie dem neutestamentlichen Begriff der Feindesliebe widerspricht. Es ist hier beispielsweise auf den Abschnitt Mt 5, 43–48 in der Bergpredigt hinzuweisen, in dem der Christ aufgefordert wird, dem Feind – wahrscheinlich auch einem Feind des Glaubens – mit Nächstenliebe zu begegnen. Bevor wir Luther an diesem Punkt einen Mangel an Feindesliebe unterstellen, sollen wir jedoch den Kontext seiner Darlegungen über die fortitudo sehr genau in Betracht ziehen. Grundlegend für seine Auslegung dieses Verses ist die Unterscheidung zwischen coram deo und coram mundo; vor Gott gilt die tiefste Demut, vor der Welt hingegen der Hochmut.[277] Das coram deo und das coram mundo bezeichnen aber nicht zwei voneinander getrennte Beziehungen, als hätte man eine Beziehung zu der Welt und dann noch dazu eine zu Gott, sondern zwei Dimensionen jeder Beziehung. Diese Dimensionalität der Beziehung wird aber erst durch das verbum externum erhellt; denn das Gotteswort, von außen her auf das Selbst wirkend, bringt die Tiefendimension jeder Beziehung des Selbst ans Licht, so daß das Selbst die creatura als creatura – und das heißt primär den Menschen als den von Gott geschaffenen – wahrnimmt. Insofern als die Tiefendimension einer Beziehung aufleuchtet, kann der Glaubende nichts anderes als sich in Demut und Ehrfurcht coram deo beugen. Es entspricht aber der Sündhaftigkeit der Welt, daß jede Beziehung des alltäglichen Zusammenlebens (coram mundo) anscheinend hoffnungslos im Banne einer bösen Macht steht – einer Macht, die die Tiefendimension jeder Beziehung entstellt und verdunkelt, und gerade gegen diese gott- und menschenfeindliche Macht bewegt der heilige Geist den Glaubenden zur Vermessenheit und Tollkühnheit. Nicht gegen den von Gott geschaffenen Menschen, den Nächsten, sondern gegen dessen Verkrümmung und Blindheit entrüstet sich der trotzige Geist des Glaubenden, und zwar als Ausdruck der Nächsten- bzw. Feindesliebe! Wie beim Handeln, so heißt die Nächstenliebe auch beim Reden, daß man an allen Kreaturen nicht das Seine sucht.[278] Im ersten Fall bedeutet dies, daß man sich wahrhaftig im Interesse des andern einsetzt, im letzten, daß man dem andern die Wahrheit sagt, auch wenn diese Wahrheit dem andern unbequem

---

[277] WA 40, 2; 431, 5–12: »3.donum spiritus sancti, ut reddat animosos, superbos contra vim et potentiam diaboli et totius mundi. Wenn man schon hart drawet, ut non dicamus: quam urgent! sed: contra audentior ito. Ergo est: pertinaces etc. hoc sumus. Coram deo sic maceratus sum, ut eius nomen audiam cum terrore. Ibi da mihi gratiam, fidem, sanctificationem. Ibi summa humilitas. Hoc habito eo ad mundum: Vos mendaces, nihil habetis de deo. So arm ich bin coram deo, illi nolo trotzen, Sed mundo: quia sumus certi hanc vere doctrinam, Ideo confitemur …«

[278] WA D 3; 52, 32–53, 3: »Nadim: principes, Nedavos: voluntaria. Voluntariorum: willigen, freidigen, frisschen, ders frissch darff reden und das maul auff thun, denn es gilt ia den grossen hansen, wenn er redet et hii volunt os obturare: qui non quaerit quae sua sunt sed thuts gern. Non solum qui audax [est] sed non quaerit sua, der [›freier geist‹] sich nicht furcht non sua sucht.«

und vielleicht sogar unerwünscht ist. Gemessen an Luthers Verständnis der Nächstenliebe wird vieles, was tagtäglich unter diesem Namen gemacht wird, als bloße Selbsttäuschung und verborgenes Selbstinteresse entlarvt. Wahrhafte Feindesliebe erfordert Mut! – den Mut, dem andern die Wahrheit ins Gesicht zu sagen, und diese Wahrheit ist letztlich keine andere als die cognitio dei et hominis. Mit Liebe und Mut, mit Ehrfurcht und Kühnheit die doctrina dieses Psalms zur Sprache zu bringen, dazu braucht man in der Tat das dritte donum des heiligen Geistes.

Das Verhältnis von Glaube und Sprache, das bisher ständig mit im Spiel war, bedarf am Abschuß einer kurzen Explikation. Zuspitzend kann man die Sache so formulieren: der Glaube drängt zum Sprechen. Wenn ein Mensch zur Selbsterkenntnis und zur Gotteserkenntnis kommt, wird er im tiefsten Inneren dazu bewegt, diese Wahrheit an die ganze Welt weiterzugeben.[279] Aus dem Glaubenden wird also ein Prediger, einer, der vor der ungläubigen Welt die Wahrheit über Gott und den Menschen offen und deutlich verkündigt. In diesem Zusammenhang spricht Luther in der Präparation vom Februar 1532 von der Freimütigkeit (παρρησία) des Glaubenden, was vielleicht als eine Anspielung auf die Rede des Petrus in Apg 4, 13 gemeint war.[280] Auf jeden Fall ist die Gefahr des offenen Redens nicht zu übersehen; indem das erste donum den Glaubenden zum Reden bewegt, steckt Gott ihn zwischen Tür und Angel. Gott läßt ihn aber nicht im Stich, schenkt ihm vielmehr das dritte donum und damit den Mut und die Standhaftigkeit, gegen den Strom des Zeitgeistes die Wahrheit des Evangeliums zu verkündigen.

D. Zusammenfassung

Um seine Interpretation der dona des heiligen Geistes und damit auch seine Betrachtung der cognitio dei et hominis unter dem Gesichtspunkt des peccatum radicale abzuschließen, faßt Luther sein Verständnis der »Erneuerung« des Menschen im Spannungsfeld zwischen dem spiritus sanctus und dem verbum externum zusammen.[281] Von besonderem theologischem Interesse ist die innere Kohärenz der drei dona, die Luther in seinen Äußerungen durchschimmern läßt. Das dreifache Vorkommen des »spiritus« in den Versen 12–14 hatte

---

[279] WA 40, 2; 430, 6–10.

[280] WA 31, 1; 541, 28–33: »1.spiritus plerophoriae, qui certum facit, ut sit fides indubitata, 2.qui purget et sanctificet corpus et animan, 3.spiritus παρρησίας, der kuene sei, qui libere praedicet et cum fiducia et non timeat. Es gehort ein frolicher und kuener man dazu, dem geholffen ist i.e. da mihi ein freien trotzigen spiritum, qui dicat: ihr verzweifelten buben, Aaronitis, ders wagt, si etiam occidatur, ut sequitur.«

[281] WA 40, 2; 432, 8–11: »Hi sunt isti 3 versus, in quibus exprimuntur dona spiritus sancti, quae dantur iustificatis fide: Purum cor in fide certa erga deum, ut plerophoria: 2. mortificare passiones spirituales et corporales: 3. ut sint froliche confessores et neminem respiciant, sive principes.«

schon vor der Zeit Augustins den Anlaß zu systematischer Spekulation gegeben. Augustin selbst berichtet in seiner Enarratio in Psalmum 51 die ihm bekannte trinitarische Interpretation, daß der Sohn (v. 12), der heilige Geist (v. 13) und der Vater (v. 14) durch den dreifachen Gebrauch des »spiritus« gemeint sind.[282] Er fügt aber hinzu, daß man den dreifachen spiritus auch auf den Menschen hin interpretieren könnte. Nach diesem Verständnis weist der spiritus rectus auf den durch die Sünde verlorenen, doch durch die Vergebung wiederhergestellten gerechten Geist des Menschen; der spiritus sanctus und der spiritus principalis fallen dann zusammen als gleichbedeutende Bezeichnungen für den Geist Gottes, der im Menschen am Werke ist. In ähnlichem Stil interpretiert Cassiodor das dreifache Vorkommen des »spiritus« sowohl auf die Trinität als auf die anima hin, und in den Dictata super Psalterium referiert Luther über die zwei Auslegungsmöglichkeiten, freilich ohne sonderliche Begeisterung für irgendeine der beiden.[283] Eine Bilanz der Auslegungstradition zeigt aber, daß das trinitarische Verständnis bis zur Scholastik dominiert, während die Ansichten der Scholastiker selber in diesem Punkt auseinandergehen; Lyra interessiert sich offenbar nur wenig für die Bedeutung des Wortes »spiritus« in diesen Versen, und die Auslegung Hugos widerspiegelt eine gewisse Unsicherheit angesichts der Vielfalt der Deutungsmöglichkeiten.[284] Erst bei Perez de Valentia begegnen wir einem klaren systematischen Konzept der Kohärenz der drei Verse, und zwar auf die Gnadenlehre hin. In der dritten Exposition verknüpft Perez den spiritus in den Versen 12–14 mit der gratia incipiens, der gratia proficiens und der gratia perficiens. Die gratia incipiens soll die durch die Sünde zerstörte Ordnung in der Seele wiederherstellen, damit der Wille des Menschen das Gute erstrebe. Die gratia proficiens hilft dem Menschen, daß er das Gewollte tatsächlich vollziehe, und die gratia perficiens bestätigt und vollendet die voluntas in ihren Akten, auf daß der Mensch die des ewigen Lebens würdigen Früchte der paenitentia vollbringe.[285] Auf diese Weise schlägt die Auslegung des Perez eine Brücke zu den folgenden Versen, die er im Zusammenhang mit den Früchten der paenitentia interpretiert.

Betrachtet man das Verständnis der Verse 12–14 in der Enarratio Psalmi 51 auf dem Hintergrund der Auslegungstradition, so heben sich gewisse Gemeinsamkeiten zwischen Luther und Perez ab. Keiner von den beiden interessiert sich für eine rein trinitarische Interpretation der Verse oder – was eigentlich

---

[282] CC 38, 612, 13–21: »Intellegunt ergo hic nonnulli Trinitatem dictam: in spiritu recto Filium, in spiritu sancto Spiritum sanctum, in spiritu principali Patrem. Sive ergo hoc ita sit, sive spiritum rectum ipsius hominis accipi voluit, dicens: Spiritum rectum innova in visceribus meis, quem curvavi et distorsi peccando, ut iam Spiritus sanctus ipse sit spiritus principalis, quem et auferri a se noluit, et eo se voluit confirmari: non est haeretica quaelibet sententia.«

[283] WA 55, 1; 398–400, RGl zu v. 14, Z. 9–16.

[284] Hugo erklärte sechs verschiedene Interpretationen des dreifachen spiritus, konnte sich aber für keinen definitiv entscheiden!

[285] Expos. iii zu v. 12.

bloß die Kehrseite der trinitarischen Überlegung war – für ein Verständnis des dreifachen spiritus als intellectus, voluntas und memoria. Stattdessen deutet Luther wie auch Perez die Verse im Horizont der Rechtfertigungslehre, und beide Interpreten legen Wert auf die theologische Kohärenz der Auslegung. Dennoch zeichnen sich auch tiefgreifende Differenzen ab, die stets um die Frage kreisen, ob die Erneuerung des Menschen substantial/subjektbezogen oder relational/situationsbezogen zu verstehen ist. Und wie aus der Enarratio Psalmi 51 ersichtlich ist, hält Luther an seiner Meinung fest, daß die Rechtfertigung des Menschen keine strukturelle Veränderung des Selbst, keine neue Veranlagung des Subjekts einschließt. Auch für den Glaubenden gilt die Spaltung zwischen dem wahren und dem empirischen Selbst, die intentionale Struktur des Selbst und die Sündhaftigkeit der Umwelt, in die der Glaubende eingebettet ist. Was sich aber grundsätzlich bei der Rechtfertigung verändert – und dies erweist sich als seinsbestimmend für das Selbst –, ist das Kraftfeld, in dem das Selbst sich von Augenblick zu Augenblick aktualisiert. Das neue Kraftfeld des Glaubenden wird einerseits durch das verbum externum als die äußerste Externalität, andererseits durch den spiritus sanctus als die äußerste Internalität bestimmt. Daß der Externalität die Internalität entspricht und umgekehrt, läßt sich daran erkennen, daß das Wort Gottes das Selbst zum Glauben ruft, während der heilige Geist das Selbst zum Glauben bewegt.

Luthers Verständnis des Menschseins zwischen dem Gotteswort und dem heiligen Geist führt nach meiner Ansicht konsequent zu einer dynamischen Ontologie, nach der das Selbst im Sinne eines Entwicklungsprinzips und die Beziehungen des Selbst ontologisch gleichprimordial sind. Als Entwicklungsprinzip bestimmt das gespaltene Selbst mit seiner entstellten intentionalen Struktur die Vielfalt der Beziehungen, in die das Selbst verwickelt ist. Da dieses Selbst nichts anderes als das Seine wahrnehmen und suchen kann, verbiegt und verkrümmt es naturgemäß alle Beziehungen, in die es involviert wird, und insofern zeigt sich das Selbst als seinsbestimmend für ein komplexes Geflecht von Relationen, die die Welt des Selbst konstituiert. Lenkt man jedoch nur einen Blick auf das Selbst als Entwicklungsprinzip, so verkennt man vollends die verheerende Macht der Außenwelt, die Luther gelegentlich mit dem Wort »caro« bezeichnet und die ontologisch mitbestimmend für das Menschsein ist. Von dieser Seite her wird das Selbst als der Schnittpunkt einer Konstellation von Relationen aktualisiert; die Relationen selber bestimmen also die Beschaffenheit des Selbst. Sind diese Relationen belastet oder gestört, so bewirken sie zwangsläufig eine Spaltung im Selbst. Also: Nicht nur die bleibende Sünde des Selbst, sondern auch die Sündhaftigkeit der Welt verhindern eine vollkommene Genesung des Glaubenden. Diese Einsicht entspricht nicht nur Luthers Auslegung des 51. Psalms, sie wird auch durch die wohl bekannte Erfahrung bestätigt, daß entstellte Beziehungen jede Veränderung des Selbst erschweren.

Gelangt ein Mensch jedoch zur cognitio dei et hominis, so wird seine Situation derart verändert, daß das verbum externum die Tiefendimension jeder Beziehung erleuchtet. Gott, der Verheißer, begegnet dem Menschen in dessen Notsituation, befreit ihn von der Todesangst (non morieris) und öffnet ihm die Augen für die Kreatur als Kreatur. Entsprechend dem verbum externum meldet sich der spiritus sanctus als die Entwicklungskraft des wahren Selbst – eines Selbst, das dem Individuum spezifisch, obwohl mit ihm nie identisch ist. Nun enthüllt sich die Gleichprimordialität von Relationen und Selbst bzw. von der Externalität und der Internalität auf einer noch tieferen Ebene. Das verbum externum ruft gleichsam das wahre Selbst ins Leben, aber der heilige Geist als Entwicklungskraft des wahren Selbst kommt gleichzeitig ins Spiel, indem er im Hinblick auf das verbum externum zwischen littera und spiritus unterscheidet. Und wie das verbum externum die Tiefendimension jeder Beziehung erleuchtet, so erhellt auch der heilige Geist die Tiefe des Selbst. An diesem Punkt muß man sich jedoch vor einer starren Begrifflichkeit hüten, da es sich nicht um eine statische, fixierte, vielmehr um eine dynamische Ontologie handelt. Zwischen dem verbum externum und dem spiritus sanctus ereignet sich so ein dynamisches Wechselspiel, daß man ebenso treffend sagen könnte: das verbum externum erleuchtet die Tiefe des Selbst, der spiritus sanctus die Tiefendimension jeder Beziehung. Auf jeden Fall stehen weder das wahre Selbst noch die Tiefendimension der Relationen im Verwirklichungsbereich des empirischen Selbst, denn dieses bleibt nach wie vor von der ratio und von der starken Kontrolle des »Ich« geprägt. Deswegen kann man kaum von einer strukturellen Veränderung des empirischen Selbst reden, und deswegen ist der Begriff der Selbstverwirklichung nicht bloß zweideutig, sondern für den Glaubenden sogar gefährlich. Wird das empirische Selbst des Glaubenden in der Tat anders aktualisiert als zuvor, geschieht dies einzig und allein dank des neuen Kraftfeldes, in dem das Selbst sich befindet, nämlich im Spannungsfeld zwischen dem spiritus sanctus und dem verbum externum – man könnte auch sagen – zwischen dem wahren Selbst und der Schöpfung Gottes. Diese neue Kraft gilt aber auf keinen Fall als eine im empirischen Selbst innewohnende, vielmehr als Ausdruck der misericordia dei.

Zum Schluß läßt es sich fragen, ob die Auswirkung des Spannungsfeldes auf das empirische Selbst nicht letztlich eine trinitarische Struktur aufweist, die, obschon in einem andern hermeneutischen Horizont, doch der altkirchlichen Auffassung entspricht: etwa so, daß Gott, der Sohn, den Menschen im Glauben bestärkt; Gott, der heilige Geist, den Menschen zur neuen Verhaltensweise bewegt; Gott, der Vater, dem Menschen einen fürstlichen Geist zum Reden schenkt. Die Äußerungen Luthers in der Enarratio Psalmi 51 zu der trinitarischen Interpretation der Verse 12–14 sind zu knapp, als daß man die Sache definitiv entscheiden kann, und man kann auch nicht leugnen, daß eine rein trinitarische Auslegung des Psalmtextes bei Luther wenig Anklang fand.[286] Den-

---

[286] WA 40, 2; 421, 11–16: »Istos 3 versus simul Accipiamus, quia coherent. Disputatum a mul-

noch läßt sich vermuten, daß die altkirchliche Interpretation im Hintergrund seiner Überlegungen stand und demgemäß auf seine anthropologische Erwägungen sich auswirkte. Freilich hatte die Kirche schon früh die Anthropologie und die Trinitätslehre in Verbindung miteinander gebracht, aber nicht, wie Luther, aus der Sicht der Rechtfertigung. Denn die Korrespondenz der Trinität zu »intellectus, voluntas und memoria« ist völlig anders als die Entsprechung der Trinität zu dem glaubenden, dem handelnden und dem sprechenden Menschen.

Die cognitio dei et hominis unter dem Gesichtspunkt des fructus gratiae im Gegensatz zu den opera paenitentiae (v. 15–19)

Als zweite Variation des Hauptthemas der Enarratio Psalmi 51, nämlich der cognitio dei et hominis, erörtet Luther anhand der Verse 15–19 diese seinsbestimmende Erkenntnis aus der Perspektive der Frucht der Gnade Gottes. Allerdings spricht Luther in diesen Versen nicht explizit von der Frucht der Gnade, sondern von der Frucht des guten Baums, anspielend auf Mt 12, 33: »Aut facite arborem bonam et fructum eius bonum, aut facite arborem malam et fructum eius malum«. Aber aus seiner Interpretation der Verse 1–14 ergibt sich, daß der Baum einzig durch die gratia und die dona dei zu einem guten Baum gemacht werden kann. Als Vergleichsmöglichkeit zu Luthers Auffassung dienen die des ewigen Lebens würdigen Früchte der paenitentia, d.h. die sogenannten Bußwerke, die reichlich in der Auslegungstradition sowie in der systematischen Tradition vertreten sind. Aus dieser Perspektive kommt als Belegstelle eher der Bericht über das Predigen Johannes des Täufers in Frage, wie z. B. in der Schrift De vera et falsa poenitentia bezeugt wird: »Fructus facite dignos poenitentiae, Matthäus 3,8«.[287]

Es zeigt die außergewöhnliche Intensität von Luthers theologischem Denkvermögen, daß er an der Auseinandersetzung über die der Sündenvergebung nachfolgenden Früchte die Frage nach der wahren Identität Gottes sich entscheiden läßt. Will man die wahre Identität Gottes feststellen, dann muß man herausfinden, was Gott von dem Menschen erwartet, inwiefern der Mensch Gott verpflichtet ist und wie der Mensch dem Gottesverhältnis gerecht wird.

---

tis de istis 3 versibus, quod ibi locus repetitur, ›spiritus certus, rectus, principalis‹. Item an loquatur de spiritu efficiente, deo etc. Nos sinimus istam disputationem. Ioh.: ›spiritus sanctus habitat in cordibus nostris‹, scimus. ›Membra vestra‹, ›Mansionem‹. Deus non abit donatis suis donis et relinquit nos solos.« Möglicherweise sind die drei Texte (Röm 8, 9. 6, 13 u. Joh 14, 23) Luther bei der Vorlesung selber eingefallen als Hinweise auf die drei dona. Seine Umschreibung von Röm 8, 9 (in cordibus nostris) weist eindeutig auf das erste donum, und das Pauluswort in Röm 6, 13 entspricht eigentlich dem zweiten. Nur beim Johannestext erweist sich der Vergleich als unpassend: denn hier ist die Rede nicht von der Wortverkündigung, sondern vom Halten des Gotteswortes.

[287] De vera et falsa poenitentia, ML Bd. 40, c.2, S. 1113.

Insofern kann man diese zweite Abwandlung des Themas verstehen als die cognito dei et hominis im Zeichen Gottes. Dennoch erlaubt die Sache selbst nicht, daß man die zwei Hauptperspektiven dieses Psalms, nämlich das peccatum und der fructus, dem Menschen und Gott starr zuordnet. Denn die Früchte kommen gar nicht in den Blick ohne den Menschen als Handelnden. Also stellen wir fest: die cognitio dei et hominis wird zwar unter dem Gesichtspunkt des peccatum primär im Zeichen des Menschen, unter dem Gesichtspunkt der fructus gratiae im Zeichen Gottes behandelt, aber die äußert enge Zusammengehörigkeit der cognito dei und der cognitio hominis macht sich jeweils unter beiden Perspektiven bemerkbar. Indem man die wahre Identität Gottes erkennt, gewinnt man zugleich eine noch tiefere Selbsterkenntnis. Die Zusammengehörigkeit der cognitio dei und der cognitio hominis ist aber nicht nur epistemologisch, sondern auch ontologisch. Die Selbst- und Gotteserkenntnis wird grundsätzlich durch das rechte Unterscheiden errungen, aber beim Unterscheiden handelt es sich nicht darum, zwei ontologisch getrennte oder sogar trennbare Substanzen auseinanderzuhalten, vielmehr darum, ein klares Bild des Phänomens zu gewinnen, das zu Recht sowohl mit dem Wort »Gott« als auch mit dem Wort »Mensch« bezeichnet wird. Durch das rechte Unterscheiden wird dieses Phänomen so in den Brennpunkt gerückt, daß man zwischen Gott und Mensch wahrhaftig differenzieren kann, ohne daß die beiden auseinanderfallen. Es ist wie wenn man den Hintergrund eines Bilds vom Vordergrund unterscheidet, damit das gesamte Bild klare Konturen gewinnt.

Angesichts der ontologischen Zusammengehörigkeit von Gott und Mensch drängt sich nun die Frage auf, ob man im strengsten Sinne von dem Menschen als Handelndem reden könne. Wer ist denn letztlich das Subjekt dieses Phänomens des Selbst, das im Kraftfeld zwischen den spiritus sanctus und das verbum externum gespannt ist? Richtet man nur einen Blick auf die Oberfläche des alltäglichen Zusammenlebens, charakterisiert durch die Tätigkeiten und Leistungen der Menschen, erscheint die Antwort auf diese Frage doch selbstverständlich zu sein. Aber je tiefer man das Geheimnis des Selbst ergründet, desto unbefriedigender empfindet man die landläufige Meinung, der Mensch sei der Herr über seine eigenen Akte. Man denke beispielsweise an das geheimnisvolle Verhältnis der Traumwelt zum wachen Zustand des Menschen – eine rätselhafte Sache, die auch Descartes zu tiefen Überlegungen bewegt hatte. Im bewußten Zustand kann der Mensch sich leicht überzeugen, daß allein er das Subjekt seines eigenen Denkens, Entscheidens und Handelns ist. Aber wie verhält es sich in der Traumwelt des Menschen? Kann er selbst den Inhalt seiner Träume beliebig wählen? Und falls er unter schrecklichen Träumen leidet, kann er durch einen klaren Willensentscheid bestimmen, wann die angsterregenden Träume endlich aufhören sollen!? Und woher kommen die Traumsymbole? Kann der Mensch sie nach Wunsch wählen oder ändern? Dazu kommt auch die Tatsache, daß die Grenze zwischen der Traumwelt und dem bewußten Zustand bedeutend fließender ist, als man gewöhnlich meint. Man macht nämlich unter Umständen beim vollen Bewußtsein merkwürdige Erfahrungen mit traumartigem Charakter, als ob man im bewußten Zustand träume. Bei solchen Erfahrungen nehmen die alltäglichen Sachen in der Umwelt eines Menschen einen höchst symbolischen Charakter an. Das Auto, das momentan draußen im Gewitter steht und vom Hagel beschädigt wird, ist nicht mehr bloß ein Auto, sondern ein Symbol eines Bestandteils des Selbst. Oder das Meer, das beim Unwetter tobt, ist nicht bloß ein Meer, sondern ein Symbol der Gefahr für das Selbst. Solche seltsamen Erfahrungen verbinden uns noch heute mit dem Menschen der vorwissenschaftlichen Zeit, der seine Welt mythologisch verstanden und erlebt hat, und lassen auch deutlich erkennen, daß unsere durch die Entstehung der Naturwissenschaft angebahnte Kontrolle über die Umwelt nur sehr bescheiden ist. Gewiß können wir die Natur oberflächlich manipulieren, aber wir können offensichtlich nicht bestimmen, welcher symbolische Inhalt dabei plötzlich auftaucht. Die Forschung C. G. Jungs auf dem Gebiet der Symbolik der Psyche führte ihn im Bereich der Psychologie zu seiner berühmten Hypothese über das kollektive Unbewußte. Aber wo sind die möglichen Grenzen des kollektiven Unbewußten und woher kommt es überhaupt? Und was aus theologischer Sicht noch wichtiger ist: Wird das dem Menschen teils bewußte, teils unbewußte Spannungsfeld, in dem das Selbst von Augenblick zu Augenblick aktualisiert wird, nicht schließlich als eine liebevolle Anwesenheit erlebt, die im wahren Selbst am Werke ist und die dem wahren Selbst doch als Gegenüber, ja als Verheißer gegenübersteht? Und wenn es sich so verhält, wer gilt letzten Endes als Subjekt dieses Phänomens – das Selbst? oder der Verheißer? In der Enarratio Psalmi 51 orientiert Luther seine Auslegung der Verse 15–21 an dem doppelten Opfer, dem sacrificium laudis und dem sacrificium peccatorum. Allerdings hat er schon in den Dictata super Psalterium das dreifache Vorkommen des Wortes »sacrificium« (v. 18, 19, 21) im Sinne eines doppelten sacrificium ausgelegt, im Unterschied zu der Auslegungstradition, die hier zwei zeitlich getrennte Opfer der Büßers erblickte. In den Dictata super Psalterium wird jedoch das doppelte sacrificium im Kontext der confessio laudis et peccatorum interpretiert, so daß das Sündenbekenntnis zugleich als der Lobpreis Gottes gilt.[288] In der Enarratio Psalmi 51 hingegen bleibt das Hauptgewicht auf dem Begriff »sacrificium«, und dabei wird die Frage nachdrücklich ins Zentrum gerückt, wer letztlich als Handelnder bei diesem komplexen Phänomen des Selbst zu verstehen sei.[289]

---

[288] Die Zusammengehörigkeit des Sündenbekenntnisses und des Lob-Bekenntnisses wird in der 1.Psalmvorlesung reichlich bezeugt und stand zu jener Zeit in engstem Zusammenhang mit Luthers neuem Verständnis des zentral Christlichen. Siehe z.B. WA 4; 109, 18–22: »Ergo confessio est ipsa lux mentis, qua cognoscimus nos, quid simus in nobis et quid deus in nobis, quid ex nobis, quid ex deo habemus. Agnitio autem ista utriusque rei est ipsa vera duplex confessio, scilicet miserie nostre et misericordie dei, peccati nostri et gratie dei, malitie nostre et bonitatis dei.«

[289] Nach Vogelsang überwindet Luther schon in der 1.Psalmenvorlesung den Opferbegriff im

I. Die Wortverkündigung als das bedeutendste Werk des gerechtfertigten Menschen (v. 15)

Wie die fides erst durch die caritas formiert und vervollkommnet wird, so wird nach scholastischem Denken auch die paenitentia erst durch die Bußwerke vollendet. Schon bei Augustins Auslegung des 51. Psalms trat der Gedanke deutlich hervor, daß die volle Vergebung der Sünde die Bestrafung des peccatum voraussetzt, sei es, daß Gott den Sünder bestraft oder daß der Mensch selbst durch satisfaktorische Werke die erforderliche Strafe vollzieht. Und von alters her hatte man sogar das Wort »paenitentia« von »poena« abgeleitet, was die kirchliche Auffassung der Buße zu untermauern schien. Man gliederte die paenitentia in die drei Teile contritio, confessio, satisfactio und behauptet, erstens daß die Satisfaktion in den Bußwerken im Sinne einer Selbstbestrafung besteht und zweitens daß diese Selbstbestrafung für die perfekte Sündenvergebung unentbehrlich ist, sofern die Befreiung von der poena auch zur remissio gehört.[290] In Anknüpfung an Mt 3, 8 u. Lk 3, 8 nannte man die Bußwerke die Früchte der paenitentia, und man legte auch Wert darauf, daß die Härte der Strafe der Schwere der Sünde entsprach.[291] Zwar empfängt der Büßer bei der contritio bzw. bei der absolutio die gratia gratum faciens, die ihm zur Leistung der satisfaktorischen Bußwerke verhelfen soll, aber die für die volle remissio notwendigen Früchte der paenitentia stehen ihm trotz allem als eine schwere Aufgabe bevor. Man kann nicht zu Recht behaupten, daß Scholastiker wie Lombardus oder Thomas die Sündenvergebung ausschließlich von der Leistung des Menschen abhängig machten; in der Früh- und Hochscholastik gab es ein komplexes System von Kooperation zwischen der Gnade Gottes und den menschlichen Leistungen. Für Luther verlieren aber die innerscholastischen Differenzen hinsichtlich der paenitentia ganz und gar an Bedeutung, weil der Mensch als peccator – denn sogar nach der Erneuerung des Menschen bleibt das peccatum radicale in ihm verwurzelt – überhaupt nicht in der Lage ist, aus

---

Sinne einer satisfaktorischen Sühne an Gott. Ob es sich um das Opfer Christi oder um das Opfer des Christen handelt, auf jeden Fall erweist sich Gott selber als Handelnder (siehe ERICH VOGELSANG, Die Anfänge von Luthers Christologie, S. 113–114). Das Verständnis Vogelsangs wird aber m. E. durch Luthers Auslegung des 51.Psalms in der Dicatata super Psalterium nicht bestätigt. Nicht das sacrificium, sondern die confessio steht hier im Mittelpunkt.

[290] BIEL, Coll. IV d. 16 q. 1 a. 2 concl. 4: »Quarta conclusio: Contritio, confessio et satisfactio sunt partes tam virtutis quam sacramenti paenitentiae, accipiendo partes generaliter et improprie … sed ad hoc ut perfecta sit paenitentia (quae tunc est perfecta, dum consequitur finem suum perfecte, qui est perfecta remissio peccatorum), requiruntur illa tria in voto vel actu, sive ›paenitentia‹ accipiatur pro virtute sive sacramento … Paenitentia includit vel requirit poenam voluntariam pro peccato, ut sit perfecta, secundum nomen suum ›paenitentia‹, id est ›poenae tenentia‹.« Vgl. THOMAS, S. th. III q. 90 a. 2.

[291] PETR. LOMB., Sent. IV d. 16 c. 1: »Satisfactio a Ioanne praecipitur, ubi ait: Facite fructus dignos poenitentiae, scilicet ut secundum qualitatem et quantitatem culpae sit qualitas et quantitas poenae.«

den ihm zur Verfügung stehenden Kräften die geringste gottgefällige Leistung zu vollbringen. Darum stellt Luther am Anfang seiner Auslegung des 15. Verses die theologische Priorität der Person vor allen Werken fest: machet zuerst den Baum gut, dann folgen von selbst die guten Früchte.[292] In der Sprache der Scholastik heißt dies, daß die Schuld des Menschen getilgt und die Strafe ihm vollkommen erlassen werden muß, sonst kann er kein einziges gutes Werk leisten. Solange das Selbst noch unter Todesangst leidet, kann es nichts anderes tun als aus Selbstinteresse handeln. Erst das von der Macht des peccatum und von der Todesangst befreite Selbst befindet sich an dem ontologischen Ort, wo es im Interesse des Nicht-Selbst handeln kann.

Dadurch, daß die misericordia dei einen Situationswechsel des Menschen vollzieht, verändert sie auch das Ziel der nachfolgenden Früchte. Der Glaubende trägt nunmehr die Früchte nicht um Gottes, sondern um des Nächsten willen. Das erneuerte Selbst wird nicht etwa dazu bewegt, seine Akte auf Gott auszurichten, sondern auf die Gottlosen.[293] Da das Selbst allein durch den Glauben ins reine mit Gott gebracht wird, besteht die Gefahr, daß jeder auf Gott gerichtete Akt dieses neue Gottesverhältnis stört. Das neue Selbst wird im Spannungsfeld zwischen dem spiritus sanctus und dem verbum externum aktualisiert. Versucht das Selbst aber seine eigenen intentionalen Akte auf dieses gesamte Phänomen zu richten, so wird die lebendige, lebenschenkende Dynamik zwischen dem heiligen Geist und dem Gotteswort zwangsläufig objektiviert und deswegen zerstört. In Beziehung zu den Gottlosen, nicht zu Gott wäre das intentionale Denken und das Handeln des Menschen am Platz, aber dieser Satz kann nur mit Vorbehalt gelten, weil die auf die Gottlosen gerichteten »intentionalen« Akte von besonderer Qualität sind. Denn diese Akte oder Werke sollen gleichsam wie Früchte aus dem gesamten Phänomen des Selbst wachsen, das sich im Spannungsfeld befindet, und dies heißt ohne die Herrschaft der ratio oder des Ichs. In Anbetracht der Beschaffenheit des Selbst erhebt sich nun aber die Frage, was für Akte hier überhaupt möglich wären. Darauf gibt Luther die klare Antwort: die Verkündigung der Gnade Gottes, das Bekanntgeben in der Außenwelt dessen, was einem im tiefsten Inneren geschehen ist. Auf diesem indirekten Weg kann der Mensch Gott für dessen unergründliche Barmherzigkeit danken, ohne daß das reine Danken zu einer als verdienstvoll intendierten Leistung vor Gott entartet.[294] Die sprachliche Artikula-

---

[292] WA 40, 2; 432, 16–433, 3: »Et hic ante omnia voluit ipsam personam iustificatam, renatam, antequam ullum faceret opus. Sicut sepe docemus, quod fructus non facit arborem, sed arbor fructum, Ut Christus Matth.12: ›Aut facite‹ etc., quasi dicat: frustra est, quod laboratis de fructu, ante omnia arbor paranda est, ut illa sit bona.«

[293] WA 40, 2; 433, 8–10: »Sic iustificatus, renovatus et animatus: ›Docebo vias tuas, transgressores ad te revertentur.‹ Prius iustificatus et expertus etiam egreditur a conspectu dei in opus.«

[294] WA 40, 2; 433, 12–15: »Ideo non novit opus, quo velit deo reddere aliquid, nisi postquam me recrearis, ut gratias agam publice. Du solt ya auch ankomen, si vis publice praedicare deum et

tion der inneren Erfahrung der misericordia dei zeigt eine klare Kontinuität mit der Wirksamkeit des dritten donum von Vers 14, wie Luther bei der Auslegung des 15. Verses wiederholt betont,[295] dennoch ist auch eine Gewichtsverlagerung zu registrieren. Im ersten Fall handelt es sich um die Internalität des heiligen Geistes im Selbst, d.h. um das Wirken des Geistes im wahren Selbst, wodurch dem Menschen Mut (fortitudo) geschenkt wird, im zweiten Fall um die Externalität der Wortverkündigung dessen, was im Inneren geschieht. Für Luther ist diese Wortverkündigung das bedeutendste Werk des gerechtfertigten Menschen, und da sie das Spannungsfeld zwischen dem spiritus sanctus und dem verbum externum widerspiegelt, ereignet sie sich in der Tat als die Frucht der Gnade oder des heiligen Geistes.

Wenn der Gerechte gleichsam Zeugnis über das in ihm Geschehende ablegen soll, dann muß sein Wort dem zweifachen Wort Gottes entsprechen, nämlich dem Gesetz und dem Evangelium. Wie der Psalmist die falschen Wege zur remissio peccatorum widerlegte (v. 8–9), so verurteilt auch der gerechtfertigte Mensch das eifrige Streben der Menschheit nach Heilung des gespaltenen Selbst. Und wie der Beter, so verkündigt auch der mit Gott ins reine gebrachte Mensch die misericordia dei als die einzige Hoffnung des im peccatum radicale befindlichen Menschen.[296] Auf welche Weise (quomodo) kommt der peccator ins reine mit Gott?[297] Wie kann er zur Heilung des gespaltenen Selbst gelangen, zur Wahrnehmung des Gegenübers als des Nicht-Selbst, zur Befreiung von bekümmerten Beziehungen? Gerade um diese Fragen geht es bei der Wortverkündigung, die den zweifachen Umgang Gottes mit dem Menschen zum Ausdruck bringt. Als Kontrast zu dieser Proklamation dient Luther die dreiteilige paenitentia der Scholastik, die er insgesamt als ein menschliches Werk bezeichnet im Gegensatz zum Predigen als der Widerspiegelung und Entsprechung des göttlichen Werkes.[298] Die Papisten verlangen die paenitentia in der Meinung, dadurch viele Menschenseelen retten zu können – darauf spielt ja das Hieronymuszitat über den Schiffbruch des in Sünde geratenen Menschen und über die

---

gratias agere.« 435, 1–3: »Post iustificationem proximum, primum, eternum et principale et continuum opus est agere gratias deo et hanc ipsam gratiam praedicare.«

[295] WA 40, 2; 436, 6–8: »Sic Episcopus Brandeburgensis semel ad me dixit: si ecclesiam würde angreiffen, wird mir zu schaffen geben. freilich. ›Intus pavores‹ etc. Da gehort animus zu, ›spiritus principalis‹…« Vgl. 433, 7–8. 435, 4. 437, 7 u. 11, aber auch das Revisionsprotokoll (1531), WAD 3; 53, 4–5: »Audi, cur velit spiritum illum? ›Docebo‹, Volo confiteri. Sol ich predigen, so werd ich auffs maul geschlagen.«

[296] WA 40, 2; 435, 18–436, 6: »Coram deo iustificatus est versatus in purgatorio, procedit in publicum docturus ineffabilem misericordiam dei et simul reprehensurus omnia bona opera, sanctitates … Sic praedicare divinam misericordiam et damnare omnium hominum studia, das macht zu schaffen.«

[297] WA 40, 2; 438, 10. 439, 1.

[298] WA 40, 2; 438, 11–14: »Omnes docent poenitentiam, sed tantum docent opera: Contritionem, confessionem, satisfactionem, opus nostrum. Das sind vitae humanae, diaboli, ex spiritu diaboli profectae. Sed ego docebo tuas vias et modum convertendi ad te.«

paenitentia als das Rettungsbrett an[299] – , aber in Wirklichkeit erweist sich dieser Weg als Ausdruck eines dämonischen Geistes, nicht des heiligen Geistes. Nach Luther ist diese scholastische Verfälschung der wahren paenitentia auf ein Mißverständnis des peccatum zurückzuführen, denn die paenitentia der Scholastiker entspricht genau ihrem Sündenverständnis. Wie das peccatum als ein böser Gedanke bzw. eine ungeordnete Gemütsbewegung, als ein boshaftes Wort oder als das unmoralische Handeln definiert wird, so weist auch die paenitentia eine dreiteilige Struktur auf: die contritio, die confessio und die satisfactio.[300] Daraus erklärt sich Luthers Kritik bereits am Anfang der Enarratio Psalmi 51, daß das ganze theologische Gerüst der Scholastik nicht tragfähig ist, da es auf einem falschen Sündenverständnis basiert.[301] Jeder Ingenieur weiß, wie wichtig das Fundament ist. In einem Zeitalter, in dem das Wort »peccatum« aus dem Wortschatz der Theologie beinahe verschwunden ist, gibt Luthers Behauptung, die Wahrheit der Theologie hänge aufs engste mit dem Sündenverständnis zusammen, zu Bedenken Anlaß.

Verkündigt der Gerechtfertigte das, was ihm begegnet ist, so bringt er Gott das allerhöchste Opfer dar.[302] Das Opfern gilt offensichtlich als das Handeln des Menschen, das Verkündigen hingegen als sein Sprechen. Wenn Luther nun die Wortkündigung mit dem Opferbegriff verknüpft, eröffnet er damit eine neue Perspektive für ein Verständnis des Verhältnisses von Wort und Geschehen. Entsprechend dem zweifachen Charakter der Wortkündigung als Gesetz und Evangelium kommen hier das sacrificium peccatorum und das sacrificium laudis in Betracht. Das sacrificium peccatorum korrespondiert der contritio und besteht gerade darin, daß das gesprochene Wort die ratio des Zuhörers tötet![303]

---

[299] WA 40, 2; 433, 15–434, 3: »Cur non potius vadis ad S.Iacobum et indueris cucullo? sicut docti sumus nos, quod Monachatus sit vice alterius baptismi. Sicut Ieronymus, quod altera tabula post baptismum sit poenitentia.« Vgl. Petr. Lomb., Sent. IV d. 14 c. 1: »Poenitentia longe positis necessaria est, ut appropinquent. Est enim, ut ait Hieronymus, ›secunda tabula post naufragium‹, quia si quis vestem innocentiae in baptismo perceptam peccando corruperit, poenitentiae remedio reparare potest.« Siehe auch Ockham, Sent. IV q. 10.

[300] Petr. Lomb., Sent. IV d. 16 c. 1: »‹Perfecta poenitentia cogit peccatorem omnia libenter ferre. In corde eius contritio, in ore confessio, in opere tota humilitas: haec est fructifera poenitentia.‹ Ut sicut tribus modis Deum offendimus, scilicet corde, ore, manu, ita tribus modis satisfaciamus.« Beachte, daß das Wort »satisfactio«, bzw: »satisfacere« manchmal gleichbedeutend mit paenitentia ist. Vgl. dazu Thomas, S. th. III q. 90 a. 2.

[301] WA 40, 2; 316, 9–317, 2.

[302] WA 40, 2; 435, 14–17: »Ideo si vis fieri monachus et summum sacrificium deo praestare, doce impios viam dei, quia, si hoc opus sumpseris, provocas diabolum cum inferno, mundum cum sapientibus, Sanctis, Et teipsum contra teipsum, provocas cor tuum.«

[303] WA 40, 2; 439, 5–10: »Et sic ista praedicatione occido rationem, eorum praesumptionem et macto hominem in sacrificium dei pro peccatis. nihil valent tua opera, quicquid es, totum peccatum est. Qui audit hunc – Ista praedicatio occidit audientem –, terretur, audit iram dei sic super eum nominari, quod sua optima opera sunt damnata.« Dieses Wort erinnert an Luthers anscheinend vernunftfeindliche Äußerung über die ratio bei der Auslegung von Gal 3,6 (siehe WA 40, 1; 361, 7–8).

Das Wort des Gesetzes entlarvt die ratio in ihrer Machtlosigkeit angesichts der tiefgreifenden Spaltung im Selbst und der zerstörenden Macht des Todes. Dennoch bringt das Wort des Evangeliums das andere Opfer dar, nämlich das sacrificium laudis, indem es den verzweifelten Menschen tröstet und ihm neue Hoffnung schenkt.[304] Töten und Trösten – dies sind die Wirkungen des zweifachen Wortes, das aus dem erneuerten Selbst entspringt, und wenn der Gerechte dieses Wort zur Sprache bringt, opfert er in der Tat das summum sacrificium.

Es bleibt jetzt nur zu fragen, wer in diesem Vers eigentlich spreche. Ist von der Wortverkündigung als dem bedeutendsten Werk nach der Sündenvergebung die Rede, so liegt der Gedanke nahe, daß Luther ausschließlich an die bei der Kirche Berufstätigen denkt. Diese Annahme würde auch dadurch bestätigt, daß wir es bei der Enarratio Psalmi 51 mit einer Vorlesung, nicht mit einer erbaulichen Schrift für das ganze Volk zu tun haben. Auf diese Weise hatte z .B. Hugo den Vers ausgelegt, als er das Lehramt der Kirche im Sinne einer Fortsetzung der paenitentia darstellte.[305] Dennoch gibt es in Luthers Ausführungen über den 15. Vers überhaupt keine Anhaltspunkte für diese Beschränkung auf eine bestimmte Gruppe, und aus anderen Schriften, in denen er den 15. Vers zitiert, ersehen wir, daß er in der Tat nicht nur die professionellen Pfarrer und Theologen im Sinne hat, sondern den Christenmenschen schlechthin. Durch den Glauben wird der Mensch zu einem Priester, dessen Amt ausschießlich darin besteht, das Wort Gottes zu verkündigen.[306] Jeder Christ ist somit ein Doktor, denn er weiß, was ihm im Spannungsfeld zwischen dem heiligen Geist und dem verbum externum widerfahren ist, und indem er dieses innere Geschehen vor die Öffentlichkeit artikuliert, bringt er das höchste Opfer vor Gott.[307]

---

[304] WA 40, 2; 440, 1–4: »Das ist 1., sic convertitur homo, quod eruditur 1. de suo peccato, conteritur, occiditur in conspectu dei spiritualiter, deinde erigitur, datur ei consolatio, ut altera fide iustificetur et a suo peccato reiicere se debeat in gratiam.«

[305] HUGO, Postilla v. 15 u. 17.

[306] Siehe »Das ein christliche Versammlung oder Gemeine Recht und Macht habe, alle Lehre zu urtheilen usw. 1523« WA 11; 412, 9: »Denn das kan niemant leucken, das ein iglicher Christen gottis wort hatt und von gott gelert und gesalbet ist tzum priester ... Ist aber also, das sie gottis wort haben und von ihm gesalbet sind, so sind sie auch schuldig, das selb zu bekennen, leren und ausbreitten, wie Paulus sagt.1.Corin.4 ... Und Psalm.50. sagt er von allen Christen ›Ich will die gottlossen deine wege leren und das sich die sunder zu dir bekeren‹.« Vgl. WA 31, 2; 514, 11.

[307] Vgl. WA 6; 217, 36–218, 3 (Von den guten Werken, 1520): »... also auch im andern gebot wirt vorbotten, wir sollen seinen namen nit unnutz brauchenn. Doch wil das nit gnug sein, szondern wirt darunder auch geboten, wir sollen seinen namen ehren, anruffenn, preyssen, predigen und loben.« WA 6; 226, 11–13: »Und wiewol das sonderlich schuldig sein tzuthun, den gottis wort tzupredigenn befolenn ist, szo ist doch auch ein iglicher Christen dartzu vorpunden [verpflichtet], wo es die zeit und stat foddert ...«

II. Die zur Vollendung des Werkes notwendigen petitiones (v. 16–17)

A. Die petitio vor der Kirche: das Sakrament (v. 16)

Für ein Verständnis des 16. Verses ist zuerst von Bedeutung, daß Luther selbst diesen Vers als eine Unterbrechung des bisherigen Gedankengangs des Psalms empfunden hat.[308] Obwohl er sein Unbehagen nicht näher erklärt, läßt sich auf Grund seiner nachfolgenden Interpretation vermuten, daß das Störende an diesem Vers vor allem das Wiederaufgreifen des Themas peccatum war, zumal sich das peccatum actuale jetzt in Form der konkreten Sünde »Mord« in den Vordergrund drängt, während das peccatum originale in dem Psalm bisher so stark dominiert hat. Die Zäsur bei Vers 15 signalisiert einen Themenwechsel von der cognitio dei et hominis unter dem Gesichtspunkt des peccatum zu der gleichen Erkenntnis unter dem Gesichtspunkt der auf die remissio folgenden Früchte. Daraufhin leuchtet es nicht ein, daß der Psalmist beim 16. Vers ein weiteres Mal auf das Thema Sünde zu sprechen kommt, im besonderen auf die Tatsünde Mord. Dennoch läßt das Hebräische »Damim« nach Luther keine andere Bedeutung zu als »reatus sanguinis«, was eindeutig auf die Schuld des Mordes hinweist.[309] Trotz des scheinbar kontextfremden Charakters des 16. Verses versucht Luther die Kohärenz der Auslegung zu bewahren, indem er nun seiner Auslegung die wichtige Unterscheidung zwischen coram deo und coram hominibus (bzw. coram mundo oder coram ecclesia) zugrunde legt.[310] Durch den Glauben an das Gotteswort wird der Beter von seinem peccatum coram deo absolviert, aber sobald er im Sinne des 15. Verses als Prediger der Gnade Gottes coram hominibus auftritt, wird er trotzdem wegen seines peccatum dem Vorwurf und dem Spott der Welt ausgesetzt. Der von Gott gerechtfertigte Mensch kommt bei der Ausübung seines Amtes (praedicare) in Verlegenheit, weil die Welt von seiner Vergebung coram deo gar nichts weiß und ihn darum für einen gemeinen Verbrecher hält.[311]

---

[308] WA 40, 2; 441, 14–15: »›Libera me de sanguine‹: Iste versus est obscurus et videtur nobis interrumpere ordinem et coherentiam, sed connectimus, ut puto, non male.«

[309] WA 40, 2; 442, 1–5: »›Damim‹: i.e. reatum sanguinis significat in scriptura. In Levit.: Quando inventus homo mortuus, praescribit rationem purgandae terrae, et sic semper sanguines erunt: non est latius. Oseas: ›et sanguis sanguinem tetigit‹: i.e. ipsum reatum et clamorem homicidii vocarunt Ebraei ›culpam sanguinis‹, significat.« Allerdings ist Luther zu diesem Verständnis des Hebräischen erst zwischen der 1.und der 2.Ausgabe der sieben Bußpsalmen gekommen: denn in den Bußpsalmen von 1517 wird »sanguis« auf die Hoffärtigen bezogen (vgl. auch In epistolam Pauli ad Galatas commentarius, 1519, WA 2; 467, 4). Der erste Hinweis auf eine neue Interpretation des Verses findet sich als Eintragung in seinem hebräischen Psalter (Danziger Psalter, 1521–1524): »מִדָּמִים.] Sanguinibus, i[d est] reatu homicidii, de quo lex praecipit. Huius legis vim sentit et metuit mortem.« WAD 10, 2; 339,7–8. In dem Revisionsprotokoll von 1531 heißt es aber »poena homicidii« (WAD 3; 53, 6). Daß Luther die Interpretation des Hebräischen in dem Danziger Psalter in die Enarratio Psalmi 51 aufgenommen hat, spricht m.E. dafür, daß er diesen Psalter auch nach der Übersetzung der Psalmen im Jahre 1528 noch bei sich hatte. vgl. dazu die Einleitung zum Band WAD 10, 2.

[310] WA 40, 2; 442, 7: (coram mundo), 442, 14: (coram hominibus), 442,16 (coram ecclesia).

[311] WA 40, 2; 442, 6–16: »Ibi absolutus coram deo profecto habet obstaculum, quod eum mag

Die Unkenntnis der Welt in dieser Sache ändert selbstverständlich nichts an der Rechtfertigung des Menschen coram deo, wohl aber an seiner Situation coram hominibus und folglich auch an der Situation des Hörers der Wortverkündigung. Die Vergiftung des Kontextes der Proklamation schildert Luther bildlich durch das Wort »sanguis«. Der Beter hat nicht nur sich selbst mit Blut besudelt, sondern auch das »Hören« und den »Blick« anderer Menschen.[312] Dieser Gedanke führt Luther weiter zu der wichtigen, aber mißverständlichen Formulierung, David habe nicht nur gegen Gott (tibi peccavi), sondern auch gegen Mose bzw. gegen das Gesetz (peccavi in Mosen) gesündigt.[313] Im Fall, daß Luther durch die Bezugnahme auf Mose das ganze Gesetz in den Brennpunkt rücken will, bleibt die Unterscheidung zwischen dem Sündigen gegen Gott und dem gegen Mose völlig unklar. Denn das Gesetz ist doch das Wort Gottes. Denkt Luther andernfalls nur an die zweite Tafel des Gesetzes, wobei die Unterscheidung auf die traditionelle Distinktion zwischen dem peccatum in deum und dem peccatum in proximum hinausliefe, widerspräche dies vollends seinem Sündenverständnis. Den Schlüssel zum Verständnis dieser Aussage liefert m.E. die Unterscheidung zwischen coram deo und coram hominibus. Wie öfters, so geht es Luther auch hier um die zerstörerische Macht des peccatum, um das, was die Sünde zu bewirken vermag. Was das peccatum im Menschsein (coram deo) bewirken kann – die tiefe Spannung im Selbst usw. –, ist aus den vorhergehenden Versen genügend klar, und jetzt bei Vers 16 kommen die Auswirkungen des peccatum im öffentlichen Leben (coram hominibus) in den Blick. Der Beter hat gegen das von der Öffentlichkeit anerkannte Gesetz verstoßen, und deswegen unterliegt er dem Rechtsentscheid der Verantwortlichen. Und was noch schlimmer ist: dieser Sachverhalt verhindert die Verbreitung des Gotteswortes! Darum hat der Beter nicht nur die Rechtfertigung coram deo, sondern auch die Rechtfertigung coram hominibus nötig, und zwar um der Hörer des Wortes willen, nicht um seinetwillen.[314] Das Sündigen gegen Gott und gegen Mose hat also überhaupt nichts mit dem Unterschied zwischen peccatum in deum und in proximum gemein, deutet vielmehr auf zwei Auswirkungsbereiche der gleichen Sünde.

Auf diese Weise die Situation des Beters coram hominibus, d.h. das öffentliche Urteil über den Beter, zu berücksichtigen, steht in scheinbarem Widerspruch zu Luthers Auslegung des 14. Verses, in dem er den Mut zur Wortver-

---

rot machen coram mundo. Paulus: ›sit irreprehensibilis‹. David occiderat Uriam, hat auff dem collo sanguinem et in terra erat clamor sanguinis contra Davidem … Ideo dicit: Rogo etiam te, ut auferas a me hoc opprobrium etiam coram hominibus et mihi indultum illum reatum sanguinis significes. 1.absolutio coram deo, 2.coram ecclesia, ut sciat ecclesia ipsum absolutum.«

[312] WA 40, 2; 443, 1–3: »‹Sanguines‹ est reatus, qui polluit auditum et visum hominum scientium: quia dicit docturum in publico, ibi nihil plus impedit quam reatus.«

[313] WA 40, 2; 443, 3–6: »Ideo libera me ab isto iure, quod habent sacerdotes contra me, quia tibi peccavi et in Mosen. Iam coram te liberasti. Iam etiam coram ecclesia, ne impediatur cursus verbi.«

[314] WA 40, 2; 444, 12–15.

kündigung in der Öffentlichkeit betont, abgesehen davon, wie die öffentliche Meinung ausfällt. Auch bei Vers 15 macht Luther es ganz deutlich, daß er auf das Urteil der Welt pfeifen kann, wenn sie die Wahrheit über Gott und Mensch nicht hören will.[315] Dennoch ist die Kontextverschiebung der Diskussion vom 15. zum 16. Vers unverkennbar. Bei den Versen 14 u. 15 handelt es sich um das Urteil der Welt über die Wahrheit Gottes, oder genauer, über die cognitio dei et hominis. In Vers 16 dagegen geht es um das Urteil der Öffentlichkeit über den Glaubenden selbst, über seine Person. Die öffentliche Meinung kommt also zweimal zur Sprache, jeweils mit einem andern Sinngehalt. Nach Luther existiert der Mensch mitten in widersprechenden Urteilen, die man aus biblischer Sicht gesamthaft als das Urteil Gottes und das Urteil der Welt verstehen kann, und gerade in dieser strittigen Situation wird der Mensch durch das Evangelium aufgerufen, dem Urteil Gottes gegen das der Welt sein volles Vertrauen zu schenken.[316] Damit ist klar entschieden, welches Urteil für den Glaubenden seinsbestimmend ist, aber ob der Mensch im Glauben das Urteil der Welt völlig ignorieren darf, kommt auf den Charakter desselben an. Denn das Urteil der Welt erweist sich als ein vielfältiges Phänomen. Das öffentliche Urteil kann bloß ein Ausdruck der vom peccatum radicale geprägten Welt sein, wie etwa die Ungeduld oder sogar der Haß der Welt gegenüber dem wahren Selbst des Glaubenden. Es kann aber auch derart im Gesetz Gottes verwurzelt sein, daß es treffsicher auf die Auswirkungen des peccatum radicale im Einzelmenschen zielt. Im letzteren Fall hat die öffentliche Meinung innerhalb gewisser Grenzen ihre Berechtigung, und der Beter, obgleich ihm schon coram deo verziehen wurde, muß sich den zur Vergebung der Sünde vorgeschriebenen Maßnahmen unterziehen. Die Vergebung in diesem Sinne nennt Luther die absolutio coram ecclesia, ihr Modus ist das Sakrament.[317] Darum haben wir die Sakramente, so erklärt Luther, nicht damit wir zur remissio peccatorum coram deo gelangen – dies geschieht einzig und allein durch den Glauben –, sondern damit die Kirche in aller Öffentlichkeit weiß, wie Gott an uns im verborgenen bereits gehandelt hat.

Die Unterscheidung zwischen coram deo und coram ecclesia im Zusammenhang mit dem Sakrament erinnert freilich an Biels Ausführung über die Schlüsselgewalt, die sich nicht auf die remissio vor Gott, sondern bloß vor der Kirche erstreckt.[318] Der Kontext und das Motiv der Unterscheidung bei den

---

[315] WA 40, 2; 438, 13–14: »Sed ego docebo tuas vias et modum convertendi ad te. qui venit, venit: qui non, non incommodat mihi.«

[316] Vgl. EBELING, Der Mensch als Sünder. LuSt III, 85.

[317] WA 40, 2; 442, 16–443, 1: »Nos habemus Sacramenta, ut sciat ecclesia nos absolutos. Et sic intelligo prophetam loqui de absolutione externa coram ecclesia.«

[318] BIEL, Coll. IV d. 18 q. 1 a. 2 concl. 3: »Tertia conclusio: Potestas clavium extendit se ad remissionem et retentionem culpae non coram Deo, sed in facie ecclesiae.« Vgl. PETR. LOMB., Sent. IV d. 18 c. 6: »Non autem hoc sacerdotibus concessit. Quibus tamen tribuit potestatem ligandi et solvendi, id est ostendendi homines ligatos vel solutos … Quia etsi aliquis apud Deum sit solutus, non tamen in facie Ecclesiae solutus habetur, nisi per iudicium sacerdotis.«

zwei Theologen sind aber grundverschieden. Biel interessiert sich primär für das Verhältnis des Sakraments zur contritio; diese gilt als Akt des Menschen aus eigenen Kräften und reicht durchaus zur remissio peccatorum ohne das Sakrament. Die Schlüsselgewalt bezieht sich dann nur auf das Erlassen eines Bruchteils der zeitlichen Strafe, sodann auch auf die Eingießung zusätzlicher Gnade.[319] Bei Luther verhält es sich völlig anders. Der Mensch wird durch den Glauben an das Gotteswort von der Schuld der Sünde coram deo sowie auch von aller Strafe befreit. Durch das Sakrament soll eine Absolution im Interesse des andern, nicht des Betreffenden geschehen, damit der andere beim Hören und Verstehen der Wortverkündigung nicht unnötig gehindert wird. Daraus folgt, daß nicht jede Sünde auf gleiche Weise die Absolution coram hominibus erfordert; entscheidend ist eben dies, ob die Zuhörer der Verkündigung an dem Prediger selbst wegen der Offensichtlichkeit und Konkretheit seines peccatum Anstoß nehmen. Eine solche Sünde nennt Luther bei der Auslegung von Vers 16 das »peccatum privatum«, offenbar im Gegensatz zum peccatum radicale.[320] Nach Luthers Sündenverständnis kann aber die Differenz zwischen den beiden nicht auf die traditionelle Unterscheidung von Erbsünde und Tatsünden hinauslaufen, und um dieses Mißverständnis zu verhüten, vermeidet Luther bei der Auslegung des Verses solche bekannte Vokabeln wie peccatum actuale, peccatum personale und dergleichen.[321] Das peccatum privatum ist keine zweite Kategorie der Sünde neben der Erbsünde, es ist vielmehr eine Frucht oder eine Auswirkung des peccatum radicale. Diese Frucht unterscheidet sich aber von den vielen Früchten des peccatum radicale, welche die Menschen gemeinsam tragen oder denen sie sogar Beifall spenden, indem sie – wie das Wort privus andeutet – ohne die Zustimmung der Öffentlichkeit bleibt. Es handelt sich hier also um eine auch coram hominibus bzw. coram ecclesia nicht zu duldende Auswirkung des peccatum radicale. Wird der Beter von dieser Sünde coram ecclesia absolviert, so wird er coram hominibus zur Verkündigung des Wortes befreit, dessen Inhalt nach Vers 16 gerade in der iustitia dei besteht. Daß Luther diese iustitia nicht im Sinne der Auslegungstradition der misericordia dei gegenüberstellt, sondern die beiden miteinander identifiziert, versteht sich jetzt von selbst. Die iustitia dei, die den Menschen gerecht macht, ist nichts anderes als die gratia, und gerade von dieser Gnade predigt der Beter, nachdem er die Absolution coram hominibus erhalten hat.[322]

---

[319] Biel, Coll. IV d. 18 q. 1 a. 2 concl. 5 u. 6.

[320] WA 40, 2; 443, 5–8: »Iam coram te liberasti. Iam etiam coram ecclesia, ne impediatur cursus verbi. Iam videtur hoc pergere, quasi in privatum peccatum: potest fieri, ut in exemplum recordetur sui privati peccati. Sic ego: Si non fui potator, tamen ›blasphemus‹, ut Paulus 1.Timo.1.«

[321] In der Summa Theologiae des Thomas findet sich der Ausdruck peccatum privatum nicht, wohl aber der Unterschied zwischen bonum commune und bonum privatum.

[322] WA 40, 2; 445, 3–8: »‹Iustitiam‹: i.e. gratiam. Istud vocabulum cum sudore multo adeptus. ›Iustitiam‹ exposuerunt: i.e. veritatem dei, qui punit damnatos: Misericordia, qua salvat credentes. periculosa opinio, concitat odium occultum cordis adversus deum, quando tantum nominavi ter-

B. Die petitio vor Gott: das Gebet (v. 17)

Bei der Auslegung von Vers 17 setzt Luther den Gedankengang des 16. Verses
fort; wie dort, so geht es auch hier um ein äußerliches Hindernis zur Verkündigung der iustitia dei in der Öffentlichkeit. Da der Beter wegen seines peccatum
nicht nur coram deo schuldig, sondern auch coram hominibus beschuldigt war,
suchte er die Absolution vor der Kirche.[323] Nun aber handelt es sich beim
17. Vers um eine andere Art von Hindernis, nämlich um die Macht und die List
des Teufels. Ach, daß man nur den Teufel hinter einem sehen könnte! Diese
listige, zerstörende Macht merkt man aber erst dann, wenn man den Mund zur
Verkündigung des Gotteswortes aufmacht. In einer Ecke der Welt, am Rand
des Alltags, an einem abgelegenen, einsamen Ort, im Kloster oder unter
Gleichgesinnten über die Wahrheit zu reden ist nicht schwierig, aber sobald
man mit dieser Botschaft in der Öffentlichkeit auftritt, stürzt eine Lawine von
dunkeln Mächten auf einen, die Luther bei diesem Vers mit der Welt, aber
genauer mit dem Teufel als den dunkeln Mächten der Welt identifiziert.[324] Das
peccatum radicale ist nicht bloß eine Privation, es ist eine zerstörende Macht,
die den Einzelmenschen, sodann die ganze Menschenwelt in ihren Bann zieht.
Wird die verheerende Macht des peccatum im Leben eines Menschen durch
den Glauben entscheidend gebrochen, so daß das wahre Selbst zwischen dem
heiligen Geist und dem Gotteswort aktualisiert wird, dann erlebt dieser Mensch
erst recht die weltherrschende, destruktive Macht des peccatum als eine dämonische, die sich gegen die wahre Theologie und gegen die Erscheinung des
wahren Selbst mit List und Tücke wendet. Denn der Gerechte bringt ein Wort
zur Sprache, das die Welt nicht ertragen kann, nämlich daß jeder Mensch ohne
Ausnahmne von der Wurzelsünde geprägt ist und daß jeder deswegen der mise-

---

ritus. ›Iustitia‹: qua nos iustificavit, vel donum, quo tollit peccata, fit pater arridens: contra iustus fio
non mea iustitia sed favore dei.« Hier begegnen wir nochmals der Unterscheidung zwischen gratia
und dona, nach der die iustitia eindeutig mit der gratia identifiziert wird. Luther kritisiert an dieser
Stelle die von AUGUSTIN überlieferte Gegenüberstellung der misericordia und der iustitia (bzw.
der veritas). Allerdings hatte ein zweiter Strom seit CASSIODOR versucht, die misericordia und die
iustitia miteinander zu harmonisieren: dabei ging aber die misericordia weitgehend zugunsten der
iustitia als dem iudicium dei verloren. PETR. LOMB. z.B. schreibt zu Vers 16: »Quare tu enarras iu-
stitias meas. Nota quod iustitiam laudat, cum pietati vel misericordiae potius debet gratia agere, sed
iustitiae fuit confitentem suscipere. Et hae duae res semper iudicio Domini adiunctae sunt …«(
MPL 191, 491, B).

[323] WA 40, 2; 446, 6–9.

[324] WA 40, 2; 446, 9–447, 6: »Ideo dicit: ›Domine, labia‹ etc. Quid est ›aperire os‹? Num non
potest? Nonne potest laudem dei dicere In angulo? Possum etc. Sed ›aperire os‹ i.e. libere loqui, ut
perficiam sacrificium, quod est tuum: Alibi: ›Dilata os tuum‹ Et: ›mecum magnificate virtutem super virtutem‹: audere loqui deum et profiteri theologiam, quia diabolus sthet da et habet keul, omnes gladii, bombardae etc. Non videtur, donec sumus locuti. Si quis videre posset, wie der Teuffel
hinder eim sthet, qui vult profiteri Theologiam: i.e. da spiritum, das ichs darff wagen fur der welt.
Non ad horas canonicas, sed stare contra diabolum, mundum etc. Pfaffen legunt in omnibus horis
Canonicis, satis dicitur. Sed qui vult dicere veritatem, der kan nullibi bleiben.«

ricordia dei bedarf. Darin besteht die wahre Theologie, die cognitio dei et hominis; diese Erkenntnis erweist sich aber als für die Welt unerträglich gerade deswegen, weil sie keine theoretische, vielmehr eine als mors et resurrectio erlebte ist. Es geht hier nicht um Wissen, sondern um Leben. Die wahre Theologie erzielt einen Existenzwandel, dem das empirische Selbst sowie die ganze Welt sich nicht unterziehen will. Im Gegenteil: die dämonische Macht der Welt reagiert auf die Wahrheit Gottes mit Vermessenheit und Bösartigkeit, und sie setzt alles daran, die Verkündigung der cognitio dei et hominis zum Schweigen zu bringen. Wer es überhaupt wagt, die Wahrheit Gottes in der Öffentlichkeit zu sagen, setzt sich somit den dunkeln Mächten der Welt aus.[325] Aber mehr noch! Da der Gerechte selbst ein peccator ist und nach wie vor zu der dämonischen Welt gehört, wird er bei der Wortverkündigung auch den dunkeln Mächten (caro) in sich selbst ausgeliefert.

Wenn man bedenkt, daß Luther in den Versen 15–21 die cognito dei et hominis überwiegend unter dem Gesichtspunkt der Gotteserkenntnis behandelt, wirkt es geradezu seltsam, wenn er bei der Auslegung des 17. Verses das Phänomen »diabolus« thematisiert. In seiner Ausführung über Vers 17 erwarten wir die cognitio dei, statt dessen erhalten wir die cognitio diaboli! Diese Ungereimtheit kann indessen nicht durch den Psalmtext selbst erklärt werden, da das Wort »diabolus« kein einziges Mal im 51. Psalm vorkommt. Und die Annahme, daß Luther bei diesem Vers gleichsam einen vom Thema abweichenden Diskurs über den Teufel hält, wäre überhaupt nicht befriedigend, zuerst weil dies eine Unterbrechung der von Luther angestrebten Kohärenz der Auslegung bedeutet, dann auch weil Luther auf keinen Fall getrennt von einem bonus deus und einem malus deus reden will.[326] Letzteres besagt aber, sofern man die Konsequenzen daraus zieht, daß die cognitio diaboli und die cognitio dei, obwohl scheinbar widerstreitend, doch letztlich zusammengehören. Das heißt: der Widerspruch zwischen Gott und dem Teufel gehört grundsätzlich zur cognitio dei. Luthers Auslegung des 17. Verses ist also keine Abweichung vom Thema, sondern eine Vertiefung in die Gotteserkenntnis aus der Perspektive des Bösen. Durch die dunkeln Mächte der Welt wirkt Gott auf verborgene Art und Weise, um den Gerechten immer wieder an den Ort zu führen, wo er wahrheitsgemäß von mors et resurrectio sprechen kann, und zwar gerade deshalb, weil er an diesem Ort mors et resurrectio am eigenen Leibe erfährt.[327]

Diesem Sachverhalt entspricht der andere Schwerpunkt des 17. Verses, näm-

---

[325] WA 40, 2; 447, 14–448, 2: »›Virtus‹ annunciatur, opus tuum, iustitia, so gilts mortem et resurrectionem. Si iustificatus ghet hin durch laudem dei praedicare, est se immittere periculis diaboli, mundi, carnis et omnium malorum, quia deus non potest laudari, nisi nos ista damnemus.«

[326] WA 40, 2; 417, 1–9.

[327] WAD 3; 53, 8–9 u. 13–14 (Revisionsprotokoll, 1531): »Ich hets gern also: Volo praedicare sed das Sancta crux das kompt, esset sententia … Non vis sacrificium. Ego libenter het ichs da hin, ubi incipit praedicare, incipit crux gravare, qui volunt accedere.«

lich das Gebet. Zunächst sei darauf hingewiesen, daß Vers 17 grundsätzlich von der Wortverkündigung handelt und daß er deshalb in enger Beziehung zu Vers 14 steht. Denn in beiden Versen geht es um das offene Reden in der Öffentlichkeit[328] und um den dazu benötigten spiritus sanctus bzw. das donum.[329] Dennoch liegt beim 14. Vers das Gewicht eindeutig auf dem donum, d.h. auf dem Wirken des heiligen Geistes als einer creatio continua, beim 17. Vers hingegen auf der oratio. Vor dem ontologischen Bereich von mors et resurrectio vollzieht sich das Gebet als ein Hindurchdringen zu der Grenze zwischen Leben und Tod, wo echte Lebensfreude entsteht und wo der Mund des Gerechten zur freien Wortverkündigung aufgetan wird. In diesem Sinne besteht ein eigenartiges Zusammenspiel zwischen Gebet und den dunkeln Mächten der Welt; beide führen auf verborgene Weise zur echten Wortverkündigung, das eine durch rauhe Wege, die anderen durch dunkle. Diese Wortverkündigung nennt Luther ein sacrificium laudis.[330] Aber wessen sacrificium? Wer ist der Opfernde und wer ist das Opfer? Wer ist letzlich das Subjekt dieses Werkes, das für Luther als bedeutendstes nach der Sündenvergebung gilt?

III. Das Opferverständnis (v. 18–19)

Nachdem Luther das Thema »sacrificium laudis« bei der Auslegung des 17. Verses angeschnitten hat, liegt der Gedanke nahe, daß der Mensch im Kontext des Opferverständnisses der Verse 18–19 als Handelnder ins Blickfeld rücken wird. Denn neben dem Gebet, das in vielen Religionen als das an Gott gerichtete Wort des Menschen verstanden wird, gehört das Opfern im Sinne eines gottgefälligen menschlichen Handelns geschichtlich zu den Grundformen der religiösen Erfahrung. Phänomenologisch gibt es zwei Aspekte des Opfer-Begriffs, die für ein Verständnis von Luthers Auslegung des 18. Verses besonders ins Gewicht fallen.[331] Erstens, das Opfer wird als eine Gabe an die Götter analog zu Geschenken an die Fürsten betrachtet, um die Götter auf irgendeine Weise zu beeinflussen, sei es daß man die zerstörte Gemeinschaft mit ihnen wiederherstellen, ihren Zorn beschwichtigen, die Sündenvergebung erreichen

---

[328] WA 40, 2; 447, 11–14: »Ipse dicit de publica confessione, praedicatione eius, qui iam sit iustificatus. Quanta res audere loqui. ›Non possumus non loqui, quae vidimus et audimus‹, Petrus. sed tamen tantus impetus diaboli, quod opilat nobis os, ut dicere cogamur: ›Aperi‹.« Auch der Hinweis auf Apg 4, 20 verbindet den 17. Vers mit Vers 14 durch das Wort παρρησία (siehe Apg 4, 13 u. 29.).

[329] WA 40, 2; 449, 12: »Sed audere ad magna pericula, da gehort spiritus principalis et oratio: ›Domine, labia‹ etc. Psalmus: ›Factus sum homo, non audiens redargutiones‹.« Vgl. auch 447, 3.

[330] WA 40, 2; 446. 12, vgl. WAD 3; 53, 16–18: »Er wil sacrificium laudis haben: rhum, rhum, laudem. Ich kan dir doch nichts geben fur das damnum.«

[331] Zum Opfer-Begriff siehe z.B. A. SCHIMMEL, Opfer: I. Religionsgeschichtlich. RGG³ IV. W. R. SMITH, The Religion of the Semites. 1927. E. O. JAMES, The Origins of Sacrifice. 1933.

oder das ewige Leben gewinnen will. Zweitens, das Geschenk an die Götter gilt nie bloß als eine Bestechung, obwohl dieser Gedanke wahrscheinlich immer im Opferverständnis des Menschen mitschwingt, sondern auch als eine Macht, die vom Opfernden zu den Göttern fließt. Durch das Opfern eines machthaltigen Stoffes versucht der Opfernde, den Göttern neue Macht zuzuführen, um z.B. die Fortsetzung der günstigen Strömung von den Göttern her zu gewährleisten. Dieser Gedanke kommt sehr deutlich zum Vorschein in dem Opferblut, dessen ursprüngliche Bedeutung wahrscheinlich darin bestand, die Götter durch das Opfer zu stärken.

A. Das sacrificium als ein donum an den Menschen (v. 18)

Religionsgeschichtlich begegnet man sehr früh den sogenannten Ersatzopfern, wie etwa einem Tieropfer statt eines Menschenopfers, einem Opferkuchen an Stelle eines Tieropfers usw. Was das mittelalterliche Opferverständnis anbelangt, wurde jedoch das maßgebende Stadium dieser Entwicklung erst dann erreicht, wenn die materiellen Opfer in vergeistigte Ausdrucksformen überführt wurden. Diese Spiritualisierung der Opfer besteht in einer Moralisierung des Opfer-Begriffs einerseits, wenn Wohltätigkeiten etwa an anderen Menschen als ein Opfer betrachtet werden, und in einer Internalisierung andererseits, wenn z.B. die Frömmigkeit des Menschen – man denke hier an das cor contritum – als eine Gabe an die Götter gilt. Ob diese Modifizierungen am Opfer-Begriff etwas Grundsätzliches am Opferverständnis verändern, hängt schließlich von der Grundintention des Opfernden ab, wie Luther – und zwar ohne die Erkenntnis der Religionsgeschichte – mit erstaunlicher Klarheit wahrnahm. In der Auslegungstradition wurde der Vers 18 öfters im Zusammenhang mit dem 19. Vers kommentiert,[332] wobei die Unterscheidung zwischen dem äußerlichen und dem innerlichen sacrificium bzw. dem sacrificium des alten und dem des neuen Gesetzes den hermeneutischen Schlüssel lieferte. In Anlehnung an die Glossa Ordinaria stellte Lombardus fest, daß der Psalmist die Tieropfer des alten Gesetzes (v. 18) zugunsten des innerlichen Opfers des spiritus contritus (v. 19) ablehnte.[333] In ähnlichem Stil sprach Perez von dem sacrificium der lex evangelica, das er durch den Begriff der fides formata definiert.[334] Aus solchen scholastischen Schriften ist ersichtlich, daß das Opfer des neuen Gesetzes, wenigstens was das Äußerliche betrifft, überhaupt nichts mit den alten Tieropfern gemein hat. Und man täte den Scholastikern Unrecht, wollte wenn ihnen unterstellen, daß sie das cor contritum als bloßen Ersatz für

---

[332] Auch Luther brachte von früh an die beiden Verse in Zusammenhang miteinander. siehe z.B. WA 1; 673, 14.

[333] Petr. Lomb., MPL 191, 491 C-D.

[334] Perez, Expos. ii zu v. 18–19 u. Expos. iii zu v. 19.

die alten Tieropfer verstanden haben. Wenn man aber die historische Entwick-
lung des Opferverständnisses verfolgt, drängt sich die Frage trotzdem auf,
inwieweit die Scholastik unbeschadet aller theologischen und philosophischen
Modifikationen das entscheidende Moment des Opfer-Begriffs geändert hat.
Das cor contritum gilt nach wie vor als ein Geschenk, eine Darbringung vor
Gott. Wenn Gott keine Freude an den alten Tieropfern hat, ist doch das cor
contritum ihm angenehm und hat demgemäß eine satisfaktorische Wirkung.[335]
Und man hält das cor contritum für eine der paenitentia würdige Frucht; es ist
das erste gottgefällige Werk nach der paenitentia, dank dessen auch die äußerlichen Werke und Wohltätigkeiten verdienstlich sind.[336] Dementsprechend wird
die primitive Vorstellung von einer Machtsubstanz des Opfers, die vom Geber
zum Empfänger fließt und den Letzteren angenehm stimmen soll, zu einem
komplexen System der Kooperation sublimiert. Gott läßt die gratia in die Seele
des Menschen fließen, aber der Mensch wird dadurch verpflichtet, eine Gegenleistung zu erbringen, eine Gabe an Gott zu schenken, nämlich eine der gratia
entsprechende Willensbewegung, durch die die Fortsetzung der strömenden
gratia begünstigt werden soll. Auf diese Weise werden die wesentlichen Züge
des alten Opferverständnisses mutatis mutandis von der Scholastik beibehalten.

Man fragt sich, wie der Mensch je auf den Gedanken kam, einen Dienst an
Gott überhaupt leisten zu wollen. Setzt die Darbringung einer Gabe vor Gott
oder die Leistung eines Dienstes an Gott nicht letztlich eine gewisse Machtposition des Menschen Gott gegenüber voraus? Und wenn es sich so verhält,
woher hat der Mensch diese angemaßte Macht, wenn nicht von Gott selbst?
Entsteht das Urbedürfnis des Menschen, Gott eine Gabe zu schenken, nicht
letzten Endes aus der Angst, der Mensch habe den Göttern zu Unrecht eine
gewisse Macht entrissen und müsse zu deren Beschwichtigung einen Bruchteil
davon zurückgeben? Auf die Neuzeit bezogen: Ist die Macht der Selbstbestim-
mung und Selbstverwirklichung nicht in Wahrheit eine, die Gott allein gebührt
und die der Mensch nur zu Unrecht ergreifen und ausüben kann? Und umgekehrt: Gelangt das empirische Selbst an den ontologischen Ort, wo es keine
selbstbestimmende Macht mehr besitzt, ist ein Geschenk an Gott nicht
schlechthin unmöglich wie auch sinnlos? Auf jeden Fall steht eines fest: In der

---

[335] FABER STAPULENSIS, Quin. Ps. zu v. 18–19: »sed immolatio victimarum et holocaustomata
pro satisfactione delictorum meorum non tibi placent. [Psalmtext vs.19] pro venia peccati oblatio
deo tribulatio spiritus poenitentia et afflictio ob dolorem offensae admissae contra dei praeceptum:
animam contritam …«

[336] PEREZ, Expos. iii zu v. 19: »Si tu domine remiseris mihi culpam et restitueris gratiam per
paenitentiam sicut supra postulavi: tunc sequitur iste tertius fructus paenitentiae: quia offeram tibi
spiritum contribulatum tibi gratum et cor contritum et humiliatum. quod nunquam despicies. et
exinde offeram tibi alias oblationes quae omnia ante paenitentiam non erant tibi accepta nec delec-
tabilia. Unde apostolus ad Heb.xiii. Per ipsum ergo offeramus hostiam laudis semper deo, id est
fructum labiorum confitentium nomini eius. Talibus enim hostiis promeretur, id est delectatur
deus.«

Enarratio Psalmi 51 hat Luther bei der Auslegung des 18. Verses mit der ganzen vorreformatorischen Tradition gebrochen; denn das bedeutendste Werk nach der Sündenvergebung, nämlich die Wortverkündigung bzw. die Danksagung, gilt für Luther als ein Geschenk an den Menschen, nicht als eines an Gott.[337] Gemäß dem hebräischen Text übersetzt Luther die erste Hälfte des Verses als eine direkte Aussage: »Quia non cupis sacrificia«[338], nicht als einen Konditionalsatz wie in der Vulgata[339], und dadurch gibt er seiner Auslegung ihren Grundton. Gott will von dem Menschen kein Opfer! – also nicht nur kein Tieropfer oder kein Opfer des alten Gesetzes, sondern überhaupt kein Opfer. Man kann sich kaum vorstellen, meint Luther, wie radikal das Prophetenwort zu jener Zeit getönt hatte. Auf diese Weise gegen die alten Bräuche, gegen die gottesdienstliche Zeremonie des Volkes, ja sogar gegen das Gesetz Mosi zu predigen: Gott will kein Opfer!, dies war für hebräische Ohren nichts anderes als Ketzerei.[340] Sollen die Opfer Gott nicht mehr gefällig und angenehm sein, sollen sie vor Gott nicht mehr gelten, dann bricht der ganze Kultus zusammen. Das heißt: das alte Opferverständnis findet keinen Platz mehr im christlichen Glauben.

Daß wir bei diesem Vers einen kritischen Punkt in der Entfaltung der cognitio dei et hominis erreicht haben, zeigt sich daran, daß sich Luther erneut mit dem rechten Unterscheiden befaßt. Wenn es sich um die Wortverkündigung oder die Danksagung nach der remissio handelt, muß man klar und deutlich zwischen allen Religionen und Christus unterscheiden.[341] Durch den Glauben an Christus wird die Sünde dem Menschen vergeben, die Schuld ihm restlos erlassen, und darum erweist es sich als sinnlos, Gott überhaupt durch Opfer, Gaben, Geschenke und dergleichen beeinflussen zu wollen. Alles, was der Mensch hat, ist ein Geschenk von Gott; auch das Danken bzw. das Predigen selbst vollzieht sich letzten Endes als ein Geschenk Gottes an den Menschen, also als etwas, das von Gott zum Menschen fließt, nicht umgekehrt.[342] Doch die

---

[337] Vgl. WA 8; 280, 10–14 (1521): »Der Prophet vordampt mit wissen und willen die meinung deren, sso die gnugthuung beweren, da er sagt: ›Hettistu ein opffert gewolt, sso hette ichs geben, aber inn dem opffern hastu kein gefallen‹.«

[338] WA 40, 2; 450, 4.

[339] Der Vulgata-Text lautet: quoniam si voluisses sacrificium dedissem.

[340] WA 40, 2; 450, 7–11: »Despecte et contemptim loquitur de sacrificiis. Nemo potest illum sermonem satis explicare, quod prophetae istius populi, in quo erat divinitus institutem regnum, ubi suum erat sacrificium. Et contra istum consuetum morem, contra legem Mosi, contra ritum populi sic praedicare: Non vis sacrificia, das ist horibilis heresis gewesen.«

[341] WA 40, 2; 452, 2–6: »Distingue ergo inter religiones omnes mundi a Christo, qui sol uber Mosen sein, remissio peccatorum et gratia sol etwas grossers sein quam cultus in toto mundo. Alibi: ›Non postulasti: tunc dixi: ecce venio‹. Dominus lest sich nicht buchen [vergewaltigen] cum nostris operibus, etiam si fuderis sanguinem, Ieiunes dies et noctes: da gewinstu Gott nicht mit …‹«

[342] WA 40, 2; 453, 4–7: »Quare offertis? ut placemus deum. Si omnia habes a deo, et vis dare, ut tua Ratio arguit deum ut mendacem. Reddere gloriam, posse scire, quod haec habeam a te deo ipsum hoc est donum dei. Contra totam religionem Mosi, contra legis opera et omnes religiones di-

ratio will auf gar keinen Fall zugeben, daß der Mensch alles von Gott empfängt, und sie versucht sogar nach der remissio, und zwar auf sehr subtile Art und Weise, eine Machtposition Gott gegenüber zurückzugewinnen. Wird der Mensch von seiner Sünde befreit, so will die ratio durch eine Gegenleistung an Gott erwidern, als habe Gott die Danksagung des Menschen nötig oder als seien die Gaben Gottes von dem guten Willen des Menschen abhängig. Das Selbst, das von der Kraft des heiligen Geistes und des Gotteswortes lebt, wird durch dieses Spannungsfeld zum Danken bewegt, aber damit das alte, von der ratio stark geprägte, empirische Selbst sich nicht wieder eine Machtposition Gott gegenüber anmaßt, empfiehlt es sich, dieses Danken als ein Predigen an die Menschheit zu vollziehen, statt als einen intentionalen Akt an Gott zu richten.[343] Dadurch will Luther selbstverständlich nicht das Dankgebet an Gott abschaffen oder, was töricht wäre, für unchristlich erklären. Hier beabsichtigt er etwas anders: Er möchte uns mit allem Nachdruck davor warnen, das Danken als ein Opfer im herkömmlichen Sinne vor Gott zu bringen, d.h. die Danksagung mit der Intention zu verbinden, Gott auf irgendwelche Weise zu beeinflussen. Das einzigartige Phänomen des wahren Selbst zwischen dem Wort Gottes und dem heiligen Geist kann nicht aus einem intentionalen Akt des Menschen entstehen, und ebensowenig kann sein Fortbestehen durch einen solchen Akt gewährleistet werden.

Daß das Grundproblem der Opfer-Praxis in der Intention des Opfernden liegt, erörtert Luther in einer Ergänzung zu Vers 18, die er am Anfang der letzten Vorlesung (6. August) zwischen der Auslegung von Vers 19 und Vers 20 hineinfügt.[344] Die Propheten hatten die Opfer des alten Gesetzes nicht an und für sich, sondern wegen der damit verbundenen Intention verurteilt. Entgegen dem Willen Gottes setzte das Volk Israel sein Vertrauen auf die Opfer als gottgefällige Handlungen, durch die das Volk zur Heilung vor Gott hätte gelangen sollen.[345] Es war also dieser »finis«, nicht die sacrificia selber, welche die Propheten für dämonisch hielten. Denn das Volk erblickte in der Opfer-Praxis die Möglichkeit, der Gunst Gottes teilhaftig zu werden, was schließlich auf den Versuch hinausläuft, sich selbst als eine neue Kreatur zu schaffen, in der heuti-

---

cere: ›Deus non cupit sacrificia, alioqui possem dare‹.« 15–17: »Etiam gratiarum actio est acceptum donum, quantomagis res, de qua gratias agis, est acceptum donum, et das hett er gern etc.« vgl. Die sieben Bußpsalmen (1517): »… das wir dir nichts geben, sundern allein von dir nhemen gerechtickeit, weißheit, warheit, vordienest, gute werck etc.« WA 1; 193, 22–24.

[343] Vgl. WA 31, 1; 542, 17–18: »›Du hast nicht lust‹. Predigen wiltu lieber quam opffern. Gehe hin und sage das Ierosolymis den sacerdotibus, qui etc. et papae, quod Missa nihil sit.«

[344] WA 40, 2; 464–466.

[345] WA 40, 2; 465, 9–13: »Prophetae propter has voces sunt occisi, quia videbantur damnare legem Mosi et ordinationem dei. Sed damnabat sacrificia non propter ipsa sacrificia, sed quod sperabant se deo ideo placere, quia sacrificarent. Eo fine non colebant deum nec sacrificabant, quia deus volebat. Finis non erat, ut salvarentur, – est diabolicus.«

gen Sprache: sich selbst zu verwirklichen.[346] Für Luther widerspiegelt diese
Denkweise einen Mangel an Gotteserkenntnis und Selbsterkenntnis. Schon
allein der Gedanke, Gott wünsche unser Tun, ist ein klares Zeichen dafür, daß
man weder Gott noch unser Handeln versteht.[347] Der Mensch als Handelnder
soll vor der Welt, nicht vor Gott auftreten, dementsprechend soll seine Intention nicht darin bestehen, Gott zu gefallen, sondern der Welt die Gnade Gottes
zu verkündigen.[348] Es ist am Schluß fraglich, ob sich der Mensch durch die
intentionale Struktur seines Denkens Gott überhaupt annähern könne, ob
nicht jeder Versuch, sich absichtlich an Gott zu wenden, gerade die Konstellation von Wort, Geist und Selbst zerstöre, die man eigentlich in den Blick
bekommen will. Dies schließt aber keineswegs eine Art von Denken aus, die
der Tiefe dieser Konstellation selber entspringt, oder eine Art von Danken, die
sich als Geschenk Gottes an den Menschen vollzieht. Den Unterschied zwischen einem an Gott gerichteten, intentionalen Akt und einem aus der Tiefe
des wahren Selbst stammenden Danken theoretisch zu erklären ist leicht
geschehen, aber im Ernstfall, wenn man selbst betroffen ist, macht man immer
wieder die Erfahrung, daß die ratio tausend Masken trägt und daß das rechte
Unterscheiden nur auf dem Schlachtfeld des eigenen Lebens errungen werden
kann.[349] Da das Danken nach der remissio einen kritischen Punkt auf dem
Wege zur cognitio dei et hominis darstellt, kann es als repräsentativ für alle
guten Werke angesehen werden. Zur Zeit Davids galten die Opfer als die besten
Werke des Menschen,[350] und am Opferverständnis wird auch für den Christen
entschieden, wie die anderen guten Werke zustande kommen. Bleibt man im
Banne des alten Opferverständnisses, dann werden alle guten Werke nach der
remissio als verdienstlich verstanden. Entsteht dagegen das Danken aus der
Tiefe des wahren Selbst wie ein Geschenk Gottes an den Glaubenden, so wachsen die anderen Werke wie Früchte eines guten Baums.[351]

---

[346] WA 40, 2; 466, 1–3: »Summum cultum suum repudiat et simpliciter damnat, si velis ita facere, ut teipsum consoleris etc. hoc est teipsum facere tui creatorem. Ipse non fecisti te, et secundam creaturam vis in te creare?«

[347] WA 40, 2; 466, 3–6: »Est imaginatio falsa de deo et opere nostro: fingo deum velle, quod
ego facio. Praeceptorum opera non vult, multominus mea electicia opera. Ipsa praecepta mea nolo
servari hoc fine.«

[348] WA 40, 2; 465, 24–26.

[349] Siehe WA 40, 2; 453, 11–14, wo Luther auf den Unterschied zwischen Lehren und Erfahren weist.

[350] WA 40, 2; 464, 16–18: »Sed redeamus retro ad Davidis tempus et specta, an fuerint libera:
sed tum optima opera et sublimiora iam fuerunt …« WA 1; 193, 18–20: »darumb fragestu nichts
nach dem opffer, vill weniger nach den andern geringeren guten wercken, ßo das opffer doch das
größte ist.« Vgl. WA 31, 1; 347, 7–13.

[351] WA 40, 2; 465, 24–28: »Sed sacrificabis mihi non eo fine, quod ideo tibi sim favens, sed
ideo, ut testeris te gratum, iustificatum gratuito. Non placent sacrificia, quia tu sacrificas, sed quia
tu iustus es. cogitandum, ut 1.arbor sit bona. Tunc placent omnia, ut infra.«

B. Das sacrificium gegen alle sacrificia (v. 19)

Nachdem Luther in Vers 18 das alte Opferverständnis im Sinne einer Gabe des Menschen an Gott entschieden widerlegt hat, bezeichnet er beim 19. Vers das cor contritum doch als ein wahrhaftig gottgefälliges Opfer. Dieser scheinbar neue Ton in bezug auf die Opfer-Praxis bedarf nun einer eingehenden Erklärung. Daß es sich bei der Wende vom 18. zum 19.Vers nicht etwa um den Unterschied zwischen den alten, äußerlichen Tieropfern und dem vom Büßer erbrachten, innerlichen Opfer des zerschlagenen Herzens handelt, können wir aus Luthers Auslegung des 18. Verses folgern, aber damit er uns diesen kritischen Punkt nochmals einschärft, bestimmt Luther das cor contritum genauer als ein sacrificium gegen alle sacrificia. Wie immer man das cor contritum versteht, es kann auf keinen Fall im Sinne des herkömmlichen Opferverständnisses aufgefaßt werden. Zwar ist das cor contritum ein sacrificium, aber eines, das sich grundsätzlich von allen andern unterscheidet, sowohl von denen des alten als auch von denen des neuen Gesetzes. Worin liegt aber der Unterschied? Um Luthers Verständnis dieses neuen Opfers deutlich darzulegen, empfiehlt sich ein Vergleich des 19. Verses mit Vers 3, zumal Luther selbst bei der Vorlesung die beiden Verse sehr eng miteinander in Verbindung brachte. Auffallend ist zunächst dies, daß der Theologie-Begriff an beiden Orten in der Vorlesung deutlich zum Ausdruck kommt, in Vers 3 vor allem als die theologia vera,[352] in Vers 19 als die theologia incognita.[353] Auch das Verhältnis zwischen Glauben und Haben spielt in beiden Versen eine wichtige Rolle.[354] Ferner ist bemerkenswert, daß Luther bei der Auslegung von Vers 3 den 19. Vers ausdrücklich zitiert und das sacrificium mit den peccatores sentientes identifiziert.[355] Schließlich erweist sich in beiden Versen das rechte Unterscheiden als unentbehrlich für die Erlangung der cognitio dei et hominis.[356]

Wie man bei der petitio um die remissio in Vers 3 zwischen den peccatores non sentientes und den peccatores sentientes unterscheiden muß, so ist auch beim neuen Opferverständnis in Vers 19 die Unterscheidung zwischen sacrificium deo non placens und sacrificium deo placens zu treffen.[357] Im Gegensatz

---

[352] WA 40, 2; 341, 15. 342, 11. 345, 4.

[353] WA 40, 2; 463, 9.

[354] WA 40, 2; 342, 15–343, 7 (v. 3) u. 462, 8–12 (v. 19).

[355] WA 40, 2; 334, 9–335, 2: »Quando sentio me peccatorem et terreor, tum effectum satis per legem, per terrorem et fulmina et tonitrua irae dei. Iam heist: beneplacitum est domino, Ut infra: ›Sacrificia dei: spiritus‹, das sind die rechten, kostlichesten hertze und die lieben zapplichen wurmlein ...« Vgl. 457, 1–2 (v. 19): »‹Sacrificia dei‹: Istum locum scribe cum aureis literis, er ists wol werd.« Weitere Hinweise in Vers 3 auf das sacrificium von Vers 19 sind: 335, 13–14 u. 348, 11–13.

[356] WA 40, 2; 342, 5–15 u. a. (v. 3) u. 457, 5–6. 459, 6–8. (v. 19).

[357] WA 40, 2; 457, 3–10: »‹Sacrificium‹ est, quod facit sacerdos. Unum sacerdotium reprobat cum universis sacrificiis suis, aliud instituit cum suis ritibus. Isti sacerdotes placent, qui sacrificare possunt cor contritum. Das ist vox spiritus sancti, distinguit manifeste inter sacerdotium et sacer-

zu allen Opfern der Papisten, das Opfer der Messe eingeschlossen, gilt das cor contritum als das einzige gottgefällige. Dieses sacrificium ist aber nichts anderes als der peccator sentiens selbst unter dem Gesichtspunkt der Opfer-Praxis. Und als Gegenstück zu der Unterscheidung in Vers 3 zwischen Gott in seiner Majestät und dem Gott der Väter begegnet in Vers 19 die Unterscheidung zwischen Gott in seiner Majestät und Gott in seinem Willen.[358] Im Kontrast zu Gott in seiner Majestät zeigt sich Gott in seinem Willen zugleich als der Liebende und der Zerschlagende, parallel zu dem Gott der Väter als Verheißer und Richter. Trotz der eindeutigen Entsprechung des 19. Verses zu Vers 3 gibt es doch wichtige Differenzen, die aus den unterschiedlichen Perspektiven der beiden Verse entstehen und die der gesamten Auslegung interessante Konturen verleihen.

Zum einen, obwohl sich die Verflochtenheit der Gotteserkenntnis und der Selbsterkenntnis des Menschen durch den ganzen Psalm hindurch immer wieder bemerkbar macht, zeigt das gesamte Psalmverständnis Luthers deutlich, daß die Verse 15–21 im Vergleich mit den Versen 3–14 eher im Zeichen der cognitio dei stehen. Dementsprechend will Luther bei der Auslegung von Vers 19 zuerst die Bedeutung der Unterscheidung von Gott in seiner Majestät und Gott in seinem Willen für die Gotteserkenntnis klären. Versucht man Gott in seiner Majestät zu definieren, so geht man unausweichlich von der Fragestellung aus: quid est deus? Darauf gibt es allerdings verschiedene Antworten, alle sind aber im Grunde spekulativ, wie etwa diese: Gott ist der Mittelpunkt eines Kreises, der sich überall befindet.[359] Es mag sein, daß die gelehrten Theologen solche spekulative Vorstellungen interessant finden, letztere haben jedoch keinen Wert für die Seinsweise des Menschen, und zwar nicht nur, weil die Antwort nicht stimmt, sondern grundsätzlicher deswegen, weil die Fragestellung von vornherein nicht sachgemäß formuliert wurde. Hier stoßen wir fast unerwartet auf eine tiefe Einsicht Luthers in das Verhältnis von Denken und Sein. Die seinsbestimmende Wahrheit über Gott und Mensch wird dem Menschen erst erschlossen, wenn seine Frage danach wahrheitsgemäß gestellt wird. Das Beachtliche bei Luther ist nun aber dies, daß er bei der Auslegung des 19. Verses die entscheidende theologische Fragestellung aus dem Vers selber ableitet. Wenn es nämlich im Psalmtext heißt: »cor contritum et humilatum Deus non spernet«, was so viel bedeutet wie: Gott hat Gefallen an dem cor contritum, dann muß man die spekulative Frage: »quid est deus?« durch die wahrhaftig theologische

---

dotium, sacrificium et sacrificium. Alterum placet, alterum non. Umb den vers allein deberet einer geben leib et leben, ut crederet a deo dictum. Non indigeo vacca! Papistae: sacrificate missas etc. Quidquid est, quo me volunt colere, frustra me colunt. Sacrificia divina, placentia deo, die heissen: ›spiritus contritus‹ etc.«

[358] WA 40, 2; 458, 1–4: »vox consolationis plenissima et descriptio divinitatis, ut vix inveniatis, ubi definit, quid sit deus. speculative: Centrum, quod ubique, sphera, quae nusquam, Theologica definitio: Deus in voluntate, Quid ei placet. Non loquitur de maiestate, potentia eius.«

[359] AaO.

Frage ersetzen: »quid ei placet?«.[360] Diese neue Fragestellung entspricht Gott in seinem Willen, denn Luther läßt in dem Wort »placere« die beiden Bedeutungen anklingen: »was Gott gefällt« und »was Gott verordnet«. Um Gott wahrheitsgemäß zu definieren, muß man davon ausgehen, was Gott eigentlich will, nicht was er für Kräfte und Schätze besitzt, und das einzige, was Gott in Wahrheit gefällt, ist das cor contritum, das er so sehr liebt,[361] daß er selbst das Herz des Menschen zerschlägt.[362] Aus der Perspektive des sacrificium wird dann die Frage: wer ist Gott? (v. 3) zu der Frage: was hat Gott mit dem Menschen vor? (v. 19) Auf die erste Frage gibt Luther zur Antwort: Gott ist der Verheißer; auf die zweite: Gott will gerade die Menschen lieben, die geängstet und zerschlagen sind (das cor contritum). Wie ist aber das cor contritum zu verstehen? Sicherlich nicht als eine selbstgemachte Demut![363] Das »cor contritum« weist vielmehr auf das empirische Selbst, das sich selber nicht mehr zu helfen weiß – das Selbst, das durch Schicksalschläge oder wie immer an den Ort gelangt, wo es keine selbstbestimmende Macht mehr besitzt.[364] Und gerade dieses Selbst gilt als das höchste sacrificium vor Gott, jedoch als ein Opfer, das letztlich von Gott vollzogen wird. Darum heißt das cor contritum ein sacrificium gegen alle sacrificia; es ist ein sacrificium, das den Rahmen des herkömmlichen Opferverständnisses sprengt, weil Gott an die Stelle des opfernden Menschen tritt. Diesen Sachverhalt läßt Luther in seiner vom Vulgata-Text abweichenden Übersetzung des hebräischen זִבְחֵי אֱלֹהִים als »sacrificia dei« durchschimmern, die sowohl als genitivus subiectivus wie auch als genitivus obiectivus verstanden werden kann.[365]

---

[360] WA 40, 2; 457, 9–458, 7: »Quicquid est, quo me volunt colere, frustra me colunt. Sacrifica divina, placentia deo, die heissen: ›spiritus contritus‹ etc. Discat hunc versum, qui potest: vox consolationis plenissima et descriptio divinitatis, ut vix inveniatis, ubi definit, quid sit deus. speculative: Centrum, quod ubique, sphera, quae nusquam, Theologica definitio: Deus in voluntate, Quid ei placet. Non loquitur de maiestate, potentia eius. Rex habet opes, potentiam etc. sed quomodo affectus, quo tendunt eius opes? quid vult machen da mit? Sic scio deum omnia fecisse, – quo, quis finis? finalem causam scire.«

[361] WA 40, 2; 458, 7–459, 2: »Deus est nihil aliud, quam contritos, vexatos, perturbatos amet, est deus humilium. qui hanc propositionem possem fassen, essem Theologus: Deum non apprehendere in maiestate, potentia, divitiis et aliis omnibus bonis, sed solum hoc titulo dicere: Deus non mortuorum sed viventium, non perditionis sed salutis, non hostis humilium, perditorum, sed amans vitae, salutis, quietatis, pacis, consolationis, leticiae.«

[362] WA 40, 2; 460, 6–10: »Ipse percutit, ut convertat: nos accipimus percussionem, ut fugiamus, cum sit simpliciter ad convertendum, non avertendum. Sed: ich wil ein Monch werden! Das heist: ›populum non converti ad percutientem se‹. Si sentis afflictum cor, converte te ad percutientem. Dic: tu es percussor.«

[363] WA 40, 2; 461, 11–13: »›Sacrifica cor humiliatum‹, sed revera, non humiliatione ficta, i.e. percussum, comminutum cor, das einer verzagt.«

[364] Vgl. Luthers Anspielung auf Vers 19 in seiner Auslegung des 143. Psalms in die sieben Bußpsalmen von 1517, WA 1; 216, 14–15: »Wie oben gesagt ist, ein trostloss seel, die nichts ynn sich findet, die ist gott das libst opffer …«

[365] Die gleiche hebräische Konstruktion (זִבְחֵי צֶדֶק) kommt in Vers 21 vor, wo Luther den Ausdruck eindeutig als einen genitivus subiectivus interpretiert. siehe WA 40, 2; 468, 9ff.

Zum andern, im Kontext des 3. Verses, in dem der Beter seine petitio um die remissio äußert und der Sündenvergebung harrt, wird Gott grundsätzlich als der Sprechende erlebt. Die zentrale Stellung des sacrificium in Vers 19 dagegen stellt das Handeln Gottes in den Vordergrund. Während Gott, der Verheißer, dem Menschen vor allem als der Sprechende entgegentritt, begegnet Gott, der Liebende, ihm als der Handelnde. Es wäre aber ein Mißverständnis, diese bemerkbare Nuance zwischen dem 3.und dem 19.Vers auf zwei verschiedene Gotteserfahrungen zu beziehen. Die Perspektiven der zwei Verse ergänzen einander und sollen uns zu einer noch tieferen Gotteserkenntnis führen. Der Sprechende begegnet dem Menschen geradezu als der Handelnde, und der Handelnde als der Sprechende. Das heißt: Gott handelt am Menschen durch sein Wort, und sein Wort bewirkt, was Gott selber will. Daß dem so ist, bekräftigt Luther am Schluß seiner Auslegung von Vers 19 durch den Hinweis auf das Wort Natans an David. »Du bist der Mann!«, sprach Natan zu David, und durch das Wort wurde David getötet. Doch merkte Natan zu Recht, daß das Leben Davids in jenem Moment gefährdet war, und da brachte er das andere Wort zum Ausdruck: »non morieris!« Da wurde David wieder lebendig.[366] Durch sein Wort tritt Gott dem Menschen entgegen als der Zerschlagende und der Liebende, als der, der durch sein Wort am Menschen handelt, als der, der das cor contritum so sehr liebt, daß er selbst den Menschen zerschlägt.

An dieser Stelle empfinden wir vielleicht ein wachsendes Unbehagen, was den Gottesbegriff Luthers betrifft. Es scheint, als werde im Zusammenhang mit dem Opferverständnis ein Gottesbild mit grausamen, mittelalterlichen Farben gemalt, das für die Neuzeit nicht nur wenig einleuchtend, sondern geradezu befremdlich ist. Ein Gott, der aus Liebe den Menschen zerschlägt! Tönt dieses Wort für unsere Ohren nicht eher sadistisch? Der Vergleich zwischen Gott dem Zerschlagenden und einem Sadisten, der Freude daran hat, andere zu quälen, gibt jedoch ein ganz schiefes Bild von dem Gott, den Luther selbst erlebt und gepredigt hat. In dieser Psalmauslegung geht um etwas völlig anderes als einen grausamen Gott, der Lust am Quälen hat, nämlich um eine unbegreifliche Liebe, die den Menschen zum wahrhaften Leben führen will. Gott ist immer und ewig der pater consolationis! Der Weg zum Leben ist aber gerade der Weg der cognitio dei et hominis, weil kein Mensch wahrhaftes Leben gewinnt, es sei denn, daß er die Wahrheit über sich selbst und über Gott erkennt.[367] Es entspricht aber der reinen Wahrheit, daß das wahre Selbst nicht in sich selber, sondern allein im Spannungsfeld zwischen dem heiligen Geist und dem Gotteswort bestehen kann. Das Selbst, das diese Wahrheit erkennt, ist ein Selbst, dem

---

[366] WA 40, 2; 463, 1–6.

[367] In einer Tischrede aus dem Jahre 1532 bringt Luther das cor contritum in Verbindung mit der verborgenen Weisheit in 1. Kor 1, 26ff: »Contriti cordis et spiritus sunt contribulati, psalm 50. In talibus cordibus maxima facit sapientia in infirmis et stultis, 1.Cor.1, sed non sine tentatione.« WAT 2; 441, 19–21.

seine Ohnmacht bewußt ist, ein Selbst, das sich selber nicht mehr verwirklichen will, sondern sich selbst im Sinne der creatio continua von Gott schaffen läßt, und gerade dieses Selbst identifiziert Luther mit dem cor contritum. Gott zerschlägt das Herz des Menschen nicht, um den Menschen zu quälen, sondern um ihm die Augen für die Wahrheit über sich selbst zu öffnen, auf daß der Mensch zum wahrhaften Leben gelange.

Aus der in Vers 19 gewonnenen Gotteserkenntnis entsteht nun eine entsprechende Selbsterkenntnis des Menschen, die, gemessen an Vers 18, eine neue Dimension der cognitio hominis darstellt. Um das traditionelle Opferverständnis grundlegend zu ändern, deutete Luther das sacrificium laudis in Vers 18 als eine Gabe Gottes an den Menschen. In Vers 19 hingegen, wenn er das Thema sacrificium peccatorum (cor contritum) in Betracht zieht, setzt er sich nochmals mit der Problematik des Subjekts des Opferns auseinander. Wer ist beim Opfern des zerschlagenen Herzens eigentlich am Werke? Sicherlich Gott! Denn er ist der Zerschlagende, der Opfernde. Aber ist der Mensch nicht ebenso daran beteiligt wie Gott? Tritt nicht der Mensch hier auch als Handelnder auf? Diese letzte Frage scheint Luther dadurch zu bejahen, daß er neben der bereits erläuterten Unterscheidung zwischen sacrificium und sacrificium eine neue zwischen sacerdotes und sacerdotes trifft. Denn das Amt des Priesters besteht eben darin, daß er besondere kultische Handlungen vollzieht. Da aber nicht jeder Priester sein Amt in gleicher Weise versieht, muß man die sacerdotes nach der Erfüllung ihrer Aufgaben beurteilen und sie demnach voneinander scheiden. So schreibt Luther: Genau diejenigen Priester gefallen Gott, die das cor contritum opfern können.[368] Die bildliche Sprache Luthers an dieser Stelle zwingt fast zur Annahme, daß der Mensch doch als Opfernder handelt, wenn auch mit der Einschränkung, daß Gott ihm beisteht. An diesem Punkt droht allem Anschein nach das neue Opferverständnis Luthers doch zu einem System der Kooperation zwischen Gott und dem Menschen zu entarten, als bedürfe der Opferprozeß trotz allem der Mitwirkung des Menschen, sei diese als eine angemessene Willensbewegung oder wie immer verstanden. Bei genauerem Zusehen erweist sich jedoch der Gedanke der Kooperation zwischen Gott und Mensch als unsachgemäß. Es läßt sich allerdings nicht leugnen, daß der Mensch auf irgendeine Art und Weise am Opfergeschehen beteiligt ist, sonst bestünde die Problematik des Subjekts gar nicht. Die Vorstellung einer Mitwirkung des Menschen beim Opfern trifft aber nicht zu, weil der Mensch hier als Unterscheidender, nicht als Wirkender in Erscheinung tritt. In der Rolle des Opfernden ist der Mensch nicht der, der »quod in se est facit«, sondern der, der in aller Klarheit realisiert, was Gott mit ihm macht, wie Gott an ihm handelt, was Gott mit ihm vorhat.[369] Das heißt: das Handeln des Menschen besteht einzig und

---

[368] WA 40, 2; 457, 4–5: »Isti sacerdotes placent, qui sacrificare possunt cor contritum.«

[369] Das cor contritum kann also auf keinen Fall als ein satisfaktorisches Werk verstanden wer-

allein im rechten Unterscheiden[370] bzw. im Glauben. Mitten in Verzweiflung und Anfechtungen, inmitten der schwersten Schicksalsschläge daran zu glauben, daß Gott, der Liebende, an einem handelt, dies ist das cor contritum, das sacrificium gegen alle sacrificia, das Gott gefällt.[371] Glaubt man wirklich daran, dann ist es auch wahr: quantum credimus, tantum habemus.[372] Denn das Selbst wird so oder so erlebt, je nachdem wie das Unterscheiden vollzogen wird. Erblickt der Mensch im Leiden das liebevolle Wirken Gottes, dann bekommt er mitten im Tod das wahrhafte Leben geschenkt. Das geheimnisvolle Handeln Gottes am Menschen läßt sich aber nie endgültig aufklären, und darum bleibt diese Theologie stets eine theologia incognita, die man nur durch Erfahrung lernen kann.[373]

Die cognitio dei et hominis – Zusammenfassung in Form eines Gebets (v. 20–21)

I. Eine Fürbitte für die ganze Menschheit

Daß Luther in der Enarratio Psalmi 51 nicht bloß die einzelnen Verse des Psalms interpretiert, sondern den Psalm in seinem inneren Duktus als eine Ganzheit erfaßt hatte, zeigt sich deutlich an seiner Auslegung der Verse 20f, in denen er sein Verständnis des ganzen Psalms in Form eines Gebets zusammenfaßt. Die Auffassung von Vers 20 als einer Fürbitte war allerdings ein Erbe der Tradition und ergab sich naturgemäß aus dem Psalmtext selbst: »benigne fac Domine in bona voluntate tua Sion«. Aber bei Luther diente die Bitte des 20. Verses außerdem als eine Zusammenfassung der cognitio dei et hominis, und daraus entstand ein im Vergleich mit der Auslegungstradition völlig neues Anliegen des Gebets. Augustin gab durch seine Auslegung des 20. Verses der nachfolgenden Tradition ihren Grundton, indem er das Gebet Davids als eine Fürbitte für die zukünftige Kirche interpretierte. Der Name »Sion« bedeutet nach Augustin »Betrachtung« und weist darauf hin, daß David im Gebet die erhoffte zukünftige Kirche betrachtete und um die Befestigung ihrer Mauer,

---

den. Siehe WA 1; 658, 6–8: »Tertio, fundamentum Thomae falsum iudico, scilicet quod deus requirat poenas a peccatore, nec remittat nisi requisita satisfactione. Contra verum est, quod spiritum contribulatum et contritum non despicit.«

[370] WA 40, 2; 459, 2–9: »Ideo sic consolatur omnes ›contritos corde‹: Si vis sacrificium, cultum facere, hic sit: terreamini, et si estis territi, cogitate deo placere … Sed fac distinctionem. Cum es contristatus Et sentis vim peccati et es in angustia, tum est tempus recte distinguendi. Et dic: Deus est amans contritorum …« 460, 9–10: »Si sentis afflictum cor, converte te ad percutientem. Dic: tu es percussor.«

[371] WA 40, 2; 462, 2–10. Vgl. 466, 7–17.

[372] WA 40, 2; 462, 11.

[373] WA 40, 2; 463, 9.

nämlich fides, spes und caritas, betete.[374] Mit Ausnahme von Faber Stapulensis,
der im 51. Psalm nur eine historische Bedeutung zu erblicken meinte, hatte
jeder Interpret nach Augustin das Gebet Davids in Vers 20 auf die Kirche bezogen, und in der Scholastik wurden die theologischen Tugenden: fides, spes und
caritas als verdienstvolle Werke angeschaut.[375] Sogar Luther glossiert das Wort
»Sion« in den Dictata super Psalterium mit »ecclesiae« und interpretiert die
Mauern von Jerusalem auf die kirchliche Frömmigkeit hin, allerdings nicht als
fides, spes und caritas, sondern als die kirchlichen Orden.[376] Ebenfalls findet
sich in den sieben Bußpsalmen von 1517 ein Hinweis auf die Kirche: »die prelaten der kirchen«,[377] doch in der Ausgabe von 1525 wird der Ausdruck »die prelaten der kirchen« durch »die lerer«[378] ersetzt, und danach erscheint das Wort
»ecclesia« in Luthers Interpretation des 20. Verses nie wieder. Nunmehr wird
das Ergehen der ganzen Menschheit, nicht bloß die Festigung der Kirche in
diese Fürbitte eingeschlossen. Nachdem David die wahre Bedeutung der
Rechtfertigung (v. 3. 5–7) und den Modus der Sündenvergebung (v. 8–10)
erklärte, bringt er in Vers 20 seinen sehnlichsten Wunsch zum Ausdruck, daß
diese cognitio dei et hominis unter dem ganzen Volk verbreitet werde: O daß
doch alle Menschen diese doctrina lernen würden![379] Im Gegensatz zu der Tradition geht es hier nicht mehr um die Gründung der Kirche und die theologischen Tugenden, sondern um die heilbringende Botschaft der cognitio dei et
hominis und die Rettung der ganzen Menschheit. Diese erweiterte Perspektive
der Fürbitte hängt mit dem ganzen Psalmverständnis Luthers aufs engste
zusammen. Da jeder Mensch von dem peccatum radicale betroffen ist, hat die
ganze Welt die doctrina dieses Psalms nötig.[380] Damit sprengt Luther den herkömmlichen ekkesiologischen Rahmen der Auslegungstradition und läßt die
seinsbestimmende Bedeutung der cognitio dei et hominis für die ganze

---

[374] CC 38, 615, 1–7: »Videte quis iste sit: unus videbatur deprecari David, videte hic imaginem
nostram et typum ecclesiae. Benigne fac, Domine, in bona voluntate tua Sion. Huic Sion benigne
fac. Quae est Sion? Civitas sancta. Quae est civitas sancta? Quae abscondi non potest super mon-
tem constituat. Sion in speculatione quia aliquid spectat quod sperat. Interpretatur enim Sion speculatio, et Ierusalem visio pacis. 615,13–15: »Aedificentur muri Ierusalem. Munimenta construan-
tur immortalitatis nostrae, in fide, in spe, et caritate.«

[375] PETR. LOMB., MPL 191, 492 B: »ut aedificentur muri Jerusalem, per primum hominem destructi, id est munimenta immortalitatis nostrae quae dabitur in futuro, constituantur in fide, spe et
charitate. Haec sunt bona merita per quae nobis defendetur immortalitas in futuro, quo modo
consummari precatur …«

[376] WA 55, 1; 400, ZGl zu v. 20: »ordines Ecclesiastici«.

[377] WA 1; 194, 3.

[378] WA 18; 506, 34.

[379] WA 40, 2; 466, 18–21: »‹Benigne fac›: Concludit psalmus cum oratione. Dixit, quae ratio
iustificationis, quis modus remittendi peccata et vere poenitentiae: fides in verbo. Iam optat illam
cognitionem spargi in totum populum. Utinam omnes homines discerent et scirent hanc doctrinam!«

[380] Vgl. WA 40, 2; 343, 17–18.

Menschheitsgeschichte zum Ausdruck kommen.[381]Jeder Mensch ohne Ausnahme gilt als peccator, jeder Mensch ohne Ausnahme braucht die cognitio dei et hominis. Im Hintergrund von Luthers Interpretation des 20. Verses steht ohne Zweifel seine in der Enarratio Psalmi 51 bemerkbare Auseinandersetzung mit der katholischen Kirche, als wenn die »Kirche« gleichsam als Votum des Widerparts gegen die wahre Theologie ins Feld geführt wird. Luthers Gegner halten ihm entgegen: »Wir sind die Kirche, das Volk Gottes, und als Kirche haben wir das Recht, über alle Lehren und Wahrheiten zu entscheiden.«[382] Daraufhin ist verständlich, daß Luther bei der Auslegung von Vers 20 auf das Wort »Kirche« verzichtet, aber dieser Verzicht hat einen noch tieferen Grund, der mit dem Leitmotiv des ganzen Psalms zusammenhängt. Dadurch, daß Luther die von der Auslegungstradition gesetzten Grenzen der Fürbitte aufhebt, löst er den Psalm von der mittelalterlichen Einstellung gegenüber Ketzern und Andersgläubigen. Angesichts einer von Unglauben geprägten Welt ist nicht das Strafrecht, sondern die Fürbitte geboten. Damit läßt Luther den universalen, nicht-institutionellen Charakter der cognitio dei et hominis deutlich erkennen und verbindet zugleich die Ausschließlichkeit dieser Botschaft, wenn auch nur implizit, mit einer im Glauben verwurzelten Toleranz.

Ist das Anliegen der Fürbitte geklärt, so kann Luther in einem zweiten Abschnitt seiner Auslegung des 20. Verses die cognitio dei et hominis unter dem Gesichtspunkt des peccatum radicale zusammenfassen. Möge Gott dem Sünder gnädig sein, denn aus Gnade allein wird der Mensch gerechtfertig, und damit der Gerechte fest im Glauben steht, möge Gott ihn täglich in dieser Erkenntnis bestärken. Das heißt: der Beter bringt hier die Fürbitte vor Gott, daß die in den Versen 3 u. 5–10 erbittete gratia sowie die in den Versen 4 u. 11–14 ersuchten dona allen Menschen zuteil werden.[383] Dann wendet sich

---

[381] Bei der Druckbearbeitung fügt Dietrich das Wort »ecclesia« in den Text hinein, WA 40, 2; 466, 37–467, 20: »Ergo etsi illam stantem Hierusalem significet, tamen de Allegorica Hierusalem loquitur seu Synecdoche utitur et, cum civitatem nominat, populum seu Ecclesiam in civitate et toto regno intelligit, ut, sicut civitas satis munita est muris contra impetum hostium, ita etiam muniatur in spiritu contra vim Diaboli et spirituales insidias.«

[382] Eine paraphrastische Zusammenfassung von WA 40, 2; 387, 7–16. Vgl. auch 451, 2. Ähnliche Aussage kommen auch in der Galaterbriefvorlesung aus dem Jahre 1531 vor: siehe WA 40, 1; 54–55.

[383] WA 40, 2; 467, 8–468, 1: »Contra hoc thu den sundern gnad. illa intellectio est scire, quod sola gratia iustificet. Accipiat gratiam, erudiatur cognitione gratiae, i.e. etiam ›muniatur‹, ut crescat in ea cognitione, donec sint bene muniti in ea fide. i.e. petitio gratiae donandae et conservandae ... Ideo quotidie debet erudiri cognitione gratiae et muniri anima Ierusalem, ut perseveret in ea ... ›secundum‹: non secundum nostra merita: soli gratiae, clementissimae bonitati tribuit, non nostro cursui, opibus, i.e. ostende gratiam et dona, ut cognoscam omnia et hoc per tuam bonam voluntatem.« Der Satzteil: »›secundum‹: non secundum nostra merita«, bedarf vielleicht einer weiteren Erklärung. Das »secundum« steht in Anführungszeichen, als sei es ein Teil des Psalmtextes, aber es gibt m.W. keinen Psaltertext, in dem das Hebräische durch »secundum« übersetzt wird. Alle von FABER angeführten Texte haben die Lesart: »in bona voluntate tua«, nicht »secundum bonam voluntatem tuam«. Aber in sämtlichen deutschen Übersetzungen des Verses, angefangen mit die sie-

Luther dem 21. Vers zu und faßt die cognitio dei et hominis unter dem Gesichtspunkt der fructus gratiae (v. 15–19) zusammen, und zwar anhand des Opfer-Begriffs.[384] Der Psalmtext selbst: »sacrificium iustitiae« weist hier die Richtung und bietet Luther nochmals die Gelegenheit, das reformatorische mit dem scholastischen Opferverständnis zu kontrastieren. Im Gegensatz z.B. zu der von Lyra angeführten Interpretation des sacrificium iustitiae, nach der die Bußwerke des Menschen als angenehme Opfer vor Gott gelten,[385] insistiert Luther auf eine Interpretation des Genitivs im aktiven Sinne; die Opfer der bereits Gerechtfertigten werden Gott gefällig sein.[386] Das sacrificium iustitiae ist demnach kein Opfer zur Erreichung der Gerechtigkeit, sondern ein aus der Gerechtigkeit entstehendes. Das wahre Selbst entsteht nicht etwa aus einem intentionalen Akt des empirischen Selbst und kann deswegen nicht als eine Verwirklichung der in dem empirischen Selbst innewohnenden Kräfte verstanden werden. Das wahre Selbst lebt von Kräften außerhalb des Verfügungsbereiches des empirischen Selbst – von Kräften, die Luther zugleich das Wort Gottes und den heiligen Geist nennt. Gelangt der Mensch zur cognitio dei et hominis, so daß sich das empirische Selbst einigermaßen mit dem wahren Selbst deckt, dann gelten alle Opfer des Selbst als sacrificia iustitiae, die aus dem wahren Selbst stammen.

Im Rahmen seiner Zusammenfassung des Psalms beschränkt Luther seine Äußerungen aber nicht mehr auf die zwei traditionellen Opfer: das cor contritum und das sacrificium laudis, er erweitert vielmehr den Horizont auf alles, was der Mensch als Handelnder im alltäglichen Zusammenleben macht: das Essen, das Sich-Anziehen, das Regieren usw.[387] In diesem Sinne setzt er nun das sacrificium iustitiae dem opus iustitiae gleich.[388] Das opus iustitiae kann indessen auf zweierlei Weise betrachtet werden, nämlich aus der Perspektive des handelnden Subjekts als eines intentionalen Aktes einerseits und von seiten des geopferten Objekts andererseits. In dem von Luther erwähnten Fall des Brot-Essens käme beispielsweise als die Intention des opus das Sich-Ernähern in

---

ben Bußpsalmen von 1525, steht bei Luther jeweils »nach deinem guten Willen«, was durchaus dem Sinne des Hebräischen entspricht. Anscheinend hatte Luther bei der Vorlesung über Psalm 51 an den hebräischen, statt an den lateinischen Text gedacht. Auf jeden Fall bildet die Formulierung mit »secundum« einen treffenden Kontrast zu den menschlichen Verdiensten.

[384] WA 40, 2; 468, 9: »Ideo wirfft ers uber ein hauffen, 4 nimbt er zu samen.« Das »4« deutet natürlich auf den 4.Bußpsalm, also Psalm 51.

[385] Lyra, Interp. mor. zu v. 21: »Tunc acceptabis et cetera. nam opera vere paenitentium deo sunt sacrificia accepta.«

[386] WA 40, 2; 468, 9–13: »Vocat ›Sacrificia iustitiae‹. quae illa? quae fiunt a iam iustis; non: quae donent iustitiam, sed: quae fiunt a iustis. Active: quae facit ipsa iustitia, i.e. a iustis. 1.cognoscat populus, se gratia sola placere tibi, tum, quicquid fecerit, vocatur ›opus iustitiae‹.«

[387] WA 40, 2; 468, 13–15: »Si ederit, edit panem iustitiae, si induerit tunicam, induit tunicam iusticiae. Si regit politica, gerit bellum, moritur mortem, iustitiae. Ab ipso iusto erunt sacrificia iusta.«

[388] S.o. Anm. 386.

Betracht, als Objekt eben das Brot selbst. Auf ähnliche Weise gälte im Fall der Wortverkündigung die Verbreitung der cognitio dei et hominis als die Intention des Subjekts und das gesprochene Wort als Objekt. Aber in keinem Fall und aus keiner der beiden Perspektiven (ob seitens des Subjekts oder des Objekts) besitzt das sacrificium an und für sich gewisse Eigenschaften, die verdienstlich zur Gerechtigkeit vor Gott zu führen oder auf irgendeine Art und Weise die Spaltung zwischen dem empirischen und dem wahren Selbst zu überwinden vermögen. Dies hieße nicht, daß die sacrificia bzw. die opera iustitiae keine besonderen Merkmale aufweisen, die sich vor andern Werken des Selbst auszeichnen, sondern daß die Besonderheiten dieser Opfer aus dem wahren Selbst wie aus einer neuen Lebensquelle fließen. In Hinblick darauf ist es völlig belanglos, ob man von den Tieropfern oder vom Lobpreis Gottes spricht, und folglich verliert für Luther die Unterscheidung zwischen einer buchstäblichen und einer allegorischen Interpretation des Verses ganz und gar an Bedeutung.[389] Denn das Entscheidende liegt nicht in dem Opfer selbst, sondern in der Quelle, der das Opfer entspringt. Anders gesagt: Gott selbst muß durch sein Wort und den heiligen Geist das Opfer darbringen, er muß selber am Menschsein handeln, sonst bleibt im Menschen alles beim alten empirischen Selbst.

An diese Zusammenfassung seines gesamten Opferverständnisses anschließend, geht Luther in Vers 21b erneut auf die Unterscheidung zwischen dem sacrificium pro peccatis und dem sacrificium laudis, d.h. dem cor contritum und der Wortverkündigung ein, um jetzt das Verhältnis der beiden zueinander durch den Ausdruck »sacrificia duplicia« zu präzisieren. Wird der in der Selbsterkenntnis wachsende Mensch betrübt, so soll er an den Gott der zerschlagenen Herzen glauben und nicht in Verzweiflung geraten.[390] An dieser Stelle führt Luther nochmals die uns aus Vers 19 bekannte Definition von Gott als dem amans afflictos an, aber diesmal identifiziert er den amans afflictos ausdrücklich mit Christus, dem Philanthrop.[391] Inmitten der Betrübtheit an Christus glauben erweist sich also als der Inbegriff des sacrificium pro peccatis. Damit schließt Luther den hermeneutischen Kreis, dessen Ausgangspunkt in Vers 3 war. Dort setzte er an, indem er die Unterscheidung zwischen dem nackten Gott und Gott in seinen Verheißungen erläutert; ist aber von den Verheißungen Gottes

---

[389] WA 40, 2; 468, 5–8: »›Placebunt‹: Nihil refert, sive accipias de sacrificiis ad literam: hircorum et caprorum, vel ad Allegoriam: utrumque verum. Tota vis sita in edificio dei et voluntate bona eius. Tum, qui habent, sacrificent bovem. Si non, psalmum, ›bovem labiorum‹, secundum Oseam: tunc tibi placent.«

[390] WA 40, 2; 469, 1–5: »›Tunc imponent‹: sive altare sit zu Jerusalem, an templum sic alleget per totum mundum, duplicia sacrificia. Sacrificium pro peccatis: contribulatus spiritus, contristatus, qui incedit in schweren, jemerlichen cogitationibus, das ist ein sacrificium. Ne addas desperationem, sed confide in ipsa angustia, quia deus contritorum cordium.«

[391] WA 40, 2; 469, 7–9: »Christus est philanthropus, amans et miserans afflictos, conquassatos. Istam fiduciam fac ad tum afflictionem.«

die Rede, dann ist Christus schon dabei.[392] Im letzten Vers des Psalms stellt sich heraus, daß der Glaube an das Wort Gottes über Christus nichts anderes ist als der Glaube an den amans afflictos. Dabei bleibt die Frage offen, ob Christus in diesem Wort völlig aufgeht. Wenn man nämlich bedenkt, daß das Spannungsfeld des wahren Selbst durch die Internalität des heiligen Geistes und die Externalität des Gotteswortes bewirkt wird, läßt sich fragen, ob Christus als Philanthrop ausschließlich mit dem Wort Gottes zu identifizieren ist oder ob aus ontologischer Sicht ein neues Element an dieser Stelle implizit enthalten ist, nämlich das Christus-Selbst − allerdings ein Element, das Luther selber in der Enarratio Psalmi 51 nicht thematisiert. Das wahre Selbst im Spannungsfeld zwischen dem heiligen Geist und dem Wort Gottes ist dem Individuum spezifisch, mit diesem aber nie identisch. Soll das Christus-Selbst ein neues Element einführen, so würde es auf das überindividuelle Selbst deuten, charakterisiert durch eine unaufhaltsame Liebe, die im Einzelmenschen zur Klärung des empirischen Selbst drängt. Solche Überlegungen führen uns aber unausweichlich in den Bereich der Christologie und können anhand der Enarratio Psalmi 51 nicht weiter verfolgt werden.

Tritt Christus, der Philanthrop, dem Menschen in seinem Leiden entgegen, dann kann der Glaubende aus lauter Freude das »Te Deum« singen und Zeugnis über das in ihm Geschehene ablegen.[393] Dieses Opfer der Wortverkündigung gilt als das sacrificium laudis und bildet zusammen mit dem sacrificium pro peccatis die beiden Opfer des christlichen Lebens, die »duplicia sacrificia«. Ein Vergleich der Enarratio Psalmi 51 mit den Dictata super Psalterium an diesem Punkt läßt eine wichtige Nuance erkennen. In den Dictata super Psalterium fallen die Erkenntnis des eigenen Elends und das Bekenntnis der Barmherzigkeit Gottes fast in eins zusammen, so daß man mit Recht die beiden als ein doppeltes sacrificium bezeichnen kann. In der Enarratio Psalmi 51 hingegen spricht Luther ausdrücklich von den duplicia sacrificia, nicht von einem duplex sacrificium. Dabei kommen die beiden nicht als ein zweifaches Opfer, sondern als zwei zusammengehörige Opfer in den Blick − zusammengehörig wie Leben und Tod, aber nie miteinander identisch.[394]

---

[392] WA 40, 2; 329, 3–9.

[393] WA 40, 2; 469, 9–14: »Ubi hoc nosti, deum esse afflictorum, Tum potes gratias agere et canere ›The deum‹. Das ist sacrificium retributionis, gratitudinis pro accepto dono, ubi non merebar, sed inveniebam gratis et confiteor hoc sacrificium etc. Si vero opffer deo scheppfs, hoc fine, ut dicam: hunc unicum offero, non ut iustificer, ut veniam, remissionem peccatorum, sed ut gratias agam, tester me accepisse misericordiam, consolationem, dona tua ...«

[394] Vgl. aber die Druckbearbeitung: WA 40, 2; 469, 16: »Ergo duplex sacrificium nobis proponit Propheta.« Daß Luther mit Bedacht den Plural gebrauchte, bezeugen auch zwei Tischreden aus der Zeit gerade vor der Enarratio Psalmi 51. In der Sammlung von Johannes Schlaginhaufens findet sich dieses Wort, am 27. Mai 1532 datiert: »Sacrificia: Deus habet duplicia sacrificia: primum sacrificium laudis, predigen, predig horen: secundum sacrificium Deo spiritus contribulatus. das hatt er auch gern. In Hebraeo stet: Sacrificia Dei: Gott gfelt der zerschlagen geist auch wol.« WAT

II. Die cognitio dei et hominis und das Schicksal des Menschen

Am Schluß der Enarratio Psalmi 51 behandelt Luther mit kurzen Strichen ein Thema, das im Laufe der Vorlesung wiederholt angedeutet, aber noch nicht thematisiert wurde, nämlich das Verhältnis der cognitio dei et hominis zum Schicksal des Menschen.[395] Der Übergang von der zusammenfassenden Fürbitte zu dieser Großmacht der Geschichte wird deutlich durch den Ausdruck signalisiert: »sic omnia sacrificia«. Nachdem Luther den Abschnitt über die duplicia sacrificia (sacrificium pro peccatis und sacrificium laudis) abgeschlossen hat, zieht er einen größeren Kreis und betrachtet das Schicksal des Menschen unter dem Gesichtspunkt des sacrificium. Die Vielfältigkeit der Geschichte entsprechend, meldet sich jetzt die Mannigfaltigkeit der Opfer-Erlebnisse (omnia sacrificia). Was er unter »omnia sacrificia« genau versteht, erklärt Luther nicht weiter. Es ist aber wahrscheinlich daran zu denken, wie ein Mensch durch persönlichen Verzicht eine Arbeit glänzend erledigen oder einem Mitmenschen in Not einfühlsam helfen kann, aber auch daran, wie eine Überschwemmung viele Opfer fordern oder ein Mensch dem andern zum Opfer fallen kann. Alles, was ein Mensch an Gutem im Leben erfahren oder was ihm auch als Böses widerfahren kann, alles, was ein Mensch aus lauter Freude zum Opfer bringen oder eben was ihn zum Opfer machen kann, all das schwingt ganz sicher in dem Ausdruck mit: »omnia sacrificia«. Dieser neu eröffneten Perspektive entspricht es, daß Luther jetzt nicht mehr von dem cor contritum und der Wortverkündigung spricht, sondern von der crux und der resurrectio, unter welche er aus der Sicht der gewonnenen cognitio dei et hominis alle Opfer-Erlebnisse der Geschichte subsumiert.[396] Das heißt: die Zeiten des Glücks und des Unglücks, des Gedeihens und des Verderbens werden der Auferstehung bzw. dem Kreuz zugeordnet, als wäre das Schicksal eines Menschen im Wandel der Zeit ein Gleichnis für das Handeln Gottes am Menschsein. Um den trotzigen Geist zu demütigen, schickt Gott Pest und Plagen[397]; um das zerschlagene Herz zu trösten, läßt er die Zeiten der Freude kommen.[398] Das Leben des Glaubenden besteht jedoch weder in Freude noch in

---

2; 147, 29–31. Die Sammlung von Konrad Cordatus überliefert auch dies Wort vom Mai, 1532: »Quendam conquerentem se audiendo contionem adeo fuisse vexatum, ut coactus fuerit exire, ita consolatus est Deum habere duplicia sacrificia, laudis unum et unum spiritus tribulati.« WAT 3; 215, 21–23.

[395] Siehe WA 40, 2; 461, 6–7.

[396] WA 40, 2; 470, 1–6: »Sic omnia sacrificia: 1.est crucis et mortificationis species sacrificii. Altera species sacrificii: resurrectionis, ut efficiamur laeti, canentes ore et corde etc. Si sollen zu frolich werden, redeat 1.sacrificium. In tempore tristiciae non absorbeamur, econtra. tempore tristiae speremus bene et prospero humiliter ambulemus. In medio consistit: leti in tristitia et humiles in leticia.« Vgl. WA 8; 420, 36. u. WA 10, 2; 444, 19–24.

[397] WA 40, 2; 460, 5–6.

[398] WA 40, 2; 470, 2–3.

Traurigkeit allein, sondern in der Mitte zwischen den beiden Gegensätzen: fröhlich in der Traurigkeit und demütig in der Freude. Vor diesem Hintergrund geraten die zwei zusammengehörigen Opfer wieder ins Blickfeld. Kommt die Zeit des Unglücks auf den Glaubenden als ein geheimnisvolles Zeichen des Kreuzes, erblickt der Glaube in diesem Schicksal das verborgene Gegenteil, die Kraft der Auferstehung. Oder umgekehrt: kommt die Freudenzeit im Leben des Glaubenden, erkennt der Glaube inmitten der Freude das Leiden des Kreuzes, aus dem allein wahrhafte Freude entstehen kann. Das wahrhafte Leben erweist sich somit als eine widersprechende Entsprechung zum Handeln Gottes am Menschen: der Glaube entspricht in guten und in schlechten Zeiten dem opfernden Handeln Gottes, indem er das widersprechende Opfer darbringt.

Verstünde man Luthers Rede von der Traurigkeit und der Demut in Zeiten der Freude als ein Zeichen des Befangenseins im mittelalterlichen Denken, dann würde man die Lebensnotwendigkeit der *duplicia sacrificia* verkennen. Fröhlichkeit und Traurigkeit, Lebensfreude und Todesangst gehören wesentlich zusammen, denn echte Lebensfreude entsteht einzig und allein aus der Todesangst. Läßt man die Schlange in Vergessenheit geraten, so verliert man nicht nur die Todesangst aus den Augen, sondern auch die unbegreifliche Lebensfreude des Glaubens. Das wahre Selbst wird nur an der Grenze zwischen Leben und Tod aktualisiert: nur an diesem Ort gelangt man zur *cognitio dei et hominis*. Daß der Glaubende in diesem Leben die Mitte zwischen Todesangst und Lebensfreude nur annäherend erreichen kann, verdeutlicht Luther am Bild des Schießens.[399] Die Mitte zwischen Freude und Traurigkeit ist kein physischer, vielmehr ein mathematischer Punkt, und die Schüsse sind auch gut, die die Scheibe, wenn auch nicht gerade die Mitte, treffen. Die Metapher des Schießens bedarf aus zwei Gründen einer weiteren Erläuterung. Zum einen, das Bild z.B. von einem Bogenschützen, der den großen Bogen spannt, den Pfeil auflegt, die Sehne bis zur höchsten Spannung zieht und im richtigen Moment abschießt, dieses Bild stellt das Thema des Subjekts zwangsläufig wieder einmal in den Vordergrund. Denn der Schütze weiß ohne Zweifel, daß er selber derjenige ist, der den Pfeil abschießt. Gleichermaßen weiß der Glaubende, der durch sein *sacrificium* auf die Mitte zwischen Todesangst und Lebensfreude abzielt, daß er gerade der Mensch ist, der in seinem Schicksal das verborgene Gegenteil erkennt. Und doch, wenn der Glaubende die Scheibe trifft, spürt er im tiefsten Inneren eine Kraft am Werke, über die das empirische Selbst nie verfügen kann. Zum andern, die Metapher des Schießens deutet – und Luther hat dies sicher gemeint – auf das hebräische חָטָא: das Ziel verfehlen oder sich versündigen. Die Distanz zwischen dem abgeschossenen Pfeil in der

---

[399] WA 40, 2; 470, 6–11: »Sed istud medium est mathematicum, non physicum. Die schutzen sind auch gut, qui das blat treffen, si non den zweck. Sic si non possumus omnem tristiciam fugere, tamen sufficit, das ich hin zu schies. Sic si homo non potest sibi temperare in prosperis, tamen conandum est et appropinquandum, ut in prosperis deum timeamus et humiliemur.«

Scheibe und dem mathematischen Mittelpunkt korrespondiert der Spaltung zwischen dem empirischen und dem wahren Selbst. Die Schüsse sind zwar gut, die die Scheibe treffen, aber das peccatum bleibt – diese Spaltung im Selbst, die in diesem Leben nie endgültig überwunden werden kann. Es gehört aber zur Gnade Gottes in Christus, daß Gott dem Menschen die bleibende Spaltung nicht zurechnet.[400]

Im Schlußsatz der Vorlesung bringt Luther die im Laufe der Enarratio Psalmi 51 gewonnene Gotteserkenntnis ein letztes Mal sehr deutlich zum Ausdruck: »dominus vult consolatos afflictos et humiliatos securos«. Will man zur cognitio dei gelangen, so muß man begreifen, was Gott mit dem Menschen vorhat. Gott ist letztlich eine unnachgiebige Liebe, die durch crux und resurrectio zur Klärung des Phänomens »Gott-Mensch« drängt. Er ist der, der das cor contritum so sehr liebt, daß er selbst das Herz des Menschen zerschlägt. Er ist der, der dem in Todesangst befindlichen Menschen so viel Freude schenken will, daß er selbst den Menschen in Todesangst versetzt. Er ist der, der allein den Menschen zur cognitio dei et hominis führen und das Selbst sich selber transparent machen kann.

---

[400] WA 40, 2; 470, 11–13: »Sic interim erimus consolati, scientes: quidquid deerit tristiciae in prosperis, non imputabitur etc., quia habemus mediatorem et primitiae mussen decimae werden propter mediatorem Christum.«

Anhang

Psalm 51: Der Text der Vulgata nach dem Gallicanum.
Stuttgart Ausgabe, 3. Auflage, 1983

1. In finem psalmus David
2. cum venit ad eum Nathan propheta quando intravit ad Bethsabee
3. Miserere mei Deus secundum magnam misericordiam tuam et secundum multitudinem miserationum tuarum dele iniquitatem meam
4. amplius lava me ab iniquitate mea et a peccato meo munda me
5. quoniam iniquitatem meam ego cognosco et peccatum meum contra me est semper
6. tibi soli peccavi et malum coram te feci ut iustificeris in sermonibus tuis et vincas cum iudicaris
7. ecce enim in iniquitatibus conceptus sum et in peccatis concepit me mater mea
8. ecce enim veritatem dilexisti incerta et occulta sapientiae tuae manifestasti mihi
9. asparges me hysopo et mundabor lavabis me et super nivem dealbabor
10. auditui meo dabis gaudium et laetitiam exultabunt ossa humiliata
11. averte faciem tuam a peccatis meis et omnes iniquitates meas dele
12. cor mundum crea in me Deus et spiritum rectum innova in visceribus meis
13. ne proicias me a facie tua et spiritum sanctum tuum ne auferas a me
14. redde mihi laetitiam salutaris tui et spiritu principali confirma me
15. docebo iniquos vias tuas et impii ad te convertentur
16. libera me de sanguinibus Deus Deus salutis meae exultabit lingua mea iustitiam tuam
17. Domine labia mea aperies et os meum adnuntiabit laudem tuam
18. quoniam si voluisses sacrificium dedissem utique holocaustis non delectaberis
19. sacrificium Deo spiritus contribulatus cor contritum et humiliatum Deus non spernet
20. benigne fac Domine in bona voluntate tua Sion et aedificentur muri Hierusalem
21. tunc acceptabis sacrificium iustitiae oblationes et holocausta tunc inponent super altare tuum vitulos

Bibliographie

Quellen

Psalmenauslegungen

Alkuin, *Expositio in Psalmos Poenitentiales*, MPL 100, 582–587.
Augustinus, *Enarrationes in Psalmos*, CChr 38, 599–616.
Cassiodor, *Expositio in Psalmos*, CChr 97, 452–471.
Faber Stapulensis, *Psalterium Quincuplex*, 1513, Bl. 76v–79v.
Hugo Cardinalis, *Postilla*, 1498–1502, Bl. 119v–123r.
Luther, *Adnotationes Quincuplici Psalterio Adscriptae*, WA 4; 496–498.
Ders., *Dictata super Psalterium*, WA 55, 1; 394–401 u. WA 4; 287–293.
Ders., *Die sieben Bußpsalmen*, 1517 u. 1525, WA 1; 184–194 bzw. WA 18; 498–507.
Ders., *Das Betbüchlein*, WA 10, 2; 412–414.
Ders., *Revisionsprotokoll von 1531*, WAD 3; 51–53.
Ders., *Kleinere Arbeiten über Psalmen 1530–1532*, WA 31,1; 510–514 u. 538–543.
Ders., *Enarratio Psalmi 51*, WA 40, 2; 313–470.
Nicolaus de Lyra, *Biblia cum Glossa Ordinaria*, 1506–1508, Bl. 157r–159r.
Perez de Valentia, *Psalmi cum Expositione*, 1512, Bl. 146v–157v.
Petrus Lombardus, *Magna Glossatura*, MPL 191, 483–494.
Pseudo-Gregor der Große, *In septem Psalmos Poenitentiales*, MPL 79, 581–601.

Andere Quellen

Gabrielis Biel, *Collectorium circa quattuor libros Sententiarum*, hg. von Werbeck und Hofmann, 1984.
Petrus Hispanus, Tractatus (Summule Logicales), hg. von De Rijk, 1972.
Petrus Lombardus, *Sententiae in IV Libris Distinctae, L. I–IV,* Grottaferrata, 1971.
Pseudo-Augustinus, *De vera et falsa Poenitentia*, MPL 40, 1113–1130.
Tertullianus, *De Paenitentia*, CSEL 76, 140–170.
Thomas von Aquin, *Summa Theologiae*, Marietti, 1952.

Ausgewählte Sekundärliteratur

ADAM, K., Die Geheime Kirchenbuße nach dem heiligen Augustin. Eine Auseinandersetzung mit B. Poschmann, 1921.
ALTHAUS, P., Paulus und Luther über den Menschen, 1938.
DERS., Die Theologie Martin Luthers, 1962.
BIZER, E., Fides ex auditu. Eine Untersuchung über die Entdeckung der Gerechtigkeit Gottes durch Martin Luther, (1958) [3]1966.

BOCHÉNSKI, J. M., Formale Logik, 1962.

BORNKAMM, H., Luthers Bericht über seine Entdeckung der iustitia Dei, ARG, 1940.

DERS., Iustitia Dei in der Scholastik und bei Luther, ARG, 1942.

DERS., Zur Frage der iustitia Dei beim jungen Luther, ARG, 1961.

EBELING, G., Die Anfänge von Luthers Hermeneutik (1951), LuSt I, 1–68.

DERS., Luthers Auslegung des 14. (15.) Psalms (1953), LuSt I, 132–195.

DERS., Luthers Psalterdruck vom Jahre 1513 (1953), LuSt I, 69–131.

DERS., Luthers Auslegung des 44. (45.) Psalms (1956), LuSt I, 196–220.

DERS., Cognitio Dei et hominis (1966); LuSt I, 221–272.

DERS., Das Gewissen in Luthers Verständnis (1984), LuSt III, 108–125.

DERS., Der Mensch als Sünder (1984), LuSt III, 74–107.

DERS., Sündenblindheit und Sündenerkenntnis als Schlüssel zum Rechtfertigungsverständnis, LuSt III, 1985, 258–310.

DERS., Das rechte Unterscheiden, ZThK, 1988, 219–258.

GRANE, L., Contra Gabrielem. Luthers Auseinandersetzung mit Gabriel Biel in der Disputatio Contra Scholasticam Theologiam 1517, Acta Theol., Danica 4, 1962.

DERS., Modus Loquendi Theologicus. Luthers Kampf um die Erneuerung der Theologie (1515–1518), 1975.

HAMEL, A., Der junge Luther und Augustin. Ihre Beziehungen in der Rechtfertigungslehre nach Luthers ersten Vorlesungen 1509–1518 untersucht, 1. Teil, 1934.

HERMANN, R., Luthers These „Gerecht und Sünder zugleich", 1930.

HIRSCH, E., Initium theologiae Lutheri (1918), LuSt II, 9–35.

HOLL, K., Der Neubau der Sittlichkeit (1919), Ges. Aufs. I, 155–287.

DERS., Die iustitia dei in der vorlutherischen Bibelauslegung des Abendlandes (1921), Ges. Aufs. III, 171–188.

LANDGRAF, A., Grundlagen für ein Verständnis der Bußlehre der Früh- und Hochscholastik, ZKTh 51, 1927, 161–194.

LINK, W., Das Ringen Luthers um die Freiheit der Theologie von der Philosophie, (1940) ²1955.

LOHSE, B., Ratio et Fides. Eine Untersuchung über die ratio in der Theologie Luthers, 1958.

DERS., Mönchtum und Reformation. Luthers Auseinandersetzung mit dem Mönchideal des Mittelalters, 1963.

DERS., Die Bedeutung Augustins für den jungen Luther, KuD 11, 1965, 116–135.

OBERMAN, H., The Harvest of Medieval Theology, 1963.

DERS., „Iustitia Christi" und „Iustitia Dei". Luther and the Scholastic Doctrines of Justification, Harvard Theological Review, 1966, 1–26.

PFEIFFER, G., Das Ringen des jungen Luthers um die Gerechtigkeit Gottes, Lutherjahrbuch, 1959, 25–55.

PINOMAA, L., Die Heiligen in Luthers Frühtheologie, Studia Theologica 13, 1959, 1–50.

POSCHMANN, B., Die abendländische Kirchenbuße im Ausgang des christlichen Altertums, 1928.

DERS.,Buße und Letzte Ölung, in: Handbuch der Dogmengeschichte IV, hg. v. M. Schmaus u. a., 1951.

RAEDER, S., Die Auslegung des 50. (51.) Psalms in Augustins Enarrationes in psalmos und in Luthers Dictata super Psalterium, in: Lutheriana, 1984, 153–192.

SCHWARZ, R., Fides, spes und caritas beim jungen Luther. Unter besonderer Berücksichtigung der mittelalterlichen Tradition, 1962.

DERS., Vorgeschichte der reformatorischen Bußtheologie, 1968.

DERS., Luther, in: Die Kirche in ihrer Geschichte, hg. v. Bernd Moeller, 1986.

TREU, M., Die Bedeutung der consolatio für Luthers Seelsorge bis 1545, Lutherjahrbuch, 1986, 7–25.

VOGELSANG, E., Die Anfänge von Luthers Christologie nach der ersten Psalmenvorlesung, 1929.

WERBECK, W., Jacobus Perez von Valencia. Untersuchungen zu seinem Psalmenkommentar, 1959.

Sachregister

Personenregister